Introduction to Aviation Law

航空法概论

郝秀辉／著

法律出版社
LAW PRESS·CHINA
北京

图书在版编目（CIP）数据

航空法概论 / 郝秀辉著. -- 北京 : 法律出版社, 2024(2025.8 重印). -- ISBN 978 - 7 - 5197 - 8620 - 5

Ⅰ. D922.296

中国国家版本馆 CIP 数据核字第 2024NP9819 号

航空法概论
HANGKONGFA GAILUN

郝秀辉 著

策划编辑 李沂蔚
责任编辑 李沂蔚
装帧设计 李　瞻

出版发行 法律出版社
编辑统筹 法律应用出版分社
责任校对 张翼羽
责任印制 刘晓伟
经　　销 新华书店

开本 710 毫米 × 1000 毫米　1/16
印张 26.25　**字数** 468 千
版本 2024 年 8 月第 1 版
印次 2025 年 8 月第 2 次印刷
印刷 北京建宏印刷有限公司

地址:北京市丰台区莲花池西里 7 号(100073)
网址:www.lawpress.com.cn
投稿邮箱:info@lawpress.com.cn
举报盗版邮箱:jbwq@lawpress.com.cn
销售电话:010 - 83938349
客服电话:010 - 83938350
咨询电话:010 - 63939796

书号:ISBN 978 - 7 - 5197 - 8620 - 5　**定价**:98.00 元

凡购买本社图书,如有印装错误,我社负责退换。电话:010 - 83938349

国际公约缩略语表

全　称	简　称
《关于统一国际航空运输某些规则的公约 》	1929 年《华沙公约》
《修订 1929 年 10 月 12 日在华沙签订的〈统一国际航空运输某些规则的公约〉的议定书》	1955 年《海牙议定书》
《统一非立约承运人所作国际航空运输的某些规则的补充华沙公约的公约》	1961 年《瓜达拉哈拉公约》
1966 年美国民用航空委员会与世界各大航空公司达成的一项民间性质协议	1966 年《蒙特利尔协议》
《修改经 1955 年 9 月 28 日在海牙签订的议定书修正的 1929 年 10 月 12 日在华沙签订的统一国际航空运输某些规则的公约的议定书》	1971 年《危地马拉议定书》
《统一国际航空运输某些规则的公约》	1999 年《蒙特利尔公约》
《统一有关航空器对地(水)面第三方造成损害的某些规则的国际公约》	1933 年《罗马公约》
《对统一有关航空器对地(水)面第三方造成损害的某些规则的国际公约》	1938 年《布鲁塞尔保险议定书》
《关于外国航空器对地(水)面第三方造成损害的公约》	1952 年《罗马公约》
《修订关于外国航空器对地(水)面第三方造成损害的公约的议定书》	1978 年《蒙特利尔议定书》
《关于航空器对第三方造成损害的赔偿的公约》	2009 年《一般风险公约》
《关于因涉及航空器的非法干扰行为而导致对第三方造成损害的赔偿的公约》	2009 年《非法干扰公约》
《国际民用航空公约》	1944 年《芝加哥公约》》
《关于在航空器内的犯罪和犯有某些其他行为的公约》	1963 年《东京公约》

续表

全　　称	简　　称
《关于制止非法劫持航空器的公约》	1970 年《海牙公约》
《制止危害民用航空安全的非法行为公约》	1971 年《蒙特利尔公约》
《补充 1971 年蒙特利尔公约的议定书》	1988 年《蒙特利尔议定书》
《关于注标塑性炸药以便探测的公约》	1991 年《蒙特利尔公约》
《制止非法劫持航空器公约的补充议定书》	2010 年《北京议定书》
《制止与国际民用航空有关的非法行为的公约》	2010 年《北京公约》
《关于修订〈关于在航空器内的犯罪和犯有某些其他行为的公约〉的议定书》	2014 年《蒙特利尔议定书》
《伊比利亚——美洲空中航行公约》	1926 年《马德里公约》
《泛美商业航空国际公约》	1928 年《哈瓦那公约》
《关于国际承认对航空器权利的公约》	1948 年《日内瓦公约》
《移动设备国际利益公约》和《有关航空器设备特定问题议定书》	2001 年《开普敦公约》和《开普敦议定书》

目　录

第一章 航空法概述

第一节 航空法的定义和调整对象

一、航空法的定义

如何定义或界定航空法（air law）？这是要回答航空法是一门什么样的法律。在立法上，各国的界定不同，从学界看，关于航空法的定义，众说不一。[1]例如，法国学者认为，航空法是一套关于飞机、空中航行、航空商业运输，以及由国内国际空中航行引起的，公法或私法的全部法律关系的国内国际规则。阿根廷的著名航空法学者文斯卡拉达认为，航空法是一套支配由航空活动引起或经其修改的制度与法律关系、公法与私法、国际法与国内法的原则规范。荷兰的航空法专家迪德里克斯－弗斯霍尔认为，航空法是管理空气空间的使用，并使航空、公众和世界各国从中受益的一套规则。我国学者赵维田先生认为，航空法是一套调整人类航空活动中各种法律关系的规则体系。[2]

航空法是在20世纪初随着航空活动的产生和发展逐渐形成的。笔者认为，航空法的定义可有广义和狭义之分。广义的航空法指调整与航空活动有关的各种法律规范的总称。狭义的航空法仅指以航空法或民用航空法命名，规定领空主权，管理空中航行等航空活动的法律。

二、航空法的调整对象

（一）航空法调整的是空气空间的航空活动

考察航空法的调整对象，首先要关注航空法与外层空间法的分界问题。

根据人类在空间活动的性质和范围的不同，空间可分为空气空间（地球大气层）和外层空间（太空）。关于空气空间和外层空间的划分，常见的有两种主张：一是功能论，该论主张根据空间活动性质和目的划界，若是航天器的活动，则为航天活动，适用外层空间法；若是航空器的活动，则为航空活动，受航空法管辖。二是空间论，该论主张以空间高度划分空气空间和外层空间的界限，并以此

---

〔1〕 参见刘承汉：《陆空运输法概要》，台北，三民书局1978年版，第56页。

〔2〕 参见赵维田：《国际航空法》，社会科学文献出版社2000年版。

确定航空法和外层空间法的适用范围。[1]

从大气层的分层看，在对流层、平流层、中间层、热成层（电离层）和外大气层五个分层中，地球上空的大气有3/4在对流层，97%在平流层以下，平流层的外缘是航空器依靠空气支持而飞行的最高限度，因此，航空器只能在地面上空一定的空气空间内活动。

关于空气空间的范围和法律地位，国际法上曾有空气空间完全自由论、空气空间有条件自由论、空气空间海洋比拟论、空气空间国家主权论、空气空间有限制的国家主权论等不同争论。依据罗马法关于"土地所有人的权利可以上至天空下至地心"的规定，土地上的空气空间被土地所有人无限控制，这显然不利于人类空中飞行。在第一次世界大战前，英国、德国、法国、美国和意大利等国的立法实践彻底否定了空气空间自由论的主张。例如，英国1911年颁布《空中航行法令》，建立了对飞越英国领土的管理制度。在第一次世界大战期间，几乎所有国家都不允许外国飞机飞入或飞越其领空，即使是中立国的荷兰和瑞士也明令禁止交战双方的飞机飞越其领空。[2]

第一次世界大战结束后，1919年的《巴黎公约》是世界上第一个关于空中法律问题的多边国际公约，该公约正式确认了领空主权原则，被誉为"航空法的出生证"[3]。1944年在芝加哥签订的《芝加哥公约》是"空气空间主权论"的代表性国际公约，其第1条再次确认各缔约国对其领土之上的空气空间享有完全的和排他的主权。虽然1944年《芝加哥公约》对"空气空间"没有定义，但该公约附件7航空器将航空器定义为"能够从空气的反作用中依靠大气的支持而飞行的任何工具"，这表明空气空间的范围取决于该空间是否有足够的大气来支撑航空器的飞行。

外层空间亦称外太空、宇宙空间，是指地球大气层及其他天体之外的虚空区域。国家主权是否及于外层空间？有学者曾提出领空无限的主张，但对外空的探测和利用以及数千人造卫星不断围绕地球轨道运行的事实表明外层空间难以成为国家主权控制的对象。1963年联合国大会通过《各国在探索与利用外层空间活动的法律原则的宣言》，确定了外层空间法律地位的两个原则：一是外层空间供一切国家自由探测和使用；二是不得由任何国家据为己有。

外层空间法是人类探索宇宙、适应空间科学技术迅速发展的产物，是规范和

---

〔1〕 参见夏春利：《试论近空间的法律地位——兼谈空气空间和外层空间的定界问题》，载《北京航空航天大学学报（社会科学版）》2009年第4期。

〔2〕 参见赵维田：《国际航空法》，社会科学文献出版社2000年版，第22页。

〔3〕 刘伟民主编：《航空法教程》，法律出版社1996年版，第41页。

调整国际空间活动的准则，与规范航空活动的航空法是两个不同的法律。[1] 但是，由于空气空间与外层空间的邻接性，航空运输安全和外空活动都可能受到各种电磁干扰，太空活动可能对空气空间造成环境污染和破坏，尤其是具有辐射性的空间碎片和携带核动力源的空间物体可能会对空气空间产生严重的影响。因此，外层空间法和航空法之间具有关联性，需要协调。[2]

二维码 1－1

苏联宇宙954号卫星坠毁，带着核反应堆砸向加拿大

(二)*航空法调整的航空活动包括民用和非民用航空活动*

航空法作为航空领域的基本法，调整的航空活动所涉范围广泛，包括空域、航空人员、航空器、机场、航空企业、航空安全、航空制造、航空运输、航空作业、航空事故调查、航空损害赔偿、航空保险、航空安保、航空犯罪、航空环保、航空反垄断及政府监管等诸多方面。航空法调整的航空活动一般包括民用航空活动和非民用航空活动两大类，有些航空活动如搜寻救援、抢险救灾等是交叉的。从调整对象看，航空法与民用航空法应有所区分，民用航空法仅调整民用航空活动，不调整非民用航空活动。航空法调整的航空活动包括民用航空活动、非民用航空活动、航空制造活动以及其他相关航空活动。（见图 1－1）

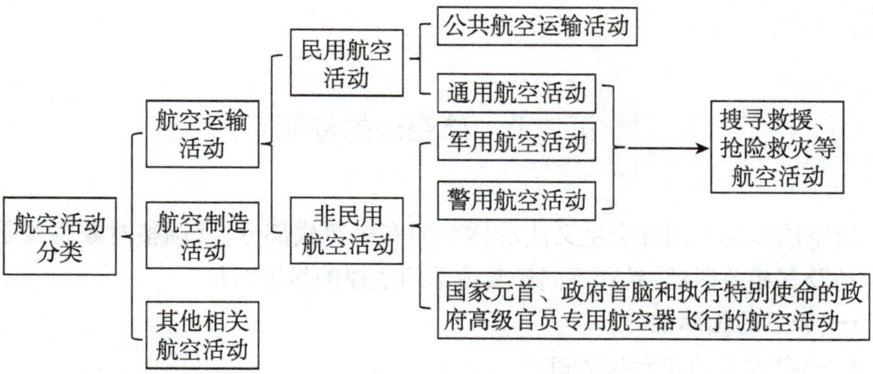

图 1－1　航空法调整的航空活动分类

---

〔1〕 参见赵理海：《外层空间法介绍（二）——外层空间的法律地位（续）》，载《法学杂志》1994 年第 1 期；贺其治：《外层空间的定义和定界问题》，载中国国际法学会编辑：《中国国际法年刊》，中国对外翻译出版公司 1982 年版；柯玲娟：《外层空间定义定界问题研究》，载《研究生法学》2001 年第 1 期；夏春利：《试论近空间的法律地位——兼谈空气空间和外层空间的定界问题》，载《北京航空航天大学学报（社会科学版）》2009 年第 4 期。

〔2〕 参见高国柱：《论航空法与外层空间法的协调》，载《北京航空航天大学学报（社会科学版）》2008 年第 1 期。

世界上大多数国家把民用航空活动分为两类，一类是公共航空运输活动，另一类是通用航空活动。

公共航空运输活动指公共航空运输企业面向社会公众以营利为目的，使用民用航空器运送旅客、行李、邮件或者货物的航空活动，包括定期航班和不定期航空运输活动，具有营利性、公共服务性、准入许可性、飞行活动成本和保障服务要求高等特点。

通用航空活动主要是进行除军事、警务、海关缉私飞行和公共航空运输飞行以外的航空活动，[1]包括从事工业、农业、林业、渔业、矿业、建筑业等经营性的航空作业飞行和医疗卫生、抢险救灾、气象探测、海洋监测、科学试验、遥感测绘、教育训练、文化体育、旅游观光等非经营性的航空飞行任务，具有机动灵活性和时效性强、受天气等因素影响大、活动空间范围广、活动类型多、飞行活动成本和保障服务要求较低等特点。

军用航空活动主要是进行国防安全监控、边防检查、抢险救灾、武装阻击、反恐防暴等航空飞行活动，具有国家性、武装性、公益性的特点。

警用航空活动主要是进行空中巡逻、运送警力、追捕逃犯、缉私禁毒、反恐防暴、消防灭火、抢险救灾、疏导交通、空中指挥、航空治安管理、医疗救护和政府其他部门的应急服务等航空飞行活动，具有国家性、武装性、应急性和公益性的特点。

第二节　航空法的特征

航空法作为中国社会主义法治体系的有机组成部分，其调整对象主要是航空活动及其相关活动，具有不同于其他部门法律的显著特征。

一、天然的国际性

（一）航空法的国际性成因

航空活动的特殊性决定其国际性。空气空间无有形边界，无海洋与高山河流阻隔，航空器飞行可跨越各国领域，具有便捷、快速的优点，从而被当成国际最有效的交通工具，航空法由此就被欧洲很多学者当然地认定为国际航空法，尤其是航空活动对建立口岸、海关制度的需求，致使航空法成为国际法的一个缩影，涵摄了国际法中有关主权、管辖权、领空、国籍等内容，因此，航空活动的跨越国界性使航空法从产生时起不能不关注和借用国际法的规则，此点从欧洲诸国航

〔1〕 参见《民用航空法》第145条和《通用航空飞行管制条例》第3条的规定。

空法的产生以及当今欧盟航空法的发展上可以得到充分的证明。

国际航空公约天然地影响着航空法的产生和发展。航空法具有天然的国际性,其受国际公约影响程度之深广,是任何部门法不能比拟的,因为任何国家的航空法如果不吸收国际公约的相关规则和要求,其国际航空飞行就难以飞出国界。航空法发展历程呈现了先航空公法后航空私法、国际航空公约影响国内航空法发展的规律。世界航空战争推动了国际航空法的诞生,两次海牙和平会议通过的《禁止从气球上或其他新的类似方法投掷投射物和爆炸物宣言》[1]是有关空战的唯一国际公约,该公约拉开了航空国际立法的序幕,被认为是国际航空立法之始。[2] 第一次世界大战后,1919年巴黎和会通过《巴黎公约》,该公约被认为是现代国际航空法的基础,其确立的领空主权和空中航行制度标志着国际航空法的正式形成。[3] 《巴黎公约》仅规定了有关航空公法之事项,并无航空私法之内容,直至1929年《华沙公约》才确立了国际航空私法的基础。目前,国际航空法公约体系已经形成并完成现代化变革,即芝加哥公约体系、华沙公约体系(调整航空旅客损害赔偿责任)、罗马公约体系(调整航空第三人损害赔偿责任)和航空安保公约体系,这些公约体系建构了现代国际航空法体系的四大支柱。其中,华沙—蒙特利尔公约体系历经1999年《蒙特利尔公约》完成了航空旅客损害赔偿责任制度的现代化蜕变,罗马公约体系历经2009年《一般风险公约》和《非法干扰公约》完成了航空第三人损害赔偿责任制度的现代化变革,1963年《东京公约》等历经2010年《北京公约》和《北京议定书》完善了航空安保公约体系。

(二)航空法的国际性不等于航空法是国际法的分支

航空法的天然国际性意味着国际航空公约对各国各地区的航空法发展会有较大影响,但这并不意味着航空法是国际法的分支,国际航空法不能涵盖航空法的全部。

国际航空公约及其相关附件对各国各地区航空法的影响较大,即使不是国际民航组织成员的国家和地区,也都会积极按照国际航空公约的规则与变化不断修正其航空法。我国的民航法规、涉及民航管理的规章和标准等也因受国际

---

〔1〕 1899年第一次海牙和平会议通过的宣言,有效期限为5年,1907年第二次海牙会议将该宣言的有效期延至第三届海牙和平会议结束,但由于第三次海牙会议迄今尚未召开,所以这项宣言在法律上仍然有效。但第一次世界大战以来,交战国越来越广泛地使用飞行器进行轰炸,该宣言的规定实际上完全遭到破坏。

〔2〕 参见刘承汉、蔡喆生:《民用航空法沿革》,载《交通建设》1953年第7期。

〔3〕 1926年《马德里公约》和1928年《哈瓦那公约》关于空中航行的规定与1919年《巴黎公约》基本一致;英国1920年《空中航行法令》给予1919年《巴黎公约》以国内法效力;1932年苏联《航空法典》采用了1919年《巴黎公约》关于空中航行的一些条款。因此,1919年《巴黎公约》促进了航空法规则的国际统一性。

航空公约新变化的影响而不断修改。

国际航空公约在各国的适用是有条件限制性的,国际航空公约仅对各缔约国有约束力,其在缔约国内适用也需要通过“转化”或“纳入”等不同途径进行。[1] 例如,英国通过1920年的《空中航行法令》、1932年的《航空运输法令》分别将1919年《巴黎公约》和1929年《华沙公约》进行转化,赋予其以国内法的效力。[2] 由于国际航空法体系下存在较多并行公约、多种形式议定书和补充协议,各个国家及其航空运输企业参加、批准或认可的情况不同,国际航空公约在各国的具体适用和执行有所不同。

国际航空公约的适用也会受到各国内法的影响。例如,国际空难事故责任的认定因为当事人国籍各异、各国参加的国际公约不同、各国民事诉讼规则有异,空难诉讼管辖权会变得复杂且富有争议。例如,1974年3月3日,一架土耳其航空公司的客机满载着336名旅客从巴黎国际机场起飞后不久在空中爆炸,机上人员全部遇难。据审理该案的美国加利福尼亚州法院统计,至少有1123个原告分别来自24个国家,提出了211宗案件,涉及承运人责任、航空产品责任、政府检测人员责任等。[3]

二、独立性

(一)航空法的独立性争议

航空法是否为一个独立的法律部门,长期存在很大争议。历史上曾存在把航空法列为行政法,或在理论上将航空法隶属于商法或民法的情况。例如,《法国民用航空法典》被归属于商法(第L.321-1条规定:在遵守下列条款的情况下,关于水陆运输的商法规则适用于航空法)。苏联一些学者认为,航空法和海商法、铁路法、水运法一样,都应列入民法体系,但苏联航空法的三个版本(1932年、1935年和1961年)与苏联民法没有多大关系,其最后一版(1984年)的航空法也未在实质上修改前三个版本。因此,有学者认为,上述这种划分方法不是历史原因或法律传统所致,就是反映了其理论与实践的脱节,其法律传统的缘由可从法制史中得到解释,正如把海事法的一部分作为商法的一章而成为海商法一样。[4]

---

[1] 前者是一种间接适用法,即将国际航空公约的内容转化为国内法在国内适用,采用该方式的典型国家有意大利、英国等;后者是一种直接适用法,国际航空公约不需转化就可在国内适用,采用该方式的国家如法国、荷兰、美国、俄罗斯等。

[2] 参见赵维田:《国际航空法》,社会科学文献出版社2000年版,第15页。

[3] 参见张起淮、孙玉超:《法航空难赔偿的法律依据》,载 http://www.chinavalue.net/General/Blog/2009-6-6/165136.aspx,2011-09-21。

[4] 参见刘伟民:《论航空法的性质、地位和作用》,载饶戈平编:《山高水长:王铁崖先生纪念文集》,北京大学出版社2004年版,第68页。

中国学界也有观点认为航空法不是一个独立的部门法，其仅是国际法的新分支。例如，赵维田教授认为："航空法是国际法和国内法的一个有机组成部分而存在的，并不是一个新门类或新学科。"〔1〕赵维田教授是国内较早研究航空法的专家，其思想和观点影响了较多学者。1980 年王铁崖主编的《国际法》是中国改革开放后高等学校法学试用教材之一，其第 6 章认为"航空的发达及空气空间的其他用途，促使国际法产生一个新分支——国际空气空间法"〔2〕。15 年后，该部《国际法》修订版指出："航空法是调整航空领域中产生的社会关系的法律，作为国际法的分支，是 20 世纪的产物，随着航空现象的出现而产生，并随航空技术的进步和广泛应用而发展。"〔3〕该部《国际法》修订版是中国"九五"规划部级重点教材，全国高等院校普遍使用，其"将航空法视为国际法分支的观点"对中国航空法学的发展和地位产生了较大影响。长期以来，中国航空法学研究以国际航空法为主流，多从国际法视角开展研究。〔4〕 例如，张宪初、赵维田、成建平、陶德海等早期研究者均立足于国际航空公约，后期研究者也多围绕芝加哥公约体系、华沙—蒙特利尔公约体系、罗马公约体系、航空安保公约体系的演进和变革而展开，形成了航空法学研究的国际法思维习惯。〔5〕

（二）航空法的独立性证成

航空法的独立性强调的是不能将其作为国际法或民法等部门法的分支对待。按照部门法划分的标准考察，航空法具有独立的调整对象和调整方法。

从航空法的调整对象考察，航空法作为调整航空活动及其相关活动产生的社会关系的法律规范，适用范围涉及航空器的国籍、运行和权利、机场、航空企业、航空运输、航空作业、航空事故及损害赔偿、航空保险、航空安保等多方面。如果说民法、刑法、行政法调整的是社会生活的某一方面的社会关系，那么航空法调整的就是航空领域的所有社会关系，航空法律关系具有多重属性，不仅范围广泛和类型多样、主体的特定性与非特定性共存、公私法律关系交叉，而且国际性很强、军民航关系协调极其重要。例如，美国 1958 年修改 1938 年的《民用航空法》，改为 1958 年《联邦航空法》，规定了平时和战时的军民航关系规则，确保空中航行安全和通畅。

---

〔1〕 赵维田：《国际航空法》，社会科学文献出版社 2000 年版，第 5 页。

〔2〕 该书将其列为一节，分四个问题，仅一万字数，显见当时中国学者对航空法认识之程度。

〔3〕 刘伟民：《论航空法的性质、地位和作用》，载饶戈平编：《山高水长：王铁崖先生纪念文集》，北京大学出版社 2004 年版，第 58 页。

〔4〕 参见郝秀辉：《从统计看中国航空法学的崛起——中国航空法学 30 年发展研究综述（三）》，载《北京航空航天大学学报（社会科学版）》2010 年第 4 期。

〔5〕 参见郝秀辉：《中国航空运输法律问题研究述评——中国航空法学 30 年研究综述（一）》，载《北京航空航天大学学报（社会科学版）》2010 年第 2 期。

从航空法的调整方法考察，法律的调整方法是划分法律部门的一项重要标准，法律的调整方法一般是指国家在调整社会关系时用以影响这些关系的手段和方式。法律的调整方法通常表现为自行性调节、强制性干预和政策性平衡等方法，例如，民法以自行调节为主要方式，而刑法以强制干预为主要调整方法。航空法的调整方法具有综合性，兼用各种调整方法，因为航空法律问题的复杂性决定了依靠任何单一调整方法都无法解决问题，它需要综合调整方法，需要其他法律部门的支持和配合。

航空法的独立性争议一定程度上源于对航空法特性的理解和认识差异。其中把航空法视为国际法分支的观点不仅直接影响了中国航空法学的研究范围，也限制了航空法学研究群体的成长。随着航空活动的快速发展及其对社会的影响，航空法学的独立性应被认同。[1]

三、综合性

（一）航空法的内容具有综合性

航空法的内容既涉及国内法和国际法，又包括航空公法和航空私法。

航空法具有国际法和国内法综合属性。航空法包容了国际航空法和国内航空法两部分，国际航空法不能涵盖航空法的全部，其仅能规范国际航空活动，国内航空法除规范国内航空活动外，还对国际航空活动有相当多的规范，尤其是有关国际航空运输的运营问题，国内法规制的内容相当多。例如，航空公司从事定期国际航空运输的营运，除需有所在国和飞行目的地国之间的航空运输协定外，还须取得两国航空当局的营运许可，但办理营运许可的手续和程序都要遵循国内法规定。

航空法内容涉及公法和私法的内容，包括领空主权、航空器适航管理、航空器权利、空中航行规则、航空人员管制、航空运输合同、机场经营权、机场土地征用和噪声防治、航空运输市场调控、航空事故损害赔偿、航空安全保障、航空器搜寻援救和事故调查、航空保险等诸多内容，具有国际法、行政法、合同法、侵权法、劳动法、保险法、物权法、经济法等多学科知识交叉属性，因此，航空法问题研究需要运用交叉研究的视角。

（二）航空法的调整与适用方法具有综合性

航空法调整航空活动关系时，采用的法律规范纵横交错、调整方法多样，不仅有航空法律规范，还有行政处罚法、民法、经济法、刑法、劳动法、安全生产法等诸多法律规范，在法律适用时，依据“特别法优于一般法”基本原则，优先适用航空法。

---

〔1〕 参见郝秀辉：《中国视域下航空法独立性之辩》，载《北京理工大学学报（社会科学版）》2013年第3期。

四、较多技术性

航空法律规范整体上体现出专业性和技术性强的特点，与安全相关的技术法规占有较大比重，在空难事故调查、航空器适航管理、飞机租赁等领域，都存在大量技术标准性质的规范。国际民航组织最主要的工作之一是制订和修订有关航行的国际技术标准和建议措施，在《芝加哥公约》的19个附件中，有18个附件是由各国专家和技术人员根据科学技术发展拟定的涉航行技术、机场标准、通信、助航设备、灯光、空中交通往来管制、起降与音响管制、安全等技术性建议和标准。这些技术性建议和标准虽然不具有约束力，但均被各国航空立法积极吸收和借鉴，以便使本国航空法与国际接轨，保障国际空中运行顺畅。

五、有“领域法”属性

“领域法”概念虽有争议，但有两点是可以肯定的：一是“领域法”作为一种方法论和思维模式，其突出问题导向的思维核心和研究路径，不强调规范界限的划分。[1] 二是“领域法”作为一种法的类型划分，其依据的标准是客观存在的法律问题及其背后的专业知识领域，关注“核心知识、关联性及其边界”三个基本要素。[2]

（一）航空法突出解决航空活动产生的具体法律问题

随着人类航空活动的产生和发展，航空法应运而生，其目的就是解决航空领域的法律问题、建立航空领域的法律制度、调整航空活动产生的社会关系。航空领域的具体问题会涉及不同部门法律规范，航空法调整航空活动所形成的法律关系存在“范围广泛、类型多样、主体的特定性与非特定性共存、权利义务的对等性与非对等性并存、国内与涉外交融”等显著特征，[3] 因此，航空法解决问题的研究路径和方法符合“领域法”的方法论和思维模式。

（二）航空法有其自身的核心知识、关联性和边界

在航空法和合同法、保险法、犯罪学、侵权法、数据安全法、安全生产法等领域，会涉及运输合同、保险、犯罪、侵权责任、数据安全、事故调查等方面的知识，在互联网科技下，航空法又会涉及互联网的知识（如网上机票交易、智慧航空等）。但是，航空运输合同、航空保险、航空犯罪、航空侵权责任、航空数据、航空事故调查的知识是航空法领域的核心知识，这些知识不仅是航空法领域的稳定性知识和关注核心，而且这些核心知识的运用都离不开“航空安全”的理念和主题。航空法并不要求在法律领域有泾渭分明的界限，而是更多地关注这些核心

---

〔1〕 参见刘剑文、胡翔：《“领域法”范式适用：方法提炼与思维模式》，载《法学论坛》2018年第4期。

〔2〕 参见李大庆：《法学范式竞争与领域法学的知识创新》，载《江汉论坛》2019年第4期。

〔3〕 参见郝秀辉：《航空法律关系的思考与研究》，载《中国民航学院学报》2004年第1期。

知识及其与相关知识的关联度。

例如,航空事故调查仅是为了查明事故原因、预防事故再次发生,这与安全生产法的事故调查兼具查明事故原因和追究责任存在巨大差异。显然,航空事故调查问题距离航空法的知识中心更近,因此,航空事故调查的法律问题是航空法领域的问题,而不是安全生产法的问题。

二维码 1－2

机组人员使用酒精的特别限制性规定

二维码 1－3

航空人员“酒驾”的酒精含量限制标准

又如,航空机组人员酒精浓度达到或者超过 0.04 克/210 升(0.02mg/105mL)以上,即构成《大型飞机公共航空运输承运人运行合格审定规则》和《一般运行和飞行规则》的值勤限制规定,在酒精检测超标进而导致飞行航班延误的情况下,航空公司可以其行为严重违反空勤人员基本劳动纪律为由而解除劳动合同。[1] 显然,航空执勤机组人员的酒精违规处罚并不是行政处罚法或劳动合同法、刑法的核心知识,却是航空法的核心知识,如此严格的酒精浓度要求与一般“酒驾”的判断标准不同,其原因就是航空运输必须确保航空安全的行业理念。

第三节 国际航空法的萌芽、形成和发展

一、航空法的产生

1903 年,美国莱特兄弟设计制造的飞机试飞成功,开启了人类飞行之路。在 20 世纪,随着人类航空技术和航空运输事业的发展,航空法逐步成为一门新兴的法律学科。

众所周知,航空飞行活动和航空运输活动需要系列要素,例如,一般情况下,要有空域、航空器、航空人员和机场等。航空器在天上飞,实际是在发生与实现空间位移,这不仅涉及空中安全,更关系到一个国家的领空安全与领空主权问题,由此需要遵守一定的规则——空中航行规则,如同汽车在地面上行驶需遵守路上交通规则一样,需要对空域的边界、权属、规划、管制等予以法律界定和规制。

[1] 参见张某与中国东方航空江苏有限公司劳动争议案,江苏省江宁经济技术开发区人民法院(2019)苏 0191 民初 3745 号民事判决书;李某与北京首都航空有限公司劳动争议案,北京市第三中级人民法院(2016)京 03 民终 13979 号民事判决书。

航空运输飞行活动所使用的航空器是民法上一种非常重要的动产，需要确定航空器的权属状态、使用中的适航状态，为此，航空器的适航管理规则、维修检查规则、失事救援与事故调查规则以及航空器权利及其变动规则应运而生。

航空器需要人员操作的情况下，需要驾驶和运行航空器的机组人员和地勤人员提供相关服务，这些航空人员的执照获得与管理、执勤与休息时间的限定、体检合格与否的检查与核验、机长与空警的地位和权责等，都关系到航空飞行安全问题。在航空器不需要人员操作的情况下，如无人机，其运行也必须遵循相应的管理规则。

各种航空运输活动如航空旅客运输、航空货物运输、航空危险品运输等，本质上都是航空承运人与旅客或货主或托运人建立的运输合同关系。因此，航空运输合同的订立、履行与合同责任问题，机场的地位和属性、经营许可与监管、空中交通服务、货物承揽与航餐服务等航空地面服务系列问题需要予以法律规范。

航空运输活动如果发生空难事故，涉及旅客、第三人等受害人的人身、财产损害赔偿责任问题、航空保险责任问题、空难事故的搜寻援救和事故调查问题、航空安保责任问题、国际民航组织对全球航空业发展的地位和职责问题等，都需要航空法统一进行规范。

二、国际航空法的萌芽

远古以来，人类一直在探索飞行，征服空气空间。航空法是 20 世纪初航空技术进步和广泛应用的产物，是在人类征服空气空间，出现航空活动之后产生的。例如，1783 年，法国首次热气球载人飞行成功；1784 年，法国在巴黎发布治安法令，规定未经警察当局批准，禁止气球升空，以保护公众，除非事先经过特别许可，该法令被誉为第一部航空法。1819 年，法国塞纳省制定了第一部空中航行安全规章，规定气球载人要配备降落伞；在农民收割农作物之前禁止气球飞行。

19 世纪早期，航空活动和航空技术还处于初步阶段，航空法处于萌芽时期。但考察各国国内航空立法的萌芽，发现呈现出航空公法优先产生的特性，目的是维护航空飞行活动安全和社会治安秩序。

三、国际航空法的初步形成

（一）国际航空立法之始

1875 年，一些气球飞越英吉利海峡，德国的气球也不时飞入法国领空，有的国家还将气球用于战争，由此产生了航空器（如气球、气艇和各种飞机）跨越国界的国际飞行规则问题。1899 年，法国召集在巴黎召开第一次国际航空法会议。1899年海牙和平会议通过《禁止在轻气球上放掷炮弹及炸裂品宣言》，该宣言规定飞行器概不允许被用于军事行动。这是人类进入空气空间活动初期的航空法思想，也是有关空战的唯一国际公约，拉开了航空国际立法的序幕，被认为是国际航空立法之始。

（二）国际航空法正式形成的标志：《巴黎公约》

1903年，美国莱特兄弟第一次由人驾驶、由动力驱动、重于空气的航空器试飞成功；1909年路易·布莱里奥驾驶飞机飞越英吉利海峡。与此同时，气球和飞艇飞行也相继增多，常越出边界，影响各国国防安全和国际贸易关系，航空技术发展推动了国际航空立法的发展，航空法立法问题由此提上议事日程。

1908年，法国邀请欧洲21个国家于1910年在巴黎举行外交会议，讨论欧洲的空中航行管理问题，但因各国在空中自由和领空主权问题上意见分歧很大，未能形成公约，但它促使各国颁布了空中航行管理法令。

1914～1918年爆发第一次世界大战。航空器被广泛用于战争，各种航空器的制造和使用均有很大发展，并被广泛应用于军事领域，对航空器活动的规范与管理成为各国的普遍要求。

第一次世界大战结束后，1919年5月18日至6月29日，巴黎和会召开，激烈讨论的根本问题是飞行空域的法律地位以及空域所属国对飞越其领陆和领水上空进行管理和限制的权限。各国签订《巴黎公约》。《巴黎公约》共9章43条8个附件，其确立了国家领空主权原则，建立了一套空中航行法律制度，并成立了常设管理机构——国际航空委员会。这是国际航空法的第一个多边国际公约，其为国际空中航行制度奠定了坚实的基础，被誉为“航空法的出生证”，标志着国际航空法的正式形成。

四、国际航空法体系的形成与发展

（一）国际航空法体系的形成

1939～1945年，第二次世界大战爆发，除美洲外，全球民用航空运输几乎停顿。“二战”刺激了航空技术的进步和航空制造业的发展，为战后和平时期组织和发展民用航空奠定了基础。

1944年，美国邀请52个国家在芝加哥召开国际民用航空会议，会议签订并通过了1944年《芝加哥公约》《国际民用航空临时协定》《国际航班过境协定》《国际航空运输协定》《国际民用航空会议最后决议书》五个文件，为战后国际民用航空业重建了法律制度依据和组织框架。其中1944年《芝加哥公约》是国际民用航空管理的宪章性文件，其奠定了国际民用航空管理体系的基础，1947年4月4日正式生效。《芝加哥公约》确立了领空主权原则、航空器国籍制度、国际航班飞行类型、航空器分为国家和民用两类、设立国际民用航空组织等内容，成立的“国际民航组织”取代“国际航空委员会”，后成为联合国一专门机构。

1944 年《芝加哥公约》与各国之间签订的有关国际民用航空的国际公约、议定书、多边协议和双边协议等一起奠定了现代国际航空法的基础。如 1933 年《罗马公约》、1948 年《日内瓦公约》、1952 年《罗马公约》、1961 年《瓜达拉哈拉公约》及一系列修改 1929 年《华沙公约》的议定书等。

此外，为阻止威胁、破坏国际民用航空安全与运行及非法劫持航空器行为的发生，联合国、国际民航组织和世界各国共同努力，先后制定了三个有关空中劫持的国际公约。包括 1963 年《东京公约》、1970 年《海牙公约》、1971 年《蒙特利尔公约》。

（二）国际航空法体系的发展与成熟

随着国际航空运输业的发展和航空安全的需要，1999 年《蒙特利尔公约》完成了，1929 年《华沙公约》、1952 年《罗马公约》、1963 年《东京公约》等经过多次修订，相继完成现代化。由此，国际航空法体系上形成了成熟的四个公约体系，即芝加哥公约体系、华沙—蒙特利尔公约体系（航空旅客损害赔偿责任体系）、罗马公约体系（航空第三人损害赔偿责任体系）、航空安保公约体系。（见图 1－2）

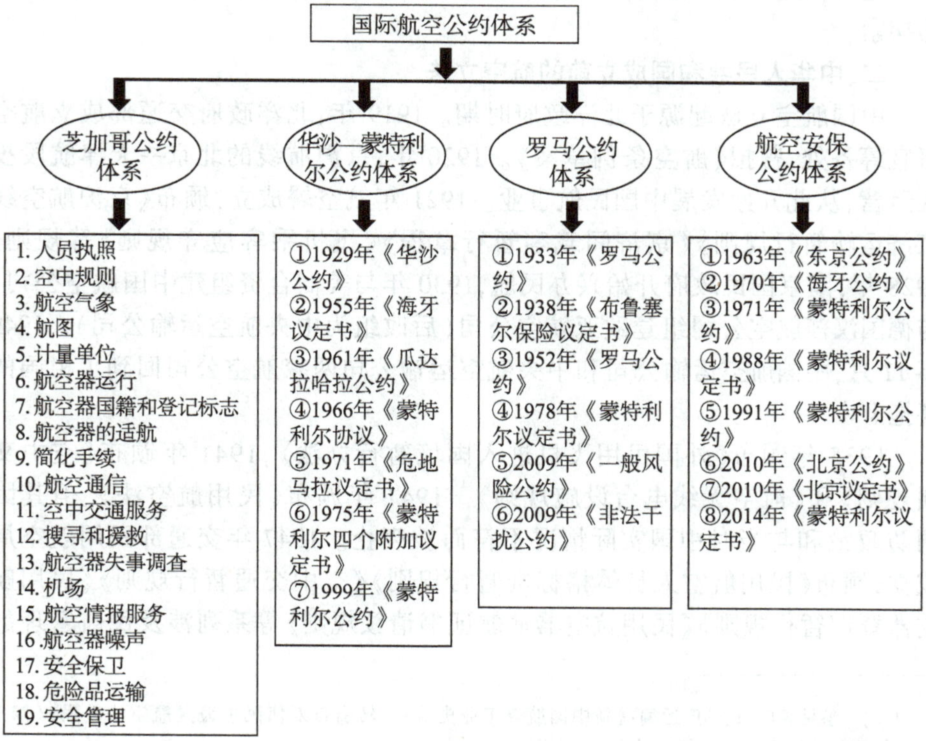

图 1－2　国际航空公约体系

第四节 中国航空法的产生和发展

一、中国航空法的萌芽

中华民族飞往蓝天的梦想延续了数千年之久。古代民间有广泛流传的嫦娥奔月，御寇驾风飞行，萧史和弄玉乘龙跨凤飞行成仙等神话故事。西游记里腾云驾雾的齐天大圣孙悟空，敦煌壁画中的"飞天"形象，反映了人们的腾空愿望。春秋时期，公输般和墨翟"削竹为鹊，成而飞之"；王莽时期，有人用鸟羽试验飞行；晋朝时期，葛洪发现鸟的滑翔原理；东汉时期，张衡曾制造木鸟；西汉时期，发明的风筝是世界上原始的没有动力系统的飞行器，出现的松脂灯（孔明灯）是早的热气球雏形；唐朝时期，孙思邈发明火药；五代时期出现热气球；宋朝时期，利用火药制成火箭和其他火器，"走马灯"很流行；元朝时期，元军作战曾使用不同颜色的灯球当作联络信号；明朝时期，民间发明"竹蜻蜓"，被后人认为是直升机的鼻祖。现代飞机使用的磁罗盘，源于我国四大发明之一的指南针。降落伞、陀螺等也曾首先在中国出现。[1] 中华民族一直在为实现飞行、征服空气空间而努力探索。

二、中华人民共和国成立前的航空立法

中国航空立法起源于北洋政府时期。1919 年，北洋政府交通部成立航空事宜筹备处，曾拟《航空条例草案》。1920 年，京沪航线的北京—天津航段投入运营，从此开始发展中国民航事业。1921 年航空署成立，颁布《京沪航空线京济运输暂行规则》《京济间载客暂行章程》《飞机乘客应守规则》等规则。1928 年，南京国民政府开始兴办民航，1930 年与美商合资组建中国航空公司，与德国汉莎航空公司组建欧亚航空公司（后改组为中央航空运输公司）。1949 年 11 月，中国航空运输公司和中央航空运输公司两家航空公司回到了祖国的怀抱。[2]

1935 年颁布《外国民用飞机进入国境暂行办法》，1941 年颁布《空中交通规则》和《航空无线电台设施规则》。1941 年颁布《民用航空法》，但其因国防政策和与当时中国实际情况不符而被废止。1947 年交通部民用航空局成立，颁布《民用航空人员体格标准暂行规则》《空中交通暂行规则》《民用航空器登记暂行规则》《民用航空器适航证书请领规则》等系列涉及民航管理的

〔1〕 参见孟广荣、孙广运编：《新中国航空工业史稿》。转引自刘伟民主编：《航空法教程》（修订版），中国法制出版社 2001 年版，第 34～35 页。

〔2〕 参见王勇等编著：《中国民航史教程》，中国民航出版社 2019 年版，第 1 页。

规章。

中华人民共和国成立前，中国政府未加入1919年《巴黎公约》，在1929年派代表参加并签署1929年《华沙公约》，但未予以批准；1944年派代表参加国际民用航空会议，签署1944年《芝加哥公约》，1946年送交批准书；签署了1948年《日内瓦公约》，但未批准。

三、中华人民共和国成立后的航空立法

中华人民共和国成立后，航空立法进程大体分为以下六个重要历史发展阶段。

（一）1949～1959年：民航立法探索阶段

中华人民共和国成立初期，民航实行由空军管理、以军队领导为主的政企合一的管理体制，中国民航立法探索较为活跃，[1]主要侧重于空中交通管制、航空电信、通信导航、航空气象等方面。重要立法包括中央军委颁布的《飞行基本规则》《民航电信业务管理暂行办法》等；中国民用航空局（以下简称民航局）制定的《民航飞行暂行规定（草案）》《空中交通管制制度（草案）》等，国家气象局制定的《民航气象专业建设方案（草案）》和《中国民航气象服务规范（试行本）》；[2]中央财经委颁布的《旅客意外伤害强制保险条例》；政务院颁布的《进出口飞机、机员、旅客、行李检查暂行通则》《国内旅客、行李及货物运输暂行规则》等。1950年先后组建的中苏航空股份有限公司和中国人民航空公司、中苏民航公司，业务规章基本都沿用苏联民航法的规定，中苏航空公司撤销后，民航局以苏联经验为基础，多次修订航空运输业务规章。

总体上看，中华人民共和国成立初期的民航立法形式较多，如条例、规定、规则、细则、条令、办法、规程、手册等，立法内容重在飞行规则、交通管制、航空电信、航空气象、航空旅客运输等事项，立法的时代痕迹鲜明，虽然对中华人民共和国成立初期中国民航事业发展有积极作用，但对后来民航立法发展的影响有限。

（二）1960～1978年：民航立法萧条阶段

20世纪60年代，国家立法整体进入萧条、停滞、几乎废弃的困境，民航立法也未能幸免，步入艰辛磨难期，修编完成的《中国民航飞行条例（草案）》《中国民航飞行指挥工作细则（草案）》《外国民用航空器飞行管理规则》及草拟的国内国际客货运输工作细则等都未能正式公布实施。民航立法仅在民航通信导航、航

---

〔1〕 参见郝秀辉、杨惠、杨万柳：《民航立法发展的回顾、反思与展望》，载《社会科学家》2010年第6期。

〔2〕 参见徐希尧、李芳华：《中国民航空中交通管理系统法规建设50年》，载《中国民航报》2004年5月14日。

空气象、航行情报等业务立法上有所推进。这一时期，中国承认或加入1929年《华沙公约》、1944年《芝加哥公约》、1963年《东京公约》等国际航空公约，为中国20世纪80年代民航法规的制修、接轨国际奠定了基础。

（三）1979～1989年：民航立法恢复阶段

1980年，国务院、中央军委发布《关于民航管理体制若干问题的决定》，民航局不再由空军代管，由国务院统一管理全国民航机构、人员和业务。国务院批准《外国民用航空器飞行管理规则》，标志着民航立法揭开了新篇章。1979年成立航空法领导小组和起草小组，并对《通信业务规程》《中国民用航空飞行规则》《搜寻救援民用航空器规定》《中国民航无线电管理规定》等法律文件进行修订。在此10年期间，民航立法在新形势下逐步恢复，国务院共颁布17部民航行政法规性文件，民航总局颁布91部规章性文件。[1]

（四）1990～2000年：民航法规体系初步形成阶段

1987年后，中国民航市场化改革深入发展，开始第一次政企分离，民航立法开始规范化、体系化发展。1995年颁发《民用航空法》、《中国民用航空总局规章制定程序规定》（已失效）和《中国民用航空总局职能部门规范性文件制定程序规定》（已失效）。《民用航空安全保卫条例》《民用航空器国籍登记条例》《民用航空器权利登记条例》《飞行基本规则》等行政法规相继实施，航空人员、机场、航空器等规章制修加强。如1997年对早期涉及民航管理的规章进行清理，修订不符合《行政处罚法》的涉及民航管理的规章20部、废止2部。[2]

历经十年发展，到20世纪90年代末，中国民航立法初步形成了以《民用航空法》为龙头，由行政法规、涉及民航管理的规章以及其他民航规范性文件构成的民航法规体系的雏形，为中国民航管理有法可依、有章可循初步奠定了基础。[3]

（五）2001～2015年：民航法规体系基本形成并不断完备阶段

2001～2015年是中国民航三个五年发展规划（“十五”“十一五”“十二五”）建设期。

在中国民航“十五”期间，我国共制定或修改法规、规章近70部，基本建立了民用航空法规体系，安全管理立法正逐步与国际接轨，依法管理和依法运营的理念在全行业进一步得到贯彻落实。为实现中国入世时对有关航空运输服

---

〔1〕 参见孟庆芬、严春明：《中国民航立法六十年》，载《中国民用航空》2009年第10期。

〔2〕 参见1997年《中国民用航空总局关于修订和废止部分民用航空规章的决定（CCAR－20LR）》（部分规定已失效）。

〔3〕 参见杨惠、郝秀辉：《航空法学原理与实例》（第2版），法律出版社2017年版，第6页。

务的承诺，2002年我国取消民航行政审批项目64项。为适应民航管理体制改革和行业发展需求，我国开展大规模涉及民航管理的规章文件的全面清理，2003年全面清理涉及民航管理的规章116部、规章性文件108部，废止规章5部、规章性文件34部和其他政策性文件51部；[1]2004年发布涉及民航管理的规章19部，按行业管理体制要求全面清理行政许可项目；2005年发布涉及民航管理的规章20部，废止规章20部、规章性文件20部。[2]

在中国民航"十一五"期间，民航法制建设目标是以修订《民用航空法》为龙头，以完善安全管理和经济管理等法规规章为重点，建立起比较完备的民航法规体系。[3] 这期间全面清理民航行政法规29部、规章114部和规章性文件9部，废止涉及民航管理的规章4部、规章性文件3部；[4]颁布《国内航空运输承运人赔偿责任限额规定》和《民用机场管理条例》2部行政法规，出台涉及民航管理的规章共44部。[5]

在中国民航"十二五"期间，2010年我国完成《中国民用航空应急管理规定》等涉及民航管理的规章制修12部；[6]2011年民航局共完成修改、宣布失效或者废止规范性文件247部的全面清理工作，进一步完善了涉及民航管理的规章体系，保证了民航法律体系的统一性；[7]2012年民航局制发规章5部、发布规范性文件31部，开展《民用航空行政处罚实施办法》立法后评估，取消和调整民航领域行政审批事项共计13项；[8]2013年民航部门共制定发布规章6部和大量涵盖人员资质和培训、飞行标准、适航管理、机场安全、空中交通管理以及空防安全等方面的规范性文件，提出涉及民航管理的规章立法技术规范，指导涉及民航管理的规章的起草、审查工作；[9]2014年民航部门共制发规章5部、修订《中国民用航空监察员管理规定》，完善了1999年始建的监察员管理制度。[10]

2014年是全面推进依法治国的元年，民航局发布《加强民航法治建设若干意见》，以强化民航行政机关依法行政、民航经营者依法从业和民航消费者依法维权为出发点，以完善民航法规体系、健全民航行业监管机制、增强民航市场主

---

[1] 参见《2003年度中国民用航空政策报告》第16页。
[2] 参见《2005年度中国民用航空政策报告》第4页。
[3] 参见《中国民用航空第十一个五年(2006～2010)发展规划》。
[4] 参见2007年《中国民用航空总局关于废止部分民用航空规章和规章性文件的决定》。
[5] 参见《"十一五"期间我国民航取得的成就回顾》，载国务院新闻办公室网站，www.scio.gov.cn。
[6] 参见《2010年度中国民用航空政策报告》第5页。
[7] 参见《2011年度中国民用航空政策报告》第16页。
[8] 参见《2012年度中国民用航空政策报告》第11～13页。
[9] 参见《2013年度中国民用航空政策报告》第14～15页。
[10] 参见《2014年度中国民用航空政策报告》第12页

体守法意识为重点，全面推进民航法治建设。

总体而言，在2001～2015年的15年期间，中国加入世贸组织，民航实施新一轮的体制改革，完成第二次政企分离，实行机场属地化管理，航空运输企业联合重组，成立三大航空集团公司，行业管理格局由“民航局→地区管理局→省(区、市)局”三级管理体制改为“民航局→地区管理局”两级管理体制。面对中国时代变化和行业发展的法制保障需求，民航法治建设取得重大进展，民航法规体系基本形成，并不断完备，如《民用航空法》的局部条文修订和全面修订并举，涉及民航管理的规章和规范性文件清理持续推进，社会公众参与民航立法制度不断完善，中国参与国际航空公约制定的话语权和主动权不断提高。[1]

(六)2016～2025年：民航法规体系高质量发展期

2016～2025年是中国民用航空“十三五”“十四五”发展规划期。

在中国民航“十三五”期间，法治建设取得显著成就。完成《民用航空法》修订送审稿；新制定规章15部、修订规章79部、废止规章5部；制定完善《民航双随机检查实施规范(试行)》《民航法治建设考核评价暂行办法》等17个立法、执法制度；重构中国民航通用航空法规体系和通航法规体系框架；建立覆盖全国的民航行政规范性文件备案审查制度；完成行业监管模式改革，建成行业监管执法平台；全面推行行业企事业单位法定自查制度；建立高级监察员制度，重构中国民航监察员培训体系，设立中国民航监察员培训学院。[2]

到2020年，我国基本建成以《民用航空法》为核心，覆盖行业各领域和各环节，科学规范、层次分明、配套衔接的民航法规体系。“十三五”期间的中国民航法治建设呈现出以下鲜明特点：(1)民航立法的规划性、系统性、协调性、针对性不断提升。民航局成立民航法治建设领导小组，编制行业首部《民航“十三五”立法规划》，有效协调民航法规体系12个子系统108部规章；出台《民航立法规划管理办法》，建立规划实施机制。(2)民航法规体系不断完善，对行业高质量发展助力作用加大。如《民用航空法》完成3次局部条文修正；制定“通用航空法规体系重构框架”，依法规划、助推通航发展；加快涉及民航管理的规章“立改废”；大力清理“放管服”改革、生态文明、公平竞争、证明事项、产权保护等领域法规。[3] (3)民航法治实践创新突出。通过深化精准监管理念，创新民航行政

---

〔1〕 如2010年《北京公约》和2010年《北京议定书》是世界民航史上首次以中国城市命名的国际多边条约，也是近现代史上首次以中国北京同时冠名的两部全球性法律文件。

〔2〕 参见中国民用航空局新闻发布会：《“十三五”期间民航法治建设相关情况和取得的成绩》，载中国民航网，caacnews.com.cn。

〔3〕 例如，根据2020年1月1日起施行的《外商投资法》，明确对外商投资实行准入前国民待遇加负面清单管理制度，废止了《外商投资民用航空业规定》及其6个补充规定。参见《关于废止〈外商投资民用航空业规定〉及其补充规定的决定》(交通运输部、商务部、国家发展和改革委员会令2020年第23号)。

监管机制和监管方式;[1]通过建立民航信用管理体系和民航企业法定自查制度,强化单位诚信意识和主体责任,提升企业自律。(4)民航立法工作机制与时俱进、不断健全。以五年立法规划和年度民航法制建设工作要点,增强立法的系统性和科学性;部局立法关系进一步理顺,完善民航法规制定程序;全面建立行业和公众全覆盖的立法建议征集机制、民航局和管理局行政规范性文件合法性审核制度。[2]

中国民航"十四五"期间,是全面推进依法治国和法治中国、法治政府和法治社会建设的关键时期,也是高质量完善中国民航法规体系、加快建设交通强国民航新篇章的重要发展阶段。民航局已出台《中国民用航空局深入推进法治建设实施方案(2021—2025年)》、编制《"十四五"民航立法专项规划(2021—2025年)》,法治建设被放在民航事业发展全局中统筹谋划,并提出加快构建职责明确、依法行政的政府治理体系,在法治轨道上推进民航治理体系和治理能力现代化,提升行业治理的法治化、智慧化水平,充分发挥法治固根本、稳预期、利长远的重要作用,为推动"十四五"时期民航强国建设提供有力法治保障。

二维码1-4

中国民用航空管理机构民用航空局的发展历史沿革

第五节　航空法律体系

一、航空法律体系的概念与构成

(一)航空法律体系的概念

在法学理论中,法律体系是一个极其重要的概念,其不仅是法学体系形成、建立的前提和基础,更对法治建设全过程具有驱动、赋能作用。美籍奥地利法学家凯尔森认为:"法并不是像有时所说的一个规则,它是具有那种我们理解为体系的统一性的一系列规则。如果我们将注意力局限于个别的孤立的规则,那就不可能了解法的性质。"[3]

法律体系也就是法律规范的体系,[4]有时也称"法的体系",通常是指由一国现行的全部法律规范按照不同的法律部门分类组合而形成的一个呈体系化

〔1〕从微观监管向宏观监管、从盯人盯事向盯组织盯系统、从侧重技术监管向侧重治理体系监管转变;创新非现场监管,通过远程视听资料、图文、电子数据等方式进行执法检查。

〔2〕参见民航局编制的《"十四五"民航立法专项规划(2021—2025年)》第1~2页。

〔3〕参见[奥]凯尔森:《法与国家的一般理论》,沈宗灵译,中国大百科全书出版社1996年版,第3页。

〔4〕参见[英]约瑟夫·拉兹:《法律体系的概念》,吴玉章译,中国法制出版社2003年版,第54页。

的有机联系的统一整体。[1] 法律体系旨在强调立法层面问题，并不强调法律的实施及其实效。2011年，中国特色社会主义法律体系已经基本形成。2014年，党的十八届四中全会通过《中共中央关于全面推进依法治国若干重大问题的决定》，提出全面推进依法治国的总目标是建设中国特色社会主义法治体系，建设社会主义法治国家。在从法律体系迈向法治体系的进程中，建立完备的法律规范体系，是法治体系形成的基础和前提，良法善治是法治的精髓。[2]

航空法是调整航空活动及其与航空活动相关法律关系的各种原则、规范与规则的总称。航空法律体系是中国特色社会主义法律体系不可或缺的组成部分。

（二）航空法律体系的构成

法律体系构成的最基本单位是法律规范，但法律体系构成的规范具有属国性、整体性和现实性，仅限于一国的全部现行法律规范，包括一国国内法律规范和被本国承认的国际法规范。

航空法律体系的构成应包含两个维度（见图1－3），从法源维度上，包括了国际航空法和国内航空法；从涉含内容维度上，包括了航空公法和航空私法。

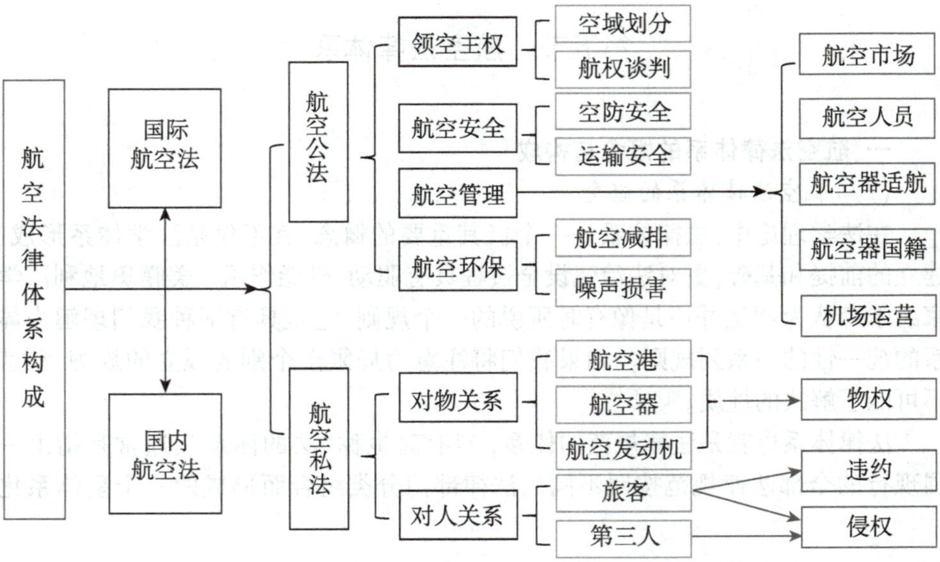

图1－3 航空法律体系构成

［1］参见张文显主编：《法理学》（第5版），高等教育出版社2018年版，第100页。

［2］参见王利明：《从法律体系迈向法治体系》，载《中国高等教育》2014年第22期。

航空私法主要指规范参与航空器、机场等运营者及使用者之间私人关系的系列规则；航空公法主要指规范国家和国际组织在航空活动中所介入的有关政治、技术、财政、经济、社会、法律等问题的系列规定。

国际航空法是国际法的组成部分，在国际法中，航空法与海洋法、海商法有相当密切的联系，其许多规则是从海洋法、海商法类推和比拟发展来的。与海洋法、海商法相比，航空法起步晚且发展明显滞后，但也有其自身特点，例如，以1963年《东京公约》为代表的三个反劫机公约创设的"航空登记国管辖权""降落地国管辖权"等规则是按照航空活动特有需要创制的国际航空法独有的规则，是对国际法规则的丰富和发展。当然，成为中国特色航空法律体系的国际航空法规范，均应是被中国承认的各类国际航空公约、条约、协定等。

从法律规范的对象和航空业务线看，中国民航法规体系又可具体细化为航空器适航法规体系、机场法规体系、航空公司法规体系、安全监管法规体系、空管法规体系、空防安全法规体系等。

二维码1－5

航空器适航法规体系图

（三）航空法律体系的重要补充：标准规范

按照著名法学家罗豪才教授的解释，中国特色社会主义法治体系包含了大量的软法，这些软法在范围上既包括传统国家硬法文件中的软法，也包括国家机关制定的行政法规、规章以外的规范性文件，还包括大量政治组织和其他社会组织的自律、自治规范等。[1]

从国际公约层面看，迄今为止，国际民航组织制定和管理的1944年《芝加哥公约》19个附件和6个空中航行服务程序中包含超过12,000项标准和建议措施。为顺应航行技术的最新发展和不断创新，国际民航组织对国际标准和建议措施保持持续更新，民航局在规章修订时，会把标准和建议措施清单所列的要求转化至规章修订内容之中，但中国涉及民航管理的规章完成相应修订需要一定周期，因此，在完成规章修订之前可能存在部分细小的差异。[2]（见表1－1）

〔1〕　参见韩春晖：《社会主义法治体系中的软法之治——访著名法学家罗豪才教授》，载《国家行政学院学报》2014年第6期。

〔2〕　参见《国际运行》（字号：民航规〔2024〕1号；文号：AC－121－FS－132R1）。

表 1－1 国际民航组织建立的标准体系架构

级别	标准程序类别	具体体现	作用
第一级	标准和建议措施	1944 年《芝加哥公约》19 个附件	标准和建议措施和空中航行服务程序是协调全球航空安全和效率、全球空中导航设施和服务的功能和性能要求标准化,以及航空运输有序发展的根本基础,对国际民航组织成员国和其他利益相关方至关重要
第二级	空中航行服务程序	指导缔约国实施国际民航组织标准和建议措施的具体程序,全球适用	
第三级	地区补充程序		为地区补充程序,不能全球适用性
第四级	其他几种格式的指导材料、手册和通告	指导材料采用附件的附录或单独手册、公告等形式发布,通常与关联标准和建议措施批准同时被通过。 通告是为感兴趣的缔约国提供的专门信息	用来补充标准和建议措施和空中航行服务程序,以便于其实施

资料来源:参见石红霞:《国际民航组织概况及标准制定程序》,载《民航学报》2021 年第 3 期。

从中国国内法层面看,法律、法规、规章和标准都是中国民航行业运行的规范,中国民航行业治理也存在数量众多的标准规范。2019 年,根据《标准化法》中的内涵精神,民航局对民航领域行业标准开展了集中清理,共废止标准 266 项,由民航行业标准转为民航工程建设标准 4 项,保留民航行业标准 187 项。2022 年,民航局通过多方协调,对行业标准结构和范围进行优化,相应调整“民用航空行业标准代号和范围”并获得国家标准化管理委员会批复同意。优化后的中国民航行业标准体系包括现行有效的 295 项,[1]全部为推荐性标准。民航行业标准体系将建立动态管理机制,将随着技术和业务需求的发展而不断更新。(见表 1－2)

〔1〕 数据资料源于民航局航空器适航审定司 2023 年 12 月 8 日发布的《民航行业标准体系(征求意见稿)》,载航空局官网,http://www.caac.gov.cn/HDJL/YJZJ/202312/t20231211_222291.html。

表 1－2　民航行业标准统计

单位:项

代码	专业领域	数量
101	基础标准	1
102	民航运输服务标准	13
103	通用航空作业服务标准	25
104	民航活动安全和安保标准	14
105	空中交通管理标准	69
106	绿色低碳循环发展标准	1
107	民用航空产品和零部件适航标准	30
108	民用航空网络安全和数据安全标准	9
109	民航数据管理和数据治理标准	0
110	民航电子政务标准	5
111	民用无人驾驶航空标准	9
112	机场运行标准	39
113	民航工程建设标准	80
114	民航国防动员标准	0
合计		295

民航行业标准虽然不符合法的形式特征,其约束力也与法的约束力有本质差别,但行业标准能够弥补硬法的不足,能够顺应行业公共治理的内在需要,且能利用其与硬法之间的关系使自身得以推行。此外,行业标准是技术操作的规则依据,是行政执法的重要依据,是相关操作行为合法性裁判的重要参考。因此,标准规范作为软法,是航空法律体系的重要补充。

二、中国民航法规体系

迄今,中国民航已经基本形成以《民用航空法》为龙头,以国务院发布的有关民航行政法规和政策性文件、民航主管部门发布的涉及民航管理的规章为主体,以其他民航行政规范性文件、民航标准和地方性法规文件为补充的民航法规体系(又称民航法律规范体系)。(见图 1－4)

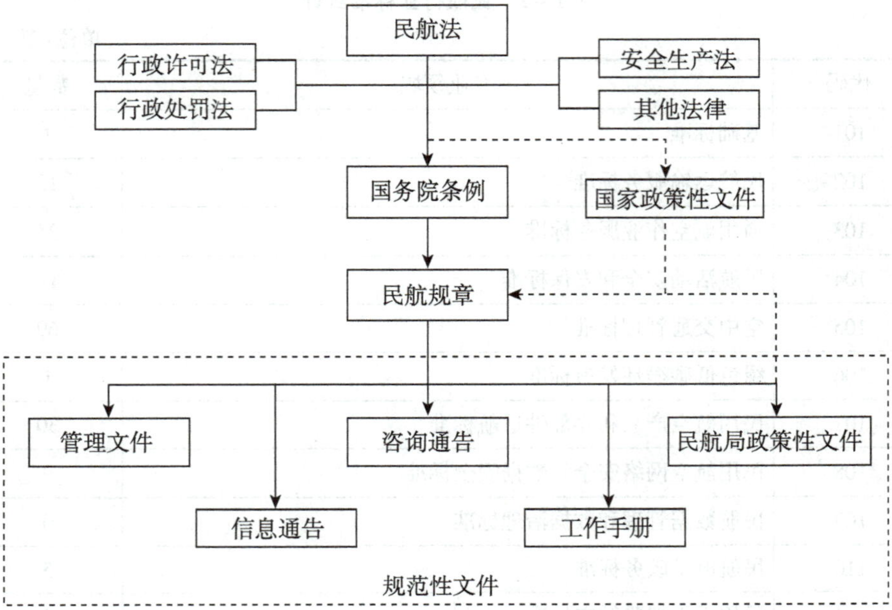

图1－4　中国民航法规文件体系框架

（一）民航法

民航法是民航局对各类行业活动实施管理的依据。民航法与其他行政法都需经全国人大常委会通过后才能发布。

1995年《民用航空法》的起草始于1979年。1979年4月4日，中央政法小组委托外交部开会确定编写和修订二十几部外事法规，其中指定航空法由民航部门编写，原民航总局成立航空法领导小组和编写小组，制定"航空法"被列入国务院批准的1982～1986年立法规划。起草小组先后组织翻译研究了美、英、苏联等国的航空法及有关国际公约，并在实地考察美国、加拿大、英国、德国等国外立法的基础上，于1983年提出《航空法（草案）》初稿。[1]

1995年通过的《民用航空法》是中国第一部全面规范民用航空活动的法律，也是迄今为止中国民航领域的基本法，具有重要里程碑意义。本法共16章215条，规定了中国民航的基本法律制度，例如航空器国籍登记和权利登记，适航管理制度，航空人员管理制度，民用机场、空中航行法律制度，公共航空运输、通用航空活动、对地面第三人损害的赔偿责任、对外国民用航空器的特别规定等。

---

〔1〕 参见民航局1984年4月17日下发的《关于讨论〈中华人民共和国航空法〉草案（初稿）的通知》[（84）民航际字第153号]。

截至2022年12月31日,《民用航空法》自1996年3月1日实施后,分别在2009年、2015年、2016年、2017年、2018年、2021年进行了六次局部修订。

航空法作为规定航空领域领空主权、管理空中航行和航空活动的法律规范,是一个不可割裂的整体。民用航空活动和军用航空活动都必须同时具备相互关联的空域、航空器、航空人员以及机场、空中交通管制和导航服务等基本要素和设施。从应然状态而言,中国航空法律体系还应包括军用航空法规、规章和规范性文件。

二维码1-6

《中华人民共和国民用航空法》的历次修订时间、修订依据和修订内容

目前,《民用航空法》仅适用于中国民用航空活动,中国军用航空活动通常以《飞行基本规则》为基本法。中国现行航空法律体系未能形成一个内在和谐的统一法律体系,其最大的缺陷是空域管理、空中航行和航空活动不能融为一体,没有一部统一适用于民用航空和军用航空的航空法进行管辖。因此,中国航空法律体系建构的基本目标应是:以科学发展观为指导,以保障国防安全、飞行安全、公共安全和空域资源合理、充分、有效利用为宗旨,通过基本法的"鸿篇巨制"和各法规、规章、标准等法律规范在细节上的创制、修补和完善,建成一套以"航空法"为龙头,以行政法规和军事法规为主干,以各类规章标准为基础,以地方性规范和各级各类规范性文件为补充,内容齐全、层次分明、军民一体、相互配套、体系完备的航空法律体系,形成"政府监管、行业指导、市场化运作"全国一体的航空活动管理体系和航空服务保障体系。

完善中国航空法律体系,关键是如何设计一部"航空法",统一规定空域管理、空中航行和航空运输的原则和框架,具体航空活动规则可由单行法律规定,或由下位法规定。[1] "航空法"的立法模式有两种选择,一是法典式,二是通则式。一个国家的"航空法"应该采取何种立法模式,应该从本国的立法传统和军民航法规建设的实际出发。从立法技术的可行性、立法成本与法典制定的形式理性要求来看,"航空法"采取通则式的立法模式较为可行。通则式的"航空法"只对军民航共同涉及的内容作出总纲性规定,采取抽茧式的方法提取现行军民航法规中应该统一的内容,协调、提升、整合现行立法文件的效力层次,确保"航空法"基本法的地位。这种立法模式可以避免"航空法"的出台造成军民航各自现行法规体系的剧烈变动,保证以最小成本逐步实现军民航法规体系的一体化发展,保障军民航的持续、稳定、健康运行。在"航空法"立法内容上,从现行军民航法规现

〔1〕 美国、加拿大、俄罗斯、日本等国采取这种立法设计。

状考察,空域管理是"航空法"需迫切解决的重大问题和"瓶颈"问题,[1]空域分类管理制度设计直接关系到"航空法"的立法成败。"航空法"应明确规定"军民一体、协调配合、联合共管"的空域管理体制。借鉴航空发达国家的立法经验,结合中国的国情和军情,采取"平时以民方管理为主、战时由军方管理"的航空管制立法模式,各自根据法定义务和职责行使管理权限,[2]这样可以在保证国防安全的同时高效利用丰富的空域资源,促进中国航空业的跨越式发展。

(二)民航行政法规和国家政策性文件

在中国民航法规体系中,民航行政法规发挥着枝干功能。民航行政法规的立法名称并不限于"条例"的称谓,有多种多样的名称,包括规则、实施细则、办法、暂行办法、规定、暂行规定、决定、通知、通告等。

国务院条例是基于民航法制定的,明确民航各类行业活动实施管理方式和基本规则的行政法规,一般按行业活动管理类别分别制定。国务院条例需经国务院常务会议通过后发布,是涉及民航管理的规章制定的主要依据。

国家政策性文件指国务院颁发的政策性文件,也是涉及民航管理的规章制定的依据,尤其是在国务院条例制定或修订完成前。为及时落实国家政策性文件,在涉及民航管理的规章修订完成前,一般通过颁发民航局政策性文件的方式执行。

民航行政法规主要包括《民用机场管理条例》《飞行基本规则》《通用航空飞行管制条例》《民用航空器权利登记条例》《民用航空器国籍登记条例》《民用航空安全保卫条例》《搜寻援救民用航空器规定》《民用航空运输不定期飞行管理暂行规定》《民用航空器适航管理条例》《外国民用航空器飞行管理规则》等。

(三)涉及民航管理的规章

涉及民航管理的规章是基于法律、法规或者政策性文件制定的,明确对行业内具体事项进行管理的规范,一般按照行政许可事项分别制定。涉及民航管理的规章需经交通运输部部务会议通过后发布。

涉及民航管理的规章是有力支撑《民用航空法》实施的主体部分,以职责分工和规范内容为主要标准,分为13个子系统,如图1-5所示。

---

[1] 参见郝秀辉、杨惠、杨万柳:《民航立法发展的回顾、反思与展望》,载《社会科学家》2010年第6期。

[2] 例如,美国、加拿大、俄罗斯、日本等国空域主要用于民航;欧盟委员会制定《对空域灵活使用的共同规则》,明确空域不确定由民航或军方控制,必要时由空管协调中心予以协调。

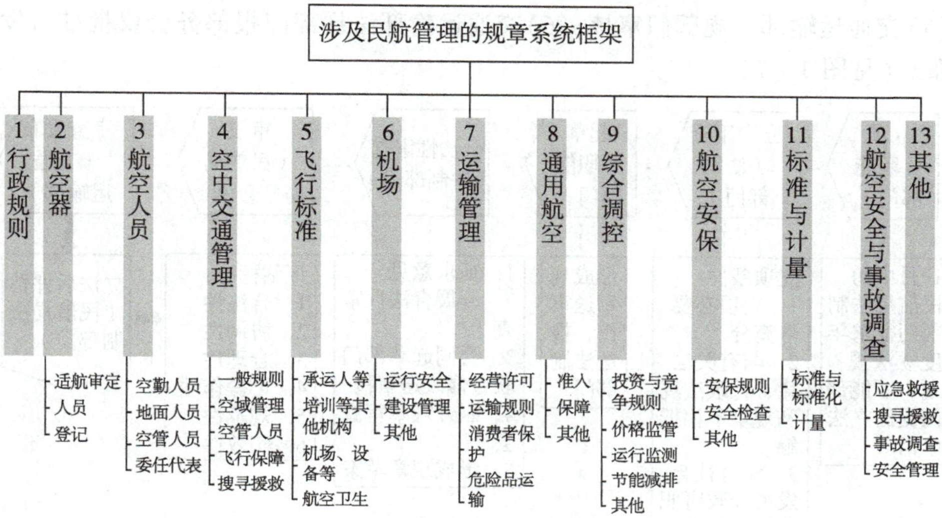

图 1－5　中国涉及民航管理的规章系统框架

资料来源:参见民航局编制的《"十四五"民航立法专项规划(2021—2025 年)》第 5 页。

按照民航局对行业具体事项管理的分类,民用航空规章又可划分为如图 1－6 所示类别。

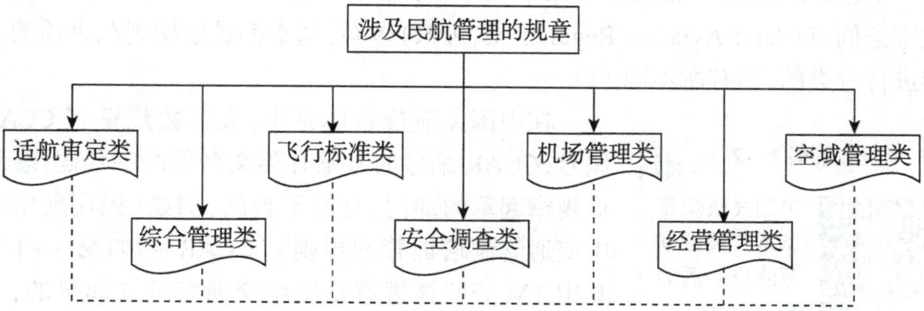

图 1－6　中国涉及民航管理的规章分类

涉及民航管理的规章的内容以保障安全为中心,有关民航安全的涉及民航管理的规章占比最大,安全管理内容始终占据主要地位和绝对数量占比。

根据《中国民用航空总局规章制定程序规定》(CCAR－12)、《中国民航安全管理领域具体运行规章制定程序实施细则》(民航函〔2023〕967 号),涉及民航管理的规章的制定和修订由民航局法规部门统一管理,基本流程如下:(1)民航局各业务部门提出制定或者修订计划;(2)民航局各业务部门按计划完成起草并初步征求行业意见;(3)民航局法规部门审核,组织公开征求意见和公众听证会;(4)民航局法规部门报局务会议批准后,呈报交通运输部;

(5)交通运输部法规部门审核;(6)交通运输部法规部门报部务会议批准后发布。(见图 1－7)

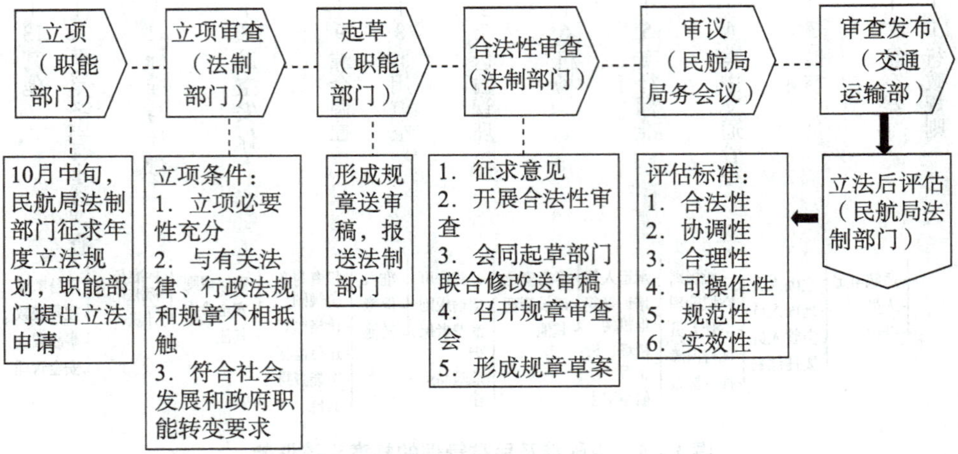

图 1－7 中国涉及民航管理的规章制定流程

资料来源:本图示根据《中国民用航空总局规章制定程序规定》(CCAR－12)和《关于印发〈中国民用航空局规章立法后评估规定〉的通知》(民航发〔2011〕82 号)绘制。

中国民航规章(Chinese Civil Aviation Regulation, CCAR)体系与美国联邦航空条例(Federal Aviation Regulations, FAR)体系,基本都是根据规范事项的内容进行分类的,但有所不同。[1]

二维码 1－7 中国民航规章体系与美国联邦航空条例体系对照表

在中国民航规章体系中,大多数规章有 CCAR 编号,CCAR 编号的末尾有英文名称两字代码,表示该规章起草的部门,有利于查阅,例如《民用航空空中交通管制培训管理规则》(CCAR－70TM－R1),其中 TM 表明该规章是空中交通管理局起草的,末尾标注 R1 代表该规章第 1 次修订,没有标注的为未经过修订。涉及民航管理的规章也有未标 CCAR 编号的,例如 2018 年发布的《出境入境航空器载运人员信息预报预检实施办法》。

(四)民航行政规范性文件

民航行政规范性文件由民航局依照法定权限、程序制定并公开发布,涉及公民、法人和其他组织权利义务,具有普遍约束力,在一定期限内反复适用。[2] 民航规范性文件基于涉及民航管理的规章制定,对规章要求作出具体解释或者明

〔1〕 参见郝秀辉:《海峡两岸航空法之比较研究》,法律出版社 2013 年版,第 37 页。

〔2〕 参见《民航局行政规范性文件合法性审核管理规定》(民航发〔2019〕38 号)第 3 条。

确执行规范，文件类型包括咨询通告、管理文件、信息通告、工作程序或手册、民航局政策性文件等。（见表1－3）

表1－3　民航规范性文件类型对照

类别	编号	用途
管理程序（AP）	AP－XX－AA－XXXX－11	用于规范有关涉及民航管理的规章实施的办法或具体程序
咨询通告（AC）	AC－XXX－FS－XXX RX	用于解释或者细化涉及民航管理的规章某一方面要求
管理文件（MD）	MD－XXX－FS－XXX RX	用于提供满足涉及民航管理的规章要求的具体实施细则
工作手册（WM）	WM－TM－XXXX－00X	用于规范和指导民航行政机关工作人员具体行为
信息通告（IB）	IB－FS－XXX－XXX RX	用于提供行业涉及民航管理的规章执行的相关参考信息
运行安全通告（OSB）	OSB－XXXX－XXX RX	用于提示行业运行安全相关的信息
政策性文件	按照民航局公文规范的统一要求	

二维码1－8

民航规范性文件样例

根据《国务院办公厅关于加强行政规范性文件制定和监督管理工作的通知》（国办发〔2018〕37号）、《国务院办公厅关于全面推行行政规范性文件合法性审核机制的指导意见》（国办发〔2018〕115号）、《民航局行政规范性文件合法性审核管理规定》（民航发〔2019〕38号）和《民航地区管理局行政规范性文件备案管理规定》（民航发〔2019〕30号）等要求，民航局行政规范性文件均应以民航局名义制定发布，不得以民航局机关各部门名义制定发布，并应当统一使用“民航规”字号进行登记、编号，按照信息公开的要求和程序向社会公开发布；行政规范性文件一般选择使用通知、决定等公文文种，可以使用办法、规定、规则等名称，不得使用法、条例等名称；体例上可以选择条文或者其他形式。[1]

〔1〕　参见《民航局行政规范性文件合法性审核管理规定》（民航发〔2019〕38号）第5～6条。例如，《关于印发〈运输机场消防队管理规定〉的通知》（民航规〔2022〕54号）；《通用航空短途运输管理暂行办法》（民航规〔2020〕24号）。

民航行政规范性文件的制修均需符合规定的流程。例如,民航地区管理局制发的行政规范性文件,应当自发布之日起30日内向民航局备案。[1]（见图1－8）

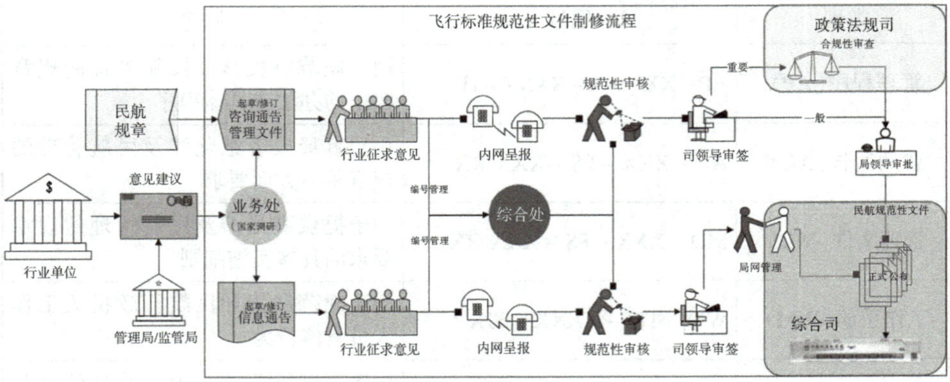

图1－8　飞行标准管理规范性文件制定/修订流程

（五）地方性法规和规章

航空法律体系除上述层次的法律规范外,还有地方人民代表大会常委会和地方人民政府制定的地方性法规和规章。例如,《四川省民用机场净空及电磁环境保护条例》《北京市民用机场净空保护区域管理若干规定》《湖北省民用机场净空安全保护条例》《安徽省民用机场净空环境保护条例》等。（见表1－4）

表1－4　中国涉及民航管理的规章、规范性和指导性文件、标准的调整事项和适用内容对照

调整手段	调整事项	考虑因素及适用
规章	涉及权利义务	(1)设定行政处罚、行政许可; (2)拟确立的制度积累了一定实践,需要巩固制度; (3)出台相关规范的迫切性较小; (4)拟调整的社会关系涉及面广,涉及重大制度调整,对公民、法人和其他组织权利义务有较大影响,需要系统加以规范
行政规范性文件		(1)行政规范性文件无权设定行政处罚、行政许可; (2)试点性的、探索性的制度,对新业态、新技术、新模式的调整; (3)应对行业急需或贯彻国家或民航局重大决策部署,需尽快出台相关规范; (4)拟调整的社会关系较单一,针对性强,对公民、法人和其他组织权利义务的影响较小,主要执行、补充上位法的规定

〔1〕　参见《民航地区管理局行政规范性文件备案管理规定》(民航发〔2019〕30号)第3～4条。

续表

调整手段	调整事项	考虑因素及适用
标准	不涉及权利义务	规范适航、飞行标准、机场空管运行、民航业服务品质提升等方面的技术和服务要求
政策性文件		指导性文件，指引民航业发展战略方向、改革发展的顶层设计、重要领域的先行先试、深层次发展难题的破解等

（六）中国缔结或加入的国际航空公约和双边航空运输协定

国际民航公约是国际民航治理体系的重要组成部分，中国批准、加入的国际民航公约是中国民航法规体系的重要组成部分，对推动中国民航治理体系和治理能力现代化具有重要的作用和意义。

1. 中国加入的国际航空公约

中国长期以来积极参与、推动国际航空立法工作，《民用航空法》对现有国际航空公约就曾区分四种情况对待[1]：(1)对于中国已经批准或者加入、对中国具有约束力的公约，《民用航空法》的有关条款尽可能地与其规定相一致，如1929年《华沙公约》、1955年《海牙议定书》和1944年《芝加哥公约》等。(2)对于中国尚未批准或者加入但是其内容合理且与中国现行政策不抵触的公约，《民用航空法》吸收了其内容，如1948年《日内瓦公约》)和1961年《瓜达拉哈拉公约》等。(3)对于中国目前尚未批准或加入，其部分内容与中国实际情况不符或与中国现行政策有某种抵触，但其责任制度的框架或其他内容具有正确合理的成分，甚至代表了国际民用航空立法共同发展方向的公约，《民用航空法》有选择地吸收了其合理成分，如1952年《罗马公约》、1971年《危地马拉议定书》、1975年蒙特利尔第3号、第4号附加议定书等。(4)对于有关航空器扣押、航班飞行运价程序等某些公约，虽然各有一定的重要性，但鉴于这些公约所调整的问题一时还提不上中国的议事日程，《民用航空法》对其未予以吸收。

截至2023年6月1日，中国先后签署批准加入了1929年《华沙公约》、1963年《东京公约》、1970年《海牙公约》和1971年《蒙特利尔公约》及其1988年《补充蒙特利尔公约议定书》、1999年《蒙特利尔公约》、2001年《开普敦公约》和《开普敦议定书》、2010年《北京公约》和《北京议定书》等国际公约，自觉遵守这些公约缔约国的义务，实施有关航空公约的标准和建议措施。

二维码1-9

中国签署、批准加入的国际航空公约一览表

---

〔1〕　参见时任原中国民用航空总局局长的陈光毅1995年6月23日在第八届全国人民代表大会常务委员会第十四次会议上所作的《关于〈中华人民共和国民用航空法（草案）〉的说明》。

2. 中国对国际航空公约的适用方式

一个在国际上已经生效的条约,其规定在各国国内得到执行,以被各国国内法接受为前提。[1] 国际航空公约作为当今国际航空法最主要的法律渊源,是调整各种国际航空关系的重要法律工具,在国际航空活动中发挥重要作用。

国际条约是我国法律体系的重要组成部分,但是,需要澄清三个基本问题,即国际条约的法律地位应由哪部法律规定?国际条约在我国应如何取得法律适用效力?国际条约与其他国内法的位阶如何处理?

在我国法律体系中,宪法位于最高位阶,《宪法》第 67 条第 15 项、第 81 条、第 89 条第 9 项对国家机关的条约缔结职权作了明确规定。

二维码 1-10

中国宪法关于国家机关条约缔结职权的规定

但是,我国宪法并没有对国际条约的法律地位进行规定,《立法法》或《缔结条约程序法》都属于程序性法律,都不宜规定国际条约的地位问题。目前,我国法律对国际公约在国内的适用问题没有作出统一规定,相关规定主要散见于《涉外民事关系法律适用法》及其司法解释、相关部门法和外交声明中,并在私法领域和公法领域有所不同。

(1)通过涉及民航管理的规章直接吸收国际民航规则

中国作为 1944 年《芝加哥公约》的缔约国,积极采用国际民航组织制定的标准,多年来,中国很多涉及民航管理的规章不断根据国际民航规则变化,吸收后持续修订。例如,2023 年 1 月 1 日起施行的《交通运输部关于修改〈民用航空空中交通管理规则〉的决定》(CCAR-93TM-R6),就是根据国际民航组织就跑道表面状况的评估和报告形成的新规则,是对涉及的航空情报服务有关制度作出的相应修改。2022 年,对照国际民航公约相关内容,进一步完善的《民用航空器国籍登记规定》第 6 条第 1、2 款明确规定"民用航空器依法登记后,取得中华人民共和国国籍,受中华人民共和国法律管辖和保护。中华人民共和国作为该航空器登记国,承担 1944 年《芝加哥公约》规定的职责和义务。中华人民共和国根据 1944 年《芝加哥公约》与其他国家签署了关于登记国职责和义务转移的协定的,从其规定"。

(2)私法领域可以依据《民用航空法》援用国际航空公约

在《民法典》实施前,《民法通则》(已失效)第 8 章"涉外民事关系的法律适用"第 142 条规定,中华人民共和国缔结或者参加的国际条约同中华人民共和国的民事法律有不同规定的,适用国际条约的规定,但中华人民共和国声明保留的

[1] 参见李浩培:《条约法概论》(第 2 版),法律出版社 2003 年版,第 314 页。

条款除外。中华人民共和国法律和中华人民共和国缔结或者参加的国际条约没有规定的,可以适用国际惯例。显然,《民法通则》认可国际条约在我国的优先适用,国际条约优先于国际惯例,国内法优先于国际惯例。但《民法典》在替代《民法通则》时,并未吸纳其第142条的规定。

2010年通过的《涉外民事关系法律适用法》对《民法通则》第8章“涉外民事关系的法律适用”进行了单独立法,但该法仅吸收了《民法通则》第142条第1款的内容,对第2、3款的内容未予规定。2013年《最高人民法院关于适用〈中华人民共和国涉外民事关系法律适用法〉若干问题的解释(一)》第4条援引了《民法通则》第142条第2款,第5条援引了《民法通则》第142条第3款,2020年,最高人民法院对该司法解释的修改,又删除了前述第4条、第5条的内容。但是该司法解释第3条进一步明确规定:“涉外民事关系法律适用法与其他法律对同一涉外民事关系法律适用规定不一致的,适用涉外民事关系法律适用法的规定,但《中华人民共和国票据法》《中华人民共和国海商法》《中华人民共和国民用航空法》等商事领域法律的特别规定以及知识产权领域法律的特别规定除外。涉外民事关系法律适用法对涉外民事关系的法律适用没有规定而其他法律有规定的,适用其他法律的规定。”

在民用航空领域涉外关系的法律适用问题上,《民用航空法》采用了与《民法通则》相同的“国际条约优先适用”模式。该法第184条明确规定:“中华人民共和国缔结或者参加的国际条约同本法有不同规定的,适用国际条约的规定;但是,中华人民共和国声明保留的条款除外。中华人民共和国法律和中华人民共和国缔结或者参加的国际条约没有规定的,可以适用国际惯例。”由此,航空私法领域的涉外关系可依据《民用航空法》直接援用中国缔结或者参加的国际航空公约的规定。

(3)公法领域需经国内法转化适用国际航空公约

在中国司法实践中,当中国缔结的国际条约与国内法有不同规定时,除了航空私法领域的涉外民商事案件在国内可直接适用国际航空公约之外,中国缔结、参加的国际条约的内容需要经国内法转化才能适用。因此,在航空公法领域,对于某些国际航空公约的相关内容,中国通过相关立法、修法,将其转化为国内法,落实某些国际航空制度。例如,1979年《刑法》并没有规定劫机罪,1987年全国人大常委会通过的《关于对中华人民共和国缔结或者参加的国际条约所规定的罪行行使刑事管辖权的决定》规定:对中国缔约或参加的国际公约所规定的犯罪,中国要行使刑事管辖权。1992年《关于惩治劫持航空器犯罪分子的决定》(已失效)增补劫持航空器罪,对劫机罪的构成及刑罚进行规定。1997年《刑法》对劫持航空器罪、危害飞行安全罪、破坏航空器罪、破坏航空设施罪以及其他航空犯罪作出明文规定。

3. 我国缔结的双边航空运输协定

双边航空运输协定是两个主权国家为了在国家间建立定期航空运输关系而签订的协定，是国家间通航的主要法律依据。截至2023年8月，与中国签订双边航空运输协定的国家和地区共有130个。

二维码1-11

中国签订的双边航空运输协定一览表

第二章 空域管理制度

第一节 空域概述

一、空域的界定和属性

（一）空域的界定

在物理学上，空间分为空气空间和外层空间。空气空间通常称为空域（air space），是环绕地球的大气空间，也是航空器进行空中飞行活动的主要场所。空气空间分为两类：一是各国领土之内的陆地和水域之上的空气空间，被称为国家领空；二是国家领土之外的陆地和水域之上的空气空间，也称公空。[1]

（二）空域的属性

出于自然力、政治、经济、军事、安全、技术以及空中交通服务等方面的原因，空域具有自然属性、社会属性、法律属性和技术属性等多重丰富的属性。

1. 自然属性

空域作为一种自然资源，与土地、矿藏等自然资源不同，其以空气为介质，以特殊的形态存在，水平范围以对应的地域范围为界，垂直范围受高度限制。从大气分层和飞行实践活动看，民用航空器活动在对流层和平流层下部，从地面算起18千米高度之内，没有增压的飞机和小型的喷气飞机在6千米以下的对流层中飞行，大型和高速喷气客机在7～13千米的对流层顶部和平流层中飞行，超音速飞机和一些高速军用飞机通常在13.5～18千米的高空巡航。[2]例如，美国将空域分为A、B、C、D、E和G六类，其中A、E类空域范围为美国大陆（包括阿拉斯加和夏威夷）及海岸线向外延伸12海里之上的空间。A类空域是为高空喷气航路划设的空域，其垂直范围为海拔18,000英尺至600飞行高度层（约18千米）。[3]

空域作为一种自然资源，还受到空域固有物理、化学特性的影响，呈现出

---

〔1〕 参见陈志杰：《空域管理理论与方法》，科学出版社2012年版，第1页。

〔2〕 参见刘得一编著：《民航概论》，中国民航出版社2005年版，第138页。

〔3〕 参见王庆琪、胡明华、蒋静逸：《空域分类技术研究》，载《交通运输工程与信息学报》2008年第4期。

总量的不确定性,使用过程的可再生性、不可储存性和不可替代性等特征。[1] 由此,空域可以在保证安全的前提下被不断重复循环利用和灵活多变使用。

2. 社会属性

空域具有社会属性,是一个国家的重要战略资源,关系到国家安全、公共安全和航空安全。国家利用一定空域内的飞行活动,可以获得国防、科技和经济建设等各种利益,这对于促进经济社会发展和国防军队建设具有重大意义。

空域虽是人类的自然资源,但除公海、南极等地空域外,其他空域的管理都体现了国家主权性原则,即空域管理代表一国主权,不容侵犯,具有完全性和排他性。这是空域即空气空间与外层空间的最大区别,外层空间允许所有国家自由探索和利用。主权国家的空防安全直接关系到国家安全和公共安全,空域是国家空防保障的潜在主战场,全国及区域空域的设计、分类、划设和可用空域的建设与协调等,都需要主权国家一体化考量和统一管理。空域管理体现主权国家的管理职能,不仅仅是国家空域对社会大众的简单开放,还需要平衡空域的安全性、经济性、效率性和公共性,以确保国防安全、公共安全和航行安全。

3. 法律属性

空域内的各种活动大致包括空域防卫、空域管理和空域使用三个层次。空域防卫需要依据国际航空公约如 1944 年《芝加哥公约》和国内法如《民用航空法》明确规定的领空主权原则。空域管理是一种公共管理,必须有完备的空域管理法规标准体系提供支撑和依据。空域资源作为一种自然资源,需要依法明确空域的所有权归属和使用权的取得与行使,实现有限空域资源的安全、高效、充分、公平利用。

4. 技术属性

尽管国际法规则没有明确空域使用上限,但空域的使用范围与人类技术能力密切相关,任何空域和可航空域都不是纯天然的自然资源,都有不同程度的人力介入和不同技术的开发利用。在相当长的历史时期内,受到包括通信、导航、无线电频谱、监视、机载航电、气象设施、空管运行设备、飞行程序系统等复杂的技术限制,人类可使用、可航行的空域总量具有相对确定性,各国受领空主权原则限制,对空域的使用量也相对确定。但是,随着科技的迅猛发展,垂直高度介于空气空间与外层空间之间的临近空间(18 ~ 100 千米的垂直空域)的概念出

[1] 参见陈志杰:《空域管理理论与方法》,科学出版社 2012 年版,第 1 ~ 2 页。

现,[1]随后在临近空间开发出现亚轨道旅游飞行活动,[2]这使空气空间的国际法规则面临极大挑战。

从空域开发、空域管理和空域利用的发展历程看,技术属性伴随始终。例如,在通信导航监视技术逐渐发展到四维航迹预测技术的支撑下,人类实现了空域从原先的隔离使用到空域的连续、灵活、动态使用。

二、空气空间与外层空间、临近空间的界分

(一)空气空间与外层空间的划分

外层空间又称宇宙空间或太空,迄今为止没有对其公认和权威的定义,在自然科学上指地球大气层以外的空间,在法律上和空气空间相对应。

关于空气空间与外层空间的界限,联合国《外层空间条约》没有定论,理论界有空间论和功能论两种不同观点。空间论主张以物理特性和大气层空气分布情况、距离地面的特定高度为区分标准;功能论主张以飞行器进行空间活动的性质和形式为区分标准。[3]

目前,实践中通常以人造卫星飞行最低限和航空器飞行最高限即以离地面100千米左右为划分标准。例如,1960年第53届巴塞罗那国际航空联合大会决议规定:"地球表面100km以上空间为航天空间,为国际公共领域,100km以下空间为航空空间领域。"在2008年日内瓦共同向裁军谈判会议全体会议上,中国与俄罗斯提交的《防止外层空间军备竞赛条约》(草案)也提出,"外空系指地球海平面大约100km以上的空间"。

在空气空间进行的航空器活动为航空活动,由国家领空主权管辖,受国际航空公约和地面国航空法调整;在外层空间进行的航天器活动为航天活动,属于外层空间活动,其活动过程(包括发射到返回地面的全过程)不受相应地面国家主权的管辖,由外层空间法调整。

外层空间法是人类探索宇宙、适应空间科学技术迅速发展的产物,是规范和调整国际外层空间活动的准则。1963年联合国大会通过《各国在探索与利用外层空间活动的法律原则的宣言》,确定了外层空间法律地位的两个原则:一是外层空间供一切国家自由探测和使用;二是不得由任何国家据为己有。联合国1967年发布《外层空间条约》,明确探索和利用外层空间的基本法律原则包括:所有国家都可自由探索和利用外层空间,各国不得通过主权要求、使用或占领等

---

[1] 参见韩文明:《美国"施里弗-3"空间战模拟演习特点分析》,载《国防科技工业》2005年第4期。

[2] 目前,英国维珍银河公司的"太空船"及美国蓝色起源公司研发的飞船都已成功进行亚轨道飞行,维珍银河、蓝色起源和Space X等商业航天公司已经明确宣布即将面向全球提供太空旅游服务。亚轨道飞行穿越了领空或空气空间,主要活动范围在临近空间,由此引发临近空间的法律地位争议。参见杨宽、于梦雪:《亚轨道旅游背景下外空划界法律问题探析》,载《上海法学研究》集刊2022年第7卷。

[3] 参见涂小雨:《论外层空间的定界》,载《甘肃政法成人教育学院学报》2005年第3期。

方法以及其他任何措施,把外层空间据为己有。在外层空间的活动应该尊重其他国家的利益。空间活动应当遵循国际法,包括《联合国宪章》的基本原则。发射国对其空间实体在外层空间、空中和地球表面造成的损害应当按照不同责任标准承担责任:对其他空间实体造成损害的,适用过错标准;在地球表面或给飞行中的航空器造成损害的,适用绝对责任标准。

(二)空气空间与临近空间的划分

临近空间(near space)是对海拔20~100千米空间范围的一个通用性称谓,横断区、近空间、亚轨道、空天过渡区、亚太空、超高空、高高空等称谓均指该区域。〔1〕临近空间由美军率先提出,是关乎国家安全并具有极高的军事应用价值的一个特殊空间。〔2〕(见表2-1)

表2-1 空气空间与外层空间、临近空间的比较对照

类型	高度	大气层的位置	适用飞行器	适用规则
空气空间(包括领空)	20千米以下	对流层	航空器	适用领空法和国际航空法的规则
临近空间	20~100千米	平流层、中间层和暖层	平流层飞艇、高空气球、太阳能无人机、高超声速巡航飞行器、亚轨道飞行器等	不适用国际航空法规则
外层空间	100千米以上	热层和散逸层	航天器	外层空间法

关于临近空间的高度,国际民航组织在第175届工作组会议上没有明确具体高度,仅界定为“临近空间是指飞行器高于航空器飞行高度的区域,但没有达到卫星轨道的高度”。国际航空联合会将临近空间高度定义在23~100千米范围。〔3〕由于民用航空器飞行高度一般为距海平面18千米以下空域,人造轨道卫星的最低近地点划界是距离地表100千米,所以目前大多是将临近空间的高度定义在离地球表面20~100千米的范围。〔4〕

关于临近空间的性质,学界主要有“空气空间范畴说”“外层空间范畴说”“兼跨空气空间和外层空间说”“有特殊法律地位的空气空间细分层次说”“有特

〔1〕 参见包国俊:《临近空间:不可忽视的战略资源——专访军事科学院军队建设研究部研究员张东江博士》,载《解放军报》2011年7月5日,第10版;张可佳:《临近空间的法律地位及其开发原则》,北京理工大学2016年硕士学位论文,第1页。

〔2〕 参见支媛媛、高国柱:《临近空间飞行活动法律制度研究》,载《中国航天》2018年第3期。

〔3〕 参见郑国梁:《关于临近空间的法律定位及应对措施》,载《国防》2010年第7期。

〔4〕 参见卢玉:《人类命运共同体理念下临近空间的法律地位和制度探析》,载《南京航空航天大学学报(社会科学版)》2022年第3期。

殊法律地位的外层空间细分层次说”“独立法律地位说”等各种说法。[1] 在国际实践中，临近空间的性质和法律地位关乎到一个主权国家的管辖权问题，如果将临近空间的法律地位归属于外层空间，会损害发展中国家对临近空间能够享有的权利。在如何对待临近空间的法律地位问题上，是否应比照海洋法专属经济区制度来确立，中国学者有肯定观点[2]和否定观点[3]之分。

当前，临近空间飞行活动已经给国际空间法律体系带来了巨大挑战，临近空间上下关联空气空间和外层空间，三者划界问题涉及国家安全、主权、经济及军事等重大利益，各国主张和立场存在分歧，难以达成一致，但从商业开发和军事利用的实践看，急需各国共同合作，积极建设临近空间法律制度体系。

三、领空主权原则

（一）空域法律地位之争的核心——领空主权问题

有关空域法律地位的争议始于 20 世纪初，争议焦点主要是各国领空部分的空域如何利用和管辖的问题。主要包括以下几种学说：[4]

共有财产说，又称“空间绝对自由论”，该说认为空气空间是全人类共有的财产，任何国家都不能对其享有主权和行使专有权，任何国家航空器都可在他国领空完全自由航行。

私有财产说，又称“国家主权论”，该说认为一个国家对其领土上空拥有完全的主权，这是罗马法上“谁拥有土地，就拥有土地的上空”法律格言的适用，[5] 未经允许而利用他国领空就是对他国主权的侵犯。

空间有限自由说，又称“国家警察权论”，该说认为空气空间是自由的，但各国可基于国家安全、公共秩序、国家经济利益等原因行使国家自保权，限制其领空内的航行自由。

领土区域说，该说被称为领空主权原则的理论基础，主张在大炮射程内的领空区域是国家主权支配的部分领土，在该空气空间的航行自由有限制，不存在完

---

〔1〕 参见陈聪：《临近空间的性质争议及法律定位》，载《学术交流》2015 年第 4 期。刘宝生：《临近空间法律问题研究》，南京航空航天大学 2020 年硕士学位论文，第 6 页。

〔2〕 参见张东江：《试论临近空间的法律地位及法律原则》，载《中国军事科学》2011 年第 5 期；卢玉：《人类命运共同体理念下临近空间的法律地位和制度探析》，载《南京航空航天大学学报（社会科学版）》2022 年第 3 期。

〔3〕 参见陈聪：《临近空间的性质争议及法律定位》，载《学术交流》2015 年第 4 期。

〔4〕 参见赵维田：《国际航空法》，社会科学文献出版社 2000 年版，第 20 ~ 21 页；刘伟民主编：《航空法教程》（修订版），中国法制出版社 2001 年版，第 61 ~ 62 页；黄涧秋：《国际航空法》，中国法制出版社 2007 年版，第 20 ~ 22 页；王小卫等编著：《民用航空法概论》，航空工业出版社 2007 年版，第 9 页；董杜骄、顾琳华主编：《航空法教程》，对外经济贸易大学出版社 2007 年版，第 92 ~ 93 页；贺富永：《航空法学》，国防工业出版社 2008 年版，第 21 ~ 24 页。

〔5〕 参见吴建端：《航空法学》，中国民航出版社 2005 年版，第 124 页。

全的航行自由。

国际共管说认为，航空飞行具有天然的国际性，基于空中航行的便利，所有空域包括领空部分的空域都应该实行国际共管。

上述各种争议未能从理论上解决空气空间的法律地位问题。

（二）领空主权原则的国际立法实践

1. 领空主权立法的探索

"一战"爆发前，德、法、英等国的气球、飞艇频繁自由飞降欧洲他国，引起各国政府关注。1910 年第一次国际空中航行会议决议明确，"俯临领土和领海的大气应当被视为受国家主权支配的领土"，1911 年英国《空中航行法令》授权国务秘书禁止航空器在规定区域上空飞行，1913 年法国颁布法令规定"在全面或部分动员情况下可以禁止在整个领土上飞行航空器"，同年法国和德国签订双边协议[1]准许相互飞越领空，但军用航空器被禁止飞越对方国家领空，除非得到该国授权。

"一战"爆发后，因飞机被大规模应用于作战，几乎所有国家都立法禁止外国飞机飞入或飞越其领土上空。1916 年在智利召开的泛美航空会议通过了"空气空间为国家财产，各国对其领土之上的空气空间拥有主权；飞机必须具有本国国籍，涂有本国标记"等原则。

2.《巴黎公约》首次承认领空主权原则

"一战"结束后，1919 年巴黎和会通过《巴黎公约》，该公约第 1 条明确了领空主权原则，即各国对其领土上空享有完全的和排他的主权。《巴黎公约》是第一个承认领空主权原则的多边公约，奠定了国际航空法的基石。

3. 1944 年《芝加哥公约》重申领空主权原则

1944 年《芝加哥公约》第 1 条和第 3 条重申了领空主权原则，即各缔约国承认每一国家对其领土之上的空气空间享有完全的和排他的主权；国家航空器未经特别协定或其他方式的许可并遵照其规定，不得在另一缔约国领土上空飞行或在此领土上降落。

4. "无害通过权"的兴衰

《巴黎公约》规定了"无害通过权"，即每一缔约国承允，只要该公约规定的条件得以遵守，就在和平时期给予其他缔约国的航空器无害通过其领土上空的自由。但该规定后来遭到质疑和批判，[2]被 1944 年《芝加哥公约》废除。《芝加哥公约》第 6 条取消了《巴黎公约》的"无害通过权"，即"除非经一缔约国特准或

---

[1] 参见《法国与德国空中航线互通备忘录》(1914) 8 A. J. I. L.。

[2] 参见邵津主编：《国际法》(第 2 版)，北京大学出版社、高等教育出版社 2005 年版，第 161 页；刘伟民主编：《航空法教程》(修订版)，中国法制出版社 2001 年版，第 65～71 页。

其他许可并遵照此项特准或许可的条件，任何定期国际航班不得在该国领土上空飞行或进入该国领土”。《芝加哥公约》是目前国际社会广泛接受的国际航空条约，其领空主权原则不仅是国际条约法规则，还已经成为国际习惯法，具有普遍的法律约束力。[1]

（三）领空主权原则的内涵

1. 领空的定义和范围

领空指一国领陆和领水之上的空气空间，是一国领土不可分割的部分。国家领土是国家主权行使的空间，分为领陆、领水（包括内水和领海）和领空三个部分，上及高空，下及底土。一国疆界之内的陆地称为领陆，疆界之内的水域称为领水（包括内水和领海）。领海指国家主权及于陆地领土及其内水以外邻接其海岸的海域和群岛水域。[2]

领空是一个国家进行空中航行和运输、保卫国家主权与国家安全的重要领域，通常都会通过立法明确。例如，《民用航空法》第 2 条规定，中华人民共和国的领陆和领水之上的空域为中华人民共和国领空。中华人民共和国对领空享有完全的、排他的主权。美国《联邦航空条例》第 71.33 款对 A 类空域规定，美国领空包括 48 个毗连州海岸 12 海里范围内水域上空的领空，从海拔高度 18,000 英尺到飞行高度层 600（约 18 千米）。[3]

2. 领空主权原则的内涵

（1）自保权。自保权是主权国家保卫自己存在和独立，保卫其领空安全，使其不受外来侵犯的权利。自保权分为国防权和自卫权，但自卫应符合《联合国宪章》规定的条件和要求。

领空主权原则意味着一国领空主权不容侵犯，如果国家的领空主权受到侵犯，该国有权采取一切必要措施保护主权，包括使用拦截手段。

20 世纪 50 年代以后，国际上不断发生民用航空器被击落事件。例如，1955 年保加利亚拦截机击落以色列商业飞机的事件、1973 年利比亚一架定期航班被以色列空军击落事件、1983 年苏联击落韩国客机事件等，这三起重大事件推动了国际航空公约关于“禁止对民用航空器使用武力原则”的确立，[4] 该原则具有划时代的意义，成为国际社会普遍遵守的国际法基本原则。

---

〔1〕 参见赵维田：《国际航空法》，社会科学文献出版社 2000 年版，第 20 ~ 22 页；王铁崖主编：《国际法》，法律出版社 1995 年版，第 294 ~ 308 页。

〔2〕 参见 1958 年《领海及毗连区公约》和 1982 年《联合国海洋法公约》的规定。

〔3〕 Code of Federal Regulations § 71.33Class A airspace areas, https://www.ecfr.gov/current/title－14/chapter-I/subchapter-E/part－71.

〔4〕 参见温湘波：《关于禁止对民用航空器使用武力原则的国际法问题》，湘潭大学 2013 年硕士学位论文，第 8 ~ 10 页。

国际民航组织理事会1973年6月5日曾敦请各缔约国，希望避免拦截民用航空器，若要拦截，仅作为最后手段使用，并以识别航空器为限，按照规定的拦截程序进行，提供为安全飞行所需要的任何航行上的引导。1984年4月至5月，国际民航组织大会第25届会议召开，会议决定修改《芝加哥公约》，增加第3条分条[1]，这标志着“禁止对民用航空器使用武力原则”的确立。由此，领空主权原则受到“禁止对民用航空器使用武力原则”的限制，行使领空自保权的拦截措施仅可以是保卫国防安全的合法行为，不能滥用，对民用航空器的航行安全应当给予应有注意。

二维码 2－1

历史上发生的典型民用航空器被武器击落的航空事件

但是，这里有个问题需要思考讨论，即在领空安全与民航客机安全、国家利益与个人生命利益发生冲突的情形下，能否对民用航空器使用武器击落？例如，恐怖分子在“9·11”事件中将民航客机作为“人肉炸弹”袭击美国世贸大楼，假设在可能的情形下，可否使用武力击落4架民用航空器？

二维码 2－2

《芝加哥公约》第3条分条之规定

二维码 2－3

在领空安全与民航客机安全、国家利益与个人生命利益发生冲突的情形下击落民用航空器的事件

(2)管辖权。管辖权是主权国家采取立法、行政、司法等方式，对于特定的人、物和事件予以管理和处置的权利。领空管辖权性质上是一种属地管辖权，这是国家主权在法律方面的重要体现。

(3)管理权。任何国家都有权力自行决定制定必要的法律和规章，以维护空中航行的正常秩序，保障空中交通安全，保护公众的合法权益，不受外国干涉。

(4)支配权。国家对其主权下的空气空间拥有支配权，国家可以通过国内的立法对领空实施支配，规定公民有自由通行的权利，对外国通航通过签订航空协议或批准以获得运营权。

例如，《民用航空法》第174条规定：“外国民用航空器根据其国籍登记国政府与中华人民共和国政府签订的协定、协议的规定，或者经中华人民共和国国务

---

〔1〕 该公约第3条分条的修订议定书自1998年10月1日起正式生效。中国1997年递交该公约第3条分条修订议定书批准书，且该议定书分别于1997年与1999年12月20日在中国香港特别行政区和澳门特别行政区适用。

院民用航空主管部门批准或者接受，方可飞入、飞出中华人民共和国领空和在中华人民共和国境内飞行、降落。对不符合前款规定，擅自飞入、飞出中华人民共和国领空的外国民用航空器，中华人民共和国有关机关有权采取必要措施，令其在指定的机场降落；对虽然符合前款规定，但是有合理的根据认为需要对其进行检查的，有关机关有权令其在指定的机场降落。”

二维码 2-4

联邦德国青年驾机擅闯苏联领空被判刑案例

(四)领空主权原则的中国立法实践

1958 年《中华人民共和国政府关于领海的声明》宣布：一切外国飞机和军用船舶，未经中华人民共和国政府的许可，不得进入中国的领海和领海上空。

中国于 1974 年 2 月加入芝加哥公约，指出为了飞行安全和公共安全的利益，外国民用航空器从事非定期航班飞入中国国境，需要事先向中国政府申请，在得到答复接受后方能进入，并应遵守关于遵循指定的航线和在指定的机场降落的规定。

《领海及毗连区法》规定：[1] 中华人民共和国对领海的主权及于领海上空、领海的海床及底土；外国航空器只有根据该国政府与中华人民共和国政府签订的协定、协议，或者经中华人民共和国政府或者其授权的机关批准或者接受，方可进入中华人民共和国领海上空。

《民用航空法》和《飞行基本规则》都明确规定，中华人民共和国的领陆和领水之上的空域为中华人民共和国领空，中华人民共和国对领空享有完全的、排他的主权。[2]

从上述中国立法和相关声明可见，中国坚持领空主权原则，与国际航空公约立法完全一致。对于侵犯中华人民共和国领空的一切行径，中国坚决依法捍卫领空主权。

第二节　空域分类

空域分类为航空器飞行提供及时、有效的空中交通管理服务，保障空中交通运行秩序。空域分类是空域管理的基础和有效手段。根据空域的分布和管辖，空域一般可分为领空（由主权国家管辖）和国际空域（由国际民航组织负责，包

[1] 参见 1992 年《领海及毗连区法》第 5、12 条。

[2] 参见《民用航空法》第 2、174、178、179 条；《飞行基本规则》第 112、114、115 条。

括公海上空和主权未定空域)。[1] 根据不同类型飞行特点和不同空域性能要求,在空间中划分出航路、航线、飞行空域、机场空域和特殊空域等,形成不同的空域单元。[2] 在各国实践中,因各国国情和军情不同,空域的等级和类型划分不同。

一、空中交通服务空域划分的立法例

空中交通服务空域(ATS),指以字母为代号划定范围的空域,在此空域内可以进行指定类型的飞行,并且有规定的空中交通服务[3]和运行规则。

(一)国际民航组织对空域分类的立法

国际民航组织实施的空域分类主要体现在1944年《芝加哥公约》附件11《空中交通服务》中,截至2020年2月13日,附件11《空中交通服务》已经通过第52次修订。

从附件11《空中交通服务》的立法溯源看,其发展历程如下:

1945年10月,第一次空中规则和空中交通管制专业会议提出空中交通管制——标准、措施和程序的建议,经国际民航组织空中航行委员会审查后,1946年2月理事会批准此建议作为《空中交通管制——标准、措施和程序的建议》载于第2010号文件第二部分。

1946年12月至1947年1月,第二次空中规则和空中交通管制专业会议提出《空中交通管制的标准和建议措施》。

1948年4~5月,第三次空中规则和空中交通管制会议制定标准并向各缔约国提交附件草案。1950年5月,理事会依据1944年《芝加哥公约》第37条予以通过,定为该公约附件11《国际标准和建议措施——空中交通服务》,1950年10月1日生效。

二维码2-5

国际民航组织关于空中交通服务空域类别与提供的服务和飞行要求列表

附件11明确规定:空中交通服务包括空中交通管制服务、飞行情报服务和告警服务。附件中的标准和建议措施适用的对象是缔约国所辖的并提供空中交通服务的那些部分空域和缔约国接受负责公海上空和主权未定空域、提供空中交通服务的那些部分。

附件11为各缔约国提供了空域划分建议性标准和分类,将空中交通服务空域分类为A、B、C、D、E、F、G七类,不同类型的空域对空中交通服务和飞行的要求不同,从A类至G

[1] 参见黄力华:《民用航空法》,四川大学出版社2000年版,第83页。

[2] 参见陈志杰:《空域管理理论与方法》,科学出版社2012年版,第20页。

[3] 空中交通服务包括空中交通管制服务、飞行情报报务、告警服务。

类空域，飞行限制逐步放宽。

国际民航组织这个空域分类标准只是一个较为原则的模板，为各缔约国对本国的空中交通服务空域进行分类划设和命名提供了重要参考标准。

（二）美国立法对空域的分级分类

1996 年 9 月 16 日之前，美国国家空域系统分为 7 类：主动管制空域、终端管制空域、机场雷达服务空域、机场交通空域、同于管制空域、非管制空域和特殊使用空域。美国这个空域的分类与国际标准差异较大。[1] 美国联邦航空管理局选择性引入国际民航组织空域分类标准。目前，美国国家空域系统分为 A、B、C、D、E、G 六类空域和特殊使用空域，其范围是美国大陆（包括阿拉斯加和夏威夷）及海岸线向外延伸 12 海里之上的空间，60,000 英尺以上的空间作为国家空域系统的 E 类空域，但不属于空中交通管制系统。对仪表飞行而言，A、B、C、D、E 类为管制空域，G 类为非管制空域；对于目视飞行而言，A 类禁止目视飞行，B 类为管制空域，C、D 类为有限管制空域，E、G 类为非管制空域。[2] 在这些类型空域中，E 类空域面积最大，应用最为广泛，也是通用航空运行主要空域。E 类和 G 类空域为美国通用航空快速发展创造了宽松的环境。（见表 2－2）

表 2－2 美国空域类型划分

单位：英尺

<table>
<tr><th colspan="3">空域类型</th><th colspan="2">纵向高度</th><th>横向范围</th></tr>
<tr><td rowspan="6">管制空域</td><td>绝对管制空域</td><td>A</td><td colspan="2">18,000～60,000</td><td>高空航路</td></tr>
<tr><td rowspan="5">相对管制空域</td><td>B</td><td colspan="2">地表～10,000</td><td>繁忙机场终端区</td></tr>
<tr><td>C</td><td colspan="2">地表～4000</td><td>机场雷达服务区，中型机场终端区</td></tr>
<tr><td>D</td><td colspan="2">地表～1000</td><td>管制地带，拥有管制塔台的小机场</td></tr>
<tr><td rowspan="2">E</td><td>美国东部</td><td>12,000～18,000</td><td rowspan="2">除 A、B、C、D 类空域范围以外的管制空域</td></tr>
<tr><td>美国西部</td><td>14,500～18,000</td></tr>
<tr><td colspan="2">非管制空域</td><td>G</td><td colspan="2">地表～真高 1200</td><td></td></tr>
<tr><td>特殊使用空域</td><td colspan="5">禁区、限制区、告警区、军航活动空域、警惕区、管制射击区、国家安全空域等</td></tr>
</table>

〔1〕 参见李桂毅、隋东：《航空发达国家的空域分类及其对我国的启示》，载《中国民用航空》2010 年第6 期。

〔2〕 参见李昂、降绍华、杨新湦编著：《民航概论》（第 4 版），中国民航出版社有限公司 2020 年版，第 195～196 页。

(三)中国立法对空域的分级分类

1. 2023 年以前:基本形成 A、B、C、D 四类空域和低空空域体系

历经多年建构,中国有关空域管理的法规标准体系已经初步形成,例如,《民用航空法》规定了空域划分的一般原则;《飞行基本规则》对空域管理有原则性规定;《通用航空飞行管制条例》对通用航空飞行空域划设和使用要求提出了特别规定;《民用航空空中交通管理规则》分类定义了管制空域;《民用航空空域使用管理办法》规定了民用空域的使用规则和办法;《中国人民解放军空军飞行条令》《中国人民解放军空军飞行管制工作规定》明确了空域划设的批准权限和空域使用要求;《民用航空使用空域工作程序》《飞行管制区飞行管制细则》等规范性文件对空域管理工作发挥了指导作用。

2023 年以前,中国立法对空域的分类总体上过于原则,缺乏具体化、系统化立法,《飞行基本规则》将空域划分为机场飞行空域、航路、航线、空中禁区、空中限制区和空中危险区等,根据空域管理和飞行任务需要,可以划设空中走廊、空中放油区和临时飞行空域,航路、航线地带和民用机场区域设置 A 类高空管制区、B 类中低空管制区、C 类终端(进近)管制区、D 类机场塔台管制区。

2008 年以来,国家大力推进低空空域管理改革,颁发系列政策文件和方案,例如,《关于深化我国低空空域管理改革的意见》(国发〔2010〕25 号)曾明确低空空域原则按照真高 1000 米,试点区域试行将低空空域分为管制空域、监视空域和报告空域,区分不同模式实行分类管理。《关于促进通用航空业发展的指导意见》(国办发〔2016〕38 号)又将低空空域范围扩展至真高 3000 米以下。空军于 2022 年批准了全国第一部省级空域划设方案,即《湖南省低空空域划设方案》,将低空空域(3000 米以下)分类划设管制、监视、报告三类空域共 171 个。在国家空域管理体制改革实践中,不断探索和创新规则,其中,低空空域创设划分为管制空域、监视空域和报告空域。由此,中国空域在 2023 年以前包括 A、B、C、D 类空域和低空空域。[1] (见表 2-3)

表 2-3 中国空域类型划分(2023 年前)

空域类型		纵向高度	横向范围
A	高空管制空域	6000 米(不含)以上	
B	中低空管制空域	6000 米(含)至其下某指定高度的空间	

〔1〕 参见李昂、降绍华、杨新湦编著:《民航概论》,中国民航出版社有限公司 2020 年版,第 196 页。

续表

空域类型		纵向高度	横向范围
C	进近管制空域	6000 米（含）以下最低高度层以上	水平范围为半径 50 公里或走廊进出口以内除机场塔台管制区以外的空间
D	机场管制地带	起落航线和最后进近定位点之后的航段以及第一个等待高度层（含）以下至地球表面的空间和机场机动区	
低空空域	管制空域	距地面或水面 100 米到 3000 米	
	监视空域		
	报告空域		

注：表内资料根据《民用航空空中交通管理规则》和低空空域管理相关文件整理。

2. 2023 年以后：国家空域分级分类的完备期

为加强和规范空域资源管理，维护国家安全、公共安全和航空安全，促进经济社会发展和国防军队建设，2023 年 11 月，民航局发布《空域管理条例（征求意见稿）》，该条例整体吸纳了《飞行基本规则》关于空域管理的主要原则，对空域进行分级分类管理。综合考虑空域限制类型、使用用途等因素，空域类型上分为空中禁区、空中限制区、空中危险区、空中保留区、航路航线、进出境点、等待空域、空中放油区、试飞空域、训练空域、防空识别区、临时空域等。

依据民航局于 2023 年 12 月 21 日发布的《国家空域基础分类方法》，综合考虑飞行规则、空域环境、航空器性能、空中交通服务等因素，我国将空域等级分为管制空域（A、B、C、D、E 类）和非管制空域（G、W 类）。（见表 2 –4）

表 2 –4　国家空域基础分类

空域类型		纵向高度	横向范围	飞行要求
管制空域	A	标准气压高度 6000 米（含）~20,000 米（含）的空间		适用有人驾驶航空器（无人驾驶航空器进入按照明确的要求执行）
	B	划设在民用运输机场上空：（1）民用三跑道（含）以上机场，通常划设半径 20 千米、40 千米、60 千米的 3 环阶梯结构，高度分别为跑道道面 ~ 机场标高 900 米（含）、机场标高 900 米 ~ 机场标高 1800 米（含）、机场标高 1800 米 ~ 标准气压高度 6000 米。（2）民用双跑道机场，通常划设半径 15 千米、30 千米的 2 环阶梯结构，高度分别为跑道道面 ~ 机场标高 600 米（含）、机场标高 600 米 ~ 机场标高 3600 米（含），顶层最高至 A 类空域下限。（3）民用单跑道机场，通常划设半径 12 千米、跑道道面 ~ 机场标高 600 米（含）的单环结构		

续表

空域类型		纵向高度	横向范围	飞行要求
	C	划设在建有塔台的通用航空机场上空，通常为半径 5 千米、跑道道面～机场标高 600 米（含）的单环结构	划设在建有塔台的通用航空机场上空，通常为半径 5 千米、跑道道面～机场标高 600 米（含）的单环结构	
	D	20, 000 米以上	除 A、B、C、G、W 类空域外的空间，根据运行和安全需求选择划设为 D 类空域	
	E	除 A、B、C、G、W 类空域外的空间，根据运行和安全需求选择划设为 E 类空域	除 A、B、C、G、W 类空域外的空间，根据运行和安全需求选择划设为 E 类空域	
非管制空域	G	真高 120～300 米	B、C 类空域以外的空域	可适用无人驾驶航空器
非管制空域	G	平均海平面高度低于 6000 米	不影响军事飞行和民航公共运输飞行的空域	可适用无人驾驶航空器
非管制空域	W	地表至真高 120 米	部分空域	可适用无人驾驶航空器

二、特殊空域的立法与类型

二维码 2－6

国家空域基础分类方法表

特殊空域是一个国家空域的重要组成部分，指国家为了政治、军事、国防、公共安全、环境保护、科学试验等需要，划设一定的限制或禁止航空器进入的空域，通常分为空中禁区、空中危险区、空中限制区等。

1944 年《芝加哥公约》第 9 条明确各缔约国可以设立特殊用途空域，并在航图上予以标明。

自 1957 年以来，划定和识别禁区、限制区、危险区的有关规定包含在 1944 年《芝加哥公约》附件 15《航空情报服务》之中，直到 2013 年，国际民航组织理事会审议通过附件 15《航空情报服务》的第 37 次修订提案，将其移至附件 11《空中交通服务》之中。1944 年《芝加哥公约》附件 4《航图》第 2. 13 条规定，图上标有禁区、限制区和危险区时，必须注记编号或其他识别名称，但国籍字母可省略；第 8. 9. 2 条规定，必须标绘禁区、限制区和危险区，以及其识别名称和垂直界限。

2023 年《空域管理条例（征求意见稿）》在综合考虑空域限制类型、使用用途等因素下，将空域分为空中禁区、空中限制区、空中危险区、空中保留区、航路航线、进出境点、等待空域、空中放油区、试飞空域、训练空域、防空识别区、临时空域等，其中空中保留区、进出境点和防空识别区为新增分类。

空中保留区是指军事、海关、警察等非民用航空用户不能与民用航空执行相同空中交通管制服务标准，需采取相对隔离飞行时，在一定时间范围内可以按照空域保留机制划设的空域。

（一）禁区

禁区是指在一个国家的陆地或领海上空禁止航空器飞行划定的空域，除非有特别紧急的情况，否则任何航空器未经特许都不得进入。禁区划定通常是为安全和保密的需要，在国家的重要城市、军事要地、核设施或化学武器基地等某些敏感区域划定的永久性禁区和临时性禁区。例如，北京、上海、沈阳、武汉等城市的禁航区为永久性禁区；杭州、北戴河等城市的禁航区为临时禁区。

禁区是空域中限制、约束等级最高的，各国对禁区划定比较慎重，在航图上以字母 P 标注。一缔约国领土内此种禁区的说明及其随后的任何变更，应尽速通知其他各缔约国及国际民航组织。[1]

（二）限制区

限制区是指在一个国家的陆地区域或领海上空，根据规定的条件限制航空器飞行的一个划定范围的空域。这是限制、约束等级比禁区低的一种空域，在航图上以字母 R 标注。

二维码 2－7

未经申请擅自驾机飞行被判处有期徒刑 3 年的判例

限制区分为民用限制区和军事限制区、固定限制区和临时限制区。例如，在航路、航线附近的军事要地、兵器试验场上空和航空兵部队、飞行院校等航空单位的机场飞行空域，可以划设空中限制区。

根据我国《飞行基本规则》《通用航空飞行管制条例》等立法规定，中国境内所有飞行活动，应提前向民航和军航管制部门进行飞行计划申请和空域及航线使用申请，未经批准，不得擅自飞行，严禁在起落航线和训练空域进行飞行活动，严重危及飞行安全，影响军航飞行训练和正常战备秩序的“黑飞”，可能会被追究刑事责任。

二维码 2－8

“黑飞”构成“过失以危险方法危害公共安全罪”判例

（三）危险区

危险区是指范围经过划定、在特定时间内可能存在危及航空器飞行活动的空域。它是特殊空域中限制、约束最少的空域，可以由主权国家根据需要在陆地或领海上空建立，也可以在公海上空等无明确主权的地区建立。在公海区域，只能建立危险区，因为谁也无权对公海飞行施加更多的限制。空中危险区的划设、变更或撤销，应当提前对外公布，在航图上以字母 D 标注。

（四）防空识别区

1. 防空识别区的定义和规则要求

《马克斯·普朗克国际公法百科全书》将防空识别区定义为一种划定空域，

[1] 参见 1944 年《芝加哥公约》第 9 条第 1 款。

于其内民用航空器被要求自我识别,这些区域常被划设于邻近海岸的专属经济区或公海,以及领海、内水和陆地领土上空。[1]

1944 年《芝加哥公约》正文未提及防空识别区,该公约附件 15《航空情报服务》在 2000 年修订、附件 4《航图》在 2001 年修订,都分别增补了有关防空识别区的定义和相关建议措施。根据中国和国际民航组织的相关定义,防空识别区是指按一定范围专门划定的空域,航空器在此空域内除执行提供空中交通服务的有关程序外,还必须遵守特定的识别和/或报告程序。[2]

各国对防空识别区的定义大同小异,例如,美国将防空识别区定义为“出于国家安全利益考虑,要求对所有航空器进行识别、定位和控制的陆地或水域上空区域”[3]。美国 2021 年开始援引 1944 年《芝加哥公约》附件 15,将防空识别区定义为“陆地或水域之上空域,于此空域内为国家安全利益而需要对军用和其他国家航空器除外的所有航空器准备识别、定位和管控”[4]。加拿大对防空识别区的定义是“加拿大及其海岸线外的特定地区向上延伸,具体范围由《特定空域手册》确定的空域”[5]。

防空识别区关涉到沿海国自身安全与他国飞行自由之间的平衡,防空识别区运行规则是对飞行自由的一种限制,但这种限制也受到国际法规则的限制。设立防空识别区的核心是设定、公告防空识别区规则,防空识别区的运行需纳入航行告警服务和航图标注范围。

1944 年《芝加哥公约》附件 15《航空情报服务》除对防空识别区进行定义外,还将其归属于航行告警范畴,并列举了告警内容。[6] 1944 年《芝加哥公约》附件 4《航图》也建议,必须标出防空识别区,并加以清楚识别,可在图例中说明防空识别区的程序,并将防空识别区在航图符号中编号为 117。[7]

---

〔1〕 See J. Ashley Roach, *Air Defence Identification Zones*, in R. Wolfrum, ed., The Max Planck Encyclopedia of Pub-lic International Law, Article last updated: March 2017, para. 1. 转引自曹群:《美国防空识别区的设立、运行实践与基本逻辑》,载《美国研究》2023 年第 2 期。

〔2〕 参见《民用航空仪表航路图及区域图编绘规范》(WM-TM-2021-002)第 3.1.6 条;1944 年《芝加哥公约》附件 15《航空情报服务》(第 14 版)第 1.1 条和附件 4《航图》(第 10 版)第 1.1 条。

〔3〕 Article 99.3, Title 14, CFR(2014).

〔4〕 Office of the Staff Judge Advocate & U. S. Indo-Pacific Command, *Air Defense Identification Zones*, InternationalLaw Studies, Vol. 97, p. 8(2021).

〔5〕 Canadian Aviation Regulations, SOR/96-433, 600.01. 转引自郑派:《〈芝加哥公约〉与防空识别区的国际法依据》,载《北京理工大学学报(社会科学版)》2016 年第 3 期。

〔6〕 See Annex 15 to the Convention on International Civil Aviation: Aeronautical Information Services, 14th Edition 2013. Article5.2.

〔7〕 参见 1944 年《芝加哥公约》附件 4《航图》:(第 16 章世界航图-ICAO)第 16.9.5.2 条、(第 17 章航空图-ICAO)第 17.9.5.2 条、(第 18 章航空领航图-ICAO)第 18.8.4.1 条;附录 2 国际民航组织航图符号。

中国相关规范也明确规定，防空识别区应在图中标绘出防空识别区边界及边界点名称(如适用)和坐标，并标注防空识别区名称及相关说明；应公布防空识别区名称、范围、识别规则、飞行计划通报等相关规定，必要时附示意图。[1]

2. 防空识别区的性质和作用

首先，设立防空识别区的目的是维护国家国防安全，设立防空识别区是国家行使自保权[2]的需要，理念是"御敌于国门之外"，是一个主权国家的重要防御手段，属于国家空防预警机制的组成部分。

其次，防空识别区不等于领空，一般划设在领空外，有时也会覆盖部分领空，特别是远离本土的岛屿。设立防空识别区并不意味着领空范围的扩大，而且除"9·11"事件后美国在其领空内部设置的华盛顿特区防空识别区外，世界上大多数防空识别区不属于国际法中的主权范畴。例如，假设A国飞机在未经通告条件下进入B国防空识别区，只要不在B国领空范围内，且是无害航行，就不能认为A国侵犯了B国领空。B国军方可以派飞机监视A国飞机，但无权对其采取迫降、击落等措施，否则将是严重违反国际法的行为。

再次，防空识别区不是"禁飞区"，各类飞行器在遵守识别规则和提供识别方式的前提下可以正常飞行。

最后，划设国对防空识别区有管控权责。划设国需要对外发布设立公告，并在航图上进行标识；划设国一般可要求他国(方)航空器提供飞行计划、无线电、应答机和标志等识别方式，以便及时进行识别、监控和处置，对不遵守规定者，可以拒绝其航空器入境或出动军机拦截、驱离或迫降其航空器。

3. 防空识别区的合法性依据和标准

目前，因没有国际法、公约或条约直接确认防空识别区建立的合法性，其是否具有国际法上的合法地位广受争议，否定划设防空识别区合法性的观点认为划设防空识别区可能会造成重叠区域管理冲突、领空化、超出部分(公海上空)的不法性等问题。[3] 但学界主流还是肯定防空识别区的建立，并积极寻找和论证防空识别区划设的国际法依据。

防空识别区的主体规则与1944年《芝加哥公约》及其附件2相协调，而且该

---

[1] 参见《民用航空仪表航路图及区域图编绘规范》(WM-TM-2021-002)；《〈中华人民共和国航空资料汇编〉编写规范》(MH/T 4047-2017)；《民用航空目视航空图(1∶500,000)及目视终端区图(1∶250,000)编绘规范》(MH/T 4048-2017)。

[2] 参见伊万·L.海德、金朝武：《防空识别区、国际法与邻接空间》，载《中国法学》2001年第6期。

[3] 参见赵云欢：《从专属经济区剩余权利论防空识别区制度构建》，昆明理工大学2016年硕士学位论文，第31~32页。

公约序言与第 4 条已为防空识别区设立提供了潜在的国际法依据。[1]

1982 年《联合国海洋法公约》暗含对防空识别区的支持,如该公约第 56 条、第 58 条规定的特殊管辖权。[2]

防空识别区在国际法上的依据为"剩余权利原则"[3],也可以部分基于专属经济区的规定,但其规范形式主要是国内法,其规范性质不属于国际习惯。[4]

防空识别区可以依据 1944 年《芝加哥公约》规定的领空主权原则,按照"以陆定空"原则推演而来的主权国对专属经济区上空飞行活动的管控权利。[5]

《联合国宪章》规定的国家自卫权。[6]

防空识别区的设立是为了减少误判、避免摩擦,以维护国际空域内的飞行秩序和安全,符合互不侵犯、和平共处等国际法基本原则的要求。[7]

上述各种论述提供的国际法依据,虽有一定道理,但不充分。例如,国家自卫原则、保护性管辖权等,不能为防空识别区的划设提供充分依据,因为自卫权行使的前提条件是受到侵略,防空识别区的单纯航空器飞越不构成国际法所要求的侵略;保护性管辖权是国家在本国领土之外行使的权利,并以外国人对本国或本国人犯罪为前提。[8]

防空识别区制度关系到国家主权、国家关系和国际航空飞行秩序等重大问题,其国际法依据应体现在国际公约的明文规定之中,1944 年《芝加哥公约》没有禁止设立防空识别区的规定,也没有关于防空识别区标准的规定。防空识别区设立的国际法依据也不能类推适用《联合国海洋法公约》,因为该公约关于专属经济区的规定是一种概括授权,并没有明确规定防空识别区。防空识别区与专属经济区不同,防空识别区的设置无法从专属经济区上找到全部依据。专属经济区上空的各国航空器飞越不仅是自由的,而且专属经济区的范围与防空识别区划设的范围不完全一致,防空识别区的划设有宽有窄,有的为 70 ~ 200 海

---

〔1〕 参见郑派:《〈芝加哥公约〉与防空识别区的国际法依据》,载《北京理工大学学报(社会科学版)》2016 年第 3 期。

〔2〕 参见魏华:《东海防空识别区与中国国家安全法治》,载《学术交流》2014 年第 9 期。

〔3〕 "剩余权利"是指法律未加明文规定或禁止的权利。参见周忠海:《论海洋法中的剩余权利》,载《政法论坛》2004 年第 5 期。

〔4〕 参见李居迁:《防空识别区:剩余权利原则对天空自由的限制》,载《中国法学》2014 年第 2 期。

〔5〕 参见罗萨:《东海防空识别区规则的理论分析》,载《边界与海洋研究》2017 年第 1 期。

〔6〕 参见张楠:《防空识别区的国际法问题研究》,中南财经政法大学 2019 年博士学位论文,第 72 页。

〔7〕 参见黄颖、赵云欢:《东海防空识别区的设立对中国外交政策的影响》,载《大连海事大学学报(社会科学版)》2015 年第 2 期。

〔8〕 参见李居迁:《防空识别区:剩余权利原则对天空自由的限制》,载《中国法学》2014 年第 2 期。

里，有的甚至为400～500海里。[1] 例如，美国防空识别区的南加州向太平洋一侧宽度是400海里，美国关岛防空识别区是250海里半径的圆形区域，远大于专属经济区200海里的范围。试图援引自保权或比照海洋法中的毗连区制度，最多只能解决防空识别区的必要性和合理性问题，不能解决合法性问题。[2]

在国际条约无明确规定的情况下，防空识别区设立的合法性很大程度上要寻找相应的习惯国际法规则。防空识别区设立的国际法依据，应该更多源于国际惯例，这种惯例来自美国首创。这种做法的合法性尚无定论，国际法上没有正式承认，但各国对设置国也未明示抗议，[3]甚至逐渐得到更多国家的承认。国际法学界普遍认为的"防空识别区制度"与国际法"相容"的观点，说明设立防空识别区的国际惯例不仅得到了国际社会实践的认可，还获得了学界的广泛认同。

防空识别区制度也不是国际习惯，否则不能解释为什么违反了某国防空识别区的规定，相关国家不需要承担国际责任。设立防空识别区仅仅是国际惯例，具体规则的规定上体现为国内法，没有国际法律责任。[4] 从防空识别区的特性上考察，其具有六大特性，即划设主体国家性、划设行为单方性、划设效力稳定性、划设范围不确定性、执行措施有限性、划设目的防御性。[5] 由于国际法没有禁止划定防空识别区，所以划设防空识别区无须事先征得其他国家的同意，只要不违反国际法基本原则，不侵犯他国领土主权，不影响国际公认的飞越自由，其完全是主权国家自愿的单方决策行为，是否建立防空识别区、国内立法依据、划定范围、如何管控等，完全属于国家自主权的事项。[6] 1944年《芝加哥公约》的附件4《航图》、附件15《航空情报服务》等有关防空识别区方面的要求和建议，都仅是各国立法参考的建议性措施和国际标准，它不是强行法。

截至目前，国际社会划设防空识别区没有统一的标准和国际法依据，关于防空识别区的具体操作规程未形成"一般惯例"及"法律确信"，很难说存在清晰的防空识别区"习惯国际法规则"。从实践看，大约有27个国家或地区现仍维持划设防空识别区（包括常设性和临时性）的做法，实践做法多样化，操作程序尚

---

〔1〕 参见张卫华：《论专属经济区上空的法律地位和飞越自由》，载《环球法律评论》2015年第1期。

〔2〕 参见苏金远：《防空识别区国家实践：地理范围、识别对象以及识别程序》，载《国际法学刊》2020年第3期。

〔3〕 参见王铁崖主编：《国际法》，法律出版社1995年版，第306～307页；季卫东：《国际摩擦与法律的作用——从中美撞机事件透视国内法与国际法的关系》，国际研讨会"文明之间的对话——全球化时代的多元性与公共性"，2001年9月27～30日于清华大学当代中国研究中心。

〔4〕 参见李居迁：《防空识别区：剩余权利原则对天空自由的限制》，载《中国法学》2014年第2期。

〔5〕 参见赵云欢：《从专属经济区剩余权利论防空识别区制度构建》，昆明理工大学2016年硕士学位论文，第16～19页。

〔6〕 参见薛桂芳、熊须远：《设立空防识别区的法理分析》，载《中国海洋大学学报（社会科学版）》2007年第6期。

无"国际规范",仅在覆盖范围、适用对象和识别规则等方面稍具"共识"。[1] 各国设立的国内法依据不同。例如,中国采取以国防部发布公告的形式宣布设立"防空识别区",法律依据明确为《国防法》、《民用航空法》与《飞行基本规则》。美国以行政命令方式宣布,相关规则集中于《联邦法规》第14编第99部分。

各国划设防空识别区的宽幅也各有不同,大多根据本国地理条件、防空能力、国防需求等要素设置确定。例如,美国防空识别区的划设主要是根据地理位置的特点、不明飞机接近美国领空的概率,向需要重点监控方向适当延伸,其阿拉斯加、关岛、夏威夷三个防空识别区均向俄罗斯、中国、朝鲜等所谓"特别关注"国家方向延伸。国际惯例上,一国划设的防空识别区通常都稍宽于或大于本国专属经济区,从领土边沿至公海之间的200~300海里。

4.各国设立防空识别区的实践

截止日期为2020年12月,美国、加拿大、韩国、日本、中国、菲律宾、古巴、巴拿马、秘鲁、巴西、阿根廷、乌拉圭、冰岛、芬兰、波兰、土耳其、利比亚、印度、巴基斯坦、斯里兰卡、孟加拉国、伊朗、缅甸、泰国、印度尼西亚、澳大利亚、马来西亚、阿曼共计28个国家建立了防空识别区。[2] 根据1944年《芝加哥公约》附件15的要求,[3]防空识别区的具体信息资料通常都会被编制在相关国家的《航行资料汇编》中。例如,中国民航局专门下发《〈中华人民共和国航空资料汇编〉编写规范》(MH/T 4047-2017)。

从国际实践来看,关于防空识别区的可覆盖地理范围,绝大多数国家的防空识别区均覆盖本国领空(全部或部分),对领空之外的专属经济区或公海上空亦有覆盖,与本国领空界线并无直接关联,甚至有的还覆盖他国无争议领空。[4]

(1)覆盖领空内外空域的防空识别区设立实践

美国是世界上首个设立防空识别区的国家。"二战"中,美国受英国雷达预警德国轰炸机的启发,在美国东西海岸全面部署雷达基站,加强沿海空域防控,由此构成了美国"防空识别区"的雏形。[5] 1950年,美国国会修订1938年《民用航空法》,授权设置防空识别区。1950年12月,根据杜鲁门总统第10197号

[1] 参见曹群:《美国防空识别区的设立、运行实践与基本逻辑》,载《美国研究》2023年第2期。

[2] 参见曹群、贾丁:《印度洋国家防空识别区现行特点与法理辨析》,载《边界与海洋研究》2021年第4期。

[3] See Annex 15 to the Convention on International Civil Aviation, Sixteenth Edition, July 2018, Chapter1, p. 1-2.

[4] 如美国防空识别区覆盖巴哈马部分领空、韩国防空识别区覆盖朝鲜部分领土、日本防空识别区覆盖俄罗斯和韩国部分领海、古巴防空识别区覆盖巴哈马部分岛礁、印度防空识别区覆盖斯里兰卡部分领空。参见曹群:《论防空识别区的实践与习惯国际法规则》,载《海洋法律与政策》2022年第1期。

[5] 参见胡若愚:《防空识别区的前世今生》,载《齐鲁晚报》2013年11月30日,A16版。

令，美国建立北美防空识别区并宣布此区域的具体拦截规则，该区域成为世界上第一个防空识别区。[1] 目前，有关防空识别区的定义、范围与具体识别要求等规定，见于美国2014年修订的《联邦法规》第14篇“航空与航天”第99部分“空中交通安全管制”。

美国的防空识别区既覆盖领空又覆盖领空外空域。除了“9·11”事件后美国增设“华盛顿防空识别区”和“纽约防空识别区”在本国领空内，阿拉斯加防空识别区、关岛防空识别区和夏威夷防空识别区为沿海防空识别区。美国防空识别区不仅覆盖大面积本国领空，还覆盖他国部分领空。[2] 20世纪50年代，美国帮助亚洲建立的多个防空识别区也是如此。例如，1951年韩国划设的防空识别区覆盖了其领空（甚至朝鲜的部分领空），以及向西黄海部分海域上空、西南方向东海部分海域上空、向东日本海部分海域上空。日本防空识别区[3]覆盖了日本的部分陆地领土和大片近海海域上空。菲律宾1954年划设防空识别区覆盖了菲律宾群岛北部，以及向西南海部分海域上空、向东太平洋部分海域上空。孟加拉国防空识别区覆盖了其全部领土以及孟加拉湾一小部分海域上空。缅甸防空识别区覆盖其所有陆地领土上空，向南延伸至安达曼海上空。泰国防空识别区覆盖其南部领空，向东延伸至泰国湾大片海域上空、向西延伸至印度洋小部分海域上空。

有些临时防空识别区也超出领空范围。例如，澳大利亚2018年为在黄金海岸举办第21届英联邦运动会建立的两个防空识别区均超出澳大利亚的领空。阿根廷2018年为在布宜诺斯艾利斯举办G20峰会划设的防空识别区向南覆盖大西洋部分海域上空。[4]

2013年之前，中国没有明确规定防空识别区，但《专属经济区和大陆架法》规定，外国在专属经济区的航行与飞越，必须遵守我国的法律和法规的规定；如有违反，可以采取必要措施追究法律责任并行使紧追权。[5] 这种实践中对专属经济区内航行或飞越的外国军舰和航空器进行的跟踪监视，其性质和作用与防空识别区相同。[6]

2013年11月23日，我国国防部发布《东海防空识别区航空器识别规则公

---

〔1〕 参见王鹏、缪新萍、张芹：《管窥防空识别区》，军事科学出版社2014年版，第11页。

〔2〕 自1950年起，美国所划太平洋沿海防空识别区曾一直覆盖墨西哥的瓜达卢佩岛全部领空。参见曹群：《美国防空识别区的历史和法理研究》，海洋出版社2020年版，第22～23、126页。

〔3〕 美军划设，1969年移交给日本。

〔4〕 以上资料参见苏金远：《防空识别区国家实践：地理范围、识别对象以及识别程序》，载《国际法学刊》2020年第3期。

〔5〕 参见《专属经济区和大陆架法》第11、12条。

〔6〕 参见董杜骄、顾琳华主编：《航空法教程》，对外经济贸易大学出版社2007年版，第101页。

告》,正式宣布划设东海防空识别区。该公告除了明确覆盖范围之外,还明示所有位于东海防空识别区内的航空器(包括民用航空器和国家航空器)都要提交飞行计划,说明飞行意图;对于不服从管控的航空器,中国武装力量将采取防御性紧急处置措施。

(2)领空内防空识别区的设立实践

二维码 2-9

中华人民共和国政府东海防空识别区划设声明

巴西在其与委内瑞拉、哥伦比亚、秘鲁等国的陆地边界内侧建立宽度为 80 海里的“陆上防空识别区”。斯里兰卡的防空识别区覆盖斯里兰卡的领土和领水。土耳其在亚达那机场和卡赫拉曼马拉什机场建立了两个范围很小的防空识别区。波兰在其与俄罗斯(加里宁格勒)、白俄罗斯和乌克兰的陆地边界内侧划设了三个防空识别区,宽度为 15 千米。阿根廷在其领土北部建立的防空识别区自南纬 29 度开始,向北至与智利、玻利维亚、巴拉圭和巴西的边界为限。[1] “9·11”事件后美国增设的附属于北美防空识别区的华盛顿特区、纽约市防空识别区,也是领空内防空识别区。

(五)飞行情报区

飞行情报区是指为提供飞行信息服务和预警服务而划定的具有特定范围的空域。[2]

飞行情报区与防空识别区不同。防空识别区以国家空防安全为目的,由一国单方面划设,划设国有识别、监视、管制和处置的权力;飞行情报区以提供飞行情报服务和告警服务为目的,由国际民航组织划定。飞行情报区的范围和搜寻援救区范围相同,除该国领空外,通常还包括临近的公海和确定由该国提供空中交通服务的空域。飞行情报区和防空识别区是独立存在的,但范围上可能会交叉。例如,有 8 个国家划设的领空内防空识别区都在他们管理的飞行情报区内;在 19 个划设领空外防空识别区的国家或地区里,有 13 个国家将其防空识别区限于他们管理的飞行情报区内。

二维码 2-10

中国境内飞行情报区的分布和图示

为有效管理民用航空,国际民航组织将全球空域划为若干飞行情报区,并将其交由空中交通管理机构负责。飞行情报区并不以国家名称命名,而以

[1] 以上资料参见苏金远:《防空识别区国家实践:地理范围、识别对象以及识别程序》,载《国际法学刊》2020 年第 3 期。

[2] See Annex 2 to the Convention on International Civil Aviation, Tenth Edition, July 2005, Chapter 1, arts1 -4. 参见《民用航空空中交通管理规则》第 81 条。

该区的飞行情报区管制中心(区管中心)所在地命名。中国飞行情报区包括中国领空,以及根据中国缔约或者参加的国际公约确立的由中国提供空中交通服务的空域,中国境内共分布有11个飞行情报区。

三、违反管制空域飞行许可的法律责任

《民用航空法》第74条、第207条规定,民用航空器在管制空域内进行飞行活动,应当取得空中交通管制单位的许可;违反该法第74条的规定,民用航空器未经空中交通管制单位许可进行飞行活动的,由国务院民用航空主管部门责令停止飞行,对该民用航空器所有人或者承租人处以1万元以上10万元以下的罚款。

例如,山东某通航股份公司于2020年3月30日在未向空中交通管制单位申请取得飞行计划许可的情况下,使用B－7387旋翼机实施定检试飞活动;2020年4月27日,中国民用航空新疆管理局对其作出行政处罚决定,罚款人民币2万元。[1]

根据我国《通用航空飞行管制条例》等立法规定,中国境内所有飞行活动,应提前向民航和军航管制部门进行飞行计划申请和空域及航线使用申请,未经批准,不得擅自飞行,严禁在起落航线和训练空域进行飞行活动,严重危及飞行安全、影响军航飞行训练和正常战备秩序的"黑飞",可能会被追究刑事责任。

第三节　国际空中航行与出入境管理制度

一、国际空中航行应遵循的原则与基本规则

国际空中航行是指航空器经过一个以上国家领土之上空气空间进行的飞行活动。规范国际空中航行的依据包括国际航空公约和国内法。

(一)1944年《芝加哥公约》的规定

有关国际空中航行的规定,主要在1944年《芝加哥公约》及其附件2《空中规则》、附件7《航空器国籍和登记标志》中。

1.国际空中航行应遵循的基本原则

根据1944年《芝加哥公约》的规定,国际空中航行应遵循三个原则:一是外国航空器进入一国领空应遵循领空主权原则;二是航空器在国家领空之外的空气空间可以自由航行,但应遵守国际民航组织统一制定的空中航行规则;三是滥用民用航空禁止原则,[2]缔约各国同意不将民用航空器用于和该公约的宗旨不

---

〔1〕　参见乌鲁木齐市新市区人民法院行政裁定书,(2021)新0104行审2号。

〔2〕　例如,针对2001年"9·11"事件和以后出现的新型危害国际民航安全的行为,2010年《北京公约》新增滥用航空器作为武器罪,使用生物、化学和核武器及类似危险物质从民用航空器攻击其他目标或攻击民用航空器、使用民用航空器非法运输危险物质、协助逃匿、威胁实施犯罪等。

相符的任何目的。

2. 国际空中航行应遵守的一般规则

国际空中航行在遵守基本原则之外,还应遵守下列一般规则:[1]

(1)展示航空器识别标志。从事国际航行的每一航空器应载有适当的国籍标志和登记标志。前者是识别航空器国籍的标志,后者是航空器登记国在航空器登记后给定的标志。国籍标志从国际电联分配给登记国的无线电呼叫信号中的国籍代号系列中选择,并须通知国际民航组织。例如,中国国籍代号为B,美国为N,英国为G,法国为F,日本为JA等。

(2)遵守飞入国的法律和规章。在公海上空的航行应遵守1944年《芝加哥公约》的有效规则,缔约各国承允对违反适用规章的一切人员起诉。但是,任何航空器要飞入他国领空,应遵守飞入国关于航空飞行的有效规则,这也是领空主权原则的体现。

(3)在设关机场降停并接受降停国检查。除按1944年《芝加哥公约》的条款或经特许,航空器可以飞经一缔约国领土而不降停外,每一航空器降停或飞离一缔约国领土,应在指定的设关机场进行,有关当局有权对降停或飞离航空器进行检查,但应避免不合理延误。

(4)应携带必备文件。从事国际航行的航空器应按规定携带航空器登记证、航空器适航证、机组成员执照、航空器航行记录簿、航空器无线电台许可证、列有旅客姓名及其登机地与目的地的清单或货物仓单和详细申报单等文件。

(5)遵守飞入国关于货物限制的规定。从事国际航行的航空器,非经许可,不得在他国领土上空载运军火或作战物资。

此外,1944年《芝加哥公约》附件2《空中规则》还详细规定了航空器飞行应遵守的系列具体规则,如巡航高度层的使用,各种避让、超越规则,空中航行信号、非法干扰和拦截的使用,目视飞行规则仪表飞行规则等。[2]

(二)中国法关于国际空中航行的规定

中国遵守1944年《芝加哥公约》的规定,建立了由《民用航空法》、《飞行基本规则》、《民用航空器国籍登记条例》、《民用航空运输不定期飞行管理暂行规定》(国务院令第29号)、《外国民用航空器飞行管理规则》、《民用航空器国籍登记规定》等规范构成的较完善的空中航行国内法律规范体系。其中《民用航空法》第13章(第173~182条)和《飞行基本规则》第10章(第112~115条)均专章对外国民用航空器进行了特别规定。

---

〔1〕 参见1944年《芝加哥公约》第8~14、16、20、35条。

〔2〕 参见1944年《芝加哥公约》附件2《空中规则》的第3~5章。

1. 中国关于民用航空器国籍和登记标志的规定

中国选定拉丁字母“B”作为中国航空器的国籍标志，并在中国恢复在国际民航组织的合法地位后，通知了国际民航组织并获认可，已载于1944年《芝加哥公约》附件7的附录中。

在中华人民共和国领空飞行的航空器，必须标明显著的识别标志（国籍标志和登记标志），没有国籍标志和登记标志的外国民用航空器，禁止在中华人民共和国境内飞行，无识别标志的航空器因特殊情况需要飞行的，必须经中国人民解放军空军批准。[1]

民用航空器依法登记后，取得中华人民共和国国籍，受中华人民共和国法律管辖和保护；中华人民共和国作为该航空器登记国，承担1944年《芝加哥公约》规定的职责和义务；中华人民共和国根据1944年《芝加哥公约》与其他国家签署了关于登记国职责和义务转移的协定的，从其规定；航空器为国外设计型号并且是该型号航空器首次在中华人民共和国登记的，民航局应当把该航空器在中国登记的情况书面通知设计国民用航空主管部门。[2]

中华人民共和国民用航空器登记标志为阿拉伯数字、罗马体大写字母或者二者的组合，该组合不得与下列标志产生混淆：(1) Q简语电码中所用的以Q字为首的三字组合；(2)遇险求救信号SOS，或者XXX、PAN或TTT等其他紧急信号。[3]

2. 中国关于外国航空器飞入或飞出领空的规定

外国民用航空器（包括从事不定期飞行的航空器）飞入或者飞出中国领空和在中国境内飞行，必须符合以下条件：

(1)须签有航空运输协定或其他有关文件，或有外交申请的答复。[4] (2)须预先提出申请。航空营运人在中华人民共和国领空以及中华人民共和国缔结或者参加的国际条约规定由中华人民共和国提供空中交通管制服务的公海上空实施民用航空飞行活动，应提交预先飞行计划，经中国人民解放军空军批准后方可实施。[5] (3)须按规定的航路飞入或飞出。飞入或飞出领空前20～15分钟，机组必须向中国有关空中交通管制部门报告，并取得飞入或飞出领空的许可。[6] (4)须遵守中国法律和有关入境、出境、过境、飞行的法令规章，必须服从中国有

[1] 参见《飞行基本规则》第41条；《外国民用航空器飞行管理规则》第9条。

[2] 参见《民用航空器国籍登记规定》第6条。

[3] 参见《民用航空器国籍登记规定》第21条。

[4] 参见《民用航空法》第174条第1款；《外国民用航空器飞行管理规则》第2、5、6条；《民用航空运输不定期飞行管理暂行规定》第7条。

[5] 参见《飞行基本规则》第112条；《民用航空预先飞行计划管理办法》(CCAR－73)第2、4条。

[6] 参见《飞行基本规则》第35、114条；《外国民用航空器飞行管理规则》第21～22条。

关空中交通管制服务的要求。[1] (5)应当提供已投保地面第三人责任险或已取得相应责任担保的证明书,否则拒绝飞入。[2]

外国航空器未经许可,不得飞入或者飞出中华人民共和国领空。未经批准擅自飞入或者飞出中华人民共和国领空的外国民用航空器,中华人民共和国有关机关有权采取必要措施,令其在指定的机场降落。[3]

3. 中国关于航空器和飞行人员携带相关文件和证件的规定

在中国境内飞行的外国民用航空器应当具有下列文件:(1)航空器登记证;(2)航空器适航证;(3)空勤组每一成员的专业执照或者证件;(4)航空器的航行记录簿;(5)航空器上无线电台使用许可证;(6)总申报单;(7)航空器若载运乘客,应当携带注明乘客姓名及其登机地与目的地的清单;(8)航空器若载运货物,应当携带货物仓单。飞行人员飞行时,必须按照规定携带必备的资料、文书和证件。[4]

二、国际空中航行的出入境管理制度

国际航空运输的出入境和放行制度是国家行使主权、管理领空的重要措施和法律保障,包括航空器出入境的放行制度和航空器所载旅客、机组、货物和其他物件出入境的放行制度。

(一)国际公约有关出入境放行的规定

有关空中航行的出入境放行管理制度主要体现在1944年《芝加哥公约》及其附件9《简化手续》中。[5]

附件9关于简化手续的标准和建议措施是1944年《芝加哥公约》第37条的产物,该条规定,国际民航组织应根据需要就海关和移民手续以及随时认为适当的有关空中航行安全、正常及效率的其他事项随时制定并修改国际标准及建议措施和程序。

关于各国执行简化手续的标准和建议措施的政策,1944年《芝加哥公约》第22条强调了各缔约国所接受的义务:各缔约国同意采取一切可行的措施,通过发布特别规章或其他方法,以便利和加速航空器在各缔约国领土间的航行,特别是在执行关于移民、检疫、海关、放行等法律时,防止对航空器、机组、乘客和货物造成不必要

---

〔1〕 参见《外国民用航空器飞行管理规则》第3~4条;《飞行基本规则》第113条;《民用航空法》第179~180条。

〔2〕 参见《民用航空法》第175条。

〔3〕 参见《民用航空法》第174条第2款;《飞行基本规则》第115条。

〔4〕 参见《民用航空法》第90条;《外国民用航空器飞行管理规则》第10条;《民用航空运输不定期飞行管理暂行规定》第6条;《飞行基本规则》第45条。

〔5〕 参见1944年《芝加哥公约》附件9《简化手续》,该附件最初于1949年3月25日根据《芝加哥公约》第37条通过,并于1949年9月1日开始生效。

的延误。该公约第23条又陈述了各缔约国承允“在其认为可行的情况下，按照依本公约随时制定或建议的措施，制定有关国际航行的海关和移民程序”。

1944年《芝加哥公约》还有不少其他条款和简化手续附件的规定有特别关系，如第10条（在设关机场降落）、第11条（空中规章的适用）、第13条（入境及放行规章）、第14条（防止疾病传播）、第24条（关税）、第29条（航空器应备文件）、第35条（货物限制）。该公约第38条还规定了缔约国的通知义务，要求各缔约国将其本国规章和措施与附件9《简化手续》中的国际标准及其任何修订之间的任何差异通知国际民航组织。

关于机组成员入境的要求，根据附件9《简化手续》第3.68条和第3.69条，机组成员证必须仅在由有关政府当局或代表有关政府当局进行背景调查之后才能颁发。对机组成员证的颁发应加以适当的管制；当机组成员以执勤身份随国际航班抵达并在接受国所允许的期限内临时入境时，各缔约国必须接受按要求颁发的机组成员证，使机组成员无须签证即可入境。

（二）中国关于出入境放行的相关规定

1. 中国关于出入境放行的管理立法

迄今为止，中国制定有一系列出入境放行的相关立法，例如，法律层面有《海关法》《进出口商品检验法》《国境卫生检疫法》《出境入境管理法》《民用航空法》《反恐怖主义法》；法规层面有《出境入境边防检查条例》《进出口商品检验法实施条例》；规章层面有《外国民用航空器飞行管理规则》、《国境卫生检疫法实施细则》、《海关对进出境旅客行李物品监管办法》、《出境入境航空器载运人员信息预报预检实施办法》、《民用航空安全检查规则》（CCAR-339-R1）；规范性文件层面有《民用航空安全检查工作手册》（AP-SB-2017-001）、《民用航空运输机场安全检查信息管理系统技术规范》（MH-T7010-2017）等。

根据《民用航空法》等立法规定，公共航空运输企业从事国际航空运输的民用航空器及其所载人员、行李、货物应当接受边防、海关等主管部门的检查，但检查时应当避免不必要的延误。[1] 外国民用航空器应当在指定的设有海关和边防检查站的机场起飞或者降落，并接受相关规定文件的查验。[2]

2. 出入境放行的检查类型

（1）边防检查是指为保卫国家的主权和安全，对出入国境的人员等进行的检查。边防检查的内容包括：护照检查、证件检查、签证检查、出入境登记卡检查、行李物品检查、交通运输工具检查等。中国边防检查站负责边防检查，有些国家由移民局负责边防检查。

---

〔1〕参见《民用航空法》第103条。

〔2〕参见《民用航空法》第179～180条；《外国民用航空器飞行管理规则》第38条。

(2)安全检查是指对进入民用运输机场控制区的旅客及其行李物品,其他人员、车辆及物品和航空货物、航空邮件等进行安全检查的活动。安检工作具有强制性和专业技术性,目标是将一切威胁空防安全的因素拦截在地面,维护民用航空运输安全,是民航空防安全保卫工作的重要组成部分。(见表 2-5)

表 2-5 安全检查与边防检查的对照

项目	安全检查	边防检查
检查目的	防止劫(炸)飞机和其他危害航空安全事件的发生,保障旅客、机组人员和飞机安全	对进入口岸限定区域的中外人员及其携带物品进行出入境安全检查
检查内容	主要涉及证件检查、人身检查、随身行李物品检查、托运行李检查等	主要涉及旅客护照或其他旅行证件等出境入境证件检查、携带物品检查两个方面
检查主体	机场安检站归中国民航局公安局主管;安检员需培训持证上岗	边检站归中国公安部出入境管理局主管;边检人员是警察编制

20 世纪 60 年代末 70 年代初,国际机场开启对旅客及行李安全检查模式。1981 年以前,中国机场主要查验乘机人证件及其介绍信,1981 年 4 月后,中国民航开始由公安武警执行安全技术检查。1992 年,民航机场安全检查和消防工作由公安机关移交民航部门管理实施,采取有偿服务。[1] 2002 年机场属地化改革后,成立机场安全检查站,由中国民航局公安局进行行业监管。(见图 2-1)

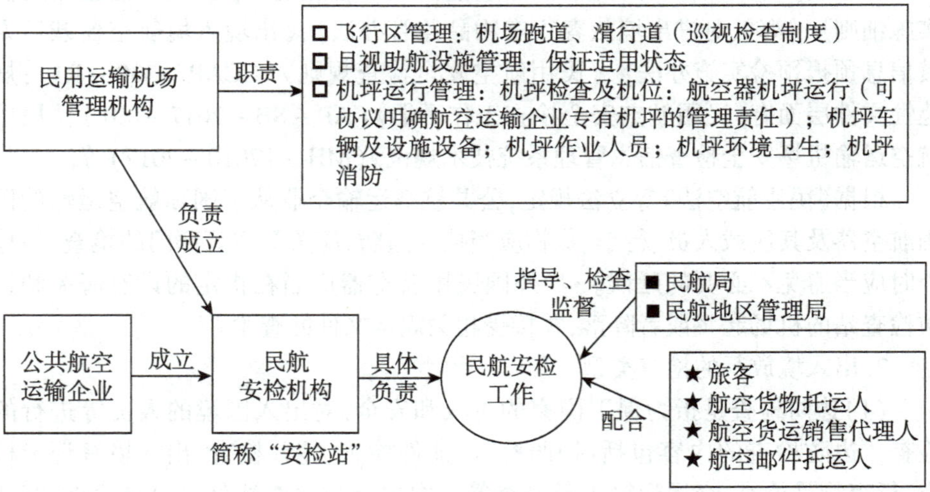

图 2-1 民航安检工作的相关机构及其职责

〔1〕 参见《公安部关于贯彻落实民航机场安全检查和消防工作由公安机关移交民航部门管理实施方案的通知》(公通字〔1992〕4 号)、《关于下发〈民航公安、安检、消防财务管理试行办法〉的通知》(民航局发〔1992〕115 号)。

中国民航安检机构的地位和性质一直存在争议，实践中存在一些困扰安检管理工作的难题，例如，行政执法权责不清，安检部门虽有搜身、翻包、缴刀缉毒等执法权，但无处罚权，需移交公安机关处理。安检行为定位不明，安检是政府行为还是企业行为？安检机构是依据政府要求组建的，但设立主体是企业。公共安全理念与服务理念可能产生碰撞，执法性强制检查与服务旅客理念可能会发生冲突。

民航安全检查员执勤时应当着民航安检制式服装，佩戴民航安检专门标志。拒绝接受安全检查的旅客、行李和货物，公共航空运输企业不得运输。[1]

传统安全检查方式包括过安全门、用磁性探测器近身检查、搜身检查、用红外线透视仪器进行随身行李、物品检查等。目前，多数机场安检以通行传统安检模式为主，但造成了效率不高、安检员工作量繁重、旅客过安检体验较差、接触式安检致人格尊严受辱等问题。随着民航安检技术的更新，实践中开始采用民航安检人脸识别辅助验证系统、全身人体扫描设备检查、人工辅助验证智慧安保系统、毫米波人体成像安检技术设备等，但这些新技术应用带来了旅客信息安全、旅客身体安全性、旅客隐私侵犯等法律问题，值得研究和重视。

二维码2－11

某机场公司对旅客人身及其随身行李安全检查不到位被行政约见案

(3)海关检查是指对出入境的货物、邮递物品、行李物品、货币、金银、证券和运输工具等进行监督检查、卫生检疫和征收关税的管理活动。各国海关检查方式有所不同，通常有免验、口头申报、填写海关申报、开箱检查等方式。出入中国国境的人员及其携带的行李物品等须从设关处通过，并在海关指定的场所、时间办理海关手续。一经查获携带逃税或违禁物品，旅客会受到重税、行政罚款或需承担刑事责任。

二维码2－12

机场公司未按照民航安检工作运行管理手册组织实施民航安检工作被处罚案

(4)出入境检验检疫是指出入境检验检疫机构依照法律、行政法规和国际惯例等的要求，对出入境的商品(包括动植物产品)以及运载这些商品、动植物和出入境人员的交通工具、运输设备，分别实施检验、检疫、鉴定、监督管理，对出入境人员

二维码2－13

空乘人员隐瞒携带应申报商品入境被定罪判刑案例

〔1〕 参见《民用航空法》第100、102条。

等实施卫生检疫及口岸卫生监督的统称。出入境检验检疫的目的是保护国家经济的顺利发展,保护公众的生命和生活环境的安全与健康。

出入境检验检疫类型包括国境卫生检疫、进出境动植物检疫、进出口商品检验和食品安全检验。

中国出入境检验检疫管理机构在2018年4月之前为原国家质量监督检验检疫总局,2018年4月之后,出入境检验检疫管理职责和队伍划入海关总署,以海关名义对外开展工作,一线旅检、查验和窗口岗位要统一上岗、统一着海关制服、统一佩戴关衔。

第四节 国际航空运输协定与航权制度

一、国际航空运输协定

(一)国际航空运输协定的定义与由来

航空运输协定是主权国家为建立定期航空运输关系而签订的协议,其核心内容包括航线、运力和运价。

1913年出现了世界上第一份双边航空协定。[1] 1944年《芝加哥公约》未能成功建立国际航权交换多边法律体制。《国际航班过境协定》仅规定了“不降停而飞越其领土的权利”和“非商业性降停的权利”两种航权,而这两种航权仅是过境权,作用非常有限。《国际航空运输协定》系统规定了定期国际航班的五种航权的交换:(1)不降停而飞越其领土的权利;(2)非商业性降停的权利;(3)卸下来自航空器国籍国领土的旅客、货物、邮件的权利;(4)装卸前往航空器国籍国领土的旅客、货物、邮件的权利;(5)装卸前往或来自其他缔约国领土的旅客、货物、邮件的权利。该协定被俗称为“五大自由协定”,但因批准国过少,未能发挥有效作用。

1929年《华沙公约》和1999年《蒙特利尔公约》作为航空国际性多边公约体系的一部分,都未涉及国际航空交换的核心内容。世界贸易组织《服务贸易总协定》项下的《航空运输服务附件》也并未涉及航权交换的内容,只规定了飞机修理与维护服务、航空运输服务的销售和营销、计算机订座系统三方面,对国际航空业发展影响相对较少。

因此,国际社会未能实现建立航权交换多边法律机制的目标,长期以来,两个主权国家航权交换的模式则是通过签订双边航空运输协定来实现的,这是国

---

〔1〕 世界上最早的双边航空协定是1913年德国与法国就两国非军事用途飞船进入对方领土上空的飞越权达成的双边协定。P. P. C. Haanappel, *The Law and Policy of Air Space and Outer Space*, Kluwer Law International, 2003, p. 4.

家间通航的主要法律依据。

（二）国际航空运输协定的分类

在“二战”之前，国际航权交换没有固定或标准的模式，主要表现为一国政府单方面的许可，即多由一国航空主管机关直接给予他国航空公司许可。[1] 1944 年《芝加哥公约》授权定期航空运输由国家政府间签署双边协定。在实践中，根据国际航空运输协定的签署国数量和适用范围，分为双边航空运输协定和区域性航空服务协定。

1. 双边航空运输协定

双边航空运输协定一般是指建立国家外交关系的两个主权国家为建立定期航空运输关系而签订的协议。

双边航空运输协定是世界范围内定期国际航空运输最有效的管理体制之一，其最大好处是可以为一国国内航空公司提供直接的保护机制。1944 年《芝加哥公约》第 83 条规定，所有的双边航空协定必须向国际民航组织理事会备案。到 2023 年 7 月，在芝加哥公约体系下，共有 4618 份双边航空协定在国际民航组织备案。

在国家间双边航空运输协定中，美国对外签署的双边协定模式对世界民航运输业产生了重要影响。随着美国经济管制[2]向放松管制[3]的转变，在不同历史阶段，美国创立和推行了不同的航空运输协定模式。（见表 2－6）

表 2－6　美国对外签署的双边协定模式

协定类型	核心内容	典型代表
百慕大模式Ⅰ	运价由国际航空运输协会统一拟定，经两国政府批准，商业、运力自由决定	1946 年《英美航空运输协定》
百慕大模式Ⅱ	限制指定的承运人数量；事先对指定承运人提供的运力作出限制；对第五种航权下的以远点作出限制；将美国可以进入伦敦希斯罗机场的承运人数量限制为两家①	是有史以来美国签订的存在限制最多的双边航空协定，2007 年终结

〔1〕　参见［美］N. K. 塔尼加：《美国国际航空政策》，刘之光译，人民交通出版社 1989 年版，第 32 页。

〔2〕　美国第一个经济管制条例是 1938 年《民用航空条例》，1958 年更名为《联邦航空条例》。这两个条例强调公共利益和安全，航空运输业完全处于 CAB 的管制之下，航空运输业的每个方面包括市场准入、竞争水平、价格、服务等都由政府控制。

〔3〕　1978 年，美国颁布《航空业放松管理法》，自由化政策正式开始；1980 年，美国制定《国际航空运输竞争法》，强调“国内国际航空运输一体化”和“最大限度地减少对经营业务与市场销售的限制”。

续表

协定类型	核心内容	典型代表
预先确定运力模式	主要谋求双方互利，运力在缔约双方指定承运人之间均分；缔约国仅能指定单一承运人；辅助权利按照“对等原则”商定	1987年前，日本与美国之间采取预先确定运力模式
自由模式协定	从严格管制或限制走向相对开放的模式；缔约双方有权指定多家航空公司；运力提供不限制；运价鼓励自定	
“开放天空”模式	通航地点、指定承运人、运力班次不限制；业务权包括通航点、以远权、转换机型不限制；运价管理自由化；包机、货运、结汇自由化；可自办地面服务；收费非歧视性；代号共享、引入电脑订座服务系统不限制②	1978年签署《1957年美国－荷兰航空运输协定的议定书》。2001年到2007年7月，与美国签订“开放天空”协定的国家已达到77个③

资料来源：根据相关资料整理。

①See Erwin Von Den Steinen, *National Interest and International Aviation*, Kluwer Law International, 2006, p. 92.

②1992年，美国运输部以命令的方式（DOT Order No. 92－8－13）对“开放天空”政策进行官方定义。In the Matter of Defining “Open Skies”, Department of Transportation Order No. 92－8－13, 1992 DOT Av. LEXIS 568. ＊1. 转引自董萧：《论航权交换》，中国政法大学2009年博士学位论文，第96页。

③国际民航组织亚太地区航空运输自由化论坛（2005年5月25～27日，上海）会议资料（ICAO Symposium on Liberalization of Air Transport in Asia/Pacific）；国际民航组织大会第36届会议资料（2007年9月18～28日，蒙特利尔）（36 Session of ICAO Assembly）。

2. 区域性航空服务协定

1987年以来，通过航空运输自由化“一揽子”方案的实施，欧洲建立起单一、自由的航空运输市场，到1997年，全部欧共体成员国的领空成为一个单一的“国内载运权”区域。原则上所有欧洲共同体承运人都有权在所有成员国境内飞行（不再受传统意义上的“国内载运权”限制），在航空公司所属国之外的两个成员国之间从事商业飞行（第七航权的自由行使）。这成为航空史上最重大的国内载运权的许可，对传统双边航空运输协定产生了重大冲击，这一做法被认为与1944年《芝加哥公约》第7条存在直接冲突，极力主张对1944年《芝加哥公约》进行修改。〔1〕

3. 中国的双边航空运输协定

截至2023年7月，与中国签订双边航空运输协定的国家和地区共有129个。

中国国际航线分为一类国际航线和二类国际航线。一类国际航线为我国至

〔1〕 参见唐明毅主编：《现代国际航空运输法》，法律出版社1999年版，第145页。

航权开放国家的航线或航权部分开放国家的协议航线，不限定指定承运人数量、航线表、运营班次及运力安排。二类国际航线分为二类非远程国际航线和二类远程国际航线。中国国内航点至美洲、欧洲（不含俄罗斯）、大洋洲、非洲航点的二类国际航线为二类远程国际航线，其他为二类非远程国际航线。二类远程货运国际航线和二类非远程国际航线在符合航权安排的情况下不限制承运人数量。二类远程客运国际航线对承运人数量采取"渐进、有序"的准入思路。[1]

目前，在中国定期国际货运航线中，一类航线航权开放，不限指定承运人数量和运力额度，范围已扩大至32个国家（含部分航权开放国家）；二类航线承运人数量或运力额度有限，按照2021年中国民航局印发的《国际货运航权配置规则》进行配置。

二、航权的界定和类型

航权是一种国家性质的航空运输权利，是航空企业运营的重要资源。国际航空运输涉及他国领空主权，因此，领空主权原则是航权的基础和根本前提。[2]航权是国家主权在国际航空运输领域的直接表现，实质上体现为主权国家对国际航线的市场准入管理权。

（一）航权的界定

航权又称"空中自由"或"市场准入权"。航权的概念起源于1944年芝加哥会议，其法律根据是1944年的《国际航班过境协定》和《国际航空运输协定》的规定。《国际航空运输协定》意在建立航权交换的多边机制，但由于批准国家数量极少，该协定名存实亡，但该协定对航权的五种分类和表达方式在大量双边航空协定文件中被广泛使用。

航权并无公认的权威定义，世界贸易组织《服务贸易总协定》中的《航空运输服务附件》第6条将航权定义为"一成员方以定期或不定期的航班，采用支付报酬或租金的方式，从事运输旅客、货物或邮件来自、前往或仅在成员方境内停留以及飞越国境的权利，其内容包括服务地点、运营的航线、从事运输的类型、提供的运力、收取的运价及其条件，以及航空公司指定的标准，包括飞机的数量、所有权和控制的标准等航空业务权利"。

航权的定义可以概括为：一国民航飞机按照约定的航线，出入对方国家领空，经停对方国家领土，并进行上下旅客、装卸货物或邮件的商业活动的权利。

（二）航权交换的主要内容和基本原则

1. 航权交换的主要内容

航权交换的重要组成因素包括航线、运价、运力。

---

〔1〕参见《国际航权资源配置与使用管理办法》（民航发〔2018〕39号）第8～12条规定。

〔2〕参见董蒹：《论航权交换》，中国政法大学2009年博士学位论文，第16页。

(1)航线又称航路,是指双边航空协定中约定的通航地点(城市)。航线权利是航班所在的一条或几条航线得以维持和经营,以及在批准的通航地点提供服务的权利。[1]

(2)运价是指对运输旅客、行李或货物(不包括邮件)收取的价钱。

(3)运力即运输能力,是指使用飞机型号(载客座位数或载货吨位)和一定期限(一月、一周、一天)的航班次数。[2]

2. 航权交换的基本原则

尊重国家领空主权原则。1944 年《芝加哥公约》第 6 条(定期航班)、第 5 条第 2 款(不定期商业飞行)、第 86 条(航路和机场的指定)都明确了国际空中航行须经过地面国单方面的许可和特准,或者由双边航空协定予以约定。

协定信守原则。国家是双边航空协定的缔约主体。协定履行争议无论是发生在两国的航空公司之间,还是一国的航空公司与另一国家的机场或民航管理机关之间,协定的缔约国是承担国际法律责任的主体。例如,法国民航主管机关 1962 年决定停止美国泛美航空公司行使美国—巴黎—土耳其的第五航权引发争议,1963 年,美国政府以法国为被申请人启动仲裁程序。比利时的航空公司 Sabena 与爱尔兰的航空公司 Aer Lingus 发生运力分配争议,1981 年,比利时和爱尔兰两国政府对簿国际仲裁庭。[3]

公平、均等机会原则。传统的双边民用航空运输协定基本上是在强调在对等的基础上交换业务权。1980 年《中华人民共和国政府和美利坚合众国政府民用航空运输协定》的第 3 条规定,各方有权通过外交途径向另一方书面指定两家空运企业在规定的航线上经营协议航班。

实质所有权和有效控制原则。该原则指在两国签订的双边航空协定中,缔约国承诺本国政府指定的在两国之间航线上经营旅客、货物或邮件运输的航空公司必须是指定国政府或该国国民拥有实质所有权和有效控制权的企业。该条款实质是要求双边航空协定对一国的航空从业者和其所属国家之间存在“真正和持续的联系”[4],保证缔约双方的国家利益,这是双边航空运输协定中普遍存在的条款。

---

〔1〕 参见唐明毅主编:《现代国际航空运输法》,法律出版社 1999 年版,第 169 页。

〔2〕 参见赵维田:《国际航空法》,社会科学文献出版社 2000 年版,第 96 页。

〔3〕 See Paul Stephen Dempsey, *Flights of Fancy and Flights of Fury: Arbitration and Adjudication of Commercial and Political Disputes in International Aviation*, The Georgia Journal of International and Comparative Law, Vol. 32, p. 255(2004).

〔4〕 A. A. Mencik von Zebinsky, *European Union External Competence and External Relations in Air Transport*, Kluwer Law International, 1996, p. 60.

(三)航权的分类

第一航权:领空飞越权,即在不着陆的情况下,一国航空器可以从协议国领空飞过,前往其他国家目的地。例如,北京至旧金山,中途飞越日本领空,则需和日本签订领空飞越权,获取第一航权,否则只能绕道飞行,增加燃料消耗和飞行时间。

第二航权:技术经停权,即一国航空器可以因技术需要(如添加燃料、飞机故障或气象原因备降)在协议国降落、经停,但不得进行任何业务性工作,即不允许在当地上下客货。例如,北京至纽约,由于机型原因,不能直接飞抵,通过中国和日本签订的技术经停权,中间可以在日本降落并加油,但不允许在该机场上下客货。

第三航权:目的地下客权,即一国航空器可以在协议国境内卸下乘客、邮件或货物。例如,北京至东京,若获得第三航权,中国民航飞机承运的旅客、货物可在东京进港。

第四航权:目的地上客权,即一国航空器可以在协议国境内载运乘客、邮件或货物返回。例如,北京至东京,中国民航飞机通过第四航权,能在东京载运旅客、邮件或货物搭乘原机返回北京。实践中,第三、四航权一般是双边配套签署,这两种航权为最基本的商业活动权利。

第五航权:中间点权或延远权,即一国容许外国航空公司接载乘客及货物前往另一个国家,即某国或地区的航空公司在其登记国或地区以外的两国或地区间载运客货,但其班机的起点与终点必须为其登记国或地区。第五航权的获得需要与两个或两个以上的国家进行谈判,航班的出发地需为外国航空公司的所属国家。第五航权有以下两种模式:(1)承运人本国(第一国始发地)—中途经停第三国—目的地国(第二国)。承运人从本国运输客货到另一国家时中途经过第三国(也就是始发地国家和目的地国家以外的其他国家),并被允许将途经第三国拉的客货卸到目的地国。例如,中国和新加坡双边协定允许中国承运人在东南亚选择一点作为中途经停点,并可将当地的客货运到新加坡。(2)承运人本国(第一国始发地)—目的地国(第二国)—以远点第三国。这种是以远点国家的运输,承运人将自己国家始发的客货运到目的地国家,同时被允许从目的地国家上客货,并被允许运到另一国家。例如,中国—泰国—新加坡航线,中国和泰国的双边协定同意中国承运人将泰国的客货运往新加坡,并同意将新加坡的客货运到泰国。

第五航权涉及多个双边协定,并且在不同协定中意味着不同种类的航权。第五航权的开放意味着外航不仅要分享对飞国之间的市场,同时要分享中国到第三国的市场资源。

第六航权:桥梁权,即容许一国航空器分别以两条航线接载甲国和乙国乘客及货物往返,但途中必须经过丙国。例如,伦敦—北京—汉城,中国国航公司将来自英国的旅客运到北京,再作中转,然后再运到韩国,这样可以抢占英韩承运人大量的市场。

航空公司获得第六航权后,会出现来自始发地或目的地的乘客比航空公司所属国更多的情况。例如,2013 年 7 月 6 日,韩亚航空 214 号航班在旧金山降落时坠毁,机上中国乘客 141 人,占全机乘客近半。为什么会有如此多中国乘客?这是因为韩亚航空利用第六航权,先用韩亚航空 362 号航班把来自中国的乘客从上海浦东机场运到韩国仁川国际机场,再以韩亚航空 214 号把这些中转乘客运到美国旧金山。由此,韩亚航空 214 号航班虽是从韩国仁川飞往美国,但从中国上海出发的中国乘客占多数。

第七航权:完全第三国运输权,即一国航空器可以在境外接载乘客和货物,而不用返回该国。换言之,即允许一国航空器在甲、乙两国间接运载乘客和货物。例如,伦敦至巴黎,由德国汉莎航空公司承运。

第七航权并不多见,其原因在于签约国等同于开放其国际航线给外国航空公司经营,这会对本国的航空公司经营的国际航线造成不利。

第八航权:(连续的)国内运输权,即容许一国航空器前往甲国境内两个不同地方接载客货往返,但航空器上的客货需以该国为起点或终点。第八航权实际上是本国的一条航线在别国的延长。例如,北京至纽约,美国联合航空公司如果获得了中国赋予的第八航权,可以经停上海,将北京的客货运到上海后下机,再飞往纽约。

第九航权:(非连续的)国内运输权,即一国航空器可以到协议国作国内航线运营。例如,甲国某航空公司获得乙国第九航权后,可以在乙国经营国内航线。第九航权的实质是缔约国要开放国内航线的市场给外国航空公司经营,这会对本国中小航空公司造成不利。

第五节 空中交通服务管理制度

一、空中交通服务的缘起和目的

空中交通服务是指对飞行中的航空器提供以空中交通管制服务为主的监督管理活动。

空中交通服务产生于 1919 年《巴黎公约》签订生效之后。依据 1919 年《巴黎公约》成立的国际空中航行委员会通过了 8 个技术附件,第一次实现航空活动在某些技术方面一定程度的统一。1944 年《芝加哥公约》对空中航行作出一般规定，其附件对空中交通服务作了详细的规定。2016 年，国际民航组织理事会审议通过 1944 年《芝加哥公约》附件 11《空中交通服务》第 50 次修订案，修订生效日期为 2016 年 7 月 11 日。

1944 年《芝加哥公约》附件 11 明确空中交通服务的目的是防止航空器空中相撞；防止航空器在演习区域相撞或与该区域的障碍物相撞；加快并保持空中交通的有秩序流动；为安全和有效的飞行提供建议和信息；应相关组织的要求，向其通报需要搜索或援救，协助和帮助的航空器的状况。

中国参照国际民用航空公约的规定，结合中国民用航空的实际情况，对空中交通服务亦在法律上作了明确规定。

二、空中交通服务的内容

根据 1944 年《芝加哥公约》附件 2 第 1 章的定义，空中交通服务包括飞行情报服务、告警服务、空中交通咨询服务、空中交通管制服务等。其中，空中交通管制服务是最主要的内容，而飞行情报服务和告警服务是其辅助手段。

空中交通服务是以航空器空中航行为中心进行的服务活动，主要包括以下服务内容：

1. 飞行情报服务，是指为有助于安全和有效地实施飞行而提供情报资料的服务。

2. 告警服务，是指向有关组织提供关于航空器需要搜寻与援救的通知，并按需要协助该组织搜寻援救的服务。

3. 空中交通咨询服务，是指在咨询空域内，对按照仪表飞行规则飞行计划飞行的航空器提供的服务，其目的是保证该航空器之间的间隔，防止飞机在空中相撞，维持有秩序的空中交通活动。

4. 空中交通管制服务，也称飞行管制或航空管制，是指由空中交通管制单位安排专业的空中交通管制员，通过雷达、自动化系统以及无线电等设施，对航空器的活动进行管理和控制所提供的专业服务。空中交通管制服务分为区域管制服务[1]、进近管制服务[2]、机场管制服务[3]。

空中交通服务由空中交通管制单位负责提供，任何管制飞行都必须接受空中交通管制单位的管制；在任何一定时间内，管制飞行只接受一个空中交通管制

〔1〕 是指在管制区之内为管制飞行提供的空中交通管制服务，其主要任务是为进近管制空域和机场管制空域之外的指定空域提供空中交通管制服务，以确保整个空中交通管制服务的效率和安全。

〔2〕 是指为在进近管制区内进行的进场或离场的飞行提供的空中交通管制服务。进近管制区是指机场的塔台管制区和区域管制区相连接的部分，即机场管制区内除了机场塔台管制区以外的部分。

〔3〕 是指为机场的交通提供的空中交通管制服务，其职责是对航空器发布情报和指令，防止发生相互碰撞，保证空中交通的安全畅通。

单位的管制。当航空器由一个管制区域进入另一个管制区域时，相关的空中交通管制单位之间应按照有关规定或双方同意的地点和时间移交管制责任，确保飞行的安全。[1]

三、空中交通管制服务的法律责任

虽然很多国家的法律法规中没有对机长和空中交通管制单位的职责作明确的划分，但空中交通管制单位在很大程度上对飞行中的航空器拥有控制权。大多数国家的空中交通管制是由国家或政府机构或政府所控制的机构提供的，一旦发生问题，只能适用有关国家责任的法律原则。

如果空中交通管制人员有渎职行为而造成人员伤亡，可以依据国家刑法的规定，追究其刑事责任。事实上，如果发生同空中交通管制有关的事故而导致诉讼，空中交通管制单位的民事责任也不应该被排除在外，空中交通管制部门完全有可能像机长一样受到起诉。

依据《民用航空法》第74条、第207条的规定，民用航空器在管制空域内进行飞行活动，应当取得空中交通管制单位的许可；违反该法第74条的规定，民用航空器未经空中交通管制单位许可进行飞行活动的，由国务院民用航空主管部门责令停止飞行，对该民用航空器所有人或者承租人处以一万元以上十万元以下的罚款。

例如，山东某通航股份公司于2020年3月30日在未向空中交通管制单位申请取得飞行计划许可的情况下，使用B－7387旋翼机实施定检试飞的活动。2020年4月27日，中国民用航空新疆管理局对其作出行政处罚决定，罚款人民币2万元。[2]

【思考题】

1. 什么是领空主权原则？
2. 国家对其领空享有主权的国际法依据是什么？
3. 各主权国家在行使领空主权时是否有所限制？
4. 中国《国家空域基础分类方法》将空域分为哪些类型和等级？
5. 航权的分类有哪些？

---

〔1〕 参见刘伟民主编：《航空法教程》（修订版），中国法制出版社2001年版，第189页。
〔2〕 参见乌鲁木齐市新市区人民法院行政裁定书，（2021）新0104行审2号。

第三章　航空人员管理制度

第一节　航空人员概述

一、航空人员的定义和范围

(一)国际航空公约关于航空人员的定义

关于“航空人员”的定义,1944 年《芝加哥公约》及其附件没有明确的界定,该公约附件 1《人员执照的颁发》列出了需要颁发执照的航空人员,范围包括飞行机组人员和其他人员。[1]（见表 3－1）

表 3－1　1944 年《芝加哥公约》附件 1 所列颁发执照的航空人员范围

分类	内容	
飞行机组人员	驾驶员	私人(飞机、飞艇、直升机或动力升空器)驾驶员
		商用(飞机、飞艇、直升机或动力升空器)驾驶员
		多机组(飞机)驾驶员
		航线运输(飞机、直升机或动力升空器)驾驶员
		滑翔机驾驶员
		自由气球驾驶员
	飞行领航员	
	飞行机械员	
	飞行无线电报务员	
其他人员	航空器维修(技术员/工程师/机械员)	
	空中交通管制员	
	飞行运行员/飞行签派员	
	航空电台报务员	
	航空气象人员	

---

〔1〕 根据其说明,“飞行机组成员”一词与 1944 年《芝加哥公约》中使用的“航空器运行机组成员”和“运行人员”具有同样含义,而“飞行机组以外的人员”一词包括 1944 年《芝加哥公约》中使用的“机务人员”一词的含义。

按照《国际民用航空组织和世界气象组织的工作安排》(Doc 7475 号文件),所有航空气象人员的培训和资格要求是世界气象组织的职责,因此,1944 年《芝加哥公约》附件 1《人员执照的颁发》对航空气象人员的执照问题没有进行具体规定。该附件还为机场应急人员、飞行运行官员、无线电话务员和其他有关领域的人员培训提供了指南。

(二)各国立法关于航空人员的界定

各国对航空人员的定义均有所不同。例如,《联邦航空法》第 101 条规定:航空人员是指从事与启动状态下的航空器航行的任何人员,如机长、驾驶员、机械员或该机组成员;担任航空器、航空发动机、螺旋桨或航空器上设备检查、维护、翻修或维修的任何人员;担任航空器调度或空中交通管制和塔台的工作人员。日本航空法界定的航空人员基本上等同于《国际民用航空条约》附件 1《人员执照的颁发》所提到的飞行机组人员和其他人员。[1]

我国《民用航空法》对航空人员进行了明确的定义,即该法所称航空人员,是指下列从事民用航空活动的空勤人员和地面人员。空勤人员包括驾驶员、飞行机械人员、乘务员;地面人员包括民用航空器维修人员、空中交通管制员、飞行签派员、航空电台通信员。[2]

中国关于航空人员的范围,为保持与 1944 年《芝加哥公约》附件 1 的一致性,相关立法在不断修订。例如,中国民用航空器领航员、飞行通信员、飞行机械员的合格审定始自 1996 年,但随着科技进步,现代民用航空器上都已装备较先进的通信和导航设备,国际民航组织不再将飞行通信员列入必需项目。目前,3 人以上(含)的多人制机组的飞机也已完全退役,现役飞机均为两人制机组设计,不再需要配置领航员、飞行通信员和飞行机械员,仅少数几种直升机机型需要配备飞行机械员。因此,2012 年,中国取消了"民用航空器领航员、飞行机械员、飞行通信员教员合格证核发"[3]。2014 年,"民用航空器外国驾驶员、领航员、飞行机械员、飞行通信员执照认可"被下放至民航地区管理局。[4] 2016 年修正的《民用航空法》将"领航员"和"飞行通信员"从空勤人员中删除,不再实行许可管理。第 5 次修订的《大型飞机公共航空运输承运人运行合格审定规则》也取消了有关领航员和通信员的相关要求。(见图 3-1)

---

〔1〕 参见刘伟民主编:《航空法教程》(修订版),中国法制出版社 2001 年版,第 127 页。

〔2〕 参见《民用航空法》第 39 条。

〔3〕 《国务院关于第六批取消和调整行政审批项目的决定》(国发〔2012〕52 号)。

〔4〕 参见《国务院关于取消和下放一批行政审批项目的决定》(国发〔2014〕5 号)。

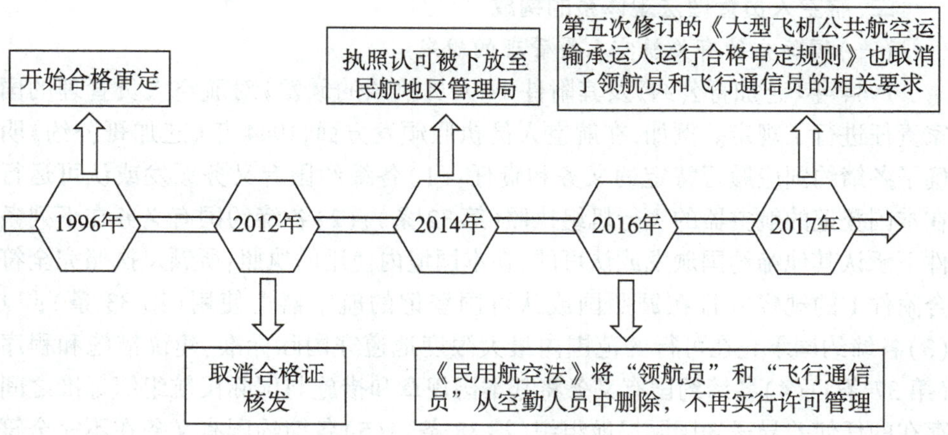

图 3－1　中国航空人员(领航员、飞行通信员)范围的演变

(三)航空人员定义与范围的探讨

从国际民用航空公约和我国《民用航空法》的规定看,有关航空人员的定义和范围并不全面。例如,空警和航空安全员是否属于航空人员并未明确。航空气象人员也未在我国《民用航空法》所列航空人员范围之内。从民用航空活动实践看,这三类人员都是从事民用航空活动的工作人员。《民用航空人员体检合格证管理规则》和《民用航空人员体检合格证申请、审核和颁发程序》(AP－67－FS－2018－001R1)都规定了空勤人员包括驾驶员、飞行机械员、客舱乘务员、航空安全员(含空中警察)。

根据我国《民用航空法》的航空人员范围演变情况,可以将航空人员定义为接受专门训练后取得国家民用航空主管部门颁发的执照,并在执照载明的范围内从事民用航空活动的工作人员。

结合相关规定,航空人员具有下列特点:(1)航空人员是从事民用航空活动的人员;(2)航空人员应当具有与其职务相适应的“胜任能力证书或执照”,如驾驶员执照和客舱乘务员训练合格证;(3)特定航空人员应持有与其执照相应的现行有效的体检合格证,如空勤人员和空中交通管制员,否则不得行使其执照的权利;(4)航空人员的执照和体检合格证书在执行任务时应当随身携带并接受检查;(5)航空人员应接受定期或不定期的身体检查和训练考核,并需检查考核合格方能上岗。[1]

〔1〕 参见《民用航空法》第 39～42 条。

二、航空人员管理法规体系的构成

(一)国际公约有关航空人员管理的规定

1944年《芝加哥公约》及其附件1《人员执照的颁发》对航空人员管理的国家责任进行了规定。例如,在航空人员执照颁发方面,1944年《芝加哥公约》明确了各缔约国应履行特定的义务和责任:(1)各缔约国有义务颁发或认可运行在本国登记的航空器的飞行机组执照(第32条);(2)各缔约国有义务在下列条件下承认其他缔约国颁发或认可的、在本国境内使用的执照:所颁发执照完全符合附件1的规定并且在颁照国或认可国登记的航空器上使用(第33条);[1] (3)各缔约国承允在可行的范围内最大限度地遵守国际标准、建议措施和程序(第37条);(4)各缔约国有义务将其本国规章和措施与国际民航组织标准之间存在的任何差异通知国际民航组织(第38条);(5)各缔约国有义务在不完全符合国际民航组织适用标准的任何执照上进行签注,列出其不符合相关条件的详情(第39条)。

1944年《芝加哥公约》附件1《人员执照的颁发》共包括6章和3个附录(见表3-2),详细规定了"定义和关于执照的一般规则、飞行机组成员及其以外其他人员的执照和等级、人员执照的规格、颁发执照的体检规定"等方面的内容。

表3-2 1944年《芝加哥公约》附件1《人员执照的颁发》的内容目录

序号	内容
第1章	主要涉及相关的定义和关于执照的一般规则
第2章	规定了驾驶员的执照和等级
第3章	规定的是驾驶员执照以外的其他飞行机组成员的执照
第4章	规定了飞行机组成员以外的其他人员的执照和等级
第5章	规定了人员执照的规格
第6章	规定了颁发执照的体检规定
附录	附录1:无线电话通信使用语言能力的要求
	附录2:批准的培训机构
	附录3:颁发多机组(飞机)驾驶员执照的要求

2022年3月7日,国际民航组织第225届理事会第8次会议审议通过了附件1《人员执照的颁发》第178次修订,主要是对实施电子人员执照颁发系统的

[1] 就在本国领土上空飞行而言,各缔约国对其任何国民持有的由另一缔约国颁发的合格证书和执照,保留拒绝承认的权利(第32条第2款)。

标准和建议措施进行修订。本次修订于 2022 年 7 月 18 日生效，2022 年 11 月 3 日开始适用。

（二）中国航空人员管理法规体系框架

按照不同效力等级，中国航空人员管理法规体系框架由法律、行政法规、行业规章和规范性文件构成，主要涉及对航空人员的执照、体检和执勤相关环节的管理。（见图 3－2）

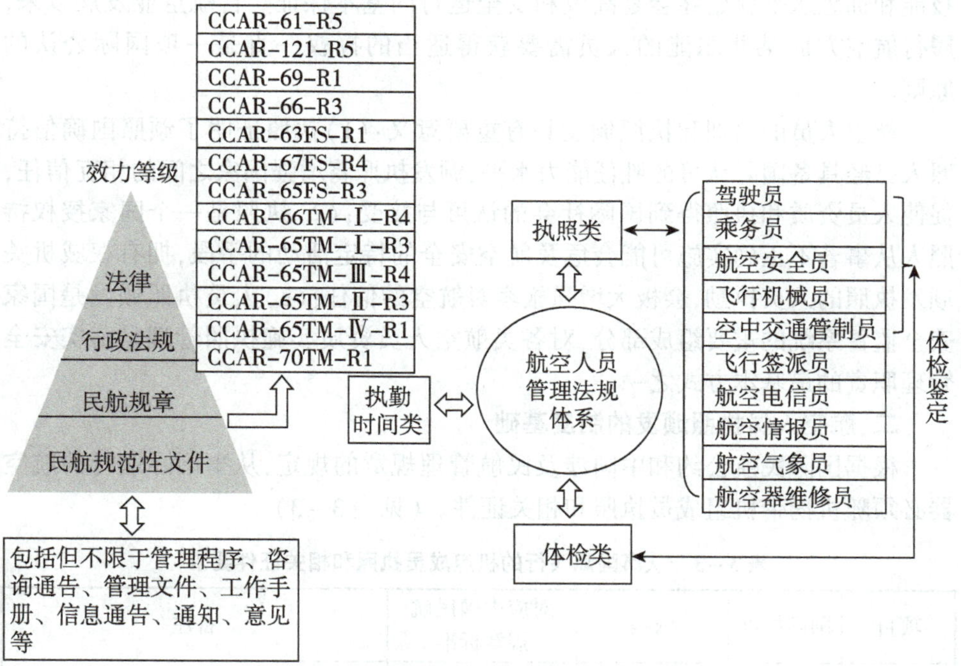

图 3－2　中国航空人员管理法规体系及效力等级框架

法律层面主要有《民用航空法》《劳动合同法》《治安管理处罚法》等。

行政法规层面主要有《飞行基本规则》。

规章层面主要涉及的是航空人员的合格审定和相关执照管理的涉及民航管理的规章。涉及民航管理的规章是航空人员管理法规体系的重要组成部分，在体系中居于核心地位。

规范性文件是指为贯彻落实法律、法规、规章和政策，由民航局颁布的涉及行政相对人权利和义务，具有普遍约束力且可以反复适用的文件。

二维码 3－1

与航空人员相关的中国涉及民航管理的规章和规范性文件列表

第二节　航空人员的执照颁发与管理制度

一、航空人员执照颁发的必要性和意义

只要航空旅行依赖合格的驾驶员或其他空中和地面人员，他们的胜任能力、技能和训练水平就始终会是高效和安全运行的基本保证。自航空业发展以来，履行航空方面某些职能的人员需要获得适当的授权一直是一项国际公认的原则。

航空人员的培训和执照颁发具有重要意义：(1)执照证明了颁照国确信持照人已经具备国际认可的胜任能力水平，颁发执照将增强国家之间的相互信任，促使人员资质和执照得到国际社会的认可与接受；(2)执照是一个国家授权持照人从事若不正确实施可能会危及航空安全的特定活动的手段，拥有权威机关颁发执照的人员执勤，会极大增强旅客对航空的信任；(3)人员执照颁发是国家安全监督系统的重要组成部分，对各类航空人员资质实施执照管理是落实安全管理职责的最基本方式之一。

二、航空人员执照颁发的制度基础

根据国际民航公约和中国涉及民航管理规章的规定，从事国际航行的航空器必须随机携带机组成员执照和相关证件。(见表3－3)

表3－3　从事国际飞行的机组成员执照和相关证件要求

项目	国际标准	依据	对应中国民航规章标准	备注
执照	执照有效性：日期、型别等级、仪表等级、胜任能力检查、语言能力签注、医疗鉴定证明	1944年《芝加哥公约》第29条、第30条第2款、第32条第1款、第39条第2款和第40条、附件1、附件6第Ⅰ部分和第Ⅲ部分第Ⅱ篇	第121.381条航空人员的条件及限制(a)(2)在按照本规则运行时，按照要求携带现行有效的航空人员执照、体检合格证和其他必需的证件	中国目前已全面使用航空器驾驶员电子执照。有的民航当局在机坪检查中会对航线运输或多人制机组驾驶员执照的仪表等级的签注问题予以关注。中国的仪表等级是取得航线运输驾驶员执照和多人制机组驾驶员执照的前提条件，无须特别签注即可行使仪表等级的权利，其执照权利在CCAR－61.197和第179条中有明确描述。1944年《芝加哥公约》附件1没有要求客舱乘务员持有执照，中国则是要求各承运人颁发训练合格证，各民航当局在机坪检查中均不对客舱乘务员的执照进行检查

续表

项目	国际标准	依据	对应中国民航规章标准	备注
体检合格证	所有飞行机组成员应持有一级体检合格证且在有效期内	1944 年《芝加哥公约》附件 1	第 121.381 条航空人员的条件及限制(a)(2)在按照本规则运行时,按照要求携带现行有效的航空人员执照、体检合格证和其他必需的证件	1944 年《芝加哥公约》附件 1 没有要求客舱乘务员持有体检合格证明,各民航当局在机坪检查中同样不予检查
机组成员证	非强制要求	1944 年《芝加哥公约》附件 9	AC – 121 – 132 附件 5	"机组成员证"在 1944 年《芝加哥公约》附件 9《简化手续》中有描述,是用于机组成员证明其身份达到 1944 年《芝加哥公约》附件 9 第 3 章第 3.66 条中提到的机组成员无须签证即可入境的目的,加快出发和到达时对机组人员及其行李的所需检查。目前中国尚未颁发该类证件,"驾驶员执照"和"空勤登机证"均不能作为附件 9 中所述的"机组成员证"。机组成员应遵守各国相应的出入境要求,避免误将"驾驶员执照""空勤登机证"或其他证件当成"机组成员证"使用

(一)航空人员执照颁发的公约基础

航空人员执照颁发是一项复杂的工作,其中包含技术、经济以及行业等方面的问题。第一本驾驶员执照颁发于 1909 年 1 月,第一部国际颁照标准发布于 1919 年。目前,航空人员执照颁发的基础是 1944 年《芝加哥公约》及其附件 1《人员执照的颁发》的国际标准和建议措施。

1944 年《芝加哥公约》确定人员执照颁发的基本原则包括:[1](1)负责向飞行机组成员颁发执照的国家应该是所飞行航空器的登记国(第 32 条第 1 款)。航空器运营人所在国和登记国之间达成该公约第 83 条分条所规定的协议时,可将该责任转移给航空器运营人所在国。(2)一个国家可允许其他缔约国颁发的执照在本国登记的航空器上有效使用(第 32 条第 1 款)。(3)缔约国在下列条

〔1〕 参见《建立与管理国家人员执照颁发系统的程序手册》(Doc9379 号文件)第 1.1.3 条和第 1.1.4 条。

件下承认其他缔约国颁发的执照;所颁发执照完全符合国际民航组织的标准并且在颁发或认可此执照的国家登记的航空器上使用(第33条)。(4)应该在执照上进行签注,列出其不符合标准的详情(第39条)。(5)经签注执照的持有人只有在对进入的空域具有管辖权的国家准许的情况下才能进行国际飞行。

此外,1944年《芝加哥公约》还包含若干并非专门针对人员执照颁发但与其相关的条款:(1)缔约国可在不造成航空器无理延迟着陆或离港的情况下,查验该公约规定的证件和其他文件(第16条);(2)各国应尽力在可行的范围内最大限度地恪守国际民航组织标准和程序,并且承允将其本国措施与国际民航组织标准之间可能存在的任何差异通知国际民航组织(第37条和第38条)。

1944年《芝加哥公约》附件1《人员执照的颁发》是国际民航组织向特定航空人员颁发执照的最低要求的标准和建议措施。同时,国际民航组织编制《建立与管理国家人员执照颁发系统的程序手册》(Doc9379号文件),为成员国就如何建立并运行一套符合1944年《芝加哥公约》附件1要求的人员执照颁发系统提供进一步指导。

国际民航组织关于人员执照颁发的定义强调,执照应该涵盖对安全非常关键的职能,并且应该提供胜任能力证明。这两项内容是用于评估特定航空活动是否要求由持照人员完成的基本标准。如果某一人员参与一项对民用航空安全非常关键的活动,并且需要以执照的形式证明其具备胜任能力,则需要获得相关执照。执照颁发是向某一人员授予从事否则会被法律或惯例禁止并且如不正确实施可能会危及国际航空安全的特定活动的官方许可权的过程。执照提供了持照人具备胜任能力的证据,证明其兼备了必要的技能、知识和态度。

但是,执照只是证明持照人具备胜任能力的一种方式,而胜任能力本身是培训的结果。国际民航组织的附件要求某些类型的人员必须达到一定的国际培训标准,即使不要求其取得执照。一个典型例子是客舱机组成员的安全职能,对于这些安全职能,1944年《芝加哥公约》附件6列出了相关的培训和胜任能力要求,但不存在任何颁照要求。因此,在不要求持有执照的情况下,行使执照权利的个人必须符合与持有执照的人员相同的要求,这与国际民航组织的基本颁照理念是一致的。

人员执照只涉及对航空安全至关紧要的活动,1944年《芝加哥公约》没有对地面人员持有执照提出要求,但为确保在关于航空器、人员、航路及各种辅助服务的规章、标准、程序及组织方面采用统一办法而能便利地改进空中航行事项,尽力求得可行的最高程度的一致,1944年《芝加哥公约》附件1《人员执照的颁发》根据该公约第37条,规定了飞行机组成员执照和地面人员执照颁发的最低要求。

由于地面人员执照具有的不同性质,1944年《芝加哥公约》附件1提供了地面人员执照颁发的备选方案,每一类执照都有其特定的条件,如表3－4所示。

表3－4　1944年《芝加哥公约》附件1不要求地面人员执照的条件

执照	条件
空中交通管制员	国家工作人员不需要执照(附件1的4.4.1)
航空器维修(技术员/工程师/机械员)	在经批准的维修机构内工作的人员不要求持有执照(附件1的4.2.2.4)
飞行运行人员/飞行签派员	如果经国家批准的签派系统不要求使用特许飞行签派员,则不要求持有执照(附件6第Ⅰ部分的10.2或第Ⅲ部分第Ⅱ篇的8.2)
航空电台通信员	国家可授权个人在无照的情况下从事航空电台通信员的工作(附件1的4.7.1.1)

值得注意的是,1944年《芝加哥公约》及其附件1的要求并未涵盖所有活动,且只适用于国际运行。为涵盖国际民航组织未涉及的活动,各国可以决定设置本国的执照,有时被称为"非国际民航组织执照"。一个国家关于一项特定活动是否需要执照的决定在很大程度上取决于该国在文化、行业与社会方面的特有考虑因素。实际上,各国之间在"非国际民航组织执照"的数量和范围上存在很大差别。有些国家只颁发国际民航组织执照,而其他国家会为1944年《芝加哥公约》附件1未涵盖的许多类别的人员颁发执照。

(二)中国航空人员执照颁发的相关制度规范

中国作为国际民航组织的成员国,不仅建立并运行有基本符合1944年《芝加哥公约》附件1要求的航空人员执照颁发系统的规章体系和组织,还建构了各类航空人员执照和等级的颁发程序以及对培训机构或培训方案的批准与监督程序。

例如,《民用航空法》第40条第1款规定:"航空人员应当接受专门训练,经考核合格,取得国务院民用航空主管部门颁发的执照,方可担任其执照载明的工作。"我国民航规章体系和规范性文件体系详细规定了从事民用航空活动的空勤人员和地面人员执照的申请、颁发和管理。中国有关航空人员执照类型与1944年《芝加哥公约》附件1虽然尽力保持一致,但相关表述存在些许不同,详见表3－5。

表 3-5 中国航空人员执照类型与1944年《芝加哥公约》附件1人员执照类型对照

<table>
<tr><td colspan="3">1944年《芝加哥公约》附件1
所载颁发的执照类型</td><td colspan="4">中国涉及民航管理的规章所载颁发的执照类型</td></tr>
<tr><td rowspan="5">飞行机组成员执照</td><td rowspan="2">驾驶员执照</td><td rowspan="2">(1)商用驾驶员执照(飞机、飞艇、直升机和动力升空器类别);(2)航线运输驾驶员执照(飞机、直升机和动力升空器类别);(3)与飞机类别相对应的多机组驾驶员执照;(4)私用驾驶员执照(飞机、飞艇、直升机和动力升空器类别);(5)滑翔机驾驶员执照;(6)自由气球驾驶员执照</td><td colspan="3">执照类型</td><td>依据</td></tr>
<tr><td rowspan="4">空勤人员执照</td><td>驾驶员执照</td><td>(1)商用驾驶员执照;(2)航线运输驾驶员执照;(3)多人制机组驾驶员执照;(4)学生驾驶员执照;(5)运动类驾驶员执照;(6)私人驾驶员执照</td><td>CCAR-61-R5
CCAR-121-R7</td></tr>
<tr><td colspan="2">飞行机械员执照</td><td colspan="2">客舱乘务员执照</td><td>CCAR-121-R7</td></tr>
<tr><td colspan="2">飞行领航员执照</td><td colspan="2">飞行机械员执照</td><td>CCAR-63FS-R1</td></tr>
<tr><td colspan="2">飞行通信员执照</td><td colspan="2">航空安全员执照</td><td>CCAR-69-R1</td></tr>
<tr><td rowspan="6">飞行机组成员以外的其他人员的执照</td><td colspan="2" rowspan="6">航空器维修执照(技术员/工程师/机械员);
空中交通管制员执照;
飞行运行人员/飞行签派员执照;
航空电台通信员执照</td><td rowspan="6">地面人员执照</td><td colspan="2">飞行签派员执照</td><td>CCAR-65FS-R3</td></tr>
<tr><td colspan="2">空中交通管制员执照</td><td>CCAR-66TM-Ⅰ-R4</td></tr>
<tr><td colspan="2">民用航空电信人员执照</td><td>CCAR-65TM-Ⅰ-R3</td></tr>
<tr><td colspan="2">民用航空情报员执照</td><td>CCAR-65TM-Ⅲ-R4</td></tr>
<tr><td colspan="2">民用航空器维修人员执照</td><td>CCAR-66-R3</td></tr>
<tr><td colspan="2">民用航空气象人员执照</td><td>CCAR-65TM-Ⅱ-R3</td></tr>
</table>

需要注意的是,中国直接颁发的航空人员执照无法从1944年《芝加哥公约》给予的国际认可中受益,只在中国空域内有效,持有此类执照的国际航班只能在得到其所使用空域的国家许可的情况下才能飞行。

三、驾驶员执照的申请、颁发与管理

(一)驾驶员的定义

航空器驾驶员是指根据其所驾驶的航空器等级、在航空器上担任的职位以及运行的性质和分类,符合规定的关于其执照和等级、训练、考试、检查、航空经历等方面的相应要求,并符合相应运行要求的航空人员。

(二)驾驶员执照颁发的依据

目前,中国对航空器驾驶员执照颁发的行政许可依据,是2019年施行的《民用航空器驾驶员合格审定规则》。具体的申请、颁发与管理相关程序和规定见

二维码3－2。

（三）驾驶员执照申请的条件和要求

民用航空器驾驶员包括机长和副驾驶，其中，机长是指在飞行时间内负责航空器的运行和安全的驾驶员；副驾驶是指在飞行时间内除机长以外的、在驾驶岗位执勤的持有执照的驾驶员，但不包括在航空器上仅接受飞行训练的驾驶员。[1]

二维码3－2

中国有关民用航空驾驶员执照管理的涉及民航管理的规章与规范性文件列表

驾驶员是飞行机组成员，[2]在飞行值勤期内对航空器运行负有必不可少的职责，必须持有执照。申请驾驶员执照，需要满足一定的年龄限制、语言能力要求、体检要求、航空知识理论考试[3]和飞行技能的实践考试[4]等条件和资格要求，其中不同类型的驾驶员执照的申请资格有所不同，相关资格要求详见表3－6。

表3－6　I级体检合格证驾驶员执照的申请资格对照

执照类型	申请依据	申请资格
商用驾驶员执照	CCAR－61R5 第61.153条	（1）年满18周岁；（2）无犯罪记录；（3）能正确读听说写汉语，无影响双向无线电对话的口音和口吃；（4）具有高中或者高中以上文化程度；（5）持有有效I级体检合格证；（6）完成航空知识训练，通过理论考试；通过航空知识理论考试；（7）完成飞行技能训练；（8）通过飞行技能的实践考试
航线运输驾驶员执照	CCAR－61R5 第61.183条	（1）年满21周岁；（2）无犯罪记录；（3）能正确读听说写汉语，无影响双向无线电对话的口音和口吃；（4）具有高中或者高中以上文化程度；（5）持有有效I级体检合格证；（6）持有按规则颁发的商用驾驶员执照和仪表等级或持有按规则颁发的多人制机组驾驶员执照；（7）满足飞行经历要求；（8）通过航空知识理论考试；（9）通过飞行技能的实践考试

[1]　参见《民用航空器驾驶员合格审定规则》第61.7条。

[2]　机组成员是指飞行期间在飞机上执行任务的航空人员，包括飞行机组成员、客舱乘务员。

[3]　理论考试是指航空理论方面的考试，该考试是颁发航空人员执照或者等级要求的，可以通过笔试或者计算机考试来实施。

[4]　实践考试是指为取得航空人员执照或者等级进行的操作方面的考试，该考试通过申请人在飞行中、飞行模拟机中或者飞行训练器中回答问题并演示操作动作的方式进行。

续表

执照类型	申请依据	申请资格
多人制机组驾驶员执照	CCAR－61R5第61.175条	(1)年满18周岁;(2)无犯罪记录;(3)能正确读、听、说、写汉语,无影响双向无线电对话的口音和口吃;(4)具有大学本科或大学本科以上文化程度;(5)持有有效Ⅰ级体检合格证;(6)持有私用驾驶员执照;(7)满足飞行经历要求;(8)通过ICAO英语无线电通信3级或3级以上等级考试;(9)达到航空理论知识的要求和通过考试;(10)通过飞行技能的实践考试
私用驾驶员执照	CCAR－61R5第61.123条	(1)年满17周岁;(2)5年内无犯罪记录;(3)能正确读、听、说、写汉语,无影响双向无线电通话的口音和口吃,申请人因某种原因不能满足部分要求的,局方应当在其执照上签注必要的运行限制;(4)具有初中或者初中以上文化程度;(5)持有局方颁发的现行有效Ⅱ级或者Ⅰ级体检合格证;(6)完成了航空知识训练和理论考试;(7)通过航空知识的理论考试;(8)完成了飞行技能训练;(9)满足飞行经历要求;(10)通过飞行技能的实践考试等要求
学生驾驶员执照	CCAR－61R5第61.103条	(1)年满16周岁;(2)5年内无犯罪记录;(3)能正确读、听、说、写汉语,无影响双向无线电通话的口音和口吃,申请人因某种原因不能满足部分要求的,局方应当在其执照上签注必要的运行限制;(4)持有局方颁发的现行有效Ⅱ级或者Ⅰ级体检合格证
运动驾驶员执照	CCAR－61R5第61.113条	(1)年满17周岁,但仅申请操作滑翔机或自由气球的为年满16周岁;(2)5年内无犯罪记录;(3)能正确读、听、说、写汉语,无影响双向无线电通话的口音和口吃,申请人因某种原因不能满足部分要求的,局方应当在其执照上签注必要的运行限制;(4)具有初中或初中以上文化程度;(5)持有局方颁发的现行有效体检合格证;(6)完成要求的航空知识训练或飞行技能训练和理论考试或实践考试;(7)满足飞行经历要求等

为加强军民航飞行员队伍建设,促进军民深度融合发展,民航局分别会同中国人民解放军空军、陆军和海军政治部,联合发布通知,明确退役停飞飞行员进入民航系统的具体标准、程序和要求,有效建立了军队退役人才进入民航系统的有效渠道。

(四)驾驶员执照申请的办理流程

驾驶员执照申请经过提交申请材料、民航地区管理局初审和民航局审核三个阶段,所需材料和审查或决定期限详见图3－3。

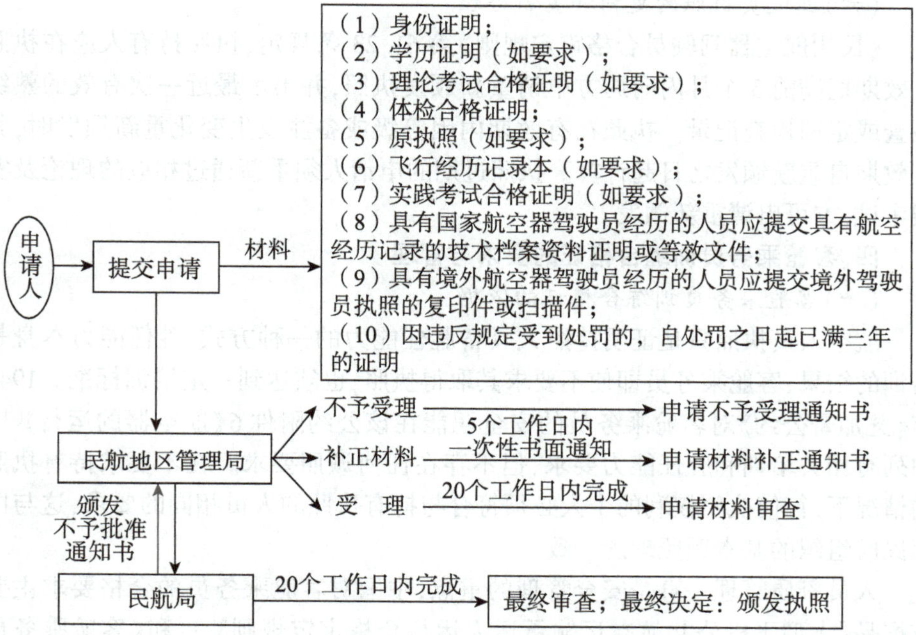

图 3－3　驾驶员执照和等级申请、受理、审查、批准流程

(五)驾驶员执照的有效期和签注内容

驾驶员执照的类型不同,执照有效期和签注内容不同,详见表 3－7。

表 3－7　驾驶员执照的类型及其签注内容和有效期比较

驾驶员执照类型	签注内容	有效期
学生驾驶员执照		24 个日历月
运动驾驶员执照	航空器类别、级别等级;教员等级	6 年
私用驾驶员执照	航空器类别、级别、型别等级;仪表等级	
商用驾驶员执照	航空器类别、级别、型别等级;仪表等级;教员等级	
多人制机组驾驶员执照	航空器类别、级别等级;航空器型别等级(仅限副驾驶)	
航线运输驾驶员执照	航空器类别、级别、型别等级;教员等级	
临时执照	(1)已经审定合格的执照申请人,在等待颁发执照期间;(2)在执照上更改姓名的申请人,在等待更改执照期间;(3)因执照遗失或损坏而申请补发执照的申请人,在等待补发执照期间	120 天

(六)驾驶员执照的更新和重新办理

《民用航空器驾驶员合格审定规则》第 61.23 条规定,执照持有人应在执照有效期期满前 3 个月内向局方申请重新颁发执照,并出示最近一次有效的熟练检查或定期检查记录。执照在有效期内因等级或备注发生变化重新颁发时,其有效期自重新颁发之日起计算。执照过期的申请人须重新通过相应的理论及实践考试,方可申请重新颁发。

四、客舱乘务员训练合格证的要求与管理

(一)客舱乘务员训练合格证的依据

航空人员执照只是证明持照人具备胜任能力的一种方式,胜任能力本身是培训的结果,客舱乘务员即使不要求其取得执照,也须达到一定培训标准。1944 年《芝加哥公约》对客舱乘务员的安全职能在该公约附件 6《航空器的运行》[1]中列有相关培训和胜任能力要求,但不存在任何颁照要求。在不要求持有执照的情况下,行使执照权利的个人必须符合与持有执照的人员相同的要求,这与国际民航组织的基本颁照理念一致。

人员资质管理一直是安全管理的重点,中国对客舱乘务员的合格要求主要依据是《大型飞机公共航空运输承运人运行合格审定规则》[2]和《客舱乘务员的资格和训练》(AC-121-FS-27R3)。

(二)客舱乘务员的资格要求

根据规定[3],客舱乘务员的资格要求具体包括以下几点:

1. 应持有局方颁发的有效的航空人员体检合格证。

2. 按照合格证持有人经局方批准的客舱乘务员训练大纲完成训练,并通过合格证持有人的检查,取得合格证持有人颁发的有效客舱乘务员训练合格证。

3. 客舱乘务员资格还应满足以下要求:(1)年满 18 周岁;(2)具有高中或高中以上文化程度;(3)能正确听、说、读、写中文,无影响沟通的口音和口吃,合格证持有人聘用的外籍客舱乘务员应具备一定的中文或英语沟通能力;(4)具备执行合格证持有人正常、不正常和应急情况下的程序以及操作航空器机型设备、系统的能力和力量。

---

[1] 1944 年《芝加哥公约》附件 6《航空器的运行》第Ⅱ部分第 9.1.1 条规定,机长必须保证每个飞行组成员都有登记国颁发或认可有效的执照,且这些执照都注明适当等级并现时有效,同时必须对飞行组成员已保持胜任能力确信无疑。

[2] 参见《大型飞机公共航空运输承运人运行合格审定规则》第 121.477 条客舱乘务员的合格要求和第 121.479 条飞行机组成员的英语要求。

[3] 参见《客舱乘务员的资格和训练》(民航规〔2020〕14 号/AC-121-FS-27R3)第 4.1.2 条和第 4.1.3 条。

4. 客舱乘务员近期经历要求：(1)客舱乘务员应于前12个日历月之内，在局方按照CCAR－121部批准的可服务的同一种机型上，至少已飞行2个航段，方可在此机型上担任客舱乘务员。(2)客舱乘务员在任一连续的12个日历月内未能在可服务的同一种机型上完成要求的2个航段飞行的，视为失去该机型近期经历，应当重新建立近期经历：①在可服务的同一种机型的任一飞机上，至少完成2个航段飞行，并接受客舱乘务检查员的监督和鉴定；②被鉴定为不合格的，应当重新进行该机型的转机型或初始训练。

五、航空安全员执照的申请、颁发和管理

(一)航空安全员的定义

航空安全员是指为了保证航空器及其所载人员安全，在民用航空器上执行安全保卫任务，持有CCAR－69部规定的有效执照的人员。

航空安全员是空中安全保卫工作的重要力量，因此，要对航空安全员的资格严控严管，实行执照管理制度。中国有关航空安全员执照申请和管理的依据是《航空安全员合格审定规则》(CCAR－69－R1)。未持有有效执照的人员，不得担任航空安全员；航空安全员在履行岗位职责时，应当随身携带有效执照及有效的体检合格证。[1]

(二)航空安全员执照的申请条件

根据中国涉及民航管理规章的规定，申请航空安全员执照应当具备下列条件：(1)年满18周岁的中国公民；(2)身体健康；(3)男性身高1.70～1.85米，女性身高1.60～1.75米；(4)具有高中毕业以上文化程度；(5)具有良好的政治、业务素质和品行；(6)自愿从事航空安全员工作；(7)完成相应的训练并通过考试考核；(8)民航行业信用信息记录中没有严重失信行为记录。[2]

(三)航空安全员执照申请、审核、许可、颁发和管理流程

根据中国涉及民航管理的规章，航空安全员执照的申请办理程序和审定颁发主体是民航地区管理局，民航局仅负责全国航空安全员合格审定工作的监督管理。

航空安全员执照具体办理流程见图3－4。

---

〔1〕 参见2019年《航空安全员合格审定规则》(CCAR－69－R1)第5～6条。

〔2〕 参见2019年《航空安全员合格审定规则》(CCAR－69－R1)第7条。

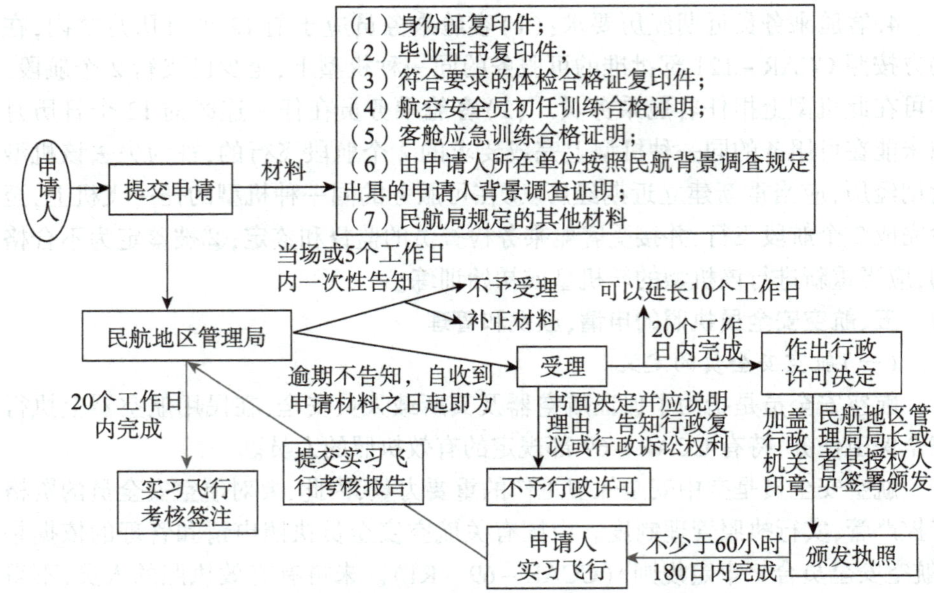

图3－4 航空安全员执照申请、受理、审查、批准流程

六、飞行机械员执照的申请、颁发与管理

（一）飞行机械员的定义

飞行机械员是指在航空器型号合格审定或者运行规章确定需要飞行机械员的航空器上操纵和监视航空动力装置和各个系统在飞行中工作状态的人员。[1]

根据2019年施行的《民用航空器飞行机械员合格审定规则》（CCAR－63FS－R1）第63.9条的要求，无论是在中国或外国进行国籍登记的航空器上，飞行机械员是飞行机组必需成员的，应当持有有效的飞行机械员执照或认可函，并在行使相应权利时随身携带该执照或认可函。

二维码3－3

中国有关飞行机械员执照管理的涉及民航管理的规章和规范性文件

（二）飞行机械员执照颁发或认可的依据

中国飞行机械员执照颁发或认可的依据包括涉及民航管理的规章以及与飞行机械员执照颁发相关的咨询通告、管理程序、实践考试标准、执照和认可函申请指南等。

（三）飞行机械员执照申请的要求、条件和流程

申请人的限制：（1）至少持有按照《民用航空器驾驶员合格审定规则》颁发的带有该航空器型别等级的商用驾驶员执照，对于飞机还应当持有飞机仪表等级；（2）具有国家航空器飞行机械员飞行经历。[2]

〔1〕 参见《民用航空器飞行机械员合格审定规则》（CCAR－63FS－R1）第63.7条。

〔2〕 参见《民用航空器飞行机械员合格审定规则》（CCAR－63FS－R1）第63.31条。

申请条件：(1)年满 18 周岁；(2)5 年内无犯罪记录；(3)无严重失信行为记录；(4)能正确读、听、说、写汉语或者英语，无影响双向无线电对话、机组交流的口音和口吃，申请人因某种原因不能满足部分要求的，局方应当在其执照上签注必要的运行限制；(5)持有局方颁发的现行有效Ⅱ级体检合格证；(6)具有高中或者高中以上文化程度；(7)满足规定的飞行经历要求；(8)通过了要求飞行技能的实践考试。

根据中国《大型飞机公共航空运输承运人运行合格审定规则》第 121.471 条的规定，飞行机械员的合格要求还包括：(1)持有飞行机械员执照和相应的等级，并完成为保持该执照和等级有效性所要求的训练和检查以及该规则要求的训练和检查；(2)应当在前 6 个日历月之内，在相应型别飞机上至少担任飞行机械员飞行了 50 小时，或合格证持有人或局方在相应型别飞机上对其进行了检查，并认为其熟悉且掌握了所有现行重要信息和操作程序。

关于飞行机械员执照的申请与审批程序与流程，见图 3－5。

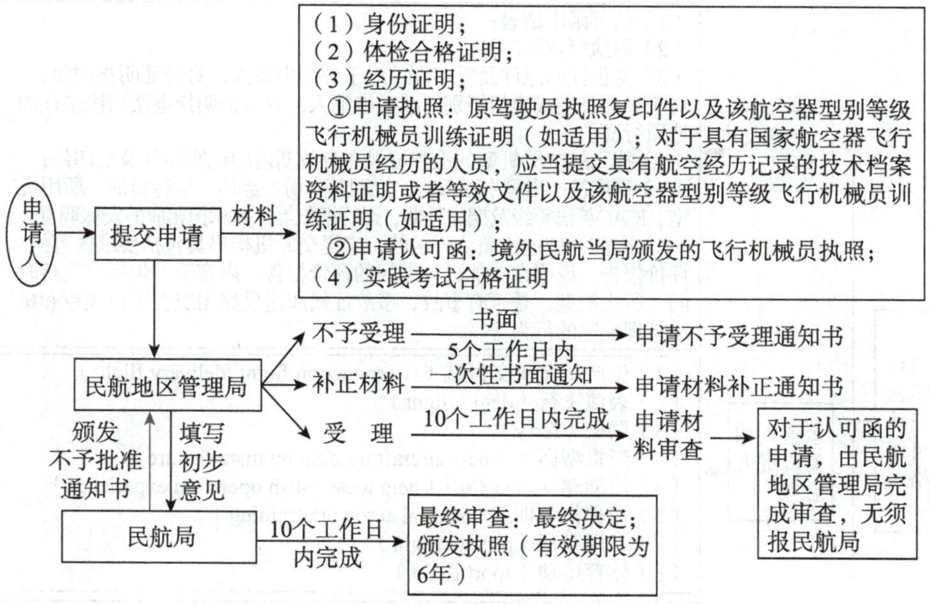

图 3－5　飞行机械员执照和认可函的申请、审批与颁发流程

(四)飞行机械员执照的管理

1. 执照编号、档案号和签注

自 2019 年起，中国飞行机械员执照编号为 18 位，采用第二代身份证号码作为执照号码；中国民用航空器飞行机械员执照编号具有唯一性，发放、领取新飞行机械员执照时，应当同时收回原执照，存入个人档案。飞行机械员执照上除有执照编号外，还有执照档案号(fn 号)。飞行机械员执照签注有航空器的型别等级。

2. 执照有效期

飞行机械员执照有效期限为6年，执照持有人满足有关中国民航相关运行规章的相应训练与检查要求并符合飞行安全记录要求时，方可行使执照赋予的权利。

依据外国或者我国香港特别行政区、澳门特别行政区飞行机械员执照颁发认可函，经执照颁发当局确认，最长有效期为24个日历月，仅当该认可函所依据的外国或者我国香港特别行政区、澳门特别行政区飞行机械员执照和体检合格证有效时，持有人方可行使该认可函所赋予的权利。[1]

3. 飞行机械员认可函

境外飞行机械员执照通过确认参加运行，即由飞行标准司向原执照颁发当局发出要求确认其执照真实有效性的函件，在收到答复后，由飞行标准司确认该执照及等级有效性，即持有境外飞行机械员执照的人员，通过办理认可函的形式参加运行。

飞行机械员认可函格式见图3－6。

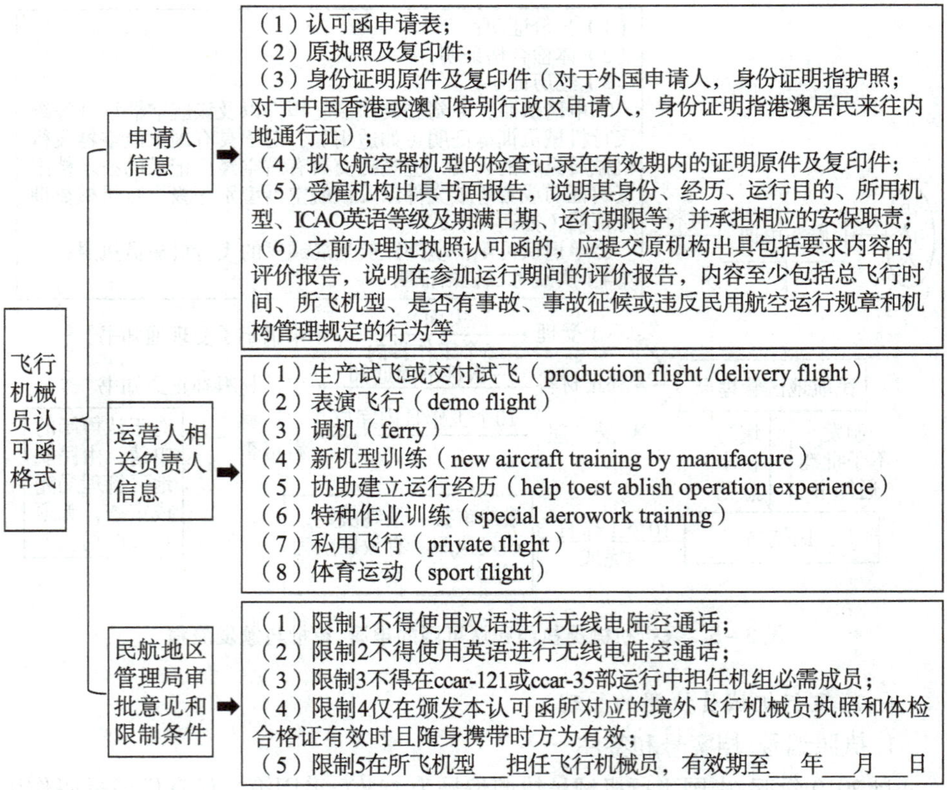

图3－6　飞行机械员认可函格式

---

〔1〕 参见《民用航空器飞行机械员合格审定规则》(CCAR－63FS－R1)第63.17条。

七、飞行签派员执照的申请、颁发和管理

（一）飞行签派员的定义

飞行签派员是航空公司运行控制指挥的关键核心人员，其在飞行运行中担当组织协调、指挥决策的重要职责，与机长共同对每次飞行的签派放行、安全和效益负责。中国自1987年起设立飞行签派员岗位。

根据规定，实施国内或者国际定期载客运行的合格证持有人，应当在每一飞行签派中心安排有足够数量的合格飞行签派员，确保对每次飞行进行恰当的运行控制。[1]

> **二维码3-4**
>
> 中国有关飞行签派员执照管理的涉及民航管理的规章和规范性文件

（二）飞行签派员执照申请、颁发的依据

根据航空运行相关规章的要求，飞行签派员必须具备履行职责相应的航空知识、技能、运行经历以及协调和决策能力。对民用航空飞行签派员执照管理的依据主要是《民用航空飞行签派员执照和训练机构管理规则》（CCAR-65FS-R3）。

（三）飞行签派员执照的申请条件、审核和颁发的基本流程（见图3-7）

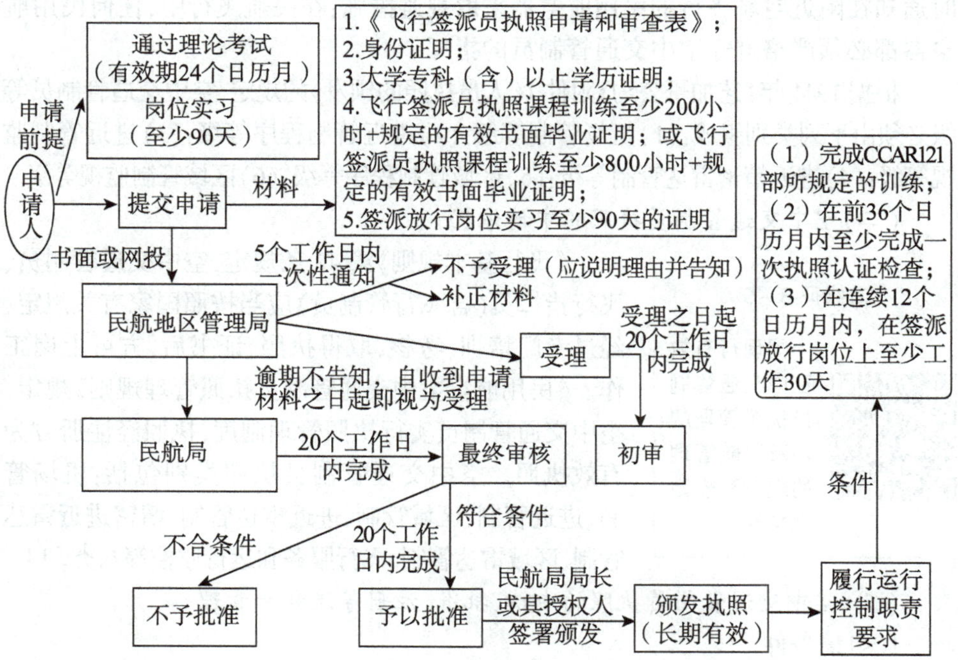

图3-7　飞行签派员执照申请、受理、审查、批准、颁发流程

---

〔1〕参见《大型飞机公共航空运输承运人运行合格审定规则》第121.395条。

(四)飞行签派员执照的监督检查

执照持有人受到刑事处罚的权利限制。根据《民用航空飞行签派员执照和训练机构管理规则》第65.30条的规定,执照持有人受到刑事处罚期间不得行使执照赋予的权利。

执照检查。根据《民用航空飞行签派员执照和训练机构管理规则》第65.31条的规定,飞行签派员在履行运行控制职责时应当携带飞行签派员执照,在民用航空飞行标准监察员或者授权的局方代表提出要求时,应当出示飞行签派员执照,接受检查。航空承运人不得指定未取得飞行签派员执照的人员履行运行控制职责。

八、空中交通管制员执照的申请与管理

(一)空中交通管制员的定义

空中交通管制员是指持有执照,独立从事执照载明的空中交通服务工作的特定人员。

空中交通管制员的职责是:保证民用航空器沿着正确的航线飞行,以免出现偏航等情况;保证民用航空器在飞行中始终保持与其他航空器、地物及恶劣气候在水平方向及垂直方向上的安全距离,避免出现危险;在航空器发生危险时,及时通知在附近空域飞行的民用航空器采取规避措施;在民航飞行中,任何民用航空器都必须严格遵守空中交通管制员的指挥。

根据1944年《芝加哥公约》附件1《人员执照的颁发》的规定,空中交通管制员等级必须由下列类别组成:(1)机场管制等级;(2)进近管制程序等级;(3)进近管制监视等级;(4)进近精密雷达管制等级;(5)区域管制程序等级;(6)区域管制监视等级。

(二)空中交通管制员执照的申请依据

二维码3-5

中国现行有效空中交通管制员执照管理的涉及民航管理的规章和规范性文件

《飞行基本规则》第42条规定,空中交通管制员、飞行指挥员(含飞行管制员)应当按照国家有关规定,经过专门培训、考核,取得执照、证书后,方可上岗工作。《民用航空空中交通管制员执照管理规则》规定,空中交通管制员实行执照管理制度,执照经注册方为有效执照。空中交通管制员执照类别包括:机场管制、进近管制、区域管制、进近雷达管制、精密进近雷达管制、区域雷达管制、飞行服务和运行监控等八类。[1]

(三)空中交通管制员执照的申请、批准、注册等流程和管理

1. 申请条件

根据《民用航空空中交通管制员执照管理规则》(CCAR-66TM-I-R4)第

---

〔1〕 参见《民用航空空中交通管制员执照管理规则》第6条。

20条的规定，管制员执照申请人应当必备的条件包括：取得管制基础培训合格证、理论考试合格证和技能考核合格证，符合规定的申请人经历要求。

2. 空中交通管制员执照申请、批准、注册和管理等流程

民航局空管行业管理办公室根据民航局授权负责承办执照的最终审核、颁发以及监督管理等工作。民航地区管理局负责承办本辖区执照申请的受理、初审以及执照的注册、监督检查等工作。（见图3-8）

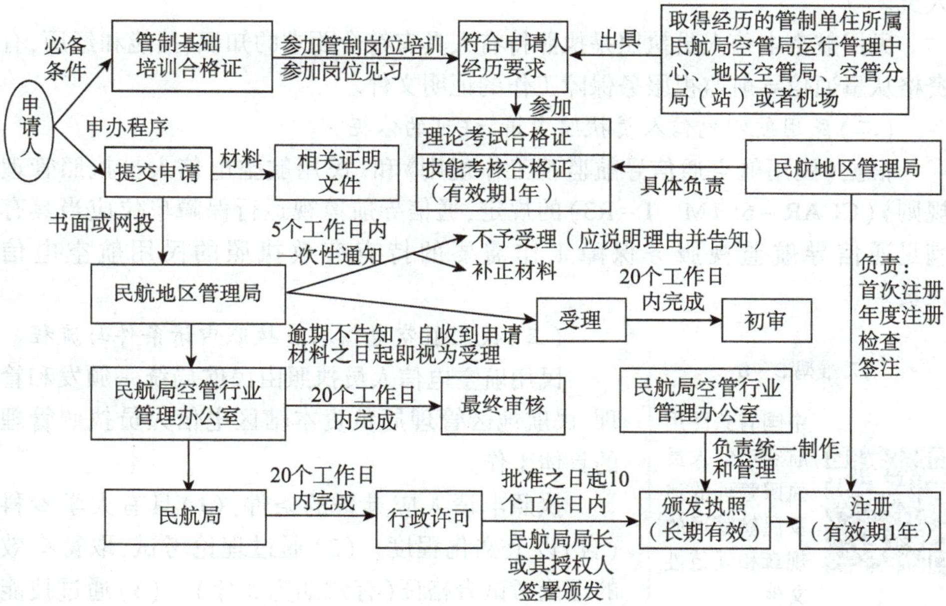

图3-8 空中交通管制员执照申请、受理、审查、批准、颁发和注册办理流程

3. 已获执照管制员的近期经历要求与行为管理

根据《民用航空空中交通管制员执照管理规则》（CCAR-66TM-I-R4）的规定，[1]已获执照的管制员应满足下列近期经历要求：(1)每6个月内在管制员执照载明工作地点履行工作职责的时间不少于80小时。(2)熟悉与履行空中交通管制工作职责相关、现行有效的规则、程序和资料。(3)按照空中交通管制培训管理规则的规定完成有关岗位培训并达到相关要求；持照人持有两个（含）以上类别签注的，应当结合现岗位工作，满足其中至少一个类别签注的近期经历要求。

持照人有下列情形之一的，不得从事空中交通管制工作：(1)持照人身体状况发生变化，出现不符合所持体检合格证相应医学标准的情况时。(2)在饮用

〔1〕 参见《民用航空空中交通管制员执照管理规则》（CCAR-66TM-I-R4）第39、40条。

任何含酒精饮料之后的8小时之内或者处在酒精作用之下、血液中酒精浓度含量等于或者大于0.04%，或者受到任何作用于精神的物品影响损及工作能力时。(3)持照人被依法暂停行使执照权利期间。

九、民用航空电信人员执照及管理

(一)民用航空电信人员的定义

民用航空电信人员是指从事民用航空通信导航监视服务保障工作的技术人员。

民用航空电信人员执照是执照持有人具有符合要求的知识、技能和经历，有资格从事通信导航监视服务保障工作的证明文件。

(二)民用航空电信人员执照申请、许可的依据

根据《民用航空通信导航监视工作规则》和《民用航空电信人员执照管理规则》(CCAR－65TM－I－R3)的规定，通信导航监视运行保障单位应当具有满足通信导航监视服务保障工作需要的持有有效执照的民用航空电信人员。[1]

(三)民用航空电信人员执照申请条件与流程

二维码3－6

中国有关民用航空电信人员执照管理的涉及民航管理的规章和规范性文件

民用航空电信人员执照由民航局统一颁发和管理，民航地区管理局负责本辖区电信人员执照管理的具体工作。

执照申请人应具备的条件：(1)具有大学专科(含)以上文化程度。(2)通过理论考试，取得有效的理论考试合格证(有效期为3年)。(3)通过技能考核，取得有效的技能考核合格证(有效期为2年)。(4)符合规定的申请人培训和经历要求。(5)符合通信导航监视服务保障工作岗位应当具备的身体条件。(6)符合下列申请经历要求：①申请人在持相应有效执照岗位签注的电信人员带领下，参加不少于4个月的专业实习；②对于同时申请电信人员执照同一专业类别多个岗位的申请人，其专业实习时间可以合并，但其总实习时间不得少于5个月；③对于同时申请电信人员执照不同专业类别多个岗位的申请人，其专业实习时间可以合并，但其总实习时间不得少于6个月。

民用航空电信人员执照申办具体流程见图3－9。

---

[1] 参见《民用航空通信导航监视工作规则》第9、13、14条；《民用航空电信人员执照管理规则》(CCAR－65TM－I－R3)第3条。

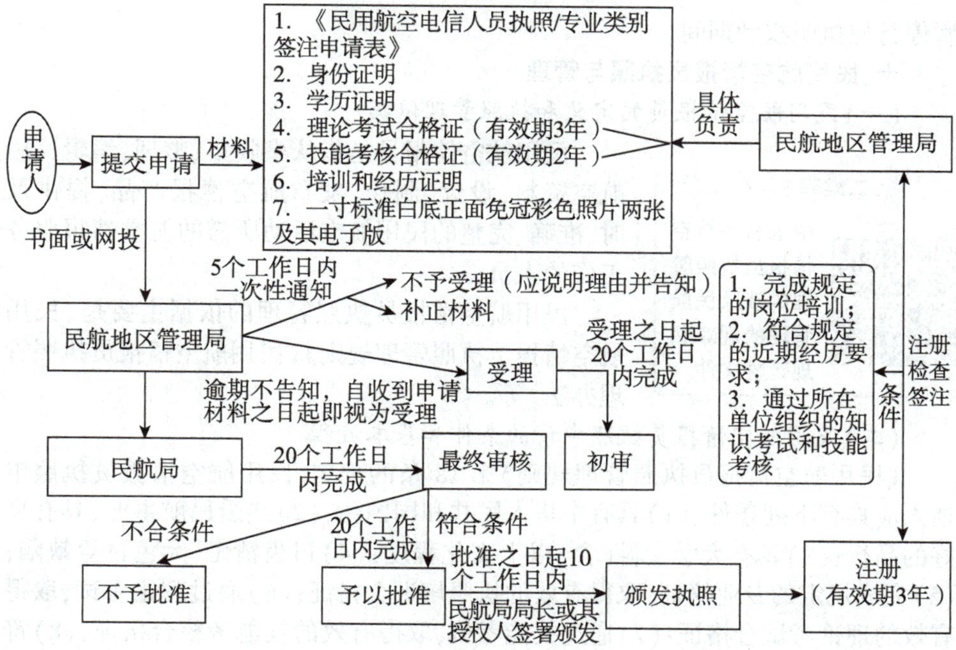

图 3-9　民用航空电信人员执照申请、受理、审查、批准、颁发和注册流程

（四）民用航空电信人员执照的管理

民用航空电信人员执照管理具体由民航地区管理局负责，具体承担执照管理相关工作的其他单位和个人根据授权范围依规管理，并接受民航局和民航地区管理局监督。

执照的注册。执照经注册方为有效执照，未持有有效执照的人员，不得独立从事通信导航监视服务保障工作。电信人员应当在其工作单位所在地民航地区管理局进行执照注册，注册的有效期为 3 年；颁发执照时，民航地区管理局应当进行首次注册；民航地区管理局应当将执照注册的情况上报民航局备案。

执照的签注。民用航空电信人员执照类别包括通信专业、导航专业和监视专业三类，执照类别和岗位在执照中应以签注标明，电信人员所从事的岗位工作应当与其执照类别和岗位签注相一致。

近期经历要求：(1)最近 6 个月内在执照签注岗位的工作时间不少于 1 个月，或者少于 1 个月但是完成了 1 个月以上岗位熟练培训；(2)熟悉所有与履行执照签注岗位工作职责相关的、现行有效的维护维修规程和资料；(3)持照人持有两个以上岗位签注的，应当结合现行岗位工作满足其中至少一个岗位签注的近期经历要求。

持照人不得从事通信导航监视服务保障岗位工作的情形：(1)在饮用任何含酒精饮料之后的 8 小时之内或处在酒精作用之下、血液中酒精含量等于或者大于 0.04%，或受到任何作用于精神的物品影响损及工作能力时；(2)持照人被暂停行使执照权利期间。

十、民用航空情报员执照与管理

(一)民用航空情报员的定义和执照管理依据

二维码 3 - 7

中国有关航空情报员执照管理的涉及民航管理的规章和规范性文件

民用航空情报员是指从事收集、整理、编辑民用航空资料,设计、制作、发布航空情报产品,提供及时、准确、完整的民用航空活动所需的航空情报服务工作的人员。

民用航空情报员执照管理的依据主要是《民用航空情报员执照管理规则》《民用航空情报员执照管理办法》等。

(二)民用航空情报员执照申请的条件和基本流程

《民用航空情报员执照管理规则》第 18 条的规定,民用航空情报员执照申请人应具有下列条件:(1)具有中华人民共和国国籍;(2)热爱民航事业,具有良好的品行;(3)具有大学专科(含)以上文化程度;(4)口齿清楚,无色盲等缺陷;(5)完成规定的专业培训,取得有效的执照培训合格证;(6)通过理论考试,取得有效的理论考试合格证;(7)通过技能考核,取得有效的技能考核合格证;(8)符合规定的申请人经历要求。(见图 3 - 10)

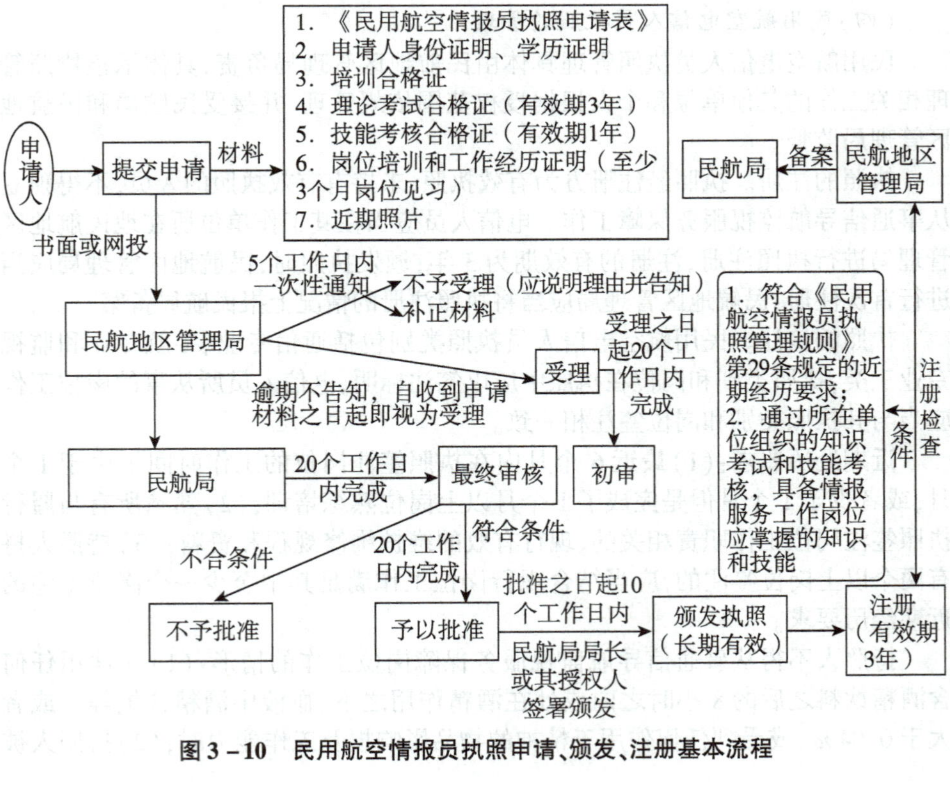

图 3 - 10 民用航空情报员执照申请、颁发、注册基本流程

(三)民用航空情报员执照的管理

1. 执照注册

持照人应当在其工作单位所在地的民航地区管理局进行执照注册,注册的有效期为3年。颁发执照时,民航地区管理局应当进行首次注册。持照人执照未经注册或者注册无效的,不得独立从事航空情报服务工作。

2. 近期经历要求

(1)持照人每6个月内在航空情报工作岗位的工作时间不少于60小时,或者少于60小时但是完成了至少1个月岗位熟练培训。(2)持照人熟悉与履行执照工作职责相关、现行有效的规则、程序和资料。(3)持照人按照规定完成有关岗位培训并达到相关要求。

3. 持照人不得从事航空情报服务工作的情形

(1)在饮用任何含酒精饮料之后的8小时之内或者处在酒精作用之下、血液中酒精含量等于或者大于0.04%,或者受到任何作用于精神的物品影响损及工作能力时。(2)持照人被依法暂停行使执照权利期间。

4. 执照检查

持照人从事执照相应的岗位工作时,应当携带执照或者将执照保存在岗位所在单位,便于接受执照检查。

二维码3-8

某机场安排无情报执照人员独立从事情报服务工作被行政处罚案例

十一、航空器维修人员执照与管理

(一)航空器维修人员的定义

航空器维修人员是指在航空器或航空器部件经过批准的修理、改装或安装发动机、附件、仪表和/或设备项目后,确定这些航空器或航空器部件是否适航,并在检查、维修和/或例行养护后签发维修放行单的地勤人员。

航空器的维修不仅关系到航空器的安全,也关系到航空器的使用寿命,维修人员作为关键的航空人员之一,是保障航空器持续适航和飞行安全的重要人员。因此,航空器维修人员是中国最早依据涉及民航管理的规章实施执照规范化管理的。随着航空器设计水平的不断进步以及维修技术和维修管理理念的不断发展,维修人员执照的管理也不断更新,中国通常以修订涉及民航管理的规章的方式公布实施。

(二)航空器维修人员执照的管理依据和申请流程

2021年,国际民航组织发布《航空器维修人员基于胜任能力的培训和评估手册》(Doc 10098号文件,2021年第1版),这是首部专门为航空器维修人员培训编制的手册。该手册共6章,详细介绍了航空器维修人员基于胜任能力的评估和培训的具体做法,主要包括航空器维修人员基于胜任能力的评估和培训的设计及其实施指导原则、基于胜任能力的评估和培训的航空维修人员进修培训以及执照与特权等内容,为经批准的培训机构、维修机构和各国民航局就如何确定航空器维修人员的胜任能力提供了指导。

目前,我国有关航空器维修人员执照管理的有效依据是《民用航空器维修人员执照管理规则》(CCAR－66－R3)[1]、《航空器维修人员执照申请指南》(民航规〔2022〕15 号)[2]、《航空器维修人员执照培训实施规范》(民航规〔2022〕13 号)等。

二维码 3－9

中国现行有效的民用航空器维修人员执照管理规范列表

《民用航空器维修人员执照管理规则》为落实国务院取消行政审批项目的决定,仅保留"民用航空器维修人员执照"。按照航空器类别将民用航空器维修人员执照分为飞机和旋翼机两类(第 66.4 条)。

根据《民用航空器维修人员执照管理规则》,航空器维修人员纸质执照被全面取消,仅在航空器维修人员信息系统颁发电子执照,除法律、法规、规章另有规定的被吊销、撤销或者放弃外,航空器维修人员执照持续有效(第 66.9 条)。航空器维修人员执照被核准颁发后,可以申请标注技术英语等级、增加执照类别和机型签署。当然,申请机型签署仅适用于复杂航空器,机型签署的有效期为 24 个月,大多数通航运行的航空器不再要求其机型签署,这大幅缩短了通航维修放行人员的培养周期。出现航空器维修人员执照持有人死亡或执照被依法撤销、撤回或者吊销等情形的,民航局应当依法注销执照(第 66.28 条)。

(三)航空器维修人员执照持有人的权利、义务和责任

1. 航空器维修人员执照持有人的权利

(1)按照执照类别和机型限制,对复杂或非复杂航空器,依据其持续适航文件的规范实施维修放行;(2)按照维修单位的授权和管理要求,对航空器部件依据其持续适航文件的规范实施维修放行。[3] (见图 3－11)

---

〔1〕《民用航空器维修人员执照管理规则》是对航空器维修人员执照体系的重大改革,目的是为中国民航业实现运输和通用"两翼齐飞"、维修行业高质量发展打牢基础,体现强化行业主体责任、适度简化政府职能、提高服务效率和水平的特点。

〔2〕本文件既是配合《民用航空器维修人员执照管理规则》实施的纲领性文件,在为行业提供明确指导的同时,又结合民航局航空器维修人员信息系统建设,体现基于电子化执照管理实现全面提升政府服务水平。

〔3〕参见《民用航空器维修人员执照管理规则》第 66.20 条。

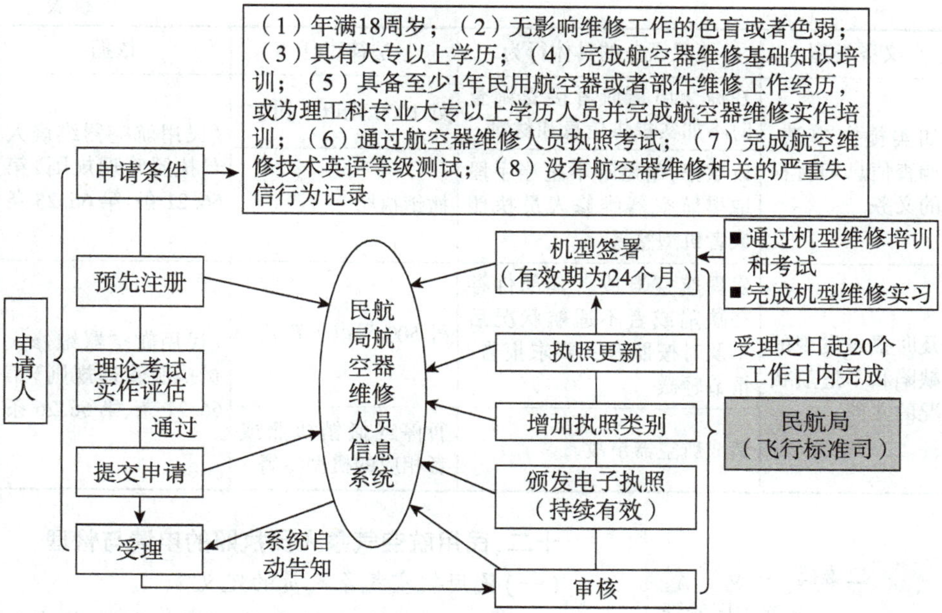

图3-11 航空器维修人员执照申请、受理、审核、颁发、更新和签署流程

2. 航空器维修人员执照申请人和持有人的义务和法律责任(见表3-8)

表3-8 航空器维修人员执照申请人和持有人的义务和法律责任

义务类型	违反义务的具体行为	法律责任	依据
信用管理义务	在维修过程中故意违法,并造成严重后果;在执照考试过程中作弊;对申请材料造假;以欺骗、贿赂等不正当手段获得执照或机型签署	记入民航行业严重失信行为信用记录	《民用航空器维修人员执照管理规则》第66.21条、第66.22条
依法依规行使执照权利的义务	生理状况不适合实施维修相关工作但仍行使执照权利,情节轻微	处警告或者500元以下的罚款	《民用航空器维修人员执照管理规则》第66.21条、第66.23条
	造成航空器事故	暂停或撤销执照或相应的机型签署	
按标准维修或者放行的义务	未依据航空器持续适航文件的规范开展维修工作或者对不符合标准的维修工作签署放行,情节轻微	处500元以上1000元以下罚款	《民用航空器维修人员执照管理规则》第66.21条、第66.24条
	造成航空器事故	暂停或撤销执照或者相应的机型签署	

续表

义务类型	违反义务的具体行为	法律责任	依据
如实提交申请、调查信息和材料的义务	在提交申请或者接受调查时不如实提供信息和材料	处1000元以下罚款	《民用航空器维修人员执照管理规则》第66.21条、第66.25条
	以欺骗、贿赂等不正当手段取得航空器维修人员执照或者机型签署	撤销执照	
及时报告发现的缺陷和不适航状况的义务	发现航空器或者其部件存在缺陷或者不适航状况后不及时按照有关要求报告，情节轻微	处500元以下罚款	《民用航空器维修人员执照管理规则》第66.21条、第66.26条
	造成航空器事故	暂停或撤销执照或者相应的机型签署	

十二、民用航空气象人员执照的申请与管理

二维码3-10

民航地区管理局中南局对一起维修严重差错相关人员处以暂扣民用航空器维修人员执照的行政处罚案

(一)民用航空气象人员的定义

民用航空气象人员是指从事民用航空气象观测、气象预报、气象设备保障工作的人员。

《中国民用航空气象工作规则》第34条规定，在民用航空气象服务机构从事民用航空气象服务工作的人员，应当按照《民用航空气象人员执照管理规则》的要求，取得民用航空气象人员执照，并按规定保持有效。未持有有效执照的人员，不得在民用航空气象服务机构独立从事要求持照上岗的航空气象工作。

(二)民用航空气象人员执照的管理依据和类型

二维码3-11

中国现行有效的民用航空气象人员执照管理规范列表

中国民用航空气象人员执照的管理依据主要是《民用航空气象人员执照管理规则》和《民用航空气象人员执照管理办法》(AP-65Ⅱ-TM-2010-01R1)等。

民用航空气象人员执照类别分为气象观测、气象预报、自动气象观测设备保障、气象雷达设备保障、气象信息系统设备保障五类。执照类别在执照中以签注标明，气象人员从事岗位工作应当与其执照类别一致。

(三)民用航空气象人员执照的申请、颁发、注册与备案

民用航空气象人员执照申请人、签注申请人应当完成规定的专业培训，通过规定的理论考试、技能考核，获得必要的工作经历，并取得相应的证明文件，可以

按照规定的条件提出申请执照，获得颁发执照后，应当在其工作单位所在地民航地区管理局进行执照注册，注册的有效期为3年。颁发执照时，民航地区管理局应当进行首次注册，民用航空气象人员执照逾期未注册或者注册无效的，持照人不得独立从事其执照载明的工作。民航地区管理局应当将执照注册的情况上报民航局备案。（见图3－12）

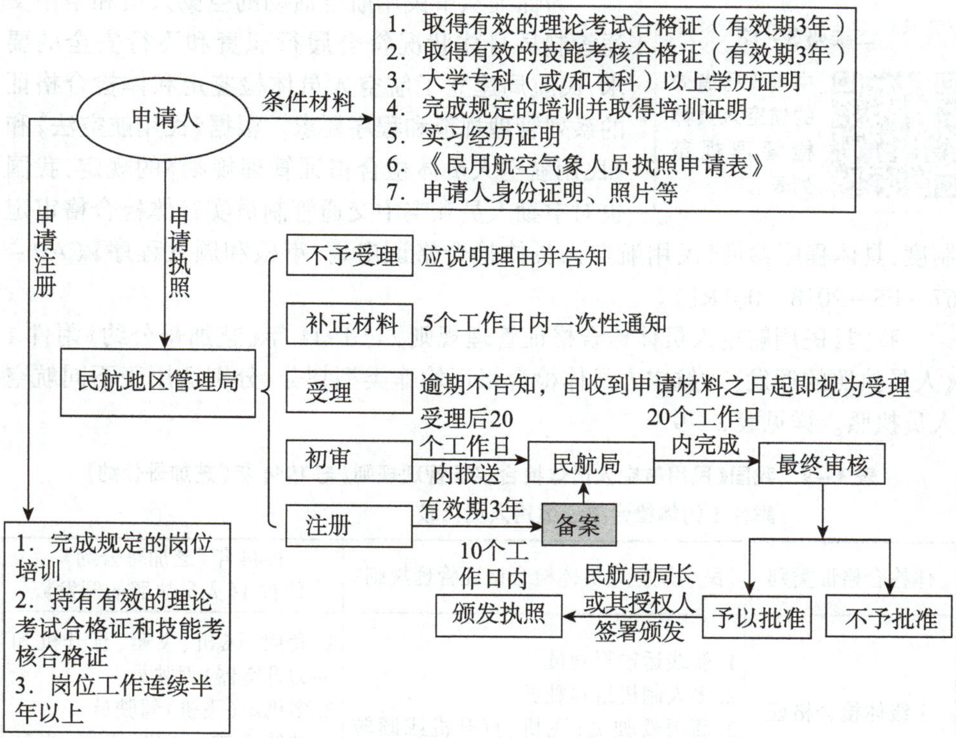

图3－12　民用航空气象人员执照申请、受理、审查、批准、颁发、注册、备案流程

第三节　航空人员的体检制度

一、航空人员体检鉴定和体检合格证的由来和管理依据

航空人员体检鉴定和体检合格证管理制度是保障飞行安全的重要内容，1944年《芝加哥公约》附件1《人员执照的颁发》规定，为满足签发各类执照对于体检合格的颁照要求，申请人必须符合体检鉴定的某些相关体检要求。

为证明满足体检合格证的要求，颁照当局将为空勤人员、空中交通管制员执照持有人颁发相应的体检合格证，他们在履行职责时也应当持有有效体检合格证或体检合格证认可证书，满足体检合格证或认可证书上载明的限制要求。

“体检合格证”是颁照当局颁发的关于执照持有人符合体检合格特定要求的证明。体检合格证可采用几种方式进行，如颁发有相应名称的单独证书，在执照上加注，或颁布一项国家规章，规定体检合格证是执照的必要组成部分。

二、空勤人员和空中交通管制员体检合格证的类别

> 二维码 3－12
> 中国现行有效的航空人员体检管理规范列表

为保证从事民用航空活动的空勤人员和空中交通管制员身体状况符合履行职责和飞行安全的要求，民航局建立了航空人员体检鉴定和体检合格证的系列管理规范和程序要求。根据《民用航空法》和《民用航空人员体检合格证管理规则》的规定，我国也对空勤人员和空中交通管制员实行体检合格审定制度，具体程序参见《民用航空人员体检合格证申请、审核和颁发程序》（AP－67－FS－2018－001R1）。

我国《民用航空人员体检合格证管理规则》与1944年《芝加哥公约》附件1《人员执照的颁发》对航空人员体检合格证均作类型划分，分别适用于不同航空人员执照。详见表3－9。

表3－9 我国《民用航空人员体检合格证管理规则》与1944年《芝加哥公约》附件1的体检合格证适用人员比较

体检合格证类别	《民用航空人员体检合格证管理规则》	1944年《芝加哥公约》附件1《人员执照的颁发》
Ⅰ级体检合格证	1. 航线运输驾驶员 2. 多人制机组驾驶员 3. 商用驾驶员（飞机、直升机或倾转旋翼机航空器类别等级）	1. 商用（飞机、飞艇、直升机和动力升空器）驾驶员 2. 多机组（飞机）驾驶员 3. 航线运输（飞机、飞艇、直升机和动力升空器）驾驶员
Ⅱ级体检合格证	其他航空器驾驶员、飞行机械员	1. 飞行领航员 2. 飞行机械员 3. 私用（飞机、飞艇、直升机和动力升空器）驾驶员执照以及单独飞行的学生驾驶员 4. 滑翔机驾驶员 5. 自由气球驾驶员
Ⅲa级体检合格证	机场管制员、进近管制员、区域管制员、进近雷达管制员、精密进近雷达管制员、区域雷达管制员	1. 空中交通管制员 2. 空中交通管制学员
Ⅲb级体检合格证	飞行服务管制员、运行监控管制员	

续表

体检合格证类别	《民用航空人员体检合格证管理规则》	1944年《芝加哥公约》附件1《人员执照的颁发》
Ⅳa级体检合格证	客舱乘务员	
Ⅳb级体检合格证	航空安全员(含空中警察)	

为促进各类通航活动快速发展,《民用航空器驾驶员合格审定规则》对于运动驾驶员执照持有人或者申请人,持有公安部门颁发的现行有效的中华人民共和国机动车驾驶证且持续符合机动车驾驶证体检合格要求的,可以替代在境内运行时该规则中要求的体检合格证。

三、体检合格证的申请、审核和颁发程序

中国空勤人员和空中交通管制员申请民用航空人员体检合格证,实行行政许可制度,行政许可的具体依据是《民用航空法》《行政许可法》《民用航空人员体检合格证管理规则》。

体检合格证办理的基本流程是:申请—审查—许可决定—颁发。其中体检合格证申请人在申请前应当符合《空勤人员和空中交通管制员体检合格证医学标准》的规定,取得体检鉴定合格结论。受理机关接受申请后,主要审查申请人的基本信息、体检文书和医学资料、体检项目和辅助检查项目的符合性、体检鉴定意见的符合性以及其他必要的内容。

具体程序见图3-13。

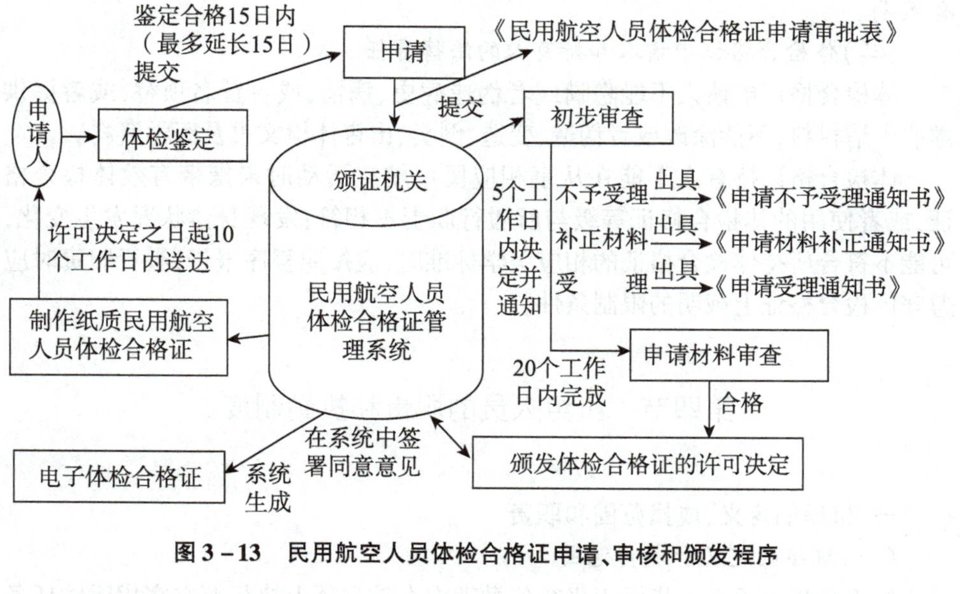

图3-13　民用航空人员体检合格证申请、审核和颁发程序

四、体检合格证的管理

(一)体检合格证的有效期

根据《民用航空人员体检合格证管理规则》第 67.33 条的规定,体检合格证自颁发之日起生效,但不同类别体检合格证的有效期不同,具体见表 3 – 10。

表 3 – 10 《民用航空人员体检合格证管理规则》关于体检合格证有效期比较

<table>
<tr><th>体检合格证类别</th><th>有效期</th></tr>
<tr><td>Ⅰ级体检合格证</td><td>12 个月,年龄满 60 周岁以上者为 6 个月。其中参加《大型飞机公共航空运输承运人运行合格审定规则》规定运行的驾驶员年龄满 40 周岁以上者为 6 个月</td></tr>
<tr><td>Ⅱ级体检合格证</td><td>60 个月,其中年龄满 40 周岁以上者为 24 个月</td></tr>
<tr><td>Ⅲa 级体检合格证</td><td>24 个月,其中年龄满 40 周岁以上者为 12 个月</td></tr>
<tr><td>Ⅲb 级体检合格证</td><td>24 个月</td></tr>
<tr><td>Ⅳa 级体检合格证</td><td rowspan="2">12 个月</td></tr>
<tr><td>Ⅳb 级体检合格证</td></tr>
</table>

体检合格证持有人可以在体检合格证有效期届满 30 日前,按照规定申请更新体检合格证。体检合格证持有人有特殊原因且理由正当,不能在体检合格证有效期期满前进行体检鉴定、更新体检合格证,又必须履行职责时,应当在体检合格证有效期届满前向原体检合格证颁证机关申请延长体检合格证的有效期。

(二)体检合格证申请人和持有人的法律责任

体检合格证申请人不能隐瞒或者伪造病史、病情,或者冒名顶替,或者提供虚假申请材料;不能涂改或者伪造、变造、倒卖、出售体检文书及医学资料。

体检合格证持有人不能在从事相应民用航空活动时未携带有效体检合格证,或者使用的体检合格证等级与所履行职责不相符;发现身体状况发生变化,可能不符合所持体检合格证的相应医学标准时,应按照程序报告;履行职责时应遵守体检合格证上载明的限制条件。

第四节 机组人员的职责和执勤制度

一、机组的定义、成员范围和职责

(一)机组的定义和成员范围

机组是指由承运人指派于飞行值勤期内在航空器上执行航空客货运输任务

的人员组成的小组。其中客机机组人员包括:(1)飞行组成员,是指在飞行中操纵飞机和使用机上航行、通信设备的人员,包括驾驶员、领航员、空勤通信员、空勤机械员(工程师)。(2)乘务组成员,是指受承运人或机长指派执行值勤任务,为机上乘客提供服务的机组成员,包括空中乘务员、航空安全员等。(3)临时机组人员,是指因工作需要、履行合法手续加入机组的空中交通管制员、签派员、情报员、航空器维修人员、飞行检查员等其他航空人员。实践中,加入机组执行任务的非空勤人员应当持有中国民航公务乘机通行证和本人工作证,经航空承运人运输控制中心签派将其列入飞行任务书,并按照飞行任务书中所列班次执行飞行任务。例如,航空公司有时会遇到机组需要加入实习飞行员等一些特殊情况,便将这些人员临时编入机组,但他们必须到公司的运输控制中心办理相关签派手续。

(二)机组成员的职责

机组成员应当按照相关规定,履行下列职责:(1)按照分工对航空器驾驶舱和客舱实施安保检查;(2)根据安全保卫工作需要查验旅客及机组成员以外的工作人员的登机凭证;(3)制止未经授权的人员或物品进入驾驶舱或客舱;(4)对扰乱航空器内秩序或妨碍机组成员履行职责且不听劝阻的,采取必要的管束措施,或在起飞前、降落后要求其离机;(5)对严重危害飞行安全的行为,采取必要的措施;(6)实施运输携带武器人员、押解犯罪嫌疑人、遣返人员等任务的飞行中安保措施;(7)法律、行政法规和规章规定的其他职责。[1]

二、机长的界定、资格、职责和权力

(一)机长的界定和资格

机长是指由经营人(若系通用航空则由所有人)指定的指挥飞行并负责飞行安全操作的驾驶员。[2]

在飞行期间,整个航空器的安全完全处在机长的掌握之中,机长负责整个航空器的飞行,由于航空飞行活动的高风险性,国际公约和各国航空法规都对机长的条件和资格作了严格要求,详见表3-11。

〔1〕 参见《公共航空旅客运输飞行中安全保卫工作规则》(CCAR-332-R1)第11条。

〔2〕 参见1944年《芝加哥公约》附件1《人员执照的颁发》第1章。

表 3－11　机长的资格

机长的资格	依据
应当由具有独立驾驶该型号民用航空器的技术和经验的驾驶员担任	1944 年《芝加哥公约》附件 1、附件 2、附件 6、附件 9、附件 12，1963 年《东京公约》，1961 年《外交关系公约》，1963 年《领事关系公约》等
年龄原则上须在 60 岁以下；60～64 岁的国际商业航空运输驾驶员须两名同时驾驶	
须在某型号飞机上 90 天内至少起降过 3 次	
须熟悉所飞航路和所用机场的地形和最低安全高度、气象、通信及空中交通服务、搜寻和救援程序、航路有关导航设备、仪表进近程序和有关飞行最低标准等知识	
在将要执行任务的航线或航段上作为机组的飞行组成员实际飞行 1 次	
以飞行组成人员或作为机舱观察员在航路上各降落机场作过实际进近 1 次	

我国《民用航空法》也明确机长应当由具有独立驾驶该型号民用航空器的技术和经验的驾驶员担任，[1]并对不同类型的航空器的机长规定有不同的任职条件要求。机组中有两名以上正驾驶员，必须指定一名机长，并在飞行任务书中注明；飞行中，机长因故不能履行职务的，由仅次于机长职务的驾驶员代理机长，在下个经停地起飞前，民用航空器所有人或者承租人应当指派新机长接任。

（二）机长的职责和权力

机长是操作民用航空器和机上职务最高的人，1944 年《芝加哥公约》及其相关附件规定了机长的相关职责，机长应当严格履行职责，保护航空器及其所载人员和财产的安全。

1. 机长的职责

机长的职责见表 3－12。

表 3－12　机长的职责

机长的职责	依据
须对飞机的运行与安全及其机上所有机组人员、旅客和货物的安全负责	1944 年《芝加哥公约》附件 6《航空器的运行》（第 I 部分）第 4.5.1 条
应严格遵守规定的飞行检查单	1944 年《芝加哥公约》附件 6《航空器的运行》（第 I 部分）第 4.5.2 条
应以可利用的最迅速的方法将飞机事故情况通知最近的有关当局	1944 年《芝加哥公约》附件 6《航空器的运行》（第 I 部分）第 4.5.3 条

---

〔1〕 参见《民用航空法》第 43 条。

续表

机长的职责	依据
应在飞行结束时将所有已知或怀疑的飞机故障向运营人报告	1944 年《芝加哥公约》附件 6《航空器的运行》(第Ⅰ部分)第 4.5.4 条
应对航行记录簿、总申报表、各项飞行日志或一般报告负责	1944 年《芝加哥公约》附件 6《航空器的运行》(第Ⅰ部分)第 4.5.5 条
机长应对非法干扰行为立即向指定的地方当局递交报告	1944 年《芝加哥公约》附件 6《航空器的运行》(第Ⅰ部分)第 13.5 条
应对所见遇险的航空器或水面船舶在能力范围内采取必要行动,并向有关部门提供一切有用情报	1944 年《芝加哥公约》附件 12《搜寻与援救》第 5.6.2 条、第 5.7 条
对必须采取违反航空器所在地国的规章或程序的措施,应不迟延地报告有关当局,并应事故发生地国的请求向其当局提出关于违章情况的报告,并在 10 天内向航空器登记国提交报告副本	1944 年《芝加哥公约》附件 6《航空器的运行》(第Ⅰ部分)第 3.1.6 条、第 4.5.3 条
应按照实际可能尽快向有关政府当局报告航空器在国际机场以外地点降落情况	1944 年《芝加哥公约》附件 9《简化手续》第 7.2 条

2. 机长的权力

为使机长能够履行职责,维护航空器内的正常秩序,保证航空器及其所载人员和财产的安全,相关国际公约和各国内法都赋予了机长相当大的权力,我国的《民用航空法》《飞行基本规则》《民用航空安全保卫条例》等法律法规和规章对机长的法律地位和权力也作了规定,概括而言,包括以下权力:

(1)最高指挥权。在正常运行过程中或遇险等紧急情况下,机长有权对飞行中的民用航空器上全体人员发布命令并被服从。(《民用航空法》第 44 条)

(2)最终决定权。主要包括起飞决定权、航空器处置权、机组人员决定权和救险组织权。

①起飞决定权。有权在飞行前对民用航空器的安全性以及起降航空港、航路的起降条件、气候条件等可能影响飞行安全的因素进行检查,发现不足以保障安全飞行时,有权拒绝飞行任务。(《民用航空法》第 45 条)

②航空器处置权。为旅客和机组的健康和安全以及为避免或最大限度减少对航空器本身及其载荷的损失或毁坏,机长在等待有关政府当局的指示或无法与政府当局取得联系时,有权采取必要的适当的紧急措施。(《民用航空法》第 46 条、1944 年《芝加哥公约》附件 9《简化手续》第 7.4.1 条)

③机组人员决定权。机长发现机组人员不适宜执行飞行任务[1]的,为保障飞行安全,有权作出调整。(《民用航空法》第47条)

④救险组织权。民用航空器遇险时,机长有权采取一切必要措施,并指挥机组人员和航空器上其他人员采取抢救措施;在必须撤离遇险民用航空器的紧急情况下,机长必须采取措施,首先组织旅客安全离开民用航空器;未经机长允许,机组人员不得擅自离开民用航空器;机长应当最后离开民用航空器(《民用航空法》第48条)。运营人必须保证机长在飞机上可以获得飞经地区所有有关搜寻与救援服务的重要资料。[2]

(3)日常管理权。机长有权对飞行中航空器上所发生的出生和死亡等情况作出记录,并有权将其记录发给有关各方;有权持官方文件运带其航空器登记国的外交信袋等。

(4)治安管理权。1963年《东京公约》赋予了机长四种治安权力:①有权对飞机上可能发生的犯罪和危及安全的行为人采取包括看管在内的正当而又必要的措施(犯罪或违法活动的控制权);②对于有危害安全飞行、违反机上正常秩序与纪律行为的人,如酗酒、无端捣乱等,机长有权在任何降落地点令其下机(违法嫌疑人驱离权);③对机上发生的严重犯罪行为,需追究其刑事责任,机长有将其押送降落国治安当局的权力(犯罪嫌疑人或其他行为人移交权);④机长有权依照登记国法律,合法掌握证据。

三、飞行机组和客舱乘务员的值勤和休息时间要求

飞行值勤期是指机组成员接受合格证持有人安排的飞行任务后(包括飞行、调机或转场等),从为完成该次任务而到指定地点报到时刻的开始,到飞机在最后一次飞行后发动机关闭且机组成员没有再次移动飞机的意向为止的时间段。

二维码3-13

飞行机组的飞行值勤期限制和累积飞行时间、值勤时间限制

休息期是指从机组成员到达适宜的住宿场所起,到为执行下一次任务离开适宜的住宿场所为止的连续时间段。

《大型飞机公共航空运输承运人运行合格审定规则》第121.481条第(a)款的规定,合格证持有人应当建立用于机组成员疲劳管理和定期疗养的制度及程序,保证其机组成员符合适用的值勤期限制、飞行时间限制和休息要求;任何违反规定的人员不得担任机组必需成员。

---

〔1〕 不适宜执行飞行任务主要指由于理论知识、飞行技术、飞行作风以及生理健康和心理状况等因素,不适宜执行此次航班飞行任务的情况。

〔2〕 1944年《芝加哥公约》附件6《航空器的运行》(第Ⅰ部分)第3.1.7条。

《大型飞机公共航空运输承运人运行合格审定规则》（CCAR－121－R7）第121.483条、第121.485条、第121.487条、第121.491条、第121.493条和第121.495条规定了飞行机组、客舱乘务员的值勤期限制和累积飞行时间、值勤时间限制以及机组成员休息时间的附加要求。

二维码3－14

客舱乘务员的飞行值勤期限制和累积飞行时间、值勤时间限制

在航空运输实践中，经常发生航空公司违规安排机组成员执勤的情况。例如，中国某航空公司曾在两段7个连续日历日内，安排乘务员的休息期均少于36个小时，民航局中南地区管理局对某公司作出了给予“警告”、责令立即改正的行政处罚决定。

二维码3－15

机组成员休息时间的附加要求

第五节　航空人员的法律责任

在实践中，就职于不同单位的不同岗位的航空人员均有其特定的岗位职责，应遵守法律法规、涉及民航管理的规章和单位规章制度的要求。航空人员在履行职务的过程中，可能由于违法行为或违约行为，要承担民事责任、行政责任或刑事责任。

一、航空人员的民事责任

航空人员在履行职务的过程中，自身过错导致乘客人身伤亡或财产损失的，通常由航空公司对受害人承担民事责任。因此，航空人员的民事责任主要是发生在航空人员与航空单位之间的违约责任、损失赔偿责任等。

例如，在郑某与某机场公司劳动争议案[1]中，郑某于2012年入职某机场公司，从事飞机机械维护及修理工作，双方签订了为期3年的劳动合同和培训协议，约定公司出资送郑某参加技术培训，出资费用项目包括：培训期内的工资、培训费、一次性考试费、往返交通费、食宿费；郑某为公司服务期限不得低于6年等，并约定有关违约金的计算标准为培训费用的7倍。2013年，郑某因个人原因离职。公司以郑某违反培训协议约定为由诉至法院。法院审理后判决：郑某应向公司支付相应的违约金，违约金的计算按照培训协议的约定为未履行完的服务期分摊的培训费用。本案争议焦点是公司对郑某的培训为专业技术培训还

〔1〕　参见广西壮族自治区河池市金城江区人民法院民事判决书，（2015）金民初字第230号；广西壮族自治区河池市中级人民法院民事判决书，（2015）河市民四终字第90号。

是岗前培训。郑某虽是相关专业毕业的,具有相应理论知识基础,但其在应聘时本身不具有民用航空电信人员执照(导航专业),而是经过公司对其进行的脱产培训后才取得了执照证书。据此,公司对郑某的培训应为专业技术培训。[1]

又如,在某航空公司与李某的劳动合同纠纷案中,李某是航空公司自主培养的飞行员,所有培训费用都由公司支付。2014 年公司确认李某为 A330 机型 A 类教员。2017 年,李某通过邮寄方式向公司提交辞职信,并经判决确认双方劳动合同关系已解除。2018 年,公司申请劳动仲裁,请求李某向公司支付培训服务期违约金人民币 380 万元,并赔偿公司损失人民币 380 万元。关于李某应否向公司赔偿损失的问题,存在争议。法院审理认为,飞行员工作作为一项专业性较高的特殊职业,从业人员若要胜任该项工作,需经过大量的、不间断的专业培训及专业教育等。李某入职公司从事飞行工作期间,公司通过对其委托培养或持续的职业培训等方式支付了相应的培训费用,李某提前解除劳动合同,必然会给公司造成相应损失,李某应当予以赔偿。法院综合实际及市场因素并参考相关规定等,酌情认定李某应当向公司赔偿损失 380 万元,二审法院对此予以支持。[2]

二、航空人员的行政责任

航空人员在履行职务行为期间违反民航法规、行业规章及公司规章制度,情节轻微的,会被处以警告、通报批评、罚款等;情节严重的,会被处终身停飞等行政处分。

例如,在 2019 年桂林航空"女乘客进入飞机驾驶舱"事件中,机长邀请女乘客进入飞机驾驶舱内并进行摆拍,桂林航空下发关于给予桂林航空乘客进入驾驶舱违规事件责任人处分的通报,根据《桂林航空有限公司奖惩管理规定》及相关运行管理手册的规定,经研究,决定给予涉事机长记大过处分并终身停飞;对当班副驾驶吴某、乘务长李某、乘务员陈某、安全员李某分别给予停飞 12 个月处分,并进行技术级别降级。

又如,在 2021 年 3 月 6 日发生的"东海航空机长和乘务长互殴"事件中,东海航空 DZ6297 航班(南通兴东—西安咸阳)上的机长与乘务长发生争执,在飞行过程中相互殴打,致乘务长手骨折、机长门牙掉半颗。2021 年 3 月 15 日,民航局对东海航空事件处理进行通报,对东海航空采取暂停受理新增航线、航班、加班和包机申请以及限制运行总量的处罚措施;对涉事机长撤销航线运输驾驶员

---

[1] 参见郝秀辉等编著:《航空法案例教程:劳动合同法卷》,知识产权出版社有限责任公司 2021 年版,第 113 页。

[2] 参见成都市双流区人民法院民事判决书,(2018)川 0116 民终 6429 号;四川省成都市中级人民法院民事判决书,(2018)川 01 民终 16349 号。

执照权利和商用驾驶员执照权利,机长和乘务长都因严重违反民航法规、行业规章及公司规章制度,被公司终身停飞。

三、航空人员的刑事责任

实践中,航空人员涉及犯罪较多的是飞行员、航空乘务员、航空安全员等人员。违反国家海关法规,逃避海关监管,未经申报携带超量消费品入境,偷逃应缴税额的,构成走私普通物品罪。此外,航空人员违反规章制度,引发重大飞行事故,造成严重后果的,也会构成重大飞行事故罪,需要承担刑事责任。

> 二维码 3-16
> 《民用航空法》第 48 条

例如,在 2010 年 8 月 24 日"伊春空难"中,齐某作为当班机长,违反航空运输管理的有关规定,在低于最低运行标准、未看见机场跑道的情况下,违规操纵飞机实施进近并着陆,致使飞机坠毁。事故发生后,齐某违反《民用航空法》第 48 条的规定,未履行机长职责,没有组织指挥乘客撤离,没有救助受伤人员,擅自撤离飞机,造成 44 人遇难、52 人受伤、直接经济损失 30,891 万元的严重后果。黑龙江省伊春市伊春区人民法院认为齐某的行为构成重大飞行事故罪,依照《刑法》第 131 条的规定,判处其有期徒刑 3 年。[1]

> 二维码 3-17
> 《刑法》第 131 条

又如,被告人董某为天津航空有限责任公司安全员,其利用搭乘往返中国至日本国际航班的工作便利,多次在日本免税店等场所以每条 4300 日元不等的价格购得电子烟弹。为逃避海关监管,董某将电子烟弹藏匿在行李箱中,以瞒报的形式偷运入境,并通过微信等聊天软件在朋友圈及微信群等发布信息销售牟利。经天津海关计核,董某涉嫌偷逃应缴税款人民币 33 万余元。天津市人民检察院第三分院提起公诉,天津市第三中级人民法院经审理,认定董某犯走私普通货物、物品罪,判处其有期徒刑 1 年,缓刑 1 年,并处罚金人民币 34 万元(在缓刑考验期限内对其依法实行社区矫正);在案扣押、退缴的违法所得人民币 33 万余元依法予以追缴上缴国库;扣押的苹果手机和电子烟弹依法予以没收。[2]

> 二维码 3-18
> 航空公司飞行副驾驶犯走私普通货物、物品罪

---

[1] 参见黑龙江省伊春市中级人民法院刑事判决书,(2015)伊中刑一终字第 2 号;黑龙江省伊春市中级人民法院刑事裁定书,(2015)伊中刑一终字第 2 号。

[2] 参见天津市第三中级人民法院刑事判决书,(2021)津 03 刑初 50 号。

【思考题】

1. 航空人员的范围包括哪些？

2. 1963 年《东京公约》关于机长的权力是如何规定的？

3. 我国关于机长的权力有哪些规定？

第四章　航空器管理法律制度

第一节　航空器概述

一、航空器的界定

航空器内涵与外延的法律界定具有重要意义，它决定了航空器的范畴、性质和属性以及管辖和法律适用。在不同的法源上，航空器的定义并不完全相同。

（一）国际法上的航空器

从国际公约考察，1919年《巴黎公约》将航空器定义为“大气层中靠空气反作用力支撑的任何器械”。1919年《巴黎公约》对航空器的界定很宽，包括重于空气的飞机、飞船、滑翔机、直升飞机和轻于空气的轻气球，关键在于该器械有无升力。

根据1944年《芝加哥公约》附件7《航空器国籍和登记标志》的规定，航空器是指“可以在大气中从空气的反作用，而不是从空气对地面的反作用获得支撑的任何机器”。所有气垫型运载工具，如气垫船和地面效应运载机械被排除在航空器之外，这始于1967年国际民航组织空中航行委员会研究后对“航空器”重下的定义。

这个定义基本适用于大多数国际公约和国际条约，仅有少数条约例外。例如，1948年《日内瓦公约》将“航空器”限定为当作国际航空运输工具的航空器。[1]

二维码4－1

1944年《芝加哥公约》附件7（航空器国籍和登记标志）的修订情况列表

根据1944年《芝加哥公约》对航空器的定义，其突出特点是在稠密大气层中靠空气的反作用力支撑。航空器按照自身重量可划分为重于空气的航空器和轻于空气的航空器，但气垫船除外。（见图4－1）

---

〔1〕 参见赵维田：《国际航空法》，社会科学文献出版社2000年版，第57～58页。

- 航空器
  - 轻于空气的航空器
    - 非动力驱动
      - 自由气球
        - 球形自由气球
        - 非球形自由气球
      - 系留气球
        - 球形系留气球
        - 非球形系留气球[1]
    - 动力驱动
      - 飞船
        - 刚性飞船
        - 半刚性飞船
        - 非刚性飞船
  - 重于空气的航空器
    - 非动力驱动
      - 滑翔机
        - 陆上滑翔机
        - 水上滑翔机[2]
      - 风筝[4]
    - 动力驱动
      - 定翼机
        - 陆上飞机[3]
        - 水上飞机[2]
        - 水陆两用飞机[2]
      - 旋翼机
        - 自转旋翼机
          - 陆上自转旋翼机[3]
          - 水上自转旋翼机[2]
          - 水陆两用自转旋翼机[2]
        - 直升机
          - 陆上直升机[3]
          - 水上直升机[2]
          - 水陆两用直升机[2]
      - 扑翼机
        - 陆上扑翼机[3]
        - 水上扑翼机[2]
        - 水陆两用扑翼机[2]

1. 通常称为“风筝气球”;2. 根据情况可增加“浮筒式”或“船身式”字样;3. 包括装有雪橇式起落架的航空器(改“陆上”为“雪橇”);4. 只是为了全面而列入。

图 4-1 航空器的分类

资料来源:参见 1944 年《芝加哥公约》附件 7《航空器国籍和登记标志》。

(二)各国国内法上的航空器

从国内法考察,各国航空法对航空器的定义基本上都依据 1944 年《芝加哥公约》附件 7 的规定,但有的国家在措辞上略有差异。

法国《民用航空法典》将航空器定义为“一切能够在空气中腾起或者运行的器械”。

美国《联邦航空法》将航空器定义为“现有的或今后发明的、使用于或者专用于空中航行或者飞行的任何机械装置”。

日本《航空法》将航空器定义为“可供空中航行之用的载有人员的飞机、旋翼机、滑翔机和飞船,以及内阁命令所规定的可用于空中航行的任何机器”。

苏联《1984 年航空法典》对航空器采用的是国际民航组织的定义。[1]

---

〔1〕 以上法、美、日、苏四国立法对航空器的定义参见航空法起草小组:《航空法参考资料》第 2 期,1984 年 6 月 30 日。

俄罗斯 1997 年《航空法典》将航空器定义为“能依靠空气的相互作用，能在大气中保持运行的任何飞行机器”[1]。

依据英国 1995 年《空中航行（程序）规则》的航空器分类目录，航空器包括所有气球、风筝、汽船、滑翔机、动力操纵的升力装置（偏转装置）、旋翼航空器（直升机和自转旋翼机）。该规则适用于皇家航空器，但不适用于军用航空器。[2]

德国和奥地利的航空法对航空器的定义广泛，即在大气中运动的工具，包括多种轻于空气和重于空气的航空器，如直升机、汽船和模型航空器。[3] 荷兰《航空法典》使用与 1944 年《芝加哥公约》相同的定义。

我国《民用航空法》对航空器没有定义，但相关民航法规、规章对航空器的定义与国际民航组织的定义基本相同。例如，我国《民用航空器国籍登记规定》第 2 条规定，航空器是指任何能够凭借空气的反作用力获得在大气中的支承力并由所载人员驾驶的飞行器械，包括固定翼航空器、旋翼航空器、载人气球、飞艇以及民航局认定的其他飞行器械。

根据国际公约和各国内法的定义，航空法上的航空器具有下列属性：

是由人制造的能在空中飞行并可由人控制的飞行器。

借助空气的反作用力飞行。这表明航空器必须在地球大气层内活动，飞到大气层之外的飞行器称为航天器。由此，调整空气空间航空活动的航空法[4]与调整外层空间航空活动的空间法所指航空器并不相同，在大气层中进行飞行的飞行器称为航空器，飞到大气层之外的飞行器称为航天器。此外，凡利用空气对地（水）面上反作用力的器械，如气垫车、气垫船之类，都不属于航空器；凡不依靠空气反作用力取得支撑力飞行的器械，如火箭、导弹（发动机推动）之类，也不属于航空器。

具有航空的特定用途。一种装置具备航空器的其他特征，但特定用途不是航空，如各种竞赛用的航空模型或在空中飘动进行商业广告宣传的气球，不能认定为航空器。

---

〔1〕 参见俄罗斯 1997 年《航空法典》第 31 条。转引自吴建端：《航空法学》，中国民航出版社 2005 年版，第 56 页。

〔2〕 See A. J. Mauritz, *Liability of Operations and Owners of Aircraft for Damage Inflicted to Persons and Property on the Surface*, Leiden, Shaker Publishing, 2003, p. 127.

〔3〕 See A. J. Mauritz, *Liability of Operations and Owners of Aircraft for Damage Inflicted to Persons and Property on the Surface*, Leiden, Shaker Publishing, 2003, p. 125.

〔4〕 参见［荷兰］迪德里克斯－弗斯霍尔：《航空法简介》，赵维田译，中国对外翻译出版公司 1987 年版，第 1～2 页；刘伟民主编：《航空法教程》（修订版），中国法制出版社 2001 年版，第 11 页。

二、航空器的法律分类及其地位

(一)航空器的法律分类

1. 国际航空公约对航空器的分类

依据1944年《芝加哥公约》及其附件7《航空器国籍和登记标志》,除了根据航空器的自身重量分为轻于空气的航空器和重于空气的航空器之外,依据其他标准,航空器还有如下分类:

(1)根据航空器所有人身份分为公有航空器和私有航空器。这是20世纪初的法国法学家福希尔的划分方法,1919年《巴黎公约》采用该分类法,把国家航空器归入公有航空器,不属于国家航空器的都是私有航空器。1944年《芝加哥公约》把私有航空器改称为民用航空器。[1]

(2)根据航空器的使用性质分为国家航空器和民用航空器。1944年《芝加哥公约》第3条明确该公约仅适用于民用航空器,不适用于国家航空器;用于军事、海关和警察部门的航空器应认为是国家航空器。该条规定主要是为了将国家航空器排除在该公约适用范围之外,但也为国家航空器的范围拓展提供了空间,意味着民用航空器只要用于军事、海关和警察目的,就应被视为国家航空器。例如,携带战争弹药的航空器属于"国家航空器"或军用航空器。

航空器分类为"国家"或"民用"取决于飞机的使用用途,但对"使用"一词的解释不能客观确定,而取决于具体情况的判断和法律的解释。例如,尽管1944年《芝加哥公约》第3条规定该公约不适用于国家航空器,用于下列公共服务的航空器,如海岸警卫、搜救、紧急援助、人道主义飞行、地质调查服务、使用航空器运送国家元首和官员、运送远程驻地物资、运送囚犯(战争人员)或被拘留的人员,不能在国际法律制度下而是要按照国家法律制度,根据具体规定进行处理。[2]

2. 各国内法对航空器的分类

考察各国航空法,都采用1944年《芝加哥公约》的规定来划分国家航空器和民用航空器,但有的国家在划分标准上略有差异,把国家航空器划得略宽些。[3]

苏联《航空法典》规定:"在苏联民用航空器国家登记簿登记的航空器,即被认为是用于本航空法典目的[4]的苏联民用航空器。苏联国防部、内务部、国家

---

[1] 参见吴建端:《航空法学》,中国民航出版社2005年版,第57~58页。

[2] See Pablo Mendes de Leon, *Introduction to Air Law* (*Eleventh Edition*), Kluwer Law International B. V. 2022, p. 15-16.

[3] 以下各个国外法的规定参见航空法起草小组:《航空法参考资料》第2期,1984年6月30日。

[4] 苏联《航空法典》第4条规定:苏联民用航空用于以下目的:(1)旅客、行李、货物和邮件运输;(2)在国民经济某些部门所进行的航空作业,即在农业、工程建设、护林、勘察等方面使用航空;(3)对居民进行医疗救护和采取卫生保健措施;(4)进行实验和科学研究工作;(5)进行训练、文教和体育活动;(6)进行搜寻援救、抢险以及救灾工作。

安全委员会、全苏陆军、空军、海军志愿协会的航空器以及其他部、国家委员会和主管部门在航空和其他技术领域中用于设计试验、实验和科学研究的航空器不属于民用航空器。”(第12条)

美国《联邦航空法》将航空器划分为公用航空器和民用航空器,规定:“民用航空器指除公用航空器以外的任何航空器。公用航空器指专供合众国任何政府包括州、领地、属地、哥伦比亚的政府或者是下属政府机关使用的航空器,但不包括政府所有的、任何载运人员或财产进行商业活动的航空器。”(第101条定义)

法国《民用航空法典》第L.110-2条规定:“民用航空器指除军用航空器和属于国家并专门用于公务的航空器之外的任何航空器。”依据法国航空法令,航空器包括民用航空器、军用航空器和国家航空器。[1]

罗马尼亚《航空法》第11条规定:“所有用于空中交通的载运旅客或货物的飞行器(无论重于或轻于空气)为民用航空器,但属于空军拥有和使用的飞行器除外。”

我国《民用航空法》和相关标准等对国家航空器和民用航空器的划分也与1944年《芝加哥公约》一致。例如,《民用航空器国籍登记规定》明确规定,民用航空器是指除用于执行军事、海关、警察飞行任务外的航空器(第3条)。《通用航空术语》(MH/T1039-2011)将通用航空器定义为“用于除军事、警务、海关缉私飞行和公共航空运输飞行以外航空活动的民用航空器”。

在实践中,一些学者对国家航空器和民用航空器的划分标准与1944年《芝加哥公约》也不尽一致,例如,荷兰航空法学者迪德里克斯主张将邮政航空器、运送国家元首和政府高级官员的专机、负有特殊使命的航空器以及军用、红十字航空器也纳入国家航空器的范畴。[2]

(二)国家航空器和民用航空器的法律地位

现行的国际航空公约都只适用于民用航空器,不适用于国家航空器。例如,1933年《罗马公约》和1952年《罗马公约》对“航空器”术语未给予特别定义,仅规定公约制度不适用于供军事、海关或警察用的航空器所造成的损害。1933年《统一预防性扣留航空器的某些规则的公约》第3条规定,专门用于国家服务的飞机,包括邮政服务,但不包括商业服务,免受预防性扣留。1948年《日内瓦公

---

〔1〕 See A. J. Mauritz, *Liability of Operations and Owners of Aircraft for Damage Inflicted to Persons and Property on the Surface*, Leiden, Shaker Publishing, 2003, p. 124.

〔2〕 参见[荷兰]迪德里克斯-弗斯霍尔:《航空法简介》,赵维田译,中国对外翻译出版公司1987年版,第30页。

约》第 13 条规定，该公约不适用于供军事、海关和警察使用的航空器。1963 年《东京公约》、2010 年《北京公约》和 1999 年《蒙特利尔公约》等也有类似的规定。

国家航空器和民用航空器具有不同的法律地位，主要体现为是否享有治外法权（管辖豁免权）。

1944 年《芝加哥公约》第 3 条第 3 款规定："一缔约国的国家航空器，未经特别协定或其他方式的许可并遵照其中的规定，不得在另一缔约国领土上空飞行或在此领土上降落。"

关于国家航空器的治外法权问题，不同类型有所区别，其中国家元首、政府首脑和执行特别使命的高级官员乘坐的专用航空器享有治外法权。公安和海关航空器可由有关各国通过特别协议决定在何种情况下准许飞越边境，但这类航空器不得享受治外法权；经特许进入一国的外国军用航空器原则上享受外国军舰习惯上所享有的治外法权。[1] 军用航空器享受治外法权的规定，原见于 1919 年《巴黎公约》。代替 1919 年《巴黎公约》的 1944 年《芝加哥公约》已没有关于军用航空器享受治外法权的规定，但作为国际习惯法规则仍然存在。

民用航空器在外国不享有任何特权和管辖豁免权，受航空器所在地国管辖和法律约束。1944 年《芝加哥公约》第 16 条规定："各缔约国的有关当局有权对其他缔约国的航空器在降落或离开时进行检查，并查验本公约规定的证件和其他文件，但应避免不合理的延误。"由此可见，民用航空器不像国家航空器那样享有治外法权，外国民用航空器不仅需经一国允许方能进入该国，而且必须遵守飞入国的法律和规章，如遵守空中交通规则，必须在设关机场降停接受海关检查和其他检查，遵守入境、放行、移民、护照、海关及检疫等有关规章。

三、航空器的法律特征

航空器是任何空中航行的基本要素之一，具有重要的法律地位。航空器能被不同操作人使用，并服务于不同的目的，这决定了航空器自身具有如下特性。

（一）航空器具有准人格性

该特性产生的主要原因在于航空器具有国籍，航空器的国籍制度使航空器具有了类似于国民地位的某些特点，由此航空器便被赋予了准人格，一些国家协定和国家立法通常给予航空器某些航空自由和一些其他权利与义务。航空器国籍被承认并被普遍赋予后，国籍的权利和责任自然被赋予给航空器，无论该航空

---

〔1〕 参见周鲠生：《国际法》，商务印书馆 1976 年版，第 400 页。

器是飞经公海上空及其本国和其他国家的领土，还是进入世界上任何地方的航空港，旗国的保护性管辖权及该国的责任也被普遍承认。

（二）航空器具有准领土的法律地位

航空器在一国登记后，不论该航空器飞行在公海海面上，还是飞行在不属于任何国家领土的地（水）面上，该航空器的登记国对在域外飞行的航空器内发生的法律关系都有权管辖，对发生的犯罪行为有域外刑事管辖权。例如，我国刑法规定，凡在中华人民共和国航空器内犯罪的，适用我国刑法。这里所指航空器既包括军用，也包括民用，只要是有中国国旗、国徽或军徽标志的航空器，即使航行或停泊在中国领域以外，也属中国管辖，在这些航空器内犯罪的，当然适用中国刑法。

（三）航空器属于民法上的特殊动产

从法律关系上看，有许多民事法律关系的发生或指向的标的物是航空器，例如，基于购买航空器而发生的航空器买卖关系；基于航空器造成他人人身或财产损害而发生的损害赔偿关系；基于担保债权的目的而发生的航空器抵押关系；基于修理行为而产生的航空器留置关系等。因此，民法中的所有权制度、抵押权制度、留置权制度、合同制度等均适用于航空器，甚至民法中的权利登记公示制度对航空器也有所适用。例如，物权法和担保法规定，当事人以交通运输工具（包括民用航空器）设定抵押的，应当办理登记。登记的目的是向社会公示航空器权利状况，以此维护航空器交易安全。

第二节　航空器的国籍制度

一、航空器国籍的法律意义

航空器采取国籍制度是沿袭海商法对船舶采取国籍制度而来的。航空器“和国家之间的法律联系是国籍，它是受国家保护和加以管理的基础”。航空器的国籍制度是航空法上重要的法律制度，具有特殊的法律意义。

第一，国籍是航空器与登记国之间法律联系的“纽带”。根据规定，航空器具有登记国的国籍，不承认航空器的双重国籍，因此，国籍是航空器归属于一个国家的标志，也是航空器国籍登记国依主权原则行使管辖权的前提基础。没有国籍的确认，航空器的国家归属无从确定，国家对航空器进行保护和施行管理的权力无法介入。

第二，航空器国籍原则是理解 1944 年《芝加哥公约》条款的基础。1944 年《芝加哥公约》的许多条款都直接或间接地在航空器国籍的基础上规定或表述。例如,定期和不定期航班是对于某国的航空器而言的;所谓五种“航空自由”也以本国或外国航空器来区分;关于“禁区”和对航空器检查的表述等条款,都要以航空器国籍为前提和基础,否则会出现公约条款理解与适用的歧义。

二、航空器国籍原则的法律依据

航空器国籍原则最初只被习惯法接受,1919 年《巴黎公约》正式将其纳入,并逐渐适用于公约缔约国和非缔约国国籍的航空器。1926 年《马德里公约》和 1928 年《哈瓦那公约》也分别采用航空器国籍原则。1944 年《芝加哥公约》以更具体的通用条款的形式,重述和再次确认这一成熟的习惯法。所有国家无论是否受公约约束,在实践中都接受了航空器国籍原则。

依据 1944 年《芝加哥公约》附件 7《航空器国籍和登记标志》的规定,中国制定了与民用航空器国籍管理相关的法律、法规、规章和规范性文件,详见图 4－2。

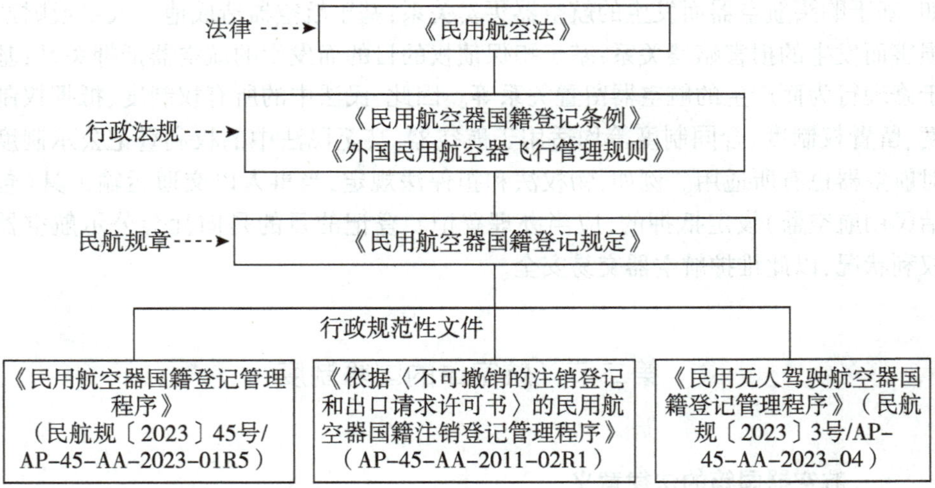

图 4－2 中国航空器国籍管理法规体系

二维码 4－2

民用航空器国籍登记管理程序制修历史记录列表

航空器国籍管理的基本原则是:(1)航空器具有登记国的国籍,不得具有双重国籍;(2)航空器在任何缔约国登记或转移登记,应该按照该国法律和规章办理,即航空器登记条件及登记程序由登记国国内法规定;(3)从事国际航行的每一航空器都应载有适当的国籍标志和登记标志;(4)对租用、包用和互换航空器,航空器登记国可向经营人所属国转移其作为登记国对所登记的航空器的职能和义务,办理特定手续后,移转协定即对第三国发生效力。

三、航空器国籍登记制度

航空器国籍登记制度是现代航空法的重要基石之一。航空器国籍登记具有强制性和唯一性，国籍登记后依据一定编码规则取得的国籍登记标志是航空器的所有权、抵押权等权利登记的前提和基础。虽然航空器国籍登记不得作为航空器所有权的证据，但国籍国的国内法对于航空器所有权等权利的产生、变更和消灭起决定性作用。航空器国籍登记将航空器与国籍国的法律联系进行公示，国籍国由此对航空器内犯罪获得无可置辩的管辖权和职责。

（一）航空器国籍登记管理机构

不同国家指定的航空器国籍登记管理部门可能不同，也不一定是适航部门。在中国，民航局适航审定管理部门是民用航空器国籍登记管理部门，负责承办民用航空器国籍登记管理相关工作。民航地区管理局受民航局委托具体负责民用航空器国籍登记管理的审查工作。该工作也可由局方授权适航委任代表或委任单位代表中的授权人员执行。[1] 管理工作主要包括航空器国籍登记、临时登记、变更登记、注销登记、航空器国籍登记证的补办以及未登记函的办理。

二维码 4-3

国籍登记证签发授权声明

（二）航空器国籍登记原则

为杜绝双重或多重国籍的混乱，避免对航空器的管制造成事实破坏，国际航空公约始终坚持和确认航空器国籍单一登记原则。根据 1919 年《巴黎公约》第 6 条和 1944 年《芝加哥公约》第 17 条的规定，民用航空器应在一国登记，并取得登记国的国籍，不得具有双重国籍；多国联合经营的航空器也需要在一个特定的国家登记，并应展示公共标志替代国家登记标志。[2] 例如，国际民航组织的航

---

〔1〕 参见《民用航空器国籍登记管理程序》（民航规〔2023〕45 号/AP－45－AA－2023－01R5）第 1.5 条。

〔2〕 多国联合成立航空公司经营的航空器国籍登记问题最初由非洲航空（目前已注销）引发。1967 年国际民航组织第 16 届法律委员会在巴黎召开会议进行研究，最终认为两个或两个以上缔约国组成航空运输的联营组织或国际性的经营机构的航空器应在一个特定的国家登记，被登记的航空器应该展示一个“公共”标识，替代国籍标志，被指定的登记国应该执行 1944 年《芝加哥公约》的一切登记程序，所有相关的国家对航空器承担共同和连带责任。参见国际民航组织第十六届法律委员会会议文件和会议记录：ICAODoc. 8787－LC/156－1（2）。国际民航组织理事会于 1969 年 1 月 23 日对 1944 年《芝加哥公约》的附件 7 进行第三次修改，引入“共用标志”“共用标志登记当局”“国际经营机构”等表述方式，并规定由国际民航组织从国际电联分配给其的无线电呼叫信号代号系列中指定“共用标志”。1983 年国际民航组织理事会会议决定，由伊拉克和约旦组成的阿拉伯航空货运公司的共用标志为 4YB，由约旦登记并承担登记国的国际公约责任。1963 年的《关于在航空器内的犯罪和其他某些行为公约》第 18 条也规定，多国建立的航空运输联营组织或国际经营机构所使用的航空器也需指定其中一国登记，并通知国际民航组织。

空器也要选择一个国家进行登记。

为方便行使管辖权，1980 年国际民航组织第 23 届大会通过决议，增设 1944 年《芝加哥公约》第 83 条分条，规定在租机、包机、互换航空器的情形下，根据航空器登记国与经营人营业地国的协议，航空器登记国在该公约项下的某些职责和义务如空中规则、无线电设备、适航证和人员执照等可转移给经营人营业地国。该分条于 1997 年 6 月 20 日生效。[1]

中国立法也坚持了该公约规定的航空器国籍单一登记原则，例如，《民用航空器国籍登记条例》第 4 条规定，民用航空器不得具有双重国籍；未注销外国国籍的民用航空器，不得在中华人民共和国办理国籍登记；未注销中华人民共和国国籍的民用航空器，不得在外国办理国籍登记。《外国民用航空器飞行管理规则》第 9 条规定，在中华人民共和国境内飞行的外国民用航空器，必须具有国籍标志和登记标志；没有国籍标志和登记标志的外国民用航空器，禁止在中华人民共和国境内飞行。

（三）航空器国籍登记类型

1. 航空器国籍的取得登记

（1）国籍登记的国内法规定

1944 年《芝加哥公约》第 19 条规定，航空器在任何缔约国登记或转移登记，应该按照该国法律和规章办理。因此，各国都会对航空器国籍登记条件、登记程序等进行立法规定，但各国立法差别很大，宽严不一。

在利比里亚和巴拿马等国，有关航空器国籍的条件极为宽松，任何人只要交纳较低赋税，就可登记并取得该国国籍，由此可能造成国籍与所有权分离的可能性，出现海商法上船舶登记的“方便旗”现象。

二维码 4－4

民用航空器未登记函件样式

《民用航空器国籍登记条例》第 2 条规定，应当进行国籍登记的民用航空器包括：（1）中华人民共和国国家机构的民用航空器；（2）依照中华人民共和国法律设立的企业法人的民用航空器；（3）国务院民用航空主管部门准予登记的其他民用航空器。自境外干租的民用航空器，符合规定的，可以申请登记中华人民共和国国籍；但必须先予注销其原国籍登记。

中国境内生产的民用航空器，未进行中国国籍登记拟出口的，可以申请办理该航空器的未登记函件。

---

〔1〕 参见黄涧秋：《国际航空法研究》，中国法制出版社 2007 年版，第 62～63 页。

(2)国籍登记原则:属人主义原则

确定航空器国籍有属人主义原则和属地主义原则两种观点。属人主义原则是指依据航空器所有权人或使用权人的国籍来确定航空器国籍;属地主义原则是指依据航空器的生产或使用地域来确定航空器国籍。

1919年《巴黎公约》和1944年《芝加哥公约》均采用属人主义原则,前者规定只有航空器所有权人的所属国才能授予航空器国籍,而后者规定所有权人和使用权人的所属国都有权授予航空器国籍。

中国立法对航空器国籍也采属人主义原则。一个航空器能否取得中国国籍,取决于航空器的所有权人或使用权人是否具备中国国籍。《民用航空器国籍登记条例》规定,能够取得中国国籍的航空器所有权人或使用权人限于中国国家机构、依中国法律设立的企业法人和自中国境外干租民用航空器的中国使用权人。实践中,有权提交航空器国籍登记的申请人包括国家机关、企业法人、事业单位、社会团体、公民个人。

2. 航空器国籍的变更登记

依据《民用航空器国籍登记管理程序》的规定,已取得中华人民共和国国籍的民用航空器,遇有下述情形之一,应当向民航局申请办理变更登记:(1)民用航空器所有人或占有人变更;(2)民用航空器所有人或占有人名称变更;(3)民用航空器所有人或占有人地址变更;(4)局方规定需要办理变更登记的其他情形。持证人应在航空器变更登记后交回原国籍登记证。

二维码4-5

民用航空器国籍登记变更申请书样式

3. 航空器国籍的临时登记

《民用航空器国籍登记条例》第20条规定,未取得民用航空器国籍登记证的民用航空器,如从事以下活动,应办理临时登记:(1)验证试验飞行;(2)生产试验飞行;(3)表演飞行;(4)为交付或者出口的调机飞行;(5)其他必要的飞行。根据《民用航空器国籍登记规定》第33条的规定,载有临时登记标志的民用航空器不得从事上述以外的飞行活动。

二维码4-6

民用航空器临时登记申请书样式

依据《民用航空器国籍登记管理程序》的规定,临时登记证由民用航空器的所有人、占有人或民航局认可的其他人员申请;临时登记证的有效期由局方根据其实际飞行活动给定,通常不超过一年。

二维码4-7

民用航空器临时登记证样式

4. 航空器国籍的注销登记

已取得民用航空器国籍登记证的航空器，出现下列情形之一的，民用航空器国籍登记证持证人应当向局方申请办理注销登记：(1)民用航空器依法转移至境外并已办理出口适航证的；[1](2)民用航空器退出使用或报废的；[2](3)自境外租赁的民用航空器，租赁合同终止的；[3](4)需要办理注销登记的其他情形。此外，民用航空器失事或者失踪并停止搜寻的，可注销其国籍登记。[4]

二维码4－8

民用航空器国籍注销登记证

已取得民用航空器国籍登记证的民用无人驾驶航空器，不再涉及境外飞行或载人飞行的，国籍登记证持有人应当及时向民航局申请办理注销登记。[5]

(四)航空器的国籍标志和登记标志

根据1944年《芝加哥公约》及其附件7、我国《民用航空器国籍登记规定》第4条等规定，从事国际航行和国内飞行的航空器都应载有适当的国籍标志和登记标志，并随机携带以备检查。(见表4－1)

表4－1 从事国际航行的航空器必备的国籍登记文件

文件类型	国际标准	依据	对应中国涉及民航管理的规章标准
国籍登记证	从事国际航行的航空器应随机携带国籍登记证	1944年《芝加哥公约》第20条、第29条和附件7第8节	第121.151条飞机的基本要求(1)
航空器识别牌	航空器识别牌至少刻有国籍或共用标志和登记标志；必须固定在航空器主舱门附近显眼位置	1944年《芝加哥公约》附件7第9节	第121.151条飞机的基本要求(2)

1944年《芝加哥公约》附件7具体规定了国籍标志和登记标志的组成。根据《民用航空器国籍登记规定》第20条的规定，中华人民共和国民用航空器的

---

〔1〕 航空器转移至境外包括出卖或出租给外国航空运输企业，所有权人或使用权人发生国籍变化，由此，根据航空器国籍不得双重登记和遵循的属人主义原则，航空器无法在一个以上国家同时进行有效登记，但根据1944年《芝加哥公约》的规定，其登记可以由一国转移至另一国。

〔2〕 在航空器退出使用或报废后，原航空器国籍登记国的权利、义务和责任已没有存在的必要。

〔3〕 航空器租赁合同终止后航空器转移给外国所有权人，境内承租人不再享有航空器的占有、使用权，原国籍登记国对已转移境外的航空器再进行行政管理成本和不便性增加，没有任何意义。

〔4〕 航空器失事或失踪并停止搜寻意味着航空器已灭失，再保留航空器国籍意义不大，登记管理机构可以选择予以注销，当然基于特殊原因考量也可以不注销。

〔5〕 参见《民用无人驾驶航空器国籍登记管理程序》(民航规〔2023〕3号/AP－45－AA－2023－04)第3.6条。

国籍标志为罗马体大写字母B。[1] 该国籍标志选自国际电信联盟分配给中华人民共和国的无线电呼叫信号中的国籍代号系列，已通知给国际民航组织。

登记标志由阿拉伯数字、罗马体大写字母（不含字母 I 和 O）或二者的组合组成。该组合不得与以下标志产生混淆：（1）Q 简语电码中所用的以 Q 字为首的三字组合；（2）遇险求救信号 SOS 或 XXX、PAN 或 TTT 等其他紧急信号。国籍标志位于登记标志之前，用一短横线连接。

二维码 4-9
中国"四地"航空器国籍和登记标志的前世与今生

中国内地（大陆）航空器国籍和登记标志格式为B-××××（目前编号规则为四位数字），香港特别行政区和澳门特别行政区为B-×××（目前为三位字母），台湾地区为B-×××××（目前为五位数字）。

二维码 4-10
民用航空器国籍标志和登记标志申请书

航空器取得国籍登记后，应按规定的国籍标志和登记标志的位置、字体和尺寸、材料等要求进行喷涂和固定。民用航空器国籍登记证书不得涂改、伪造或转让。

（五）民用无人驾驶航空器国籍登记的特别规定

民用无人驾驶航空器国籍登记的管理部门、国籍登记原则、登记类型等与民用航空器国籍登记管理要求类似，在要求登记的情形、申请人、登记标志、登记程序与材料要求等方面略有差异。

二维码 4-11
民用航空器国籍登记申请书

1. 需要国籍登记的情形

根据《民用无人驾驶航空器国籍登记管理程序》（民航规〔2023〕3 号/AP-45-AA-2023-04）的规定，民用无人驾驶航空器应当具备国籍标志和登记标志，符合规定方可从事境外飞行或载人飞行有关活动。

二维码 4-12
民用航空器国籍登记证

应当依照要求申请和取得中华人民共和国国籍登记的情形包括：（1）涉及境外飞行或载人飞行的民用无人驾驶航空器；（2）无

[1] 1919 年《巴黎公约》对签约国的民用航空器规定了国别代号，1944 年《芝加哥公约》进行修订。根据 1944 年《芝加哥公约》附件 7 规定，缔约国航空器的国籍标志须从国际电联分配给其国家的无线电呼叫信号中所含的国籍代号中选择，选定后须通知国际民航组织。如美国为 N、法国为 F、日本为 JA、巴基斯坦为 AP、新加坡为 9V 等。目前，世界上 170 多个国家均选定本国的航空器国籍标志，并在国际民航组织备案。

人驾驶自由气球（没有任务载荷的无人驾驶自由气球和气象部门升放的仅用于气象目的的民用无人驾驶自由气球除外）。

民用无人驾驶航空器国籍登记的申请人是民用无人驾驶航空器的所有人或占有人，占有人通常为民用无人驾驶航空器的实际运营人。

2. 国籍登记前的实名登记要求

除民用无人驾驶自由气球进行国籍登记不要求进行实名登记之外，其他民用无人驾驶航空器所有人在申请国籍登记证前，应先按照相关管理程序的要求完成实名登记。

3. 国籍标志和登记标志

二维码 4－13　民用无人驾驶航空器国籍登记证申请书样例

中华人民共和国民用无人驾驶航空器的国籍标志为罗马字符大写字母 B，登记标志为 8 位阿拉伯数字、罗马字符大写字母或者二者的组合的实名登记号码。国籍标志置于登记标志前，国籍标志和登记标志间加一短横线。

4. 国籍登记所需材料

二维码 4－14　民用无人驾驶航空器国籍登记变更申请书样式

（1）民用无人驾驶航空器国籍登记证申请书；（2）自然人申请人提交公民合法身份证明文件和无犯罪记录证明；（3）法人申请人提交单位、法定代表人和联系人的合法身份证明文件；（4）从境外引进的航空器，提交未在境外登记国籍或者已注销境外国籍的证明；（5）进行跨境飞行的说明文件；（6）取得民用无人驾驶航空器所有权证明的购买合同（合同中商业秘密条款除外）和交接文书，或占有民用无人驾驶航空器证明的租赁合同（合同中商业秘密条款除外）和交接文书；（7）实名登记证明文件，包括实名登记号码和实名登记二维码。

（六）航空器国籍登记国的权利与义务

二维码 4－15　民用无人驾驶航空器注销国籍登记申请书样式

我国《民用航空器国籍登记规定》第 6 条第 1 款规定，民用航空器依法登记后，取得中华人民共和国国籍，受中华人民共和国法律管辖和保护；中华人民共和国作为该航空器登记国，承担 1944 年《芝加哥公约》规定的职责和义务。

1. 国籍登记国对航空器享有的权利

（1）管辖权。航空器国籍登记国有权依据本国法律或其缔结或参加的国际条约，对航空器内发生的法律关系和犯罪行为行使管辖权，无论该航空器是在本国域内飞行，还是在公海海面或不属任何国家领土的地（水）面飞行。

(2)保护权。国籍登记国的航空器在外国遇险或发生事故,登记国当局有权采取所需的适当援助措施或有权派员参加调查并要求和接受事故报告和调查结果;登记国领事官员有权对领区内停留或飞行的本国航空器及其发生的任何事件请求接受国主管当局提供一切必要协助;登记国有权对域外的本国航空器机长或任何机组成员采取一切必要保护措施,有权代表权利人对发生事故的本国航空器内物品采取相应保护和处置措施。

(3)管理权。登记国有权要求从事国际航行的本国航空器载有登记国的国籍标志和登记标志,携带登记国颁发或核准的国籍登记证、适航证、执照及无线电台许可证等证件。

2. 国籍登记国对航空器应承担的义务

(1)发证义务。登记国应按不低于国际最低标准为其航空器发给或核准适航证、合格证及执照。

(2)管辖义务。登记国对航空器内发生的犯罪行为和违法行为有义务采取必要措施。

(3)保证义务。登记国应采取措施保证本国航空器从事的行为与国际公约宗旨相符,并能遵守任何当地有关航空器飞行和运转的规则或规章,特别是拦截指令,并允诺追究违章人员的责任。

(4)提供资料义务。根据 1944 年《芝加哥公约》第 21 条的规定,各国缔约承允,如经要求,应将关于在该国登记的某一特定航空器的登记及所有权情况提供给任何另一缔约国或国际民航组织。此外,各缔约国应按照国际民航组织制定的规章,向该组织报告有关在该国登记的经常从事国际空中航行的航空器所有权和控制权的可提供的有关资料。如经要求,国际民航组织应将所得到的资料提供给其他缔约国。我国《民用航空器国籍登记规定》也有类似要求,例如,航空器为国外设计型号并且该型号航空器是首次在中华人民共和国登记的,民航局应当把该航空器在中国登记的情况书面通知设计国民用航空主管部门。

(5)登记移转义务。依据国际民用航空公约的规定,航空器在任何缔约国登记或转移登记,应按该国的法律和规章办理。我国《民用航空器国籍登记规定》第 6 条也规定,中华人民共和国根据 1944 年《芝加哥公约》与其他国家签署了关于登记国职责和义务转移的协定的,从其规定。

第三节　航空器适航管理制度

一、航空器适航管理的特征与分类

航空器的适航管理,是指航空器适航主管机关依法对航空器从设计、定型到生产、使用直至停止使用的全过程施行监督,以保证航空器始终处于适航状态的科学管理。

适航管理的适用性对象非常广泛和繁多,涉及机体、发动机、起落架等在位大部件,也包括处于装机、库存或采购进程中的零部件。

(一)航空器适航管理的特征

航空器适航管理具有以下国际承认的特征:[1]

1. 适航管理具有高度的独立性。适航管理机构以航空安全和公共安全为核心,独立于航空设计、制造、使用和维修等机构,通过独立工作能力,对航空器进行认证和监管,不受政府意志左右,具有强大的社会公信力。

2. 适航管理具有完全性。适航管理的目标是确保航空器飞行的安全性,是对航空器的设计、制造、使用、维修、退役进行全过程闭环式的审查、鉴定和监管。因此,适航管理链条长、覆盖面广,组织管理复杂。

3. 适航管理具有动态发展性。适航管理是以保障航空器的安全性为目标的技术管理,随着航空科技进步和航空业发展,适航规章和适航理念不断革新和变化,适航管理也不断完善和发展。

4. 适航管理具有权威性。适航管理旨在确保航空器的安全性、可靠性和合规性,以达到保障航空安全的目的,适航管理机构依据的适航标准和规章具有强制性,代表国家行使审查和监督管理权,具有强大的公信力。

5. 适航管理具有国际性。航空器的生产、进出口和使用具有突出的国际化特点,各国的适航管理必然具有国际性,不仅要严格执行本国的适航标准,还要遵守国家间的适航协议。

(二)航空器适航管理的分类

航空器合法投入使用需取得三证,即型号合格证、生产许可证、运行许可证。根据管理阶段的不同,航空器适航管理分为初始适航管理和持续适航管理。(见图4-3)

初始适航管理是指航空器交付使用前,适航管理机构依据各类适航标准和规范,对航空器的设计和制造进行的型号合格审定和生产许可审定,确保航空器及其部件的设计、制造符合适航规章要求。

持续适航管理是指航空器满足初始适航标准和规范,满足型号设计要求,符合型号合格审定基础,获得适航证,投入运行后,为保证航空器能够始终处于安全运行状态而进行的管理,即对维修、使用的控制和管理。持续适航是航空安全运行的基础,符合适航标准的航空器是保障航空安全的重要前提,加强适航管理

---

[1] 参见曹三明等主编:《民用航空法释义》,辽宁教育出版社1996年版,第73~74页。

是航空安全保障系统工程的重中之重。

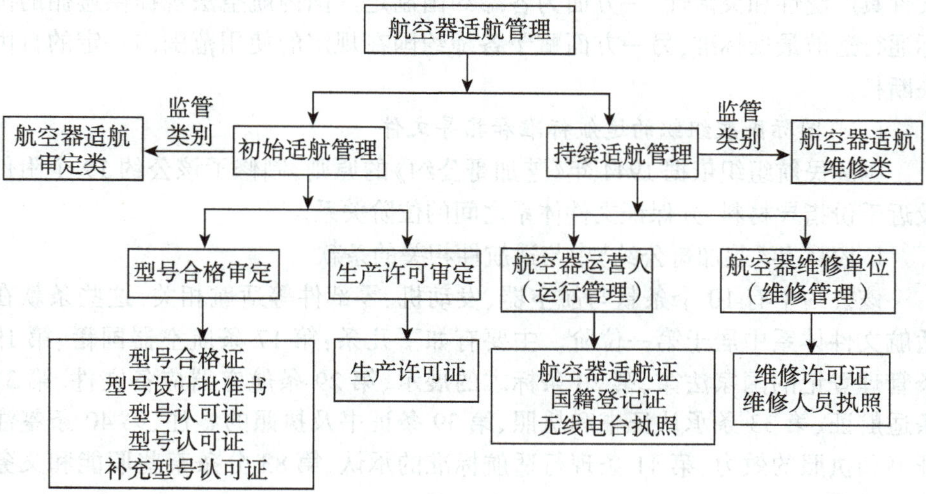

图 4－3　航空器适航管理分类

适航管理是以保障民航安全为目标，以符合规章要求为底线，以坚持“文实相符”为基础的技术管理。证件管理是有效适航管理的前提条件。证件可以载明缔约国应履行的责任和义务，也可以赋予持证人所需履行的责任和义务。

二、航空器适航管理法规标准体系

适航是航空器安全性能的保证，是航空器走向国内外航空市场的前提。根据国际公约和中国涉及民航管理规章的规定，从事国际航行的航空器必须随机携带有效的航空器适航证，并接受检查。（见表 4－2）

表 4－2　从事国际航行航空器必备的适航证件与要求

文件类型	国际标准	依据	对应中国涉及民航管理的规章标准
适航证书	随机载有航空器适航证且有效	1944 年《芝加哥公约》第 29 条、第 31 条、第 39 条第 1 款和第 40 条；1944 年《芝加哥公约》附件 8 第Ⅱ部分第 3 章	第 121.151 条飞机的基本要求(1)

在航空实践中，适航管理主要通过适航法规的建立、实施和调节实现，因此，适航管理也是一个立法、执法和监督法规贯彻的过程。世界各国都对飞机适航进行专项规范，采用体系化、规章化管理模式。例如，美国的适航标准由联邦航空管理局颁发，属于联邦规章汇编第 14 集；欧洲的适航标准分为管理类和技术类，管理规章由欧盟议会颁发，技术标准由欧洲航空安全局颁发。

在国际上，国际民航组织提出了完整的国际适航标准和指导文件，这些标准文件具广泛性和灵活性，一方面为各缔约国制定其国内航空法规提供遵循的国际通行适航最低标准，另一方面赋予各缔约国在规定的使用范围内一定的自由决断权。

(一)国际民航组织的适航标准和指导文件

国际民航组织依据1944年《芝加哥公约》的原则，制修了该公约19个附件及近千份指导材料，并保证文件体系之间的位阶关系。[1]

1.1944年《芝加哥公约》中与适航性相关的条款

该公约中有10个条款与航空器、发动机、零部件等适航相关，这些条款在适航文件体系中居于第一位阶。主要有如下几条：第17条航空器国籍、第19条管理登记的国家法律、第20条标志的展示、第29条航空器应备文件、第31条适航证、第33条承认证书和执照、第39条证书及执照的签注、第40条签注证书和执照的效力、第41条现行适航标准的承认、第83分条某些职能和义务的移转。

2.1944年《芝加哥公约》的适航相关附件

在国际民航组织颁发的1944年《芝加哥公约》19个附件中，与航空器适航性直接相关的附件有附件8《航空器的适航性》和附件6《航空器的运行》；与航空器适航性间接相关的附件有附件1《人员执照的颁发》、附件7《航空器国籍和登记标志》、附件13《航空器事故和事故征候调查》、附件16《环境保护》和附件19《安全管理》。(见表4-3)

表4-3 与航空器适航性相关的1944年《芝加哥公约》相关附件及其内容

直接相关附件和条款					间接相关附件和条款				
附件6		附件8			附件1	附件7	附件13	附件16	附件19
持续适航责任(运营人)	航空器的维修	飞机性能使用限制	合格审定程序和持续适航	航空器最低适航特性标准	航空器维修相关人员的要求	航空器国籍和登记标志的标准	调查可能涉及的适航和维修问题	航空器噪声合格审定、航空发动机的排放物、飞机二氧化碳排放	航空器、发动机及螺旋桨型号设计和制造机构的安全管理规定

[1] 参见鲍梦瑶：《国际民航组织适航标准与中国民航适航规章的关联》，载《科技导报》2019年第5期。

在这些附件中，附件8为航空器适航标准的核心附件，其他附件中涉及的适航要求与附件8的规定互为参照或补充。例如，附件8和附件6均有持续适航责任的相关规定，附件8规定的是设计国、制造国、登记国和所有缔约国的持续适航责任，附件6规定的是航空运营人的持续适航责任。附件8明确的航空器、发动机和螺旋桨的型号设计和/或制造机构实施安全管理体系的要求，纳入附件19进行具体规定。

3. 适航指导材料

由于1944年《芝加哥公约》附件的适航标准和建议措施虽被各缔约国承认，但并不能代替各国的规章，国际民航组织为帮助各缔约国根据附件适航要求制定适合本国的适航规章，制定并颁发了系列内容关联的适航指导材料（见表4－4），包括Doc9760号文件《适航性手册》、第95号通告《服役航空器的持续适航》、Doc9318号文件《关于国际民用航空公约修正案的议定书（第83条分条）》、Doc9859号文件《安全管理手册（SMM）》、Doc9683号文件《人的因素培训手册》和Doc9758号文件《空中交通管理（ATM）系统人的因素指南》等。

表4－4　附件8与相关指导材料关联的适航内容

<table>
<tr><td rowspan="7">附件8《航空器的适航性》</td><td rowspan="4">整体内容</td><td>Doc9760</td><td colspan="3">适航性手册（包括适航性组织机构、国家责任和义务）</td></tr>
<tr><td rowspan="3">第Ⅱ部分
合规审定程序和持续适航</td><td rowspan="2">持续适航</td><td>Cir95</td><td>帮助各缔约国保持在役航空器的持续适航</td></tr>
<tr><td>Doc9318</td><td>1944年《芝加哥公约》第83分条下的责任转移协议</td></tr>
<tr><td>安全管理</td><td>Doc9859</td><td>关于型号设计和制造机构的安全管理的指导材料</td></tr>
<tr><td rowspan="3">部分内容</td><td rowspan="3">第Ⅲ部分
大型飞机
第Ⅳ部分
直升机
第Ⅴ部分
小型飞机</td><td>飞行</td><td>Doc9683</td><td>飞机性能须考虑人为因素的行为能力</td></tr>
<tr><td>设计与构造</td><td>Doc9683</td><td>飞机设计与构造须考虑人为因素</td></tr>
<tr><td>仪表与设备/系统与设备</td><td>Doc9683
Doc9758</td><td>仪表、系统与设备的设计须符合人为因素</td></tr>
</table>

在航空器适航标准的核心附件8中，第Ⅱ部分明确了一般合格审定和持续适航要求，第Ⅲ～Ⅴ部分明确了航空器最低适航特性，其中第Ⅱ部分从型号合格审定、制造、适航证、持续适航和安全管理方面又分别明确了概括性标准。（见图4－4）

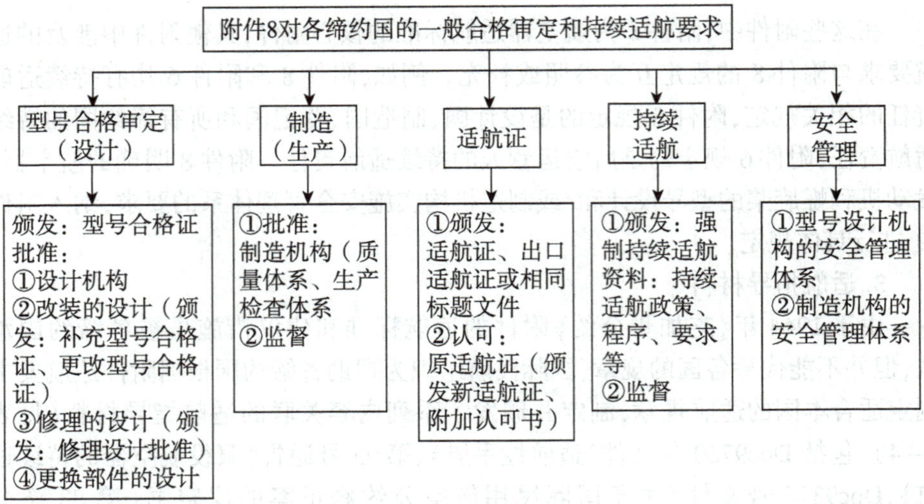

图 4－4　1944 年《芝加哥公约》附件 8 对各缔约国的一般合格审定和持续适航要求内容

（二）中国航空器适航法规标准体系

专项民航国家法律、行政法规都对飞机适航进行了专项规范。我国《民用航空法》第 4 章对民用航空器的适航管理进行了框架性规定,《民用航空器适航管理条例》是适航管理的国务院条例。

截至 2021 年 12 月 31 日,我国现行有效的适航审定规章 17 部（含技术标准规定 159 份）、适航审定规范性文件（管理程序及咨询通告）67 份、专用条件和豁免 53 份。同时公布的还有法律、行政法规,以及具有普遍指导意义的其他重要政策文件。（见图 4－5）

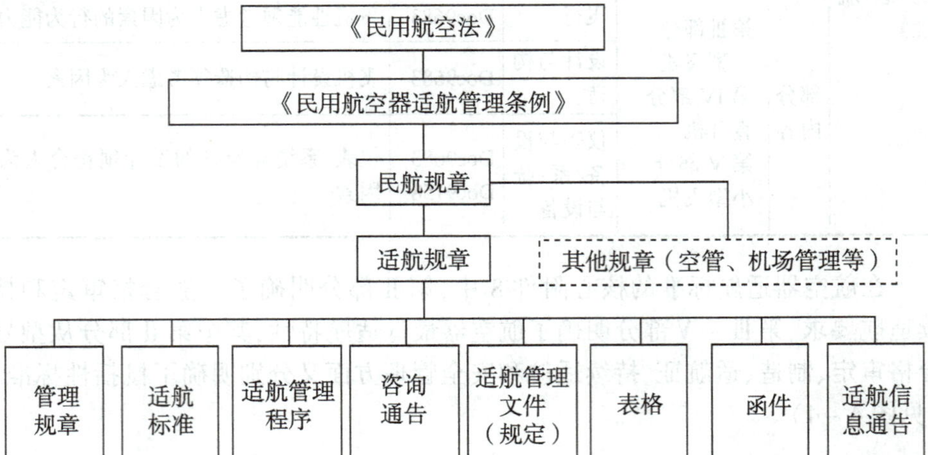

图 4－5　中国民航适航规章体系

（三）航空器持续适航管理责任体系

二维码 4－16

《适航审定规章、规范性文件及重要政策文件目录》（民航适发〔2022〕1号）

航空器的适航性通过以下两方面来保障：（1）通过获得适航审定的批准予以表明，包括基本设计对适航标准的符合性和后续持续安全改进要求的符合性，以及针对具体运行的特别适航要求和设备安装要求的符合性；（2）通过针对航空运营人落实其维修要求保持符合经适航批准的状态。据此，确保航空器适航是民航管理机关、型号合格证持有人、航空运营人和维修单位等各方的共同职责。

例如，在中国的持续适航责任体系中，民航局作为适航主管部门，代表政府对民航机的持续适航进行管理，通过制定适航指令（AD）、流程、民用航空器使用困难报告处理流程（SDR）、颁发持续适航证件、借助群众监督以及通过专业试验来完成其监管的责任；型号合格证持有人（设计和制造商）通过收集适航安全相关的信息，提出纠正措施，编发技术服务通告；运营人和维修单位承担着保持航空器持续适航性的根本责任，按适航管理当局的标准进行改装、修理和维护飞机，实现航空安全运行。（见图4－6）

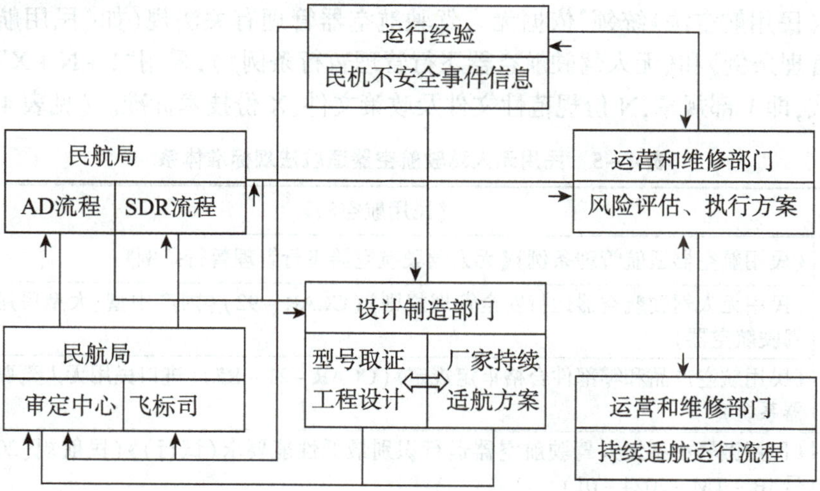

图4－6　中国持续适航的责任体系

资料来源：参见王珍发：《民航飞机持续适航管理与法定自查融合发展思考》，载《民航管理》2022年第9期。

航空运营人落实航空器的适航性责任，在引进航空器之前需要确认其适航批准状态；在投入运行前需要建立相应的维修管理体系，并完成管理和技术文件的制定工作；在投入运行后，需要通过年度适航状态检查[1]的方式定期评

〔1〕除湿租航空器外，每架航空器投入运行后的下一年度起，航空运营人应当至少每12个日历月完成一次年度适航状态检查。

估航空器的实际适航状态,以确保按照管理和技术文件的要求规范实施维修工作。

(四)违反适航管理规定的法律责任

1. 对于未取得适航证,或其已经失效的,或超越适航证规定范围的,民航管理部门有权责令其停止飞行,并视情节轻重,处以罚款。

2. 对于未取得维修许可证擅自承接维修业务的,超过维修许可证规定的业务范围承接维修业务的,或由未取得维修人员执照的人员负责民用航空器的维修并放行的,对从事航空器维修的单位或个人进行处罚。

三、民用无人驾驶航空器适航管理制度

(一)民用无人驾驶航空器适航管理依据

无人驾驶航空器与传统有人驾驶航空器相比,具有智能化程度高、应用范围广、制造使用成本低、操作简便等特点,目前已广泛应用于农林植保、物流配送、地理测绘、安全巡查、文化娱乐及载人运输等领域。

根据《民用无人驾驶航空法规标准体系构建指南 V1.0》(民航函〔2022〕610号)的规定,民航局对民用无人驾驶航空器适航管理法规标准体系的构建思路是:由《民用航空法》统领,依据无人驾驶航空器管理有关法规(如《民用航空器适航管理条例》和《无人驾驶航空器飞行管理暂行条例》),采用“1+N+X”的管理模式,即1部规章,N份规范性文件及政策文件,X份技术标准。(见表4-5)

表4-5 民用无人驾驶航空器适航法规标准体系

法律	《民用航空法》
法规	《民用航空器适航管理条例》《无人驾驶航空器飞行管理暂行条例》
规章	《民用无人驾驶航空器运行安全管理规则》(CCAR-92)(国产中型、大型民用无人驾驶航空器)
	《民用航空产品和零部件合格审定规定》(CCAR-21-R5)(进口民用无人驾驶航空器系统)
规范性文件及政策文件	《民用微轻小型无人驾驶航空器运行识别最低性能要求(试行)》(民航规〔2024〕9号 IB-TM-2024-01)
	《民用无人驾驶航空器系统适航安全评定指南》(民航适函〔2024〕5号 AC-92-AA-2024-01)
	《民用无人驾驶航空器系统适航审定管理程序》(民航规〔2022〕64号 AP-21-AA-2022-71)
	《民用无人驾驶航空器系统适航审定分级分类和系统安全性分析指南》(AC-21-AA-2022-40)
	《民用无人驾驶航空器实名制登记管理规定》(AP-45-AA-2017-03)
	《轻小无人机运行规定(试行)》(AC-91-FS-2015-31)

续表

法律	《民用航空法》
技术标准	《民用无人驾驶航空器系统安全要求》(GB 42590－2023)
	《民用无人驾驶航空器实名登记数据交换接口规范》(MH/T 3030－2023)
	《民用无人驾驶航空器系统分布式操作运行等级划分》(MH/T 2013－2022)
	《基于区块链的民用无人驾驶航空器飞行数据存证技术要求》(MH/T 2015－2024)
	《城市场景物流电动多旋翼无人驾驶航空器(轻小型)系统技术要求》(MH/T 6126－2022)
	《无人驾驶航空器系统作业飞行技术规范》(MH/T 1069－2018)
	《无人机围栏》(MH/T 2008－2017)

例如,《民用航空器适航管理条例》第7条规定,任何单位或者个人生产民用航空器,应当持有规定的型号合格证、生产许可证、适航证,因特殊原因申请被批准的除外。

《无人驾驶航空器飞行管理暂行条例》第8条规定,从事中型、大型民用无人驾驶航空器系统的设计、生产、进口、飞行和维修活动,应当依法向国务院民用航空主管部门申请取得适航许可。

2024年1月1日施行的《民用无人驾驶航空器运行安全管理规则》(CCAR－92)第92.301条规定,该规则适用于国产中型、大型民用无人驾驶航空器系统的设计批准、生产批准和适航批准,包括型号合格证、补充型号合格证、生产许可证、适航证、出口适航证、特许飞行证的申请、颁发和管理。对于进口民用无人驾驶航空器系统,局方依据中国与相关国家的适航协议、备忘录或者技术性协议,参照《民用航空产品和零部件合格审定规定》规定,使用型号认可证、补充型号认可证实施管理。

(二)民用无人驾驶航空器适航批准的要求

民用无人驾驶航空器的运行涉及航空安全、公共安全和国家安全,其设计、生产、适航各个环节,均实施批准许可管理制度。根据《民用无人驾驶航空器系统适航审定管理程序》(民航规〔2022〕64号/AP－21－AA－2022－71),民用无人驾驶航空器适航证件包括标准适航证、特殊适航证、特许飞行证、出口适航证四类。

申请适航批准的一般要求如下:(1)申请适航批准的民用无人驾驶航空器系统应已完成实名登记或国籍登记;(2)适航证、特许飞行证申请人应是该民用无人驾驶航空器系统的所有人或占有人,出口适航证申请人可为该民用无人驾驶航空器系统的出口人。(见表4－6)

表4-6 民用无人驾驶航空器的设计、生产、适航批准管理对照

批准类型	证件类别	适用情形	持证人权责	证件有效期
设计批准	型号认可证、补充型号认可证	民用无人驾驶航空器(正常类、运输类、限用类)	可获得适航证、生产许可证、适航批准标签、根据局方授权开展设计符合性判定等	除另有规定外,长期有效;可以转让
生产批准	生产许可证	民用无人驾驶航空器的生产批准。制造人在型号合格证颁发6个月内按要求取得生产许可证	持有人生产的民用无人驾驶航空器和零部件无须进一步证明即可获得适航批准	除另有规定外,长期有效,不得转让
适航批准	标准适航证	取得型号合格证的正常类、运输类民用无人驾驶航空器		除被暂停、吊销或局方另行规定终止日期外,长期有效;可以随航空器一起转让
	特殊适航证	取得型号合格证的限用类民用无人驾驶航空器	不得用于载人飞行、不得开展融合飞行、不得在地面人员密集区域(上方)飞行、不得从事境外飞行,并应当在局方规定的限制条件下飞行	
	特许飞行证	尚未取得有效适航证或可能不符合有关适航要求,但在一定限制条件下能够安全地开展相关飞行活动的民用无人驾驶航空器	完成实名登记的民用无人驾驶航空器的所有人或者占有人可以申请;运行前应符合登记管理相关要求;应在飞行手册规定的性能限制及其他限制条件下飞行;不得从事商业性载客运行、运输或者作业飞行;不得载运人员;应由相应执照的人员操控;应遵守相应的飞行规则	有效期由局方规定
	出口适航证	拟出口境外的民用无人驾驶航空器,不作为批准该民用无人驾驶航空器运行的文件	民用无人驾驶航空器系统符合颁发出口适航证的要求,并满足进口国适航当局的各种特殊要求	

民用无人驾驶航空器型号合格审定工作,根据运行场景,采用与风险相匹配

的审查方式，实施分类管理。根据《民用无人驾驶航空器运行安全管理规则》（CCAR－92），型号合格证分为正常类、运输类、限用类（第92.343条）。（见表4－7）

表4－7　民用无人驾驶航空器型号合格证分类

正常类型号合格证	运输类型号合格证	限用类型号合格证
除运输类民用无人驾驶航空器系统外，最大审定起飞重量为25公斤及以上，可用于载人飞行、进行融合飞行或者在人口密集区域上方飞行的无人驾驶航空器系统	最大审定起飞重量为5700公斤（固定翼）或3180公斤（旋翼类）以上，或载客19人以上，可用于载人飞行、进行融合飞行或者在人口密集区域上方飞行的无人驾驶航空器系统	最大审定起飞重量为25公斤及以上，不用于载人飞行、不进入融合空域飞行且不在地面人员稠密区域飞行的无人驾驶航空器系统

第四节　航空器权利制度

一、有关航空器权利的国际立法

有关航空器权利的国际承认问题，始于1927年航空法专家国际技术委员会的研究，1931年巴黎第六次会议形成了有关航空器所有权及航空器“不动产权利”登记制度两个公约草案，但因德国反对及“二战”前航空器价格不高等原因，公约草案未能提交国际会议审议。如今，为解决航空器越国交易面临法律适用稳定性与可预见性的危机，国际社会采取的有效措施集中体现为1948年《日内瓦公约》和2001年《开普敦公约》的制定与实施，两大公约统一了航空器权利的部分事项，为航空器跨国交易扫除了相关法律障碍，但两大公约有其各自的适用范围。

（一）1948年《日内瓦公约》

“二战”后，航空业发展迅速，急需为航空器权利人提供最大限度的国际保护。1948年，在日内瓦召开国际民用航空组织大会，通过1948年《日内瓦公约》。

根据1948年《日内瓦公约》的规定，缔约各国承允：（1）拥有航空器所有权的权利。（2）航空器占有人通过购买取得该航空器所有权的权利。（3）租赁航空器为期6个月以上的使用航空器的权利。（4）为担保偿付债务而协议设定的航空器抵押权、质押权和任何类似权利，但这些权利必须符合下列条件：①权利的设立符合该航空器进行国籍登记的缔约国在设定该权利时的法律；②合法地登记在该航空器进行国籍登记的缔约国的公共登记簿内。这些权利连续在不同缔约国中登记的合法性,按照每次登记时该航空器进行国籍登记的缔约国的法律确定。

1948 年《日内瓦公约》的目的是保护航空器权利人,提供尽可能多的担保权益和利益,统一有关民用航空器权利的规则,解决各国航空器权利的法律冲突。该公约有广泛适用性和普遍影响力,使航空器买卖或租赁债权人的合法利益得到了一定的保护,为航空承运人提供了财务支持手段,为航空器制造商扩大销售提供了法律保证。

(二)2001 年《开普敦公约》和《开普敦议定书》

为解决各国航空公司购买航空器融资难题,2001 年,国际统一私法协会起草了 2001 年《开普敦公约》和《开普敦议定书》。

该公约要实现的五个目标之一,就是设立电子化的国际登记处,登记国际利益,使第三方能够知悉国际利益的存在,使债权人获得其已登记利益对后登记利益及未登记利益的优先权,并对抗债务人的破产管理人。

根据 2001 年《开普敦公约》和《开普敦议定书》的规定,缔约国可在任何时间指定其境内的一个或多个实体作为接入点并通过其将登记所需资料报送给国际登记处,通过国际登记处,对航空器设备的各项权利进行统一登记。

2001 年《开普敦公约》和《开普敦议定书》是对 1948 年《日内瓦公约》的延伸和刷新,并相互弥补,为航空器抵押担保的债权人国际利益的创设、执行、完成和优先顺序,给予国际法律规则的保障,为国际民航运输业的安全运营和健康发展提供法律规范基础,为债权人从破产航空公司取得航空器的控制权提供便利,降低了购租航空器的融资风险。

二、有关航空器权利的中国立法

(一)中国批准和加入的国际公约

1. 中国加入 1948 年《日内瓦公约》

1999 年 10 月 31 日,第九届全国人民代表大会常务委员会第十二次会议决定,中华人民共和国加入 1948 年《日内瓦公约》;在中华人民共和国政府另行通知前,1948 年《日内瓦公约》暂不适用于中华人民共和国香港特别行政区。[1]

我国《民用航空法》规定的航空器权利大体借鉴了 1948 年《日内瓦公约》的规定,但两者并不完全相同。

2. 中国批准与适用 2001 年《开普敦公约》和《开普敦议定书》

我国第十一届全国人大常委会第五次会议于 2008 年 10 月 28 日批准 2001 年《开普敦公约》和《开普敦议定书》。2009 年 2 月 3 日,国际私法统一协会致函国际

---

〔1〕 参见《全国人民代表大会常务委员会关于加入〈国际承认航空器权利公约〉的决定》(1999 年 10 月 31 日通过)。

民航组织，表示已收到中华人民共和国政府交存的关于2001年《开普敦公约》和《开普敦议定书》的批准书及保留声明。2001年《开普敦公约》和《开普敦议定书》于2009年6月1日起对中国正式生效，并暂不适用于香港和澳门特别行政区。

根据《中华人民共和国对〈开普敦公约〉批准书》《国际登记处的规章和程序》，民航局自2009年6月1日起正式受理航空器利益相关人申请办理国际利益登记的授权代码。申请人可登录“航空器国际利益登记授权代码申办系统”提交电子申请，并按照《民用航空器国际登记处利益登记授权代码申办管理办法》(AP-LR－2009－01)的要求，提交相关纸质材料。[1]

二维码4－17

国际利益登记授权代码申办流程

(二)有关航空器权利的法规体系

1. 法律规范体系框架

关于航空器权利及其登记制度，中国采取一般法和特别法相结合的二元立法模式。

《民用航空法》首次确立了航空器权利及其登记制度，《民用航空器权利登记条例》(国务院令第233号)和《民用航空器权利登记条例实施办法》(CCAR－49)规定了民用航空器所有权、占有权、抵押权和优先权四种权利变动登记规则。《民法典》明确了航空器的特殊动产属性、租赁权的物权化和航空器留置权等相关制度规则。(见表4－8)

表4－8 中国关于航空器权利的主要法律规范

分类	名称
法律	《民法典》
法律	《民用航空法》
行政法规	《民用航空器权利登记条例》
涉及民航管理的规章	《民用航空器权利登记条例实施办法》(CCAR－49)
规范性文件	《民用航空器权利登记改为政府提供的公共服务事项后管理办法》(MD－LR－2017－02)
规范性文件	《民用航空器国际利益登记处利益登记授权代码申办管理办法》(AP－LR－2009－01)
司法解释	《最高人民法院关于审理买卖合同纠纷案件适用法律问题的解释》(法释〔2020〕17号)

〔1〕 参见2009年5月31日发布的《关于正式受理国际利益登记授权代码申请的公告》。

2. 航空器权利登记的机构

《民法典》出台和实施之前，中国实行多元化的动产和权利担保登记体系，担保物权的登记机构较为分散，特殊动产（飞机、船舶、机动车）的担保权益由相关主管部门负责登记。

国务院 2020 年 12 月 22 日印发《关于实施动产和权利担保统一登记的决定》（国发〔2020〕18 号），弥补了我国在动产及权利担保登记制度上的缺陷。但是，考虑到机动车、船舶、航空器等特殊动产具有较强的行政专属性，交由中国人民银行征信系统进行登记并不符合高效便利原则，也可能产生行政上的纠纷。因此，该决定对机动车、船舶、航空器等特殊动产权利作了保留性规定，不纳入动产和权利担保统一登记范围，仍然由原登记机关进行登记。

3. 航空器权利登记申请的受理条件

二维码 4－18

航空器权利登记的办理材料目录

民用航空器权利登记的申请，需符合以下条件方能受理：（1）航空器未被人民法院等司法机关查封、冻结、扣押；（2）航空器已完成国籍登记注册；（3）涉及交易已完成，合同均已签署生效；（4）法律、法规规定的其他条件。

4. 航空器权利登记的服务性质

根据《民用航空器权利登记改为政府提供的公共服务事项后管理办法》（MD－LR－2017－02），民用航空器权利登记为政府提供的公共服务，是对既有交易情况的公示，对申请资格不设准入门槛，单位及个人均可申请。申请人按照有关法律、法规、规章的规定，自愿提出申请，登记机关依申请提供登记服务。

登记机关就申请人提交的文件进行核对，基于申请人提交的文件形成登记结果并予以公示，申请人对其所填写的申请书及所提供的申请文件的真实性、合法性、有效性承担责任。

三、航空器权利的客体及其范围

航空器权利的客体是指航空器权利指向的对象，即标的。

（一）1948 年《日内瓦公约》下的航空器权利客体

根据 1948 年《日内瓦公约》，航空器权利的客体为航空器，包括航空器构架、发动机、螺旋桨、无线电设备以及所有为在航空器上使用的，无论安装于其上或暂时拆离的其他物品。

航空器抵押权的标的物范围，不仅及于航空器的机体、发动机、螺旋桨、无线电装置,且可扩大到零备件,[1]因为零备件的价值有时占机群总值的25%。[2]零备件是航空器的组成部分,无论是安于航空器组上,还是暂时拆卸下来保存或贮存在特定地点。

航空器权利的客体不包括气球、滑翔机,适合抵押的航空器只限于从事国际航空运输的航空器。关于机群抵押问题,因美国强烈坚持和其对融资的重要作用,1948年《日内瓦公约》最终没有排除和否认。关于建造中的航空器抵押问题,1948年《日内瓦公约》未作说明。

(二)2001年《开普敦公约》和《开普敦议定书》下的航空器权利客体

2001年《开普敦公约》和《开普敦议定书》创立了国际登记处,对航空器设备的各项权利进行统一登记,登记的客体包括航空器机身、航空器发动机或直升机。

因为航空器发动机具有高度移动性,经常被替换和处理,能够与航空器机身分开单独融资,抵押担保的标的物包括航空器发动机。航空器发动机上的国际利益原则上及于其全部附属物,但附属物被安装到航空器发动机前,有人对其享有权利,并依据准据法这些权利在安装后继续存在,该公约不影响这些权利。依据准据法可以脱离发动机在这些附属物上单独设定权利时,该公约也不妨碍这种权利的设定。[3]

由上可见,无论是1948年《日内瓦公约》还是2001年《开普敦公约》和《开普敦议定书》,登记客体的范围均包括发动机,从而为发动机融资提供了便利。

(三)有关国家立法下的航空器权利客体

各国立法对于航空器权利登记的客体有不同规定。例如,日本昭和二十七年《航空法》规定,在航空机登记簿上登记的航空机包括飞机、回转翼航空机、滑翔机、飞行船以及依其他政令可供航空用的机器,但依据《飞机抵押法》,其中能够成为飞机抵押权标的物的航空器,仅限于飞行机和回转翼航空机。日本1953年制定的《民用航空法》第29条规定航空机可以作为抵押权标的物。[4]

根据美国联邦航空法案和相关条例,美国联邦航空局统一负责航空器的国籍登记和各项权益登记,登记的客体不仅包括航空器,还包括具有750马力或更

---

[1] 零备件是指构成航空器、发动机、螺旋桨、无线电装置、仪表、设备、装饰的部件,以及各种元件的部件,包括所有为替换航空器的构成部件而贮备的各种品名的其他物件。参见1948年《日内瓦公约》第10条第4款。

[2] 参见[荷兰]迪德里克斯-弗斯霍尔:《航空法简介》,赵维田译,中国对外翻译出版公司1987年版,第215页。

[3] 参见《航空器设备议定书》第14(4)条和2001年《开普敦公约》和《开普敦议定书》第29(7)(A)条。

[4] 参见王闯:《动产抵押制度研究》,载梁慧星主编:《民商法论丛》第3卷,法律出版社1995年版,第404、406页。

高额定起飞马力的专门识别的发动机,甚至对航材/零部件的抵押也可以进行登记。

法国《民用航空法》授权法国民用航空事务部对航空器各项财产权益进行登记,并建立专门的航空器交易登记平台对交易进行登记。在登记的客体上,发动机不可单独进行登记。

加拿大没有统一的航空器权利登记系统,对航空器相关权利的登记按照一般动产登记制度执行。在登记客体上,发动机可以单独进行登记。

(四)中国法下的航空器权利客体

我国《民法典》将航空器和船舶、机动车均规定为特殊动产物权的客体,[1]《民用航空法》第10条进一步明确了航空器权利的标的范围,即航空器构架、发动机、螺旋桨、无线电设备和其他一切为了在民用航空器上使用的物品,无论安装于其上或暂时拆离。据此,航空器上的座椅、救生设施以及被拆离送修的航空器发动机、雷达设施等,只要其民用航空用途没变,均在航空器抵押权效力所及范围内。

我国《民用航空法》和《民用航空器权利登记条例》虽然规定航空器权利包含发动机的相关权利,但从航空器权利登记受理条件看,实践中无法单独对发动机相关权利进行登记,要求航空器已完成国籍登记注册,而发动机是没有国籍登记证的,这从事实上排除了发动机相关权利登记的可能性。

我国民航局负责办理民用航空器权利登记的具体事宜,2017年以后,民用航空器权利登记不再作为行政审批事项,改为政府提供的公共服务,并不收取费用。[2]

四、航空器权利的类型

目前,中国的航空器权利存在三种情况:中国国内法规定的航空器权利;在1948年《日内瓦公约》下中国承认的在其他缔约国登记的航空器权利;在2001年《开普敦公约》和《开普敦议定书》下中国承认的三种国际利益。航空器权利涉及国内法和国际条约,两者相互补充。[3]

依据《民法典》《民用航空法》和航空器权利登记实践,航空器的权利类型包括航空器的所有权、占有权、抵押权、优先权和留置权。

(一)航空器所有权

1.定义与特征

航空器所有权是指航空器所有人依法对其航空器占有、使用、收益和处分的权利。

---

〔1〕 参见《民法典》第225条。

〔2〕 参见国务院2017年9月22日发布的《关于取消一批行政许可事项的决定》(国发〔2017〕46号)。

〔3〕 参见李大朋:《论中国航空器权利体系:现状、问题与完善》,载《北京航空航天大学学报(社会科学版)》2022年第3期。

航空器所有权具有完全物权性、永续性、支配性、分割性、主体不受限性和平等保护性。航空器所有人包括个人、企业、机关事业单位,所有人以外的任何不特定人均为义务主体。

2. 航空器所有权取得方式

航空器所有权的取得方式包括原始取得和继受取得。前者如生产制造,后者如买卖交易、司法拍卖、继承赠与等。"引进"作为航空器所有权取得的重要方式之一,根据中国相关规定,通用航空器和运输飞机的引进管理有不同要求。

通用航空器(包括公务机)的引进管理历经了由管制、放松、取消审批的立法演进。(见表4-9)

表4-9　引进通用航空器管理政策的演变

时间	政策文件	管理方式
2008年	《关于引进进口通用航空器管理暂行办法》(民航发〔2008〕116号)	1. 通用航空器引进包括国外进口和国产的新旧通用航空器; 2. 管理局初审评估、民航局审批
2010年	《民航局关于引进进口通用航空器管理暂行办法》(民航发〔2010〕70号)	1. 无论用于何种用途(自用、飞行、销售),均需事前申请审批; 2. 两级管理:管理局负责受理及初审,民航局负责核准; 3. 管理局初审、民航局核准均应在20个工作日内完成; 4. 通用航空器引进后转让或长租,需重新办理备案的期限为1年
2012年	《关于修订印发〈引进通用航空器管理暂行办法〉的通知》(民航发〔2012〕117号)	1. 通用航空器引进包括国外进口和国产的新旧通用航空器; 2. 明确通用航空器引进四条原则; 3. 实行分类管理,一般通用航空器的引进由各民航地区管理局备案管理,除大型喷气公务机(包括波音737和空客A320系列等)由民航局核准外,其余的喷气公务机由管理局核准; 4. 通用航空器引进后转让或长租,需重新办理备案的期限改为2年; 5. 管理局备案初审和民航局审批均要求10个工作日内完成; 6. 增加提供虚假材料被查实的3年之内不受理其申请的规定; 7. 新增批准文件自签发之日起两年内有效的规定

续表

时间	政策文件	管理方式
2016 年	《关于促进通用航空业发展的指导意见》(国办发〔2016〕38 号)	提出“充分发挥企业的市场主体作用,减少行政干预,简化进口通用航空器购置审批(备案)手续”
2017 年	《关于取消通用航空器引进审批(备案)程序的通知》(民航发〔2017〕27 号)	1. 取消通用航空器引进审批(备案)程序,对个人或企业引进一般通用航空器和喷气公务机不再实施审批和备案; 2. 航空器型号设计应先获民航局批准; 3. 通用航空器投入运营前须通过运行规范审定; 4. 具有运营资质、人员保障能力、安全保障要求等

关于民航运输飞机的引进管理,民航局 2017 年颁发《引进民用运输飞机管理办法》(民航发〔2017〕65 号,已失效)。为深化民航“放管服”改革,修订形成《民航局运输飞机引进管理办法》(民航规〔2021〕21 号),进一步明确运输飞机引进管理权限和办理程序、时限,通过《运输飞机引进评估指标体系框架》统一管理局评估标准。(见表 4-10)

表 4-10 引进运输飞机管理政策的演变

时间	政策文件	管理权限	管理程序
2021 年 9 月 1 日起实施	《民航局运输飞机引进管理办法》(民航规〔2021〕21 号)	“局办项目”:国产飞机、境内飞机调配、短期经营租赁、短期续租及境外湿租飞机等项目	1. 办理程序:管理局评估,[1]民航局出具飞机引进方案。 2. 办理流程:简化境内飞机调配等项目;采用文件会签审议制
		“委办项目”:境外飞机引进(不含短期经营租赁和境外湿租)及长期续租飞机等项目	办理程序:管理局评估,民航局出具审核方案报国家发展改革委核准

①依据《运输飞机引进评估指标体系框架》进行评估。

二维码 4-19

《运输飞机引进评估指标体系框架》

3. 民用航空器所有权的登记

根据《民用航空器权利登记条例》第 4 条,民用航空器权利人认为需要进行权利登记的,可申请办理民用航空器权利登记。这表明民用航空器所有权是否进行登记,取决于所有权人的意思自治,立法并没有强制性要求。

所有权人办理民用航空器所有权登记的,根据《民用航空器权利登记条例》第 5 条,民用航空器所有人应当提交民用航空器国籍登记证书、民用航空器所有权取得的证明文件和其他必要的有关文件。

4. 航空器所有权的证明文件

中国立法对航空器所有权登记没有强制性要求，在实践中，也有大量未办理航空器所有权登记的情形，因此，登记是航空器所有权的表面证据，不是证明航空器所有权的唯一证据，需要结合其他因素综合确定。[1]

二维码 4－20

某民航地区管理局对某航空公司关于停止受理新引进航空器申请的处罚决定

例如，涉案公务机未办理所有权登记，证明涉案公务机的所有权归属的材料可以包括：(1)公务机购买合同；(2)公务机公司与专业航空公司签署的《飞机管理协议》及其附属协议；(3)公务机公司在《飞机管理协议》及其附属协议项下的付款凭证；(4)海关监管凭证。[2]

参考中国民用航空器权利登记有关规定，结合不同情形，取得航空器所有权的证明文件包括：(1)购买情形下：①购买合同、发票、交付证书；[3] ②贷款合同、抵押合同；③占有、租赁合同。(2)制造情形下：出厂证明及交付证书。(3)继承情形下：生效继承文件。(4)捐赠情形下：捐赠协议、发票、交付证书。(5)投资情形下：投资协议、发票、交付证书。

二维码 4－21

民用航空器所有权登记应当提交的材料清单

值得注意的是，根据《民用航空器国籍登记条例》第6条的规定，民用航空器国籍登记不能作为民用航空器所有权的证据，但是民用航空器国籍登记证作为一种辅助性证据，结合其他相关证据，可以辅助说明涉案航空器的所有权归属。

(二)航空器占有权

1. 航空器占有权的定义和表现

航空器占有权是指对民用航空器在事实上或法律上的实际掌握、掌控的权利。

---

〔1〕 See Richard Hames & Graham McBain, *Aircraft Finance: Registration, Security and Enforcement*, Longman, 1991, England and Wales－3.

〔2〕 《海关法》第23条规定，进口货物自进境起到办结海关手续止，出口货物自向海关申报起到出境止，过境、转运和通运货物自进境起到出境止，应当接受海关监管。第37条规定，海关监管货物，未经海关许可，不得开拆、提取、交付、发运、调换、改装、抵押、质押、留置、转让、更换标记、移作他用或者进行其他处置。

〔3〕 在现实交易中，确实会存在一些不存在交付证书的特殊情况，例如融资租赁到期占有权人取得所有权，由于航空器一直处于占有权人的占有之下，所以在占有权人取得所有权时可能不再签署交付证书。在这种情况下，航空器权利登记申请人需要提交对此种特殊情况进行说明的文件，加盖公章。

占有是行使物权的前提，占有不是法律行为，但可以通过法律行为进行转让。占有权可以根据所有人的意志和利益分离出去，由非所有人享有。

航空器所有人行使占有权的具体表现：一方面是所有人占有自己的航空器；另一方面是通过融资租赁、经营租赁和其他租赁形式，航空器所有人将航空器占有权，在一定期限内转移给承租人享有。

2. 航空器占有权的性质

我国原《物权法》和《民法典》均未将“占有”规定为一种权利，“占有权”作为一种权利的规定源于《民用航空法》。而《民用航空法》的“占有权”主要源于1948年《日内瓦公约》“通过购买并占有行为取得航空器的权利”以及“根据租赁期限为六个月以上的租赁占有航空器的权利”的规定，立法目的在于实现国际上对于航空器权利的统一承认。

“占有权”产生于民用航空器租赁合同以及保留所有权的买卖合同，因此，《民用航空法》的占有权登记实际上是一种债权的登记制度，其目的在于保护承租人对民用航空器的权利，这在1948年《日内瓦公约》和2001年《开普敦公约》和《开普敦议定书》中也有规定。[1]

《民用航空法》第33条规定了融资租赁承租人占有权的登记，对于航空器权利的保护已经比较周延。《民法典》将“占有”归入物权编，不仅体现所有权的“占有权能”，更多体现的是对“占有利益”的保护。

3. 航空器占有权的证明文件

在不同情形下，取得航空器占有权的证明文件包括：(1)经营租赁情形下：租赁合同、抵押合同、交付证书；(2)融资租赁情形下：租赁合同、抵押合同、交付证书；(3)附加条件买卖情形下：购买合同、抵押合同、交付证书。

二维码 4-22

航空器占有权登记应当提交的材料清单

（三）航空器抵押权

1. 航空器抵押权的定义和特征

航空器抵押权，是指抵押权人对抵押人提供的不转移占有而作为债务担保的航空器，在债务人不履行债务时，依法以该航空器折价或从变卖该航空器的价款中优先受偿的权利。

航空器抵押权具有担保物权性、不转移航空器占有和优先受偿性等特征。

2. 航空器抵押权的性质

在立法实践和理论学说中，航空器抵押权的性质存有不动产担保和动产担

[1] 参见李亚凝：《民用航空发动机权利登记制度研究》，载《北京航空航天大学学报（社会科学版）》2022年第3期。

保的争议。例如,《联合国国际货物买卖合同公约》[1]也将航空器划归为不动产。1948 年《日内瓦公约》把航空器当作动产进行登记。德、英、美、中等大多数国家立法均将航空器归为有形动产。[2]

有学者主张航空器本身有可动性,法律上将其当作不动产。[3] 也有学者从航空器的"准人格"性和权利变动规则上认为航空器应是不动产。[4] 其实,航空器并不能说明,但是,从航空器抵押权属于动产担保物权范畴的维度看,航空器本质上不能说是不动产,采用不动产抵押的登记形式仅是航空业融资的实际需要而已。

3. 航空器抵押标的物

2001 年《开普敦公约》和《开普敦议定书》对于抵押担保的航空器标的物作出了明确的界定,包括航空器机身、航空器发动机。

根据《民用航空法》第 10 条规定[5],抵押合同如未有相反约定,抵押权的标的物应当包括航空器上救生设备在内的全部构成部件,但存放在仓库里的备用发动机是否属于抵押标的范围,需要合同明示。根据《民法典》第 395 条规定,债务人或者第三人有权处分的正在建造的航空器可以成为抵押权的标的。

4. 航空器抵押权的登记

根据《民用航空器权利登记条例》第 8 条规定,对于多架航空器上设定一项抵押权或者就同一民用航空器设定两项以上抵押权的,航空器的抵押权人和抵押人应当就每一架航空器或者每一项抵押权分别办理抵押权登记。

发动机的抵押权与航空器抵押权的登记不同。根据《民用航空器权利登记条例》,无法单独对发动机进行抵押权登记,因为发动机不是航空器,没有国籍登记证,航空器抵押权登记证书上并不载明发动机相关信息,有的航空器抵押合同也不载明发动机信息。

在实践中,由于发动机可以在相关型号航空器上进行替换,航空器被扣押或发生法律纠纷,航空器上的发动机可能会陷入权属不清的困境,发动机的权利人很难保障其利益。目前,中国并没有明确的部门对发动机的抵押权进行登记。

---

[1] 参见《联合国国际货物买卖合同公约》(1980 年)第 1 条,该公约以调整营业所在不同国家的当事人间动产买卖为目的。

[2] 参见梁冰:《动产担保与登记》,群言出版社 2007 年版,第 16 ~ 17 页。

[3] 参见 G. 里佩尔:《航空器产权的抵押与转让》。转引自[荷兰]迪德里克斯 – 弗斯霍尔:《航空法简介》,赵维田译,中国对外翻译出版公司 1987 年版,第 205 页。

[4] 参见黄力华:《民用航空法学》,四川大学出版社 2000 年版,第 55 页。

[5] 《民用航空法》第 10 条规定:"本章规定的对民用航空器的权利,包括对民用航空器构架、发动机、螺旋桨、无线电设备和其他一切为了在民用航空器上使用的,无论安装于其上或者暂时拆离的物品的权利。"

二维码 4 -23

航空器抵押权登记应当提交的材料清单

（四）航空器优先权

1. 航空器优先权的定义和特征

航空器优先权，是指债权人依照航空法规的规定，向航空器的所有人、承租人提出赔偿或费用请求权，对产生该请求权的航空器的价值具有优先受偿的权利。

航空器优先权从根本上是为维护社会公平和社会秩序，根据立法政策赋予特定债权人的权利，作用是对个别特殊种类的债权加以特别保护。

航空器优先权具有如下独特性：

(1)航空器优先权是一项独立的实体权利。这种优先权随援救报酬、保管维护费用特殊债权而发生，不因航空器所有权转让而消灭，但有独立消灭原因，如因未进行登记或债权人放弃而消灭。航空器优先权具有优先受偿性和物上代位性，优先权人可以占有支配特定航空器。

(2)航空器优先权是航空领域特有的法定担保物权。其标的范围、担保的债权项目、受偿顺序和行使方式等均法定。

(3)航空器优先权无须特别登记和公示，也不以占有为必要条件，具有独特的秘密性和不公开性，因此，善意航空器购买人无法知悉航空器上是否存在优先权，优先权人可随时申请法院扣押航空器，无须提前告知。

2. 航空器优先权的种类和受偿顺序

航空器优先权人的权利优先受偿，立法目的在于追求真正的实质性平等和公平，是对债权平等受偿原则的突破，因为没有优先权人的行为，其他债权都无法保障和全部实现。

航空器优先权是法定担保物权，根据航空器优先权设立的基础，包括援救报酬请求优先权、保管维护费用请求优先权、公益费用请求优先权和司法费用请求优先权。

航空器优先权的债权证明文件由民航局或各民航地区管理局航空安全管理部门出据或由公安机关出据并经民航局或民航地区管理局航空安全管理部门签注。

航空器优先权应当通过人民法院扣押产生优先权的民用航空器行使。援救报酬请求权、保管维护费用请求权的受偿顺序，按照产生该权利的事件发生日期逆向排列。为各债权人的共同利益并在执行过程中产生的合法费用，优先于任何其他权利（包括法定的优先权）受偿。

3. 航空器优先权行使的限制

(1)标的和范围的限制。航空器优先权的标的仅限于产生赔偿费用请求的当事航空器，产生优先权的债权是法定的救助报酬请求权、保管维护费用请求权、共益费用请求权和司法费用请求权。优先权人只能向航空器所有人或航空器运营人提出。

(2)时效限制。[1] 航空器优先权产生后具有存续的特定期间，期间届满，优先权自动消灭，享有优先权的债权转为普通债权，不再有优先受偿性。例如，1948 年《日内瓦公约》第 4 条规定，援救航空器的报酬或保管航空器必需的额外费用的债权，应当在援救或保管工作终了之日起 3 个月内进行登记，3 个月期限届满后，缔约各国不再承认上述权利，除非在此期限内，此项权利已按规定进行登记，且权利金额已经经协议确定或就此项权利已提起司法诉讼。我国《民用航空法》第 20 条也有同样的规定。

二维码 4-24

1948 年《日内瓦公约》规定的强制拍卖航空器的程序和条件

(3)强制拍卖制约。1948 年《日内瓦公约》规定，航空器经依法强制拍卖的，航空器优先权随航空器所有权的转让而消灭，立法目的是保证通过法院强制拍卖购得航空器的买受人取得的航空器所有权，没有权利瑕疵。

二维码 4-25

航空器优先权登记应当提交的材料清单

(五)航空器留置权

1. 航空器留置权的定义和特征

航空器留置权，是指债权人按照合同约定占有债权人的航空器，债务人不按照合同约定的期限履行债务的，债权人有权依法留置该航空器，以该航空器折价或以拍卖、变卖该航空器的价款优先受偿的权利。

航空器留置权的主体是指根据合同占有他人航空器的债权人，包括航空器建造人、航空器修理人、机场公司、航空器保管人、航空器运输人等。航空器本身价值很大，如果债权数额与航空器价值相差很大，任意留置航空器，会给自己带来赔偿的法律风险，也不利于航空器价值的发挥，更不利于航空业的发展，因此，债权人留置航空器前当审慎判断。

航空器留置权的客体仅限于民用航空器，不涉及用于军事、海关和警察部门等国家航空器。航空器上的发动机可以单独设立留置权。“建造中的民用航空器”在物理上有可分性，对其进行合理分割能够保证性质不变或价值不减损，也可以留置“建造中的民用航空器”，但应留置与债务金额相当的财产。

---

[1] “3 个月期限”的性质是诉讼时效还是除斥期间存在争议。从 1948 年《日内瓦公约》第 4 条“在司法讼诉的情况下，该期限的中断或中止由受理案件的法院地法律确定”的表述看，应为诉讼时效。

航空器留置权具有如下特征：

(1)留置权具有从属性。留置权随主债权的产生而产生、消灭而消灭，并以权利人合法占有债务人的航空器为前提，优先受偿的范围取决于债权的范围。

(2)留置权是一种法定担保物权。无论债权人和债务人是否有约定，留置权人可依法直接行使留置权。

(3)留置权具有不可分性和物上代位性。留置权人有权留置全部标的物，不以其债权数额为限；即使标的物(航空器)变形或灭失，留置权人也可追及其变形物、代位物或代替物(如保险金、赔偿金)。

2. 航空器留置权产生的原因

航空器留置权在性质上是针对航空器本身产生的权利负担。英美法下的留置权范围远比中国法的留置权范围广泛，[1]包括维修留置、税收留置[2]和其他机场费用留置[3]等。

二维码 4－26

白云机场公司诉通用电气航空公司、天穹航空公司等航空器留置权纠纷案

我国《民用航空法》没有专门规定航空器留置权，但《民法典》作为规范留置权的基本法，并不排除在航空器或航空器的发动机上分别成立留置权，在航空实践中也有航空器或发动机留置权存在的必要和发生情形。

从中国立法和航空实践考察，发生航空器留置权的情形包括但不限于：(1)保管航空器产生的保管费用请求权；(2)维修航空器产生的有关维修费用请

[1] See Donal Patrick Hanley, *Aircraft Operating Lease: A Legal and Practical Analysis in the Context of Public and Private International Law*, 2012 Klumer Law International BV, the Netherlands, 第 3.10 章。

[2] 按照我国《税收征收管理法》第 45 条的规定，纳税人欠缴的税款发生在纳税人以其财产设定抵押、质押或者纳税人的财产被留置之前的，税收应当先于抵押权、质权、留置权执行，一般称之为税收优先权。

[3] 但需要注意，基于不同国家的法律不同，相关的机场费用欠缴未必会产生对物(针对飞机本身)的留置权。例如，"广州白云国际机场股份有限公司诉通用电气商业航空服务有限公司"[(2009)穗中法民四初字第 27 号]一案，本文认为，按照中国法律规定，留置权的构成要件之一是债权人已合法占有债务人的动产，而航空器处于机场范围内并不构成机场当局对航空器法律意义上的占有。对动产的占有需要对该动产实现控制与支配，而航空器处于机场时，机场当局仅对航空器的运行实施指挥的权力，并未实现对航空器的物权意义上的实际控制与支配。在英国法下，留置权是基于明确的立法规定，即 UK Civil Aviation Act 1982 第 88 条(Detention and sale of aircraft for unpaid airport charges)的规定：在欠缴机场费用时，机场当局可以扣押飞机，甚至是运营人的整个机队，在一定期限内运营人未能纠正该等欠费违约的，可变卖飞机。

求权;[1](3)运送航空器产生的有关运费请求权;(4)航空器飞行部件技术服务产生的有关服务费用请求权。

在实务中,航空器留置权对出租人的权益影响较大,会影响到出租人的飞机取回。出租人一般会在租赁合同中要求承租人(航空公司)作出"不得设置或导致此类留置权产生"的承诺,并要求承租人出具授权书,允许出租人查询承租人的欠费情况。

二维码4-27

某技术公司与某通航空公司承揽合同中留置权纠纷案

3.航空器留置权行使的条件

(1)债权人持续合法占有债务人的动产(航空器)。这个条件中有两个关键点会发生争议,一是何为"持续合法占有",二是"债务人的动产是指所有权还是使用权"。

二维码4-28

某公司因航空器代管费拖欠的留置权纠纷案

这里的持续占有是指对留置物的不间断地占有,包括直接占有和间接占有。因为航空器留置权可因丧失占有留置物而消灭,持续占有应是不间断地占有。合法占有是指有法律依据或合同依据的占有,侵权人或拾得人的占有均不是合法占有。

这里的债务人应为发生债权债务的合同一方相对人,不局限于航空器所有人,也包括对航空器行使占有权、使用权的航空器运营人、航空器承租人、航空器托管人等。例如,在航空实践中,航空器租赁现象普遍,很多航空器承租人是航空器实际运营人,并负责航空器维修(湿租除外),也会因航空器维修、托管等成为合同债务人。我国《民法典》及相关司法解释也坚持"合同相对性原则"[2]。据此,航空维修企业承接飞机维修业务时无须调查航空器所有权属,只要完成维修工作后无法获得维修费,即可留置航空器。

(2)债务人履行给付义务迟延。留置财产的前提条件是债务已经确定、告知对方债务情况及给对方不少于60天的履行期限,债务人逾期未履行的,留置权人才可以对留置财产进行处置并优先受偿。

(3)留置航空器与债权的关系是否必须为同一法律关系?《民法典》第448

〔1〕 航空器维修企业债权人行使航空器留置权应仅限于对航空器进行的改进性维修,对航空器进行日常保养维护的恢复性维修不适合产生留置权,因为恢复性维修目的是保证航空器的持续适航性,费用较小,由此留置航空器,不利于航空运输业发展,也会导致此类争议处理的社会成本过高,不符合《民法典》的绿色原则。

〔2〕 例如,《最高人民法院关于适用〈中华人民共和国民法典〉有关担保制度的解释》(法释〔2020〕28号)第62条规定:"债务人不履行到期债务,债权人因同一法律关系留置合法占有的第三人的动产,并主张就该留置财产优先受偿的,人民法院应予支持。第三人以该留置财产并非债务人的财产为由请求返还的,人民法院不予支持。"

条规定，债权人留置的动产，应当与债权属于同一法律关系，但是企业之间留置的除外。据此，航空公司所有机队均在同一航空维修公司进行维修，并约定定期结算维修费，维修公司作为维修费债权人，可以留置已经占有的任一送修航空器，并主张行使留置权。

二维码 4－29
浦东首例在破产程序中确认民用航空器留置权案

(4)无妨碍留置权行使的约定或法定情形，即留置权行使不违反约定，并应符合诚实信用原则与社会公共利益。

航空器留置权的行使包括留置航空器和对航空器变价取偿两种形态。

4. 航空器留置权与航空器优先权、航空器抵押权的竞合与选择

(1)航空器留置权与航空器抵押权、质权竞合时，依据《民法典》第456条规定[1]，航空器留置权应先于航空器抵押权、质权受偿。

(2)航空器留置权与航空器优先权竞合时，二者同属法定担保物权，但航空器优先权应先于航空器留置权，即留置权不具有对抗优先权的效力。因为航空器优先权为航空器留置权的实现创造了条件，为其他权利受偿创造条件的权利应优先于其他权利。

五、航空器权利的变动

(一)航空器权利变动的公示方法

航空器权利变动是指航空器的物权发生变动。航空器作为特殊动产，其物权变动不以交付为要件，由此造成航空器的所有权和其他物权等权益与占有出现分离，致使航空器权利变动欠缺一般动产的公示表征，第三人无从知悉，因而导致当事人间利益、航空器物权人与善意第三人之间的利益发生冲突，因此，航空器权利变动的公示备受关注。

综观国际航空公约和各国立法实践，航空器权利变动的公示方法主要包括登记、明认打刻、备案等。

1. 登记

航空器权利登记是指权利登记机关应权利登记申请人的申请，对航空器权利人、权利性质及种类、权利取得时间、航空器国籍等有关事项专门进行记载的一种法律制度。登记是各国实践中运用最多的航空器权利变动的公示方法。

航空器权利变动采用登记的公示方法，原因主要在于：第一，航空器价值较大，登记成本支出合理，符合成本效益原则；第二，登记制度可以为高价值航空器上的复杂权利体系的有序展开提供技术性支持；第三，在电子信息时代，在线登

---

〔1〕《民法典》第456条规定，同一动产上已经设立抵押权或者质权，该动产又被留置的，留置权人优先受偿。

记模式的采用更有方便、快捷、经济之优势，更利于推进登记制度；第四，航空租赁业的发展使得高价值航空器的所有权与占有分离成为常态，且可能无从被外人知晓，在这种情形下，占有公示方式为承租人损害出租人利益提供了机会，登记制度作为所有权与占有分离的公示方式，可以补足这一缺陷。

航空器权利登记制度的作用主要表现为：第一，确认权利。经权利登记机关登记的航空器权利，由于受到法律的确认，得到国家强制力的保护，取得社会公认的权威，可以对抗权利人以外的任何人。第二，便于实施管理。因为航空器是具有重大价值的动产，经常航行于各国领空和公海上空，经过登记制度，国家就可掌握与了解其流向，从而有利于对其进行管理。第三，公示社会。通过对航空器权利进行登记，并将登记事项向社会公开，供公众查询、复制或摘录，便于公众了解有关航空器的权利状况，并参与监督管理，切实维护自己的合法权益，并有利于维护航空器交易安全，为以航空器为核心开展的各种交易活动提供了便利，从而促进航空事业的发展。

航空器权利登记机关的义务主要有：第一，应当设立航空器权利登记簿，统一记载全国所有的航空器的权利状况，避免分散登记。第二，进行登记时应坚持同一航空器的权利状况只能登记在同一权利登记簿中，不能分散载于多个权利登记簿中的原则。第三，应为公众查询、复制或摘录登记事项提供方便和协助。第四，在已经登记的航空器权利没有得到补偿，或未经航空器权利人同意的情况下，航空器的权利登记不得转移至国外。

2. 明认打刻

登记方法具有增加成本、降低效率等局限性，各国立法有所变通。例如，日本动产抵押法规定了"同一性识别方法"（明认方法），即在作为抵押物的航空器上打刻或贴标签。[1]

我国对航空器抵押的公示，实践中采取的方式包括：(1)在航空器国籍登记证上注明抵押及抵押受让人（贷款人）。(2)通过在航空器机身和发动机上安置固定铭牌，注明航空器已设置抵押，从而证明抵押受让人的权益。航空器抵押通过上述方式确立后，即构成合法债务的表面证据，抵押受让人享有优先权。在航空器经营性租赁情形下，承租人保证将一块防火的金属铭牌永久固定在航空器及各台发动机的最显眼处，绝不取下。铭牌上刻写以下文字："该航空器/发动机归某出租人所有，现出租给某公司。未经出租人书面同意，该航空器/发动机不得交由承租人以外的任何其他人员营运。"[2]

---

〔1〕 参见王闯：《动产抵押制度研究》，载梁慧星主编：《民商法论丛》第3卷，法律出版社1995年版，第404页。

〔2〕 虞康、海连城等：《航空器租赁》，中国民航出版社1995年版，第316、368页。

3. 备案

以“备案”为公示方式，是指在编有序列号的交通工具上设定担保物权，通过备案一份以序列号描述该交通工具的通知进行公示。[1]

备案时是否以序列号来描述担保物，对担保物权人的权利保护不同。如果担保物权人在备案时没有以序列号来描述该交通工具，只是一般性的描述（如波音747航空器或债务人的所有航空器），担保物权人就不能对抗该航空器的买受人。如果备案时以序列号来描述，买受人通过检索特定的序列号即能知晓其上已存在担保物权，买受人仍愿意买受，意味着其愿意承担将来可能被担保物权人追及的风险。如果买受人不知悉该担保物权的存在，且该担保物权也没有备案公示，买受人不受担保物权的追及。

航空器权利变动的各种公示方法实际都是法律对生活经验、实践逻辑的吸收，权利公示方法恰当与否是航空器抵押担保交易法律制度成功运行与否的关键。任何公示方法都不可能完美无暇，但对其进行法律设计必须坚持的理念是：国家机关不能过分干预私人交易，只提供必要、简捷、高效的服务即可，这种公共服务不能造成交易上的负担。

（二）航空器权利登记的效力

1. 航空器权利登记的对抗效力

关于航空器物权变动规则，《民用航空法》《民用航空器权利登记条例》等专门性法律法规和原《物权法》、《民法典》相同，统一规定了特殊动产的物权变动规则，即登记对抗的物权变动模式。

登记对抗效力是指未经登记，物权变动可以有效成立，但不能对抗善意第三人，即登记的效力优先于交付的效力。

善意第三人是指对物的交付不知情、支付了合理对价并办理了登记的第三人。根据《最高人民法院关于适用〈中华人民共和国民法典〉有关担保制度的解释》第54条规定，未登记的动产抵押权不得对抗的第三人范围包括善意受让人、善意租赁权人、查封或扣押债权人、破产债权人等。

2. 登记对抗效力的作用

登记对抗效力一方面可以促使当事人及时完成登记以阻止第三人的介入，另一方面也为善意第三人提供一个消极信赖利益，即只要没有登记，就推定没有物权变动，推定不存在相反的权利，从而保护动态交易安全。[2]（见表4－11）

---

〔1〕 参见中国人民银行研究局、世界银行集团外国投资咨询服务局、国际金融公司中国项目开发中心编：《中国动产担保物权与信贷市场发展》，中信出版社2006年版，第342页。

〔2〕 参见孙毅：《物权法公示与公信原则研究》，载梁慧星主编：《民商法论丛》第7卷，法律出版社1997年版。

表 4-11　中国关于航空器物权变动规则的立法依据

名称	法条	内容
《民法典》	第 225 条	航空器物权的设立、变更、转让和消灭，未经登记，不得对抗善意第三人
	第 403 条	以动产抵押的，抵押权自抵押合同生效时设立；未经登记，不得对抗善意第三人
《民用航空法》	第 14 条	民用航空器所有权的取得、转让和消灭，应当向国务院民用航空主管部门登记；未经登记的，不得对抗第三人
	第 16 条	设定民用航空器抵押权，由抵押权人和抵押人共同向国务院民用航空主管部门办理抵押权登记；未经登记的，不得对抗第三人
	第 33 条	民用航空器的融资租赁和租赁期限为 6 个月以上的其他租赁，承租人应当就其对民用航空器的占有权向国务院民用航空主管部门办理登记；未经登记的，不得对抗第三人

无论登记的法律事实出现在交付前还是交付后，交付都不能产生对抗善意第三人登记的效力。登记而未交付的，可以对抗交付行为。登记无须以交付为前提条件，是登记对抗的应有之义，否则便是单纯的交付生效主义，而不是登记对抗主义。

《最高人民法院关于审理买卖合同纠纷案件适用法律问题的解释》（法释〔2020〕17 号）第 7 条规定，出卖人就同一船舶、航空器、机动车等特殊动产订立多重买卖合同，在买卖合同均有效的情况下，买受人均要求实际履行合同的，应当按照以下情形分别处理：

（1）先行受领交付的买受人请求出卖人履行办理所有权转移登记手续等合同义务的，人民法院应予支持。

（2）均未受领交付，先行办理所有权转移登记手续的买受人请求出卖人履行交付标的物等合同义务的，人民法院应予支持。

（3）均未受领交付，也未办理所有权转移登记手续，依法成立在先合同的买受人请求出卖人履行交付标的物和办理所有权转移登记手续等合同义务的，人民法院应予支持。

（4）出卖人将标的物交付给买受人之一，又为其他买受人办理所有权转移登记，已受领交付的买受人请求将标的物所有权登记在自己名下的，人民法院应予支持。

3. 航空器权利登记的查询

关于航空器和发动机的权利登记情况的查询渠道，可以在民用航空器权利登记及航空器国际利益登记授权代码申办系统（https://arr.caac.gov.cn/aircraft-right/index.html）中，查询航空器的所有权、抵押权、占有权和优先权登记信息。在航空器融资租赁交易情形下，根据出租人和承租人所在地，应在国际登记处网站（https://www.internationalregistry.aero/）上进行机身和发动机的“国际利益”查询。

除上述所列权属登记查询外，还可以通过中国人民银行征信中心动产融资统一登记系统（https://www.zhongdengwang.org.cn/）查询动产融资登记状况，包括但不限于融资租赁登记、所有权保留登记、租购登记、留置权登记、动产信托等。

通过在登记机关的查询，租赁公司可以更加全面地了解租赁物的权属信息、是否有第三人权利或共有人、是否存在抵押和查封等情形。必要情况下，金融租赁公司还应对租赁物的实际占有、使用情况进行实地审查，以尽审慎审查义务。

第五章　民用机场管理制度

第一节　民用机场概述

一、民用机场的定义

机场是国家的重要基础设施和战略资源，在国家经济社会发展中具有重要作用。机场作为航空运输的基地，是一个区域性的概念，也有的称为航空港或航空站。[1]

根据1944年《芝加哥公约》附件14，机场是指供航空器起飞、降落和地面活动而划定的一块地域或水域，包括域内的各种建筑物和设备装置。

我国《民用航空法》第53条规定，民用机场，是指专供民用航空器起飞、降落、滑行、停放以及进行其他活动使用的划定区域，包括附属的建筑物、装置和设施。

不同类型的机场，配备设施不同。运输机场的主要设施包括跑道、滑行道、航站楼、机坪、货运设施、机务维修设施、空管设施、目视助航设施、供油设施、应急救援设施、安全保卫设施、生产保障设施、综合交通设施和公用设施等。其中航站楼是机场内供公共运输航班旅客办理进出港手续并提供行李、安检、候机等相应服务的建筑物。通用机场一般由飞行场地、空中交通管制与导航设施和服务保障设施组成。

《民用航空法》所规定的民用机场不包括临时机场和专用机场，《通用机场分类管理办法》（民航发〔2017〕46号）不适用于临时性起降场地[2]。

二、民用机场的分类

根据中国民用机场分类管理的相关规定，民用机场分为运输机场和通用机场，两类机场提供的服务和起降的航空器有所不同。

（一）运输机场

运输机场是指为从事旅客、货物运输等公共航空运输活动的民用航空器提供起飞、降落等服务的民用机场。

---

〔1〕 参见刘伟民主编：《航空法教程》（修订版），中国法制出版社2001年版，第149～150页。

〔2〕 临时性起降场地是指只实行目视运行规则，每年连续运行或计划连续运行低于60天且每天运行不超过20个架次的起降场地；或只实行目视运行规则，运行或计划运行低于1年，且任意1周内运行或计划运行时间不超过3天，以及每天运行不超过10个架次的起降场地。

按不同标准,运输机场又可进行不同的划分。

1. 按机场规划年旅客吞吐量规模,分为超大型机场、大型机场、中型机场、小型机场。(见表5-1)

表5-1 机场按年旅客吞吐量规模分类

单位:万人次

规划规模类别	年旅客吞吐量
超大型机场	≥8000
大型机场	2000~8000
中型机场	200~2000
小型机场	<200

资料来源:参见《运输机场总体规划规范》(MH/T 5002-2020)第4.1.3条。

2. 按航线性质和业务范围,分为国际机场、国内机场和地区航线机场。

国际机场是拥有国际航线出入境并设有海关、边防检查(移民检查)、检验检疫等联检机构(口岸部门)的机场。国内机场是专供国内航线使用的机场。中国的地区航线机场是指中国内地(大陆)民航运输企业与香港、澳门、台湾地区之间定期或不定期航班飞行使用,并设有相应联检机构的机场,属于国内航线机场。国外的地区航线机场通常是指为适应个别地区空管需求可提供短程国际航线的机场。

3. 按机场的功能作用,分为枢纽机场、干线机场和支线机场。

枢纽机场是指全国航空运输网络和国际航线的枢纽,运输业务特别繁忙、方便旅客中转的机场。干线机场是指一些省会城市或旅游城市的机场。支线机场是指年度旅客吞吐量在50万人次以下,或进出港航线主要呈单向分布,非辐射性分布,航班以国内和省内为主,或所处地理位置较为偏远,服务的旅客群体以本地为主的机场。

4. 按照机场业务量,全国机场划分为三类机场。(见表5-2)

表5-2 依据机场业务量划分的机场分类

机场类别	含义	细分	
一类机场	单个机场换算旅客吞吐量占全国机场换算旅客吞吐量的4%(含)以上的机场	1级	国际及港澳地区航线换算旅客吞吐量占其机场全部换算旅客吞吐量的25%(含)以上的机场
		2级	其他

续表

机场类别	含义	细分
二类机场	单个机场换算旅客吞吐量占全国机场换算旅客吞吐量的 1%（含）~4% 的机场	
三类机场	单个机场换算旅客吞吐量占全国机场换算旅客吞吐量的 1% 以下的机场	

资料来源：参见中国民用航空局 2021 年发布的《民用机场收费行为规则》（民航规〔2021〕46 号）第 5 条。

5. 按旅客乘机目的地，分为始发/终程机场、经停（过境）机场和中转（转机）机场。

始发/终程机场的始发和终程旅客占比较高，始发和终程的飞机或返程架次占大多数，目前国内机场大多属于这类机场。经停（过境）机场通常位于航线的经停点，少有始发航班飞机，只有较小比例的始发/终程旅客，过境旅客数量较大，但飞机一般停驻时间较短。中转（转机）机场是指能为旅客转机提供服务的机场。

6. 按飞机安全飞行考量，分为目的地着陆机场、备降机场和特殊机场。

备降机场是指在飞行计划中事先规定的，当目的地着陆机场不宜着陆时，飞机可前往着陆的机场。起飞机场可以是备降机场。一个机场可拥有多个备降机场，如石家庄正定机场、天津滨海国际机场和大连周水子机场均为北京首都国际机场的备降机场。

特殊机场是指由于周围净空（地形、障碍物）、气象条件或飞行程序复杂等因素，要求机长具有特殊资格的机场。作为特殊机场管理的飞行运行风险较高的机场具有下列特征之一：(1) 机场净空条件差或空域环境复杂，致使飞行程序具有特殊性；(2) 飞行程序操作难度大；(3) 机场当地气象条件复杂；(4) 机场目视助航设施匮乏。[1]

（二）通用机场

1. 通用机场的定义

美国国家综合机场系统规划包含所有商业服务机场、备用机场和选定的通用机场，其对商业服务机场和通用航空机场的定义主要是基于定期和最大座位数来划分的，商业服务机场定义为对公众开放、提供定期客运服务、每年至少有 10,000 名旅客乘机的机场。美国联邦航空管理局依据通用机场驻场的飞机数目、种类以及交通量和飞行任务将其分为国家级、区域级、地区级、基本级、未分级几类通用机场。通用机场中有定期往来的航班，每年的旅客数在 2500 ~

---

〔1〕 参见《航空承运人特殊机场的分类标准及运行要求》（民航规〔2020〕6 号/AC－121－FS－17R2）。

10,000 人之间。

《美国联邦航空局术语汇编》以飞机类型和起飞重量为标准,将通用运输机场定义为用于接纳供通用航空领域使用、总量不超过 17,500 磅运输型飞机的机场。[1]

我国《民用机场管理条例》受 1995 年《民用航空法》对通用航空列举式定义[2]的影响,对通用机场的定义也采用了列举方式,即为从事工业、农业、林业、渔业和建筑业的作业飞行以及医疗卫生、抢险救灾、气象探测、海洋监测、科学实验、教育训练、文化体育等通用航空飞行活动的民用航空器提供起飞、降落等服务的民用机场。

我国《通用航空术语》(MH/T 1039 – 2011)对通用机场的定义是专供通用航空器起降使用、设有必要设施的规定场地。

2015 年《民航中南地区通用机场建设管理办法(试行)》所规定的通用机场,是指为从事工业、农业、林业、渔业和建筑业的作业飞行,以及医疗卫生、抢险救灾、气象探测、海洋监测、科学实验、教育训练、文化体育等飞行活动和公务飞行、包机(出租)飞行、空中游览等经营性载人飞行活动的固定翼飞机、直升机等 30 座以下民用航空器提供起飞、降落等服务的机场。

2020 年民航局发布《通用机场管理规定》(CCAR – 138)征求意见稿,综合考虑通航业务框架、国外管理经验及事故等级的划分,将通用机场定义为不提供 30 座以上的飞机载客服务保障的民用机场。[3]

中国立法对通用机场的定义在不断修正,并逐步采用国际通用的排除法定义方式,实施分类分级管理。

2. 通用机场的分类

按照不同的分类依据和分类目的,通用机场可分为不同的类型。

(1)根据是否对公众开放分为 A 类通用机场和 B 类通用机场。A 类通用机场是指对公众开放的通用机场,指允许公众进入以获取经营性载客或载人飞行服务的通用机场;[4](见表 5 – 3)B 类通用机场是指不对公众开放的通用机场,

---

[1] 参见胥郁、李向新主编:《通用航空概论》,化学工业出版社 2018 年版,第 113 页。

[2] 2016 年 8 月 8 日,民航局发布《关于〈中华人民共和国民用航空法〉修订征求意见稿公开征求意见的通知》,修订征求意见稿保留通用航空定义的国际通用的排除法定义方式,删除了列举方式,载 http://www.caac.gov.cn/HDJL/YJZJ/201608/t20160808_39341.html。

[3] 理由:CCAR – 121 部把 30 座以上航空器定义为大型飞机;《生产安全事故报告和调查处理条例》(国务院令第 493 号)将"死亡 30 人以上"定义为"特别重大事故",将"死亡 10 到 29 人"定义为"重大事故";通航业务框架将 30 座作为分界点,暂不开放 30 座以上的飞机开展经营性载客载人活动。

[4] 参见《A 类通用机场使用许可及运行安全管理办法》(民航发〔2024〕12 号)第 3 条。

即不为通用航空载客、空中游览等业务活动提供服务的机场。[1]

表5-3　A类通用机场分级对照

《通用机场分类管理办法》			《通用机场管理规定》（CCAR-138）征求意见稿	
A1级通用机场	A2级通用机场	A3级通用机场	A1级通用机场	A2级通用机场
含有使用乘客座位数在10座以上的航空器开展商业载客飞行活动的A类通用机场	含有使用乘客座位数在5~9之间的航空器开展商业载客飞行活动的A类通用机场	除A1、A2级外的A类通用机场	指可以为乘客座位数10座及以上航空器的载客飞行活动提供服务的通用机场	指除A1级外的其他A类通用机场

《通用机场管理规定》（CCAR-138）征求意见稿在A类通用机场中，根据对公众安全利益影响程度，以旅客座位数9座为界限，将机场划分为A1级和A2级通用机场。

（2）根据机场物理位置和起降机型，分为跑道型机场、水上机场、直升机场。[2]

跑道型机场是指在陆地上可供固定翼飞机起降的机场。水上机场是指主体部分位于水上，全部或部分用于水上飞机起飞、着陆、滑行及停泊保障服务的区域，包含水上运行区和陆上相关建筑物与设施。直升机场是指全部或部分仅供直升机起飞、着陆和表面活动使用的场地或构筑物上的特定区域，包括表面直升机场、高架直升机场、直升机场水上平台和船上直升机场等类型。

（3）依据飞行活动时间和使用频次，分为通用航空永久机场和通用航空临时机场。

通航空永久机场是指固定性、驻地性、可供常年使用的通用航空机场。通用航空临时机场指非固定性、季节性或临时设置的进行通用航空活动使用的机场。[3]

三、民用机场的特性

（一）社会公益性

民用机场是航空运输和城市发展的重要基础设施，对促进地方经济社会发展、转变经济增长方式、扩大对外开放等方面具有重要作用，特别是在解决边远地区和地形复杂地区人民群众出行、医疗救护和应对突发事件、抢险救灾等方

〔1〕参见《B类通用机场备案办法（试行）》（民航规〔2019〕74号）第2条。

〔2〕参见《通用机场场址行业审查实施细则》（民航发〔2023〕41号）第14条。

〔3〕参见《通用航空术语》（MH/T 1039-2011）。

面,具有突出的比较优势。机场提供的公共服务有突出的社会性和公益性。机场的建设要符合国家规划、国防建设、经济安全,因此,对于国家的航空运输、国防建设、经济安全等有重要意义的某些支线机场建设和运营,政府会提供财政补贴。

(二)公共管理性

基于机场的社会公益属性,机场管理机构是社会公共管理主体,负有航空安全保护、场内公共安全、空防安全等公共管理职责,例如负责定期定时检查和维护飞行区设施,负责乘机旅客及机载行李、货物、邮件的安全检查和飞机监护,管理机坪和候机楼,管理机场范围内机动车辆运行,维护机场治安秩序,负责机场范围内及指定地点的消防救援等。因此,在机场区域内,不仅有商业经营者,还有消防、公安、边防、空管等公共管理者。机场管理机构还必须在航空燃油消耗、气体排放、噪音污染、淡水使用、垃圾处理等方面,承担区域环境保护管理义务和社会责任。

(三)营利性

民用运输机场作为公共基础设施,其建设具有社会公益性,但机场业务也包括大量经营性业务,又具有营利性法人特征,机场的运营须考虑经济效益和成本。基于营利性目标,机场的商贸、餐饮、广告、停车场等地面服务的特许经营权可以有偿转让。

(四)行业和地域垄断性

为避免低效率的重复建设、提高经济效率,机场建设数量有规划和审批限制,由此使得机场具有区域垄断的属性,天然地垄断区域流量。航空公司大量运营资产需要依托机场,机场形成不可替代的自然垄断地位和行业垄断特性,行业内竞争程度低,存在利用垄断地位实施排除、限制竞争行为的风险。例如,自中国实行机场属地化管理以来,全国大部分省市通过省级机场管理集团统一管理省内机场,因此,同一行政区域内的不同机场具有或可能具有排除、限制竞争效果。

(五)服务要求稳定性、可靠性和可信赖性

机场有能够满足航空公司、旅客、货主等航空运输需求的属性,机场提供的服务与公众利益和国家利益密切相关,不仅有经济规模要求,更有提供基本服务的稳定性、可靠性和可信赖性要求,需要非常高的专业技术标准和技术准则来保障安全。

(六)市场准入严格性

机场行业的准入门槛高,机场不仅投资规模大,机场的建设运营也受到严格的政策监管,即使是机场范围内的商贸、餐饮、广告、停车场等地面服务,也需特许经营许可。

第二节　民用机场管理法规体系

一、有关民用机场的国际航空公约

民用机场在航空运输中具有重要地位,国际民航组织及其成员国都高度重视机场方面的立法建设。

(一)1944 年《芝加哥公约》关于机场的相关规定

1944 年《芝加哥公约》对机场有相关规定,主要包括第 10 条在设关机场降落、第 15 条机场费用和类似费用、第 15 章(第 68 ~ 76 条)"机场及其他航行设施",专门就航路和机场的指定、航行设施的改进、提供航行设施费用、理事会对设施的提供和维护、土地的取得或使用、开支和经费的分摊、技术援助和收入利用等作出原则性规定。

(二)1944 年《芝加哥公约》附件 14

依据 1944 年《芝加哥公约》第 37 条,1951 年,国际民航组织理事会依该公约第 54 条第 12 项及第 90 条的规定,首次通过国际标准及建议措施,定为该公约的附件 14。这些标准和建议措施是机场、航路和地面助航设施专业委员会 1947 年和 1949 年形成的建议。

根据 1944 年《芝加哥公约》第 38 条,附件 14 机场的国际标准和建议措施不是强制性的规定,但是各缔约国制定本国民用机场各种规章制度、运行手册的基础,是国际民航组织各成员国进行机场建设时遵循的基本准则。

1990 年,附件 14 在第 39 次修订之后分为第Ⅰ卷机场设计和运行和第Ⅱ卷直升机场两卷。第Ⅰ卷专门对民用运输机场的规划设计、管理和运行安全保障提出系列国际标准和建议措施。(见表 5 – 4)第Ⅱ卷补充了直升机场的规范,包含直升机场标志和照明材料以及对直升机场的救援和消防要求等。(见表 5 – 5)

表 5 – 4　附件 14《机场》第Ⅰ卷框架结构

第 1 章　总则	第 6 章　标示障碍物的目视助航设施
第 2 章　机场数据	第 7 章　标示限制使用地区的目视助航设施
第 3 章　物理特性	第 8 章　电气系统
第 4 章　障碍物的限制和移去	第 9 章　机场运行勤务、设备和装置
第 5 章　目视助航设施	第 10 章　机场维护

续表

附录	附录 1 航空地面灯、标志、标记牌和面板的颜色 附录 2 航空地面灯的特性 附录 3 强制性指令标志和信息标志 附录 4 有关滑行引导标记牌的设计要求 附录 5 航空数据质量要求 附录 6 灯具在障碍物上的安装位置
补充指导材料	附篇 A 附件 14 卷 I 的补充指导材料
	附篇 B 障碍物限制面(图表)
与本附件的规范有关的手册	
《高级地面活动引导及控制系统(A-SMGCS)手册》(Doc 9830 号文件) 《机场设计手册》(Doc 9157 号文件) 《航空情报服务手册》(Doc 8126 号文件) 《航空器机型代码》(Doc 8643 号文件) 《机场规划手册》(Doc 9184 号文件) 《机场勤务手册》(Doc 9137 号文件) 《空中交通服务规划手册》(Doc 9426 号文件) 《适航手册》(Doc 9760 号文件) 《航空器噪声管理平衡做法指南》(Doc 9829 号文件) 《直升机场手册》(Doc 9261 号文件) 《人的因素训练手册》(Doc 9683 号文件) 《航空器地面除冰/防冰作业手册》(Doc 9640 号文件) 《场面活动引导及控制系统(SMGCS)手册》(Doc 9476 号文件) 《全天候运行手册》(Doc 9365 号文件) 《机场合格审定手册》(Doc 9774 号文件)	《激光发射器和飞行安全手册》(Doc 9815 号文件) 《平行或近似平行跑道同时仪表运行(SOIR)手册》(Doc 9643 号文件) 《国际民航组织鸟击信息系统(IBIS)手册》(Doc 9332 号文件) 《空中航行服务程序—机场》(PANS—机场)(Doc 9981 号文件) 《空中航行服务程序—航空器运行》(PANS-OPS)(Doc 8168 号文件) 《空中航行服务程序—空中交通管理》(PANS-ATM)(Doc 4444 号文件) 《安全管理手册(SMM)》(Doc 9859 号文件) 《短距起降机场手册》(Doc 9150 号文件) 《世界大地测量系统—1984(WGS-84)手册》(Doc 9674 号文件)

表 5-5 附件 14《机场》第Ⅱ卷框架结构

第 1 章 总则	第 4 章 障碍物环境
第 2 章 直升机场数据	第 5 章 目视助航设备
第 3 章 物理特性	第 6 章 直升机场服务
附录	附录 1 航空数据质量要求 附录 2 用于具有非精密和/或精密进近和仪表离场的仪表直升机场的国际标准和建议措施

续表

与本附件的规范有关的手册	《机场设计手册》(Doc 9157 号文件) 《机场规划手册》(Doc 9184 号文件) 《机场服务手册》(Doc 9137 号文件) 《直升机场手册》(Doc 9261 号文件) 《地面活动引导及控制系统(SMGCS)手册》(Doc 9476 号文件) 《国际民航组织鸟害情报系统(IBIS)手册》(Doc 9332 号文件) 《短距起降机场手册》(Doc 9150 号文件)

二、中国民用机场法规体系

(一)中国机场法规标准体系框架

中华人民共和国成立以来,逐步建立起一套有关机场设计、规划、建设、使用许可、运营管理、安全保卫、应急救援、净空与环境保护以及机场设施管理等诸多活动的系列法律、法规、规章、规范性文件和标准等法律文件构成的法规标准体系。

二维码 5－1

中国运输机场法规标准体系框架表

中国机场法规标准体系以《民用航空法》为龙头,以《民用机场管理条例》为主体,以大量涉及民航管理的规章和地方规章为基础。《民用航空法》第 6 章专章规定民用机场,《民用机场管理条例》是专门规范机场建设和管理的重要行政法规,明确机场的公共基础设施定位,首次区分运输机场和通用机场。

(二)中国机场法规标准体系的特点

1. 我国《民用航空法》没有专门对通用机场制度进行规定,未分别形成运输机场与通用机场各自独立的制度规范。

2.《民用机场管理条例》对运输机场和通用机场未作有效区分,如有关通用机场的定义、使用许可制度、安全和运营管理、安全环境保护、净空保护、电磁环境、航空器排放与噪声方面的要求,都没有进行区分,而是统一规范,这与当前中国通用航空发展现状不符,急需修改。

3. 有关民用机场的地方性法规、规章较多,内容上多涉及本地区机场的规划和建设管理、安全管理、口岸协调管理、公共秩序管理、机场环境保护、服务管理等。例如《四川省民用机场净空及电磁环境保护条例》《广东省民用机场电磁环境保护规定》(已失效)等。但现行涉及民航管理的规章中一些实际操作条款过细,应移至配套的规范性文件中,以突出规章的纲领性、长效性和稳定性。

4. 大量规范性文件和标准是机场管理法规体系的重要组成部分。有关机场规范性文件的制定发布主体包括国务院、民航局和民航地区管理局、各级地方政府,如《运输机场场址审查办法》(民航规〔2020〕33 号/AP－158－CA－2020－01)、

《深圳市宝安国际机场管理办法》等。这些规范性文件的地位、效力虽然没有明确规定，但在中国民用机场行政管理实践中占有非常重要的地位，对行政法规和行政规章起到了必要、有效的执行作用和补充作用。

第三节　民用机场规划与建设管理制度

一、运输机场规划与建设管理制度

（一）管理规范依据

运输机场规划建设管理分别从选址、规划、设计、施工建设、环保等环节，形成了一套由法律、法规、规章、规范性文件和标准构成的法规标准体系。（见表5－6）

表5－6　运输机场规划建设管理规范标准示例

类别	选址类	规划类	建设类	环保类
法律	《民用航空法》《安全生产法》《环境保护法》《大气污染防治法》《噪声污染防治法》《行政处罚法》			
法规	《建设工程质量管理条例》《建设工程安全生产管理条例》《民用机场管理条例》			
规章	《运输机场建设管理规定》			
规章			《运输机场专业工程建设质量和安全生产监督管理规定》（CCAR－165－R1）	
规范性文件	《运输机场场址审查办法》	《绿色机场规划导则》《民航建设工程初步设计审查暂行办法》	《运输机场场道工程建设质量检测管理办法》《民用机场绿色施工指南》	《民用机场净空保护区域内建设项目净空审核管理办法》《运输机场鸟击及动物侵入防范管理办法》《运输机场净空保护管理办法》
标准	《民用运输机场选址规范》《运输机场总体规划规范》		《运输机场工程概算编制规程》《人文机场建设指南》《四型机场建设导则》	《绿色机场评价导则》

（二）运输机场的选址要求

根据《运输机场建设管理规定》[1]和《运输机场场址审查办法》（民航规

[1] 《运输机场建设管理规定》是2018年交通运输部在《民用机场建设管理规定》的基础上修改而来的。

〔2020〕33号/AP－158－CA－2020－01），申请单位或项目筹建单位可以委托一个或多个具有相应资质的单位编制运输机场选址成果报告。预选场址应征求有关军事机关、地方人民政府城乡规划、市政交通、环保、气象、文物、国土资源、地震、无线电管理、供电、通信、水利等部门的书面意见。

运输机场场址的申请和行政审批应当在民航投资建设项目管理信息系统上填写。运输机场场址审查工作一般包括文件审查、现场审查、会议审查和专项审查四个阶段。

运输机场场址应当符合法定基本条件、履行审批程序，运输机场所在地有关地方人民政府应当将运输机场场址纳入土地利用总体规划和城乡规划统筹安排，并对场址实施保护。

（三）运输机场的规划与建设要求

二维码5－2

运输机场场址报批流程图

运输机场的规划与建设应当符合全国民用机场布局规划；运输机场内的建设项目应当符合运输机场总体规划，任何单位和个人不得在运输机场内擅自新建、改建、扩建建筑物或者构筑物；运输机场及相关空管工程的建设应当执行国家和行业有关建设法规和技术标准，履行建设程序。

在运输机场专业工程建设过程中，建设、勘察、设计、施工、监理单位负有工程建设质量和安全生产责任，应建立安全风险分级管控和隐患排查治理双重预防机制，各参建单位违反规定的，应按照“过罚相当”原则承担相应的法律责任。

二、通用机场规划与建设制度

（一）通用机场管理规范与标准（见表5－7）

表5－7　通用机场规划建设管理规范标准示例

类别	选址类	规划类	建设类	环保类
法律	《民用航空法》《安全生产法》《环境保护法》《大气污染防治法》《噪声污染防治法》《行政处罚法》			
法规	《建设工程质量管理条例》《建设工程安全生产管理条例》《民用机场管理条例》			
规章	《运输机场建设管理规定》			
			《运输机场专业工程建设质量和安全生产监督管理规定》（CCAR－165－R1）	

续表

类别	选址类	规划类	建设类	环保类
规范性文件	《运输机场场址审查办法》	《绿色机场规划导则》《民航建设工程初步设计审查暂行办法》	《运输机场场道工程建设质量检测管理办法》《民用机场绿色施工指南》	《民用机场净空保护区域内建设项目净空审核管理办法》《运输机场鸟击及动物侵入防范管理办法》《运输机场净空保护管理办法》
标准	《民用运输机场选址规范》《运输机场总体规划规范》		《运输机场工程概算编制规程》《人文机场建设指南》《四型机场建设导则》	《绿色机场评价导则》

（二）通用机场的选址要求

通用机场选址是通用机场建设的首个环节，也是最为关键的环节，场址优劣将直接影响机场后期建设、运行和发展。

1. 通用机场的选址申请与审核

根据《国务院办公厅关于促进通用航空业发展的指导意见》（国办发〔2016〕38 号）和《交通运输领域中央与地方财政事权和支出责任划分改革方案》，通用机场的建设审批权限归地方政府，民航行业仅对通用机场场址出具审核意见。《通用机场场址行业审查实施细则》（民航发〔2023〕41 号）规定，通用机场场址由机场建设项目投资人所在地民航地区管理局进行审核，省级或县级以上人民政府主管部门根据具体情况，向民航地区管理局征求意见，民航管理部门与地方政府在场址审查中各负其责和相互衔接。

《通用机场选址技术指南》（MH/T 5065－2023）围绕安全运行关键环节，明确了场址建设环节的基本要求，同时根据不同类型的通用机场，对跑道型机场、直升机场、水上机场选址程序和流程进行分类简化，提升通用机场选址工作质量和效率。

根据《通用机场场址行业审查实施细则》，需要征求行业意见的范围是：新建通用机场和改扩建通用机场涉及新增跑道、直升机最终进近和起飞区、水上起降区等设施的，需重新提出场址审核申请，以及场址是否满足安全运行要求及对周边机场影响的重新评估。

2. 场址审查程序和流程

确定通用机场场址应考虑的影响因素包括：空域条件、气象条件、电磁环境、鸟类栖息地及迁徙路经地、净空条件、噪声敏感区域、地面易燃易爆设施、建设条件、土地利用、周边配套设施、机场规模及功能的扩展、邻近机场等。

根据《通用机场场址行业审查实施细则》，机场类型、是否采用仪表飞行程序、是否使用民用航空无线电设施设备和通信导航监视台站等情况不同，各类通用机场场址审查的程序和流程、场址报告材料要求不同。

(三)通用机场的规划与建设规范

中共中央、国务院印发的《扩大内需战略规划纲要(2022—2035 年)》明确提出要积极推进通用机场建设。《民用机场管理条例》规定,通用机场的规划、建设按照国家有关规定执行。按照民用机场分类管理要求,通用机场与运输机场的建设管理规范正在逐步分开立法。民航局 2020 年发布《通用机场管理规定》(CCAR-138)征求意见稿,但有关机场建设规定不足。目前,通用机场建设标准包括《通用航空供油工程建设规范》(MH/T 5030-2014)、《通用机场建设规范》(MH/T 5026-2012)等。有的民航地区管理局出台了通用机场建设管理规定,如《华北地区通用机场建设与管理指引》《民航中南地区通用机场建设管理办法(试行)》等。

通用机场需办理建设项目核准手续的,应编制项目申请报告,项目申请报告应包括场址论证、航行服务研究和建设方案等内容。通用机场建设项目应当在民航地区管理局审核通过的场址位置实施,场址发生较大变化的应当重新提交场址审核申请。

通用机场建设按照分类分级规定了不同的建设管理程序,其中,A1 级通用机场的建设管理,除机场总体规划和行业验收外,可以参照运输机场执行。其他类通用机场建设遵循"放管服"原则。通用机场建设项目分为民航专业工程〔1〕和非民航专业工程。通用机场的民航专业工程分类和运输机场基本一致。

第四节 运输机场运营管理制度

一、运输机场使用许可制度

(一)运输机场使用许可依据和管理机构

1996 年《民用航空法》第 62 条概括规定了民用机场投入使用应当具备的条件,2009 年《民用机场管理条例》细化了运输机场和通用机场使用许可的条件和申请程序。中国运输机场使用许可的涉及民航管理的规章始于 1998 年《民用机场使用许可规定》(已失效),2016 年《关于促进通用航空业发展的指导意见》提出要分类推进通用机场建设,《民航局关于进一步深化民航改革工作的意见》明确提出要系统修订与通用航空相关的法律法规,建设与通用航空发展相适应的法规体系。2017 年,《通用机场分类管理办法》(民航发〔2017〕46 号)施行,2018

〔1〕 民航专业工程以国务院民用航空主管部门与建设主管部门公布的目录为准,主要包括飞行区场道(含巡场路和服务车道)、围界、消防工程,目视助航工程,通信、导航、监视、气象等工程,安全检查和防范系统工程,供油工艺和设备。

年,《民用机场使用许可规定》(已失效)名称由此改为《运输机场使用许可规定》,不再强调通用机场参照执行。2024年施行《民用机场使用许可实施细则》,进一步规范运输机场、A类通用机场两种民用机场的使用许可管理。(见表5-8)

表5-8 中国有关民用机场使用许可规范文件历史变革

颁发机构	涉及民航管理的规章/规范性文件名称	发布时间/施行时间	效力	适用范围
原民航总局	《民用机场使用许可规定》(CCAR-139CA)	1998年10月15日/1998年10月15日	失效	适用于运输机场;通用机场参照执行
原民航总局	《民用机场使用许可规定》(CCAR-139CA-R1)	2005年10月7日/2005年11月7日	失效	适用于运输机场;通用机场参照执行
交通运输部	《运输机场使用许可规定》(CCAR-139CA-R2)	2018年8月31日/2019年1月1日	失效	适用于运输机场;不再强调通用机场参照执行
交通运输部	《运输机场使用许可规定》(CCAR-139CA-R3)	2019年10月21日/2020年1月1日	失效	运输机场
交通运输部	《运输机场使用许可规定》(CCAR-139CA-R4)	2022年6月12日/2022年10月1日	有效	运输机场
民航局	《运输机场使用许可实施细则》(民航规〔2022〕34号/AP-139-CA-2022-01)	2022年8月31日/2022年9月1日	失效	运输机场
民航局	《民用机场使用许可实施细则》(民航规〔2024〕10号/AP-139-CA-2024-02)	2024年1月19日/2024年2月1日	有效	运输机场、A类通用机场

机场实行使用许可制度,机场管理机构取得机场使用许可证后,机场方可开放使用。民航局负责全国范围内机场使用许可的统一管理,以及飞行区指标为4F的运输机场使用许可审批工作。民航地区管理局受民航局委托负责本辖区内飞行区指标为4E(含)以下的运输机场使用许可审批工作;民航地区管理局派出机构参与本辖区内的机场使用许可审查工作。[1]

(二)运输机场使用许可的申请条件和申请流程

机场管理机构或者机场运营人负责机场使用许可证的统一申请,相关驻场单位应当协助准备申请材料。机场管理机构名称应当为具有法人资格的机构,

〔1〕 参见《运输机场使用许可规定》(CCAR-139CA-R4)第4~5条;《民用机场使用许可实施细则》(民航规〔2024〕10号/AP-139-CA-2024-02)第3条。

不具备法人资格的机场集团分（子）公司不属于机场管理机构，机场管理机构法定代表人应当为企业法人营业执照上的法定代表人。

申请机场使用许可证的运输机场应当具备下列条件：（1）有健全的安全运营管理体系、组织机构和管理制度；（2）机场管理机构的主要负责人、分管运行安全的负责人以及其他需要承担安全管理职责的高级管理人员具备与其运营业务相适应的资质和条件；（3）有符合规定的与其运营业务相适应的飞行区、航站区、货运区、工作区以及运营、服务设施、设备及人员；（4）有符合规定的能够保障飞行安全的空中交通服务、航空情报、通信导航监视、航空气象等设施、设备、人员；（5）使用空域已经批准；（6）飞行程序和运行标准符合民航局的规定；（7）有符合规定的安全保卫设施、设备、人员及民用航空安全保卫方案；（8）有符合规定的机场突发事件应急救援预案、应急救援设施、设备及人员；（9）机场名称已经民航局批准。[1]

二维码 5－3

运输机场使用许可证申请书样式

申请运输机场使用许可证，应当报送下列文件资料：（1）符合要求的机场使用许可证申请书；（2）机场使用手册；（3）机场管理机构的主要负责人、分管运行安全的负责人、其他需要承担安全管理职责的高级管理人员以及与机场运行安全有关的人员情况一览表；（4）机场建设的批准文件和行业验收的有关文件，委托管理的证明文件；（5）通信导航监视、气象等设施设备开放使用的批准，保障飞行安全的空中交通服务、航空情报、通信导航监视、航空气象等设施、设备、人员及制度一览表；（6）符合要求的机场使用细则、飞行程序、机场运行最低标准的材料；（7）符合要求的民用航空安全保卫方案和人员配备、设施设备配备清单；（8）机场突发事件应急救援预案；（9）机场名称的批准文件。[2]

二维码 5－4

运输机场使用许可证申请的审查分组构成及审查内容

（三）运输机场使用许可证的管理

根据机场使用许可证编号规则，运输机场使用许可证编号为 14 位，编号模式为：Y139△△△△◇○○○□□，其中 Y 代表运输机场，△△△△代表年份，◇为 0、1、2、3、4、5、6、7，分别代表民航局、华北、东北、华东、中南、西南、西北和新疆

二维码 5－5

运输机场使用许可文件资料审查单

〔1〕 参见《民用机场使用许可实施细则》第 7 条。

〔2〕 参见《民用机场使用许可实施细则》第 10 条。

管理局，○○○代表许可证发放次序，□□代表变更次数。

运输机场使用许可证在未被吊销、撤销、注销等情况下，持续有效。

(四)运输机场使用手册

> 二维码5-6
> 运输机场使用许可证样式

运输机场使用手册是运输机场使用许可证申请应提交的必备材料之一，也是机场运行的基本依据，机场管理机构应当严格按照生效的运输机场使用手册运行和管理机场。

根据《运输机场使用许可规定》(CCAR-139CA-R4)和《〈民用机场使用手册〉编制、审查与生效规则》(民航规〔2024〕5号/AP-140-CA-2024-04)[1]的规定，运输机场使用手册由机场管理机构统一编制、修订，相关驻场单位应当积极配合机场管理机构完成运输机场使用手册的编制。

> 二维码5-7
> 《运输机场使用手册》主要内容

> 二维码5-8
> 某航空股份有限公司未严格遵守执行运输机场使用手册被处罚案例

运输机场使用手册报经民航地区管理局审查合格后，机场管理机构应当将运输机场使用手册的相关章节分发至机场各部门及驻场单位，并组织相关内容的培训和考核，考核不合格的人员不得从事相应的工作。

运输机场使用手册应当采用活页格式，预留运输机场使用手册修改记录空白页和机场使用许可证变更记录页。手册应具有可操作性、实用性和持续有效性，能满足机场运行安全管理工作需要，并符合有关法律法规、涉及民航管理的规章和标准的规定。

机场管理机构应当为民航局、所在地民航地区管理局各提供一套，并至少保存一套现行完整的运输机场使用手册。(见表5-9)

表5-9 《运输机场使用手册》主要内容

第1章 总则	第5章 飞行程序和运行最低标准管理
第2章 安全管理体系	第6章 机场危险品航空运输管理
第3章 机场运行程序和安全管理要求	第7章 机场航空安全保卫管理
第4章 应急救援管理	附录A 机场资料 附录B 机场附图

二、运输机场运行安全管理制度

运输机场运行安全主要包括地面车辆和人员跑道侵入防范、飞行区场地巡

[1] 本规则于2024年1月12日发布实施。

视检查及维护、外来物防范、目视助航设施巡查及维护、机坪运行、净空保护、鸟击及动物侵入防范、场道除冰雪和不停航施工等。

机场运行安全管理制度是机场管理法规体系的核心内容和重点。为保障民用机场的分类管理和运输机场的持续安全，鼓励机场管理机构及其他驻场单位应用新技术提升机场运行安全保障能力，有关运输机场运行安全管理规章制度不断修订和完善。（见表5－10）

表5－10　中国运输机场运行安全管理规章制修历程

规章名称	制修主要内容	生效时间
《民用机场运行安全管理规定》（CCAR－140，已失效）	适用于运输机场和通用机场。内容包括机场安全管理、民用机场使用手册、飞行区管理、目视助航设施管理、机坪运行管理、机场净空和电磁环境保护、鸟害及动物侵入防范、除冰雪管理、不停航施工管理、航空油料供应安全管理、机场运行安全信息管理和法律责任等	2008年2月1日施行
《运输机场运行安全管理规定》（CCAR－140－R1）	2018年修正规章名称和相关称谓，相关内容与《运输机场使用许可规定》保持衔接	2019年1月1日施行
《运输机场运行安全管理规定》（CCAR－140－R2）	2022年删除快报、月报制度并修改部分罚则，其他内容无实质性变化	2022年2月11日施行
《运输机场运行安全管理规定》（CCAR－140－R3）	对规章结构和具体条款内容进行全面系统的修改调整，按照“基本要求—具体要求”的框架设置各章小节，遵循“总体要求—管理机构及人员设置—管理制度内容—具体作业要求”的思路完善各专业管理条款。新增地面车辆和人员跑道侵入防范管理、外来物防范管理；删除机场使用手册和航空油料供应安全管理、机坪消防管理、电磁环境管理①	2023年12月1日发布征求意见稿

①“机场使用手册”管理要求已在《运输机场使用许可规定》中明确，无须重复要求。“航空油料供应安全管理”不属于机场运行安全管理内容，相关要求已列入“十四五”立法规划的《民用机场航空燃油供应安全运营管理规定》（CCAR－156），规范性文件《民用机场航空燃油供应安全运营管理办法》（征求意见稿）2022年7月29日已发布。“机坪消防管理”部分内容属于消防专业范畴，相关要求纳入正在编制的消防管理规章中，同时该部分要求均已在公安局制定的有关文件中明确，删除后不影响机坪消防管理工作。“电磁环境的管理”部分内容属于无线电管理范畴，与《民用机场管理条例》以及空管办发布的咨询通告《民用机场电磁环境保护区域划定规范与保护要求》等文件内容存在重复和不一致的情况，在民航行业监管执法信息系统（SES）系统监管事项库中，电磁环境保护监管按照《民用航空通信导航监视工作规则》（CCAR－115TM－R2）及有关咨询通告的要求执行，删除后不影响电磁环境管理工作。参见《运输机场运行安全管理规定》修订说明。

运输机场运行安全管理具体内容包括:地面车辆和人员跑道侵入防范管理、飞行区管理、外来物防范管理、目视助航设施管理、机坪运行管理、机场净空保护管理、鸟害及动物侵入防范管理、除冰雪管理、不停航施工管理、机场运行安全信息管理及其监督管理和法律责任等。

(一)机场安全管理体系构成

依据《民用航空安全管理规定》(CCAR-398)第5条,民航生产经营单位应当依法建立并运行有效的安全管理体系;相关规定中未明确要求建立安全管理体系的,应当建立等效的安全管理机制。

机场管理机构应当按照规定的要求,建立机场安全管理体系,并纳入机场使用手册予以实施,对机场安全管理体系的符合性和有效性组织评估、持续改进和定期开展审核。

依据《民用航空安全管理规定》和《运输机场安全管理体系(SMS)建设指南》(AC-139/140-CA-2019-3),运输机场安全管理体系包括4部分12个要素,代表安全管理体系实施工作的基本要求。(见表5-11)

表5-11 机场安全管理体系构成部分和要素框架

安全政策和目标	安全风险管理	安全保证	安全促进
1. 安全管理承诺与责任 2. 安全责任制 3. 任命关键的安全人员 4. 应急预案的协调 5. 安全管理体系文件	1. 危险源识别 2. 安全风险评估与缓解措施	1. 安全绩效监测与评估 2. 变更管理 3. 持续改进	1. 培训与教育 2. 安全交流

民航生产经营单位(包括民用机场)应当建立安全检查制度和程序,定期开展安全检查;建立安全隐患排查治理制度和程序,及时发现、消除安全隐患;建立安全培训和考核制度;建立应急处置机制和突发事件应急预案;依法及时报告事故或者事故征候等。

二维码5-9

民航重庆安全监督管理局对华夏航空公司行政处罚案

《民用航空安全管理规定》对民航生产经营单位(包括民用机场)的违法违规行为,明确规定了责令其限期改正、责令停产停业整顿、警告、罚款等行政责任。同时,将民航生产经营单位的行政处罚等处理措施及其执行情况,记入守法信用信息记录,并按照有关规定进行公示。

二维码5-10

机场未排查和采取有效措施及时消除安全隐患被处罚款案例

（二）运输机场跑道侵入防范管理

跑道安全是机场运行的核心，跑道侵入防范管理依据主要是《运输机场运行安全管理规定》和 2024 年 2 月 1 日施行的《运输机场地面车辆和人员跑道侵入防范管理办法》（民航规〔2024〕11 号/AP－140－CA－2024－02）。

跑道侵入，是指在机场发生的任何航空器、车辆或者人员错误地出现或者存在指定用于航空器着陆和起飞地面保护区的情况。

二维码 5－11

跑道侵入案例

机场管理机构负责地面车辆和人员跑道侵入防范的统一管理，对进入（含穿越）航空器着陆和起飞地面保护区或机动区的车辆和人员采取管控措施，具体包括：组织制定地面车辆和人员跑道侵入防范方案；组织培训和定期开展跑道侵入防范宣传教育活动；由管制员严格管控地面保护区或机动区实施作业车辆和人员的进入和退出，避免地面车辆和人员侵入跑道。

二维码 5－12

虹桥机场“10·11”跑道侵入事件

根据《运输机场运行安全管理规定》，在跑道开放运行期间，未经管制员许可，车辆和人员进入地面保护区或者机动区的，由民航地区管理局给予警告；情节严重的，对责任单位处 20 元以上 50 元以下的罚款，对直接责任人处 200 元以上 1000 元以下的罚款。

（三）运输机场飞行区场地管理

管理依据主要是《运输机场使用许可规定》、《运输机场运行安全管理规定》和《运输机场飞行区场地管理办法》（民航规〔2024〕3 号）。

机场管理机构应当制定飞行区场地管理制度，并严格落实。制度内容应当至少包括工作目标、组织机构及职责、人员培训与考核、飞行区场地巡查方案、飞行区场地维护方案、跑道表面状况评估和通报程序、飞行区道面综合评价和飞行区场地管理工作评估。

机场管理机构应当对飞行区场地进行巡查，及时发现安全缺陷和潜在风险并采取措施。

根据《运输机场使用许可规定》，机场管理机构有下列情形之一，导致机场运行安全隐患或者对航空器运行安全造成影响的，由民航地区管理局给予警告或者通报批评；情节严重的，处 1 万元以上 3 万元以下的罚款：（1）未按照要求对跑道进行巡查、维护的；（2）未按照要求及时通报塔台管制员暂停航空器起降的。

（四）运输机场外来物防范管理

外来物，是指在机场活动区内无运行或者航空功能，并可能构成航空器运行危险的无生命的物体。外来物损伤航空器事件，是指外来物导致航空器（含轮胎）需要修复或者修理的系统安全性或者物理完整性缺陷的情况，不包括腐蚀、风蚀、磨损等渐变式损伤。

管理依据主要是《运输机场使用许可规定》和《运输机场外来物防范管理办法》（民航规〔2022〕10号/AP-140-CA-2022-05），重点从外来物的预防、巡查与发现、外来物移除、外来物损伤航空器事件确认和报告以及外来物信息的收集分析与利用等方面规范了运输机场外来物防范管理工作。

运输机场外来物防范管理义务主体包括：机场管理机构、航空运输企业、航空器维修单位、空中交通管理部门、航油供应企业以及其他驻场单位。

机场管理机构应当组织制定外来物防范管理方案，开展外来物防范宣传教育工作，开展外来物防范培训，划定外来物控制区域。航空器受外来物损伤后，航空运输企业或者航空器维修单位应当及时通报机场管理机构，按照程序确认与报告外来物损伤航空器事件，按照规定的时限要求分别向“中国民用航空安全信息系统”如实报送事件信息。

二维码5-13

运输机场外来物致害案例

根据《运输机场使用许可规定》，机场管理机构、航空运输企业或者其代理人、航空器维修单位、航油供应企业以及其他与外来物防范有关的驻场单位有下列情形之一的，由民航地区管理局责令责任单位改正，给予警告、通报批评、罚款：（1）未按要求识别外来物危险源并制定风险防控或缓解措施的；（2）未在保障作业中履行外来物防范职责、未及时移除外来物的；（3）未按要求开展活动区道面定期清扫、日常保洁的；（4）未按要求履行机场外来物损伤航空器和鸟击及其他动物撞击事件通报或者确认职责的。

（五）运输机场目视助航设施管理

目视助航设施管理主要包含目视助航设施[1]管理工作目标、组织机构和职责、运行要求、人员培训和考核、巡视检查方案、维护方案、目视助航设施综合评估和管理工作评估等内容。管理依据主要是《运输机场使用许可规定》和《运输机场目视助航设施管理办法》（民航规〔2023〕11号/AP-140-CA-2023-02）。

机场管理机构设置的目视助航设施应当符合《民用机场飞行区技术标准》、航空器运行的要求和空中交通服务的需要；应当制定目视助航设施管理制度；应

〔1〕 目视助航设施包括风向标、活动区道面标志、标志物、标记牌、助航灯光、机坪助航设备（含机坪泛光照明、目视停靠引导系统）、助航灯光配电系统、助航灯光监视及控制系统等。

当与空中交通管制单位签订目视助航设施运行协议;机场开放运行期间,应当提供符合在航空资料中公布的并与实际天气情况相适应的目视助航设施;应当通过张挂警示牌、设置围界、巡视检查、视频监控等有效措施对飞行区外目视助航设施加以保护;应当对目视助航设施进行巡视检查,制定目视助航设施维护方案。

根据《运输机场使用许可规定》,机场管理机构有下列情形之一的,由民航地区管理局给予警告或者通报批评;存在安全隐患或者造成后果的,处以罚款:(1)目视助航设施设备出现故障后未及时采取有效措施,使其尽快恢复正常;(2)未按照要求对精密进近坡度指示系统、进近灯光系统和跑道灯光系统等进行飞行校验;(3)未按照要求对道面标志、助航灯光、标记牌、机坪泛光照明等的光学性能进行定期检测;(4)未按照要求对目视助航设施进行巡查;(5)未按照要求对目视助航设施进行预防性维护。

(六)运输机场机坪运行安全管理

机坪运行安全管理主要包含机坪运行管理委员会组织机构与职责、机坪运行管理、机坪设施设备管理、人员管理、监督检查等内容。管理依据主要是《民用机场管理条例》、《运输机场运行安全管理规定》、《运输机场机坪运行管理规则》(民航规〔2022〕20 号/AP－140－CA－2022－07)。

在机坪从事保障作业的所有人员,均应当接受机场运行安全知识、场内道路交通管理、岗位作业规程等方面的培训,经考试合格后方可从事机坪相应保障工作。

二维码 5－14
某运输机场工作梯撞击停机坪上飞机纠纷案

机场管理机构与航空运输企业及驻场单位签订的有关协议中应当包括机坪运行管理有关内容,明确航空运输企业及驻场单位自行使用机坪的管理责任。

根据《运输机场运行安全管理规定》规定,机场管理机构负责机坪的统一管理,机场管理机构应当建立机坪运行的检查制度,并指派相应的部门和人员对机坪运行实施全天动态检查。未按照要求实施检查的,由民航局或民航地区管理局处以 1 万元以下罚款;情节严重的,处以 1 万元以上 3 万元以下罚款。

二维码 5－15
梁某等钻入昆明机场爬入飞机起落舱后坠机身亡纠纷案

(七)运输机场净空保护管理

机场净空是指机场及周边一定范围内,为保障飞机飞行安全而划设的特定空间。

管理依据主要是《民用机场管理条例》、《运输机场运行安全管理规定》和

《运输机场净空保护管理办法》(民航规〔2022〕35号/AP-140-CA-2022-03)、《民用机场净空保护区域内建设项目净空审核管理办法》(民航发〔2023〕1号)、《民航局关于运输机场空飘物防治的指导意见(试行)》(民航发〔2023〕14号)、《民用机场净空障碍物遮蔽原则应用指南》(MH/T 5062-2022)等。

机场净空保护管理主要包含机场净空管理工作目标、组织机构和职责,机场净空保护区域范围、障碍物及空飘物情况处置、障碍物图-A型管控、机场净空巡视检查方案等内容。

运输机场净空保护区域,是指以机场基准点为圆心、水平半径55公里的空间区域,分为净空巡视检查区域和净空关注区域。净空巡视检查区域为机场障碍物限制面区域加上适当的面外区域,一般为机场跑道中心线两侧各10公里、跑道端外20公里以内的区域。净空关注区域为净空巡视检查区域之外的机场净空保护区域。[1]

二维码5-16

某机场公司在机场净空保护区未排查出超高障碍物被行政处罚案

机场管理机构应当及时将最新的机场净空保护区域图、机场障碍物限制面图报送相关部门备案;应当协调和配合地方政府制定发布机场净空保护的具体管理规定;应当协助地方政府防止发生机场净空保护区域内影响飞行安全的行为;应当严格按照净空巡视检查方案开展净空巡视检查工作。

根据《运输机场运行安全管理规定》,机场管理机构有下列情形之一的,由民航地区管理局责令限期改正,处5千元以上1万元以下罚款;情节严重或者逾期未改正的,处1万元以上3万元以下罚款:(1)未按照要求制作、更新和备案机场净空保护区域图、机场障碍物限制面图;(2)未按照要求开展净空巡查和情况处置。

二维码5-17

保护机场净空安全行政公益诉讼案(最高人民检察院发布公益诉讼典型案例)

(八)运输机场鸟击及动物侵入防范管理

在机场运行实践中,鸟击及动物侵入造成航空器损伤是威胁航空运行的重要安全风险。

管理依据主要是《民用机场管理条例》、《运输机场使用许可规定》、《运输机场运行安全管理规定》、《民用航空安全信息管理规定》和《运输机场鸟击及动物侵入防范管理办法》(民航规〔2022〕2号/AP-140-CA-2022-02)。

[1] 参见《运输机场净空保护管理办法》(民航规〔2022〕35号/AP-140-CA-2022-03)第3条。

机场管理机构应当会同有关单位采取综合防范措施，持续完善鸟击及动物侵入防范体系，重点加强危险鸟种防范，最大限度地避免鸟类和其他动物撞击航空器造成损伤。

机场管理机构应当组织成立机场鸟击及动物侵入防范管理委员会，应当与空中交通管理机构、航空运输企业协同做好机场邻近区域鸟击防范工作，并配备鸟击及动物侵入防范人员和设施设备，建立人员培训制度、制定防范方案，开展机场生态环境调研与治理，及时巡视和驱除危险鸟种和危害动物，定期将鸟击及动物侵入防范信息分析报告和防范工作评估报告提供给在本场运行的航空运输企业。

各事发单位应当及时、如实报告鸟击及其他动物撞击事件信息。飞行机组发现鸟击，在飞行过程中及时报告空管，并于着陆后立即报告维修人员，机组未及时通报空管的，一般不判定为机场责任。塔台管制员接报鸟击，及时通报事发地机场。航空器维修人员发现鸟击，立即报告机场，机场人员到现场确认。

根据《运输机场运行安全管理规定》，机场管理机构、航空运输企业及有关航空器维修单位违反规定，有下列情形之一的，由民航地区管理局责令改正，给予警告、通报批评、罚款：(1)未按照要求开展机场生态环境调研和飞行区内生态环境治理的；(2)未按照要求进行鸟类和其他动物活动情况巡视和驱赶的；(3)未按照要求采取必要措施防范动物进入飞行区，导致机场运行安全隐患或者对航空器运行安全造成影响的；(4)未按照要求进行鸟击残留物收集和鉴定的；(5)未按要求履行机场外来物损伤航空器和鸟击及其他动物撞击事件通报或者确认职责的。

（九）运输机场场道除冰雪管理

场道除冰雪管理内容包括：机场除冰雪管理委员会组织机构与职责、预案的启动程序、信息传递程序和通信方式、作业程序、设备故障的应急处置程序、设备及物资储备清单等。

管理依据主要是《运输机场运行安全管理规定》、《民用航空安全管理规定》、《运输机场安全管理体系（SMS）建设指南》和《〈民用机场使用手册〉编制、审查与生效规则》的附件《运输机场使用手册》等。我国《“十四五”民航绿色发展专项规划》积极推动开展绿色除冰雪行动。

根据《运输机场运行安全管理规定》，机场管理机构有下列情形之一，导致机场运行安全隐患或者对航空器运行安全造成影响的，由民航管理部门责令限期改正,并视情节严重情况给予警告或通报批评;逾期未改正的或经改正后仍不符合要求的,处1万元以上3万元以下罚款:(1)未制定机场场道除冰雪预案,未按照预案或者相关要求组织实施除雪工作的;(2)未按照要求配备除冰雪设备的;(3)未按照要求及时清除跑道、滑行道、机坪、道肩、目视助航设施上的冰雪的。

各国立法和执法都十分重视机场跑道清除冰雪的管理与监控。例如,2015年9月,美国联邦航空管理局对克利夫兰机场处以73.5万美元罚款,原因是2014年1月至2015年3月该机场未能及时清除跑道积雪。2014年,美国联邦航空管理局对底特律机场处以20万美元罚款,原因也是该机场跑道除冰不力。[1]

(十)运输机场不停航施工管理

管理依据主要是《民用机场管理条例》、《运输机场运行安全管理规定》和《运输机场不停航施工管理办法》(民航规〔2023〕21号/AP-140-CA-2023-03)。

不停航施工,是指在运输机场不关闭或者部分区域、部分时段关闭,并按照航班计划接收和放行航空器的情况下,在飞行区[2]内实施工程施工。

运输机场不停航施工实行审批制,未经民航地区管理局按照《民用机场管理条例》批准,不得在机场内进行不停航施工。不停航施工由机场管理机构负责统一向机场所在地民航地区管理局申请,[3]民航地区管理局应在受理申请之日起15个工作日内作出是否予以许可的决定。

不停航施工批准后,机场管理机构应当按照有关规定及时向相关管制单位提供不停航施工信息,并应当按照有关规定及时、准确、完整地向航空情报服务机构提供符合要求的航空情报原始资料;以航行通告形式发布的不停航施工相关信息,应当在航行通告生效时间24小时以前提供原始资料;航空情报资料或者航行通告生效后,方可开始施工。

根据《运输机场运行安全管理规定》,未经民航地区管理局批准,擅自实施

〔1〕 参见刘河会编译:《两机场遭重罚 FAA 警告:及时除雪至关重要》,载民航资源网2015年11月19日,http://news.carnoc.com/list/329/329415.html。

〔2〕 飞行区是指供飞机起飞、着陆、滑行和停放使用的场地,一般包括跑道、滑行道、机坪、升降带、跑道端安全区,以及仪表着陆系统、进近灯光系统等所在的区域,通常由隔离设施和建筑物围合。参见《运输机场不停航施工管理办法》(民航规〔2023〕21号/AP-140-CA-2023-03)第3条。

〔3〕 申请材料包括:(1)不停航施工申请书;(2)初步设计批复或者行业审查意见;(3)机场管理机构与工程建设单位和施工单位(或者工程总承包单位)签订的安全责任书;(4)不停航施工组织管理方案;(5)不停航施工期间的各类相关应急预案;(6)调整航空器起降架次、航班运行时刻、机场飞行程序和运行最低标准的有关批准或者决定文件(如果有)。

不停航施工的，按照《民用机场管理条例》有关规定进行处罚。

机场管理机构未落实批准的不停航施工组织管理方案，由民航地区管理局责令限期改正，逾期未改正的或经改正后仍不符合要求的；未制定施工期间运行安全管控方案或者未严格落实的，由民航地区管理局责令改正，给予警告或者通报批评；导致机场运行安全隐患或者对航空器运行安全造成影响的，处 1 万元以上 3 万元以下的罚款。

建设单位、施工单位（或者工程总承包单位）有下列情形之一，导致机场运行安全隐患或者对航空器运行安全造成影响的，由民航地区管理局责令改正，给予警告或者通报批评；情节严重的，处 1 万元以上 3 万元以下罚款：（1）未遵守不停航施工组织管理方案的相应要求，未配备符合要求的不停航施工安全检查员，以及造成施工人员和车辆失管失控的；（2）施工区域内的地下电缆和各种管线未设置醒目标识，以及施工作业造成电缆和管线损坏的。

二维码 5－18

某机场不停航施工处罚案例

（十一）运输机场运行安全信息管理

管理依据主要是《民用机场管理条例》、《运输机场运行安全管理规定》和《民用航空安全信息管理规定》（CCAR－396－R4）。

二维码 5－19

温州监管局对温州机场不停航施工损坏电缆事件实施行政约见

民用航空安全信息包括安全监察信息、综合安全信息和事件信息。

安全监察信息是指民航地区管理局和监管局各职能部门组织实施的监督检查和其他行政执法工作信息。

综合安全信息是指企事业单位安全管理和运行信息，包括企事业单位安全管理机构及其人员信息、飞行品质监控信息、安全隐患信息和飞行记录器信息等。

事件信息是指在民用航空器运行阶段或者机场活动区内发生航空器损伤、人员伤亡或者其他影响飞行安全的情况，主要包括民用航空器事故、民用航空器征候以及民用航空器一般事件信息。（见表 5－12）

表 5-12　民用航空安全事件信息报告程序要求

<table>
<tr><th>分类</th><th>报告时限</th><th>报告方式</th><th>报告部门</th><th>处理程序</th><th>事件信息通报</th></tr>
<tr><td>紧急事件</td><td>事发后 12 小时内(中国境内发生)或 24 小时内(中国境外发生)</td><td>事发相关单位[①]立即通过电话;填报信息报告表</td><td>主报事发地监管局,监管局立即报告所属民航地区管理局;民航地区管理局在收到事件信息后,立即报告民航局民航安全信息主管部门</td><td rowspan="2">1. 事实简单、责任清楚事件,事发单位可直接申请结束事件
2. 事故[②]:事发后 12 个月内申请结束事件
3. 严重征候[③]:事发后 30 日内申请结束事件
4. 一般征候[④]:事发后 15 日内申请结束事件
5. 一般事件:事发后 10 日内申请结束事件</td><td rowspan="2">民航局民航安全信息主管部门负责:
(1)事故发生后 30 日内,向登记国、运营人所在国、设计国、制造国和提供信息、重要设备或者专家的国家以及国际民航组织发送初步报告;
(2)事故和严重征候调查结束后,应当尽早将事故和严重征候资料报告送交国际民航组织</td></tr>
<tr><td>非紧急事件</td><td>事发后 48 小时内</td><td>填报信息报告表</td><td>主报事发地监管局,抄报事发地民航地区管理局、所属地监管局及民航地区管理局</td></tr>
<tr><td rowspan="2">自愿报告信息</td><td>收到举报 5 日内</td><td colspan="2">向举报人反馈受理情况</td><td colspan="2" rowspan="2">任何人可以通过信件、传真、电子邮件、网上填报和电话方式向中国民用航空安全自愿报告系统提交报告</td></tr>
<tr><td>调查结束后 3 日内</td><td colspan="2">填报信息报告表</td></tr>
<tr><td rowspan="2">举报信息</td><td>调查结束后 5 日内</td><td colspan="2">向举报人反馈受理情况</td><td colspan="2" rowspan="2"></td></tr>
<tr><td>调查结束后 5 日内</td><td colspan="2">向被举报单位和举报人反馈查处结果</td></tr>
</table>

①事发相关单位是指与所发生事件有关的、能提供事件直接信息的航空器运营人(含分、子公司)和航空运行保障单位。

②事故按《民用航空器事件技术调查规定》的定义执行。

③严重征候是指《民用航空器征候等级划分办法》中的运输航空严重征候。

④一般征候是指《民用航空器征候等级划分办法》中的运输航空一般征候、通用航空征候和运输航空地面征候。

根据《民用航空安全信息管理规定》,企事业单位[1]有下列行为之一的,由局方给予警告、通报批评或者处 1 万元以上 3 万元以下罚款:(1)未按规定报告事件信息和非紧急事件的;(2)未按规定对已上报的事件进行处理的;(3)未按规定途径上报民用航空安全信息报告表的;(4)未妥善保护与事故、征候、一般

〔1〕 企事业单位是指与航空器运行和保障有关的飞行、维修、空中交通管理、机场和油料等单位。

事件以及举报事件有关的所有文本、影音、数据以及其他资料的；(5)未遵守民航地区管理局制定的民用航空安全信息管理办法中综合信息和监察信息的相关要求；(6)未按规定保护举报人合法权益的；[1](7)未遵守民用航空安全信息发布制度，擅自披露或者公开民用航空安全信息的；(8)未按要求定期分析民用航空安全信息的；(9)未按规定开展安全警示、预警工作的。

个人有下列行为之一的，由局方处1000元以下的罚款：(1)未按规定报告事件信息的；(2)未妥善保护与事故、征候、一般事件以及举报事件有关的所有文本、影音、数据以及其他资料的；(3)未按规定保护举报人合法权益的；(4)未遵守民用航空安全信息发布制度，擅自披露或者公开民用航空安全信息的。

> **二维码5－20**
> 某飞机工程公司迟报事件信息被行政处罚案

三、运输机场经营管理制度

在中国航空实践中，机场管理机构经营的业务包括竞争性业务和非竞争性业务。在竞争性业务领域，如机票销售、机场收费、空管服务收费、飞行校验服务收费和航空油料销售等领域，积极推进尊重企业自主定价权、消费者自由选择权、激发市场活力的改革，充分发挥市场在资源配置中的决定性作用和政府对市场的监管作用，不断统筹平衡行业内不同主体之间的利益关系。

> **二维码5－21**
> 民航安监局对机场公司未按规定报告非紧急事件的行政处罚案

（一）机场业务收费项目管理

依据《中国民用航空局关于印发民用机场收费行为规则的通知》（民航规〔2021〕46号）、《中共中央、国务院关于推进价格机制改革的若干意见》和《中国民用航空局关于推进民航运输价格和收费机制改革的实施意见》（民航发〔2015〕132号）等文件的要求，机场收费标准应按照“成本回收、公开透明、非歧视性、用户协商”的原则，综合考虑机场成本变动情况、资源稀缺程度和用户承受能力等因素合理确定。

> **二维码5－22**
> 机场未报鸟击航空器信息案如何处理？

机场业务收费项目包括航空性业务收费项目和非航空性业务重要收费项目，分别实行政府指导价和市场调节价。实行市场调节价的，机场及服务提供方合理确定具体收费标准，并应在生效前30日报告民航局和民航地区管理局，无须备案。（见表5－13）

---

〔1〕《民用航空安全信息管理规定》(CCAR－396－R4)第29条规定：“举报人的合法权益受法律保护。除法律、法规另有规定外，任何单位和个人不得将举报情况透露给其他单位和个人。”

表 5－13　机场业务收费项目

类别		航空性业务收费项目	非航空性业务重要收费项目
项目类别	1	起降费	头等舱、公务舱休息室出租
	2	停场费	办公室出租
	3	客桥费	售补票柜台出租
	4	旅客服务费	值机柜台出租
	5	安检费	地面服务收费
机场收费管理方式		实行政府指导价	除第 2、3 类机场内航空公司内地航班的地面服务基本项目收费外，实行市场调节价

二维码 5－23

机场收费项目类别与定义

二维码 5－24

某机场公司未公示向航空公司收取航班手部清洁消毒费被处罚案

实践中，机场公司与航空公司通常签订机场综合保障服务协议，其中包括机场离港系统服务协议，该协议会具体包括起降费、停场费、客桥费、旅客服务费、安检费等服务收费约定。

根据《中国民用航空局关于印发民用机场收费行为规则的通知》（民航规〔2021〕46 号），通用航空活动使用运输机场的航空性业务收费、非航空性业务重要收费，均按照不超过运输航空的机场收费标准执行。通用航空活动使用运输机场的非航空性业务其他收费标准的制定和调整，应当遵照有关法律法规执行。

（二）机场特许经营权管理

1. 机场特许经营的含义和范围

特许经营是国际机场业通行的机场经营方式。根据《民航企业会计核算办法》（财会〔2003〕18 号），机场特许经营业务是指机场将本机场专有的经营权转让他人使用或作价入股。

机场特许经营范围包括与航空业务直接相关的业务和机场衍生的非航业务。（见表 5－14）

表 5－14　机场特许经营的业务范围

分类	具体业务示例
与航空运输业务直接相关的业务	航空油料、航空配餐、航空地面服务、航空货站业务
机场衍生业务	包括候机楼内商业零售、免税店、银行/外币兑换、美发店、自动售货机、餐饮服务、娱乐服务、停车场、机场与市区间的地面运输、广告、旅客/汽车旅馆等

其中，航空地面服务业务项目种类繁多，根据《关于印发民用机场收费改革实施方案的通知》(民航发〔2007〕159号)和《关于印发民用机场收费行为规则的通知》(民航规〔2021〕46号)，航空地面服务项目包括一般代理服务、配载和通信、集装设备管理、旅客与行李服务、货物和邮件服务、客梯、装卸和地面运输服务、飞机服务、飞机勤务等服务。

中国机场属地化管理改革以来，机场范围内使用机场场地、设施开展的航空地面服务业务没有统一的经营模式，根据"自愿与引导"相结合的原则，允许机场管理机构根据本机场的实际情况自主选择经营模式。机场管理机构既可以参与经营，也可以通过转让经营权的方式，由其他服务提供商经营，机场管理机构及其关联企业退出相关经营。

2. 机场特许经营权的含义和来源

机场特许经营权是指在机场区域内从事某项经营活动的权利。机场特许经营权的来源在理论上存在争议：(1)政府授权说，该说认为，机场特许经营权利源于政府行政权的授予，属于行政许可法规定的内容；[1] (2)土地使用权说，该说认为，机场特许经营权利益存在的权利基础是机场管理机构所获修建机场的土地使用权；[2] (3)市场资源说，该说认为，机场是法定的社会公共基础设施，机场特许经营权是机场管理机构投资建设运营形成市场资源的对价。[3]

从《行政许可法》规定的行政许可事项看，机场特许经营权是机场法人能够自主决定的、能够通过市场竞争机制有效调节、行业组织或者中介机构能够自律管理、行政机关采用事后监督等其他行政管理方式能够解决的事项，可以不设行政许可。中国现行法律、法规和规章也没有设定机场特许经营权行政许可的法定程序和条件。因此，政府授权说没有法律依据。

土地使用权仅是修建机场的重要前提，并不能直接形成机场特许经营权。在中国机场运行实践中，各个机场的特许经营事项种类繁多，无法由土地使用权延伸或派生。

从机场建设的投资者方面考察，根据《民航局关于鼓励社会资本投资建设运营民用机场的意见》(民航发〔2016〕117号)[4]，民用机场的投资主体呈现多

〔1〕 参见吴念祖、谢天放等：《机场特许经营权法律制度的理论与实务》，载《政府法制研究》2007年第8期。

〔2〕 参见马洁华：《机场特许经营权辨析》，载《中国民用航空》2003年第7期；孙维佳：《机场特许经营权理论研究》，载《民航管理》2008年第1期。

〔3〕 参见赵巍：《机场特许经营的理论与实践》，中国民航出版社2006年版，第61页。

〔4〕 该意见明确规定，民用机场建设和运营市场全面放开，符合相应资质要求的国有企业、民营企业、外商投资企业、混合所有制企业以及其他投资经营主体，可全面参与民用机场咨询、设计、建设、运营、维护等业务，社会资本可以通过特许经营、经营权转让、股权出让、委托运营、整合改制等运作方式，参与民用机场及其服务配套设施项目的建设和运营。

元化、市场化。经过投资建设形成的机场资源,包括机场的基础设施资源、信息服务资源、服务环境资源以及由以上资源派生的商业市场资源,按照谁投资、谁受益的原则,确定机场资源的所有权。机场特许经营权的本质是机场资源的使用权,该使用权源于机场资源的所有权。

机场管理机构作为机场资源所有权主体或授权代表,对机场区域内各项经营活动的经营权有权进行特许。在我国,特许经营权通常分为两大类,一类是企业授予的特许权,另一类是政府机构授予企业的特许权。机场特许经营权应属于企业授予的特许权,因此,机场特许经营权转让本质上属于民事转让行为,机场管理机构和受让方都是平等地位的民事主体,应遵循平等、自愿、公平、诚信、协商一致的原则。

3. 机场特许经营权转让的可能性和必要性

机场特许经营权本质上是一项商事权利,本身具有商业价值,如降低了相关企业在机场区域内开办费用、节约了企业开发成本、降低了企业运营成本。由此,机场特许经营权的转让具有可能性和普遍性。[1]

机场特许经营权转让具有必要性和趋势性。从民用机场的功能定位看,民用运输机场是公共基础设施,肩负保障航空运输安全、维护飞行器的安全稳定、实现飞行器起飞安全和降落平稳、保障乘客生命财产安全的职责。因此,机场管理机构在确保机场安全和正常运营的条件下,应当逐步退出经营性业务,并将机场地区内零售、餐饮、航空地面服务等经营性业务采用特许经营等有偿转让经营权等方式交给其他单位或个人经营。

4. 机场特许经营权转让的条件

在机场范围内使用机场场地、设施开展的零售、餐饮、航空地面服务业务,机场管理机构可以自己直接经营,也可以通过转让经营权的方式,由其他服务提供商经营。经营权转让包括无偿转让和有偿转让。特许经营权的无偿转让争议不大,但特许经营权的有偿转让容易产生争议。

我国机场开展特许经营权有偿转让业务的现行依据是《民用机场管理条例》、《关于机场有偿转让经营权收费有关问题的通知》(民航规〔2019〕59 号)和《关于运输机场航空地面服务业务运营秩序有关问题的通知(征求意见稿)》(民航局 2023 年 12 月 8 日发布)。

机场特许经营权的有偿转让涉及机场安全管理、市场管理和营商环境,较为

〔1〕 从一些上市机场公司年度报告中发现,特许经营服务收入成为机场企业收入的重要支柱。例如,在三亚凤凰机场 2023 年非航业务收入方面,免税相关收入 1.20 亿元,其中通过提供免税店场地租赁取得特许经营权收入 0.84 亿元、提供免税提货点租赁取得特许经营权收入 0.36 亿元。2023 年,某广告公司获取宜春机场的广告资源特许经营权 10 年来,经营业绩稳步增长。

复杂,《民用机场管理条例》第38条规定了有偿转让的条件。

(1)有偿转让经营事项的范围

机场特许经营权有偿转让的经营事项,一是限于机场范围内使用机场场地、设施开展的经营业务,二是包括零售、餐饮、航空地面服务业务等。《民用机场管理条例》这种"列举+概况"的立法方式,表明了机场特许经营权有偿转让事项的开放性。

但是,航空运输企业通过本企业的地面服务部门为本企业所运营航班直接提供航空地面服务业务,属于自主经营和自我保障,不属于机场有偿转让经营权的范畴。因此,航空运输企业为本企业以及共用企业二字代码的其他航空运输企业直接提供的航空地面服务业务,机场管理机构不得收取转让经营权费。

(2)签订书面协议

机场管理机构享有机场运营服务的特许经营权,统一协调、管理机场的生产运营,未经机场管理机构同意或者授权,任何单位或者个人不得在机场地区内从事或者提供任何经营服务活动。因此,机场管理机构应当遵循平等、自愿、公平、诚信、协商一致的原则,与受让方签订书面协议,明确双方权利、义务、特许经营权使用范围、期限以及转让价格、服务标准、安全规范和责任等事项。

机场特许经营不同于一般的商业特许经营,基于机场管理方对机场安全、航空安全等方面的管理责任,机场特许经营权包含一定的监督管理权,例如,根据《民用航空管理条例》的规定,机场管理方有责任、义务检查驻场单位是否配备应急救援器材和设备。

(3)有偿转让费的限制

机场管理机构有偿转让机场特许经营权的,应遵循公平、合法和诚实信用的原则,在平等协商的基础上确定收费标准,具体应考量机场运营成本的回收、双方的合理回报率以及使用地面服务用户的合理收费水平。

机场运营成本是指机场管理机构在建设、管理和维护有关设施、设备和提供有关服务过程中投入的大量直接和间接成本。例如,航空地面服务提供方通常会使用的机坪内停车区、特种设备摆放区、机坪交通道路及标识、电动车充电设施等公用设施建设成本,以及员工、车辆和物料安检、围界安防、员工场内通勤巴士、机坪清洁和秩序维护等服务成本。因此,依据《民法典》,即使机场航空地面服务业务未采取有偿转让经营权的方式经营或未收取转让经营权费,也不代表地面服务提供方可以免费使用机场提供的各类公用和专用设施、设备以及服务,机场管理机构有权根据实际提供的公用和专用设施、设备以及服务,向地面服务提供方收取有关费用,该项收费按非航空性业务其他收费进行管理。

(4)机场管理机构及其关联企业不得参与受让方的经营

依据我国《民用机场管理条例》,机场管理机构的定位是运输机场的管理者,主要履行管理机场的职责。但实践中,中国机场管理机构兼具机场管理者和经营者的双重身份,存在滥用市场支配地位的风险。

在实践中,机场在进行有偿特许经营的同时,自身或其关联企业也从事相同或类似业务的情况并不少见。例如,在餐饮、零售、飞机勤务、货站服务、航空维修等领域,部分机场自身经营相关企业,仍通过有偿转让经营权的方式向第三方企业收取特许经营费,由此可能发生限制第三方企业竞争的情况。例如,有的机场出于自身营利等因素考虑,采取手段故意阻挠第三方航空维修企业参与机场控制区内航线维修业务的竞争:①收取高额经营费;②拒绝办理相关企业的人员和设备进入机场控制区的通行证;③拒绝向第三方企业出租维修航空器必需的场地、设备等资源;④以拒绝航班落地请求、将航班引导到远机位和拖延航班推出时间等手段,强迫航空公司接受机场维修企业的服务;⑤为航空公司提供牵引车、引导车等必要服务时,要求其同时采购机场维修企业的维修服务。[1]

二维码 5-25

某机场公司乱收候机楼旅客行李打包服务费的违法行为被行政处罚案

因此,为防止机场管理机构滥用垄断地位排除和限制竞争,损害机场特许经营权受让方的合法权益,《民用机场管理条例》第 38 条明确规定,对于采取有偿转让经营权的方式经营的业务,机场管理机构及其关联企业[2]不得参与经营。因此,机场管理机构或其关联企业参与经营的航空地面服务业务项目,不得收取转让经营权费。

机场管理机构参与经营的航空地面服务业务,应遵守公平、合理、无歧视的原则,如果新设合营企业从事航空地面服务业务,交易达到《反垄断法》规定的经营者集中申报标准,应向市场监督管理部门进行经营者集中反垄断申报。

---

〔1〕 参见邹晓晨、蔡文苑:《由"国航掉螺丝事件"引发的机场航空维修反垄断思考》,载微信公众号"天同诉讼圈"。

〔2〕 关联企业是指企业与另一公司、企业和其他经济组织有下列关系之一的企业:(1)相互间直接及间接持有其中一方的股份总和达到25%以上的;(2)直接或者间接同为第三者所拥有或者控制股份达到25%以上的;(3)企业与另一企业之间借贷资金占企业自有资金 50%以上,或者企业借贷资金总额的10%以上是由另一企业担保的;(4)企业的董事或者高级管理人员一半以上或者有 1 名以上常务董事是由另一企业委派的;(5)企业的生产经营活动必须由另一企业提供特许权利(包括工业产权、专有技术等)才能正常进行的;(6)企业生产经营购进的原材料、零部件等(包括价格及交易条件等)是由另一企业控制的;(7)企业生产的产品或者商品的销售(包括价格及交易条件等)是由另一企业控制的;(8)对企业生产经营、交易具有实际控制,或者在利益上具有相关联的其他关系,包括家族、亲属关系等。参见《关于机场有偿转让经营权收费有关问题的通知》(民航规〔2019〕59 号)。

(5)机场管理机构对运输机场安全运营的管理职责不因经营权转让而消灭

根据《民用机场管理条例》的有关要求,机场管理机构对运输机场的安全运营实施统一协调管理,负责建立健全机场安全运营责任制,组织制定机场安全运营规章制度,保障机场安全投入的有效实施,监督检查安全运营工作,及时消除安全事故隐患。在特许经营权转让过程中,机场管理机构有责任维护机场的正常运营秩序,为航空运输企业及其他驻场单位、旅客和货主提供公平、公正、便捷的服务。

二维码 5-26

国家市场监管总局附条件批准上海机场集团公司与东方航空物流股份公司新设合营企业的经营者集中申报案

(6)会计处理要求

根据《民航企业会计核算办法》(财会〔2003〕18 号),机场特许经营权转让应当按照收入确认原则,合理确认每个会计期间的营业收入。将特许经营权作价入股的,实际投出时,借记"长期股权投资"科目,贷记"无形资产"科目。

(三)民航发展基金征收使用管理

民航发展基金由原民航机场管理建设费[1]与民航基础设施建设基金[2]合并而来。根据 2012 年财政部印发的《民航发展基金征收使用管理暂行办法》及《关于做好支线机型调整后民航发展基金征收有关工作的通知》(民航财发〔2019〕19 号)等规定,民航发展基金的征收对象、标准和使用范围如表 5-15 所示。

二维码 5-27

特许经营权有偿转让公告示例(迪庆香格里拉机场贵宾厅 GBT A-01 特许经营权有偿转让公告)

表 5-15　民航发展基金缴纳对象、标准和减免情况

缴纳对象		缴纳标准	减免征对象
旅客	国内航班	每人次 50 元	1. 持外交护照乘坐国际及地区航班出境旅客 2. 12 周岁以下(含 12 周岁)乘机儿童 3. 乘坐国内支线航班的旅客 4. 购买 1ARJ21-700、CRJ-900 等 13 种支线飞机执飞航班的机票旅客(2019 年 4 月 1 日以后)
旅客	国际和地区航班出境	每人次 90 元	

〔1〕　我国依据《关于征收民航机场管理建设费的通知》对乘坐国内航班的中外旅客征收机场管理建设费;依据《关于整顿民航机场代收各种建设基金意见的通知》(已失效)对乘坐国内、国际和地区航班的中外旅客统一征收机场管理建设费。

〔2〕　我国依据《民航基础设施建设基金管理暂行办法》(已失效)对国内航空公司征收民航基础设施建设基金。

续表

缴纳对象	缴纳标准	减免征对象
航空公司	按照飞行航线分类、飞机最大起飞全重、飞行里程以及适用的征收标准缴纳	1. 飞机最大起飞全重50吨以下机型在省内飞行或跨省飞行且600公里里程以内(含600公里)的,减半计征 2. 专机、航空公司调机、训练飞行、中止的商业运输(航班返航)以及除公务飞行以外的其他通用航空业务免征

民航发展基金减免征收目的是鼓励航空公司使用支线飞机执飞,促进支线航空发展,发挥财经政策对航空运输市场和飞机制造业发展的引导作用。

民航发展基金的使用持续坚持公开透明、非歧视使用制度,保障各类市场主体公平参与市场竞争,依法平等使用民航公共服务资源。(见表5-16)

表5-16 民航发展基金使用范围

民航基础设施建设	航空补贴	民航节能减排	通用航空发展	其他
包括机场飞行区、航站区、机场围界、民航安全、空中交通管制系统、科教、信息等基础设施建设,以及归还上述建设项目贷款,安排上述建设项目的前期费用和贷款贴息	对货运航空、支线航空、国际航线、中小型民用运输机场(含军民合用机场)进行补贴	包括支持民航部门及机场、航空企业节能减排新技术研发和推广应用,节能设施或设备更新改造,行业节能减排管理体系建设等	包括支持通用航空企业开展应急救援、农林飞行等作业项目,通航飞行员教育培训,通航基础设施建设投入和设备更新、改造等	包括民航科教、信息等重大科技项目研发和新技术应用;加强持续安全能力和适航审定能力建设;征管经费、代征手续费以及国务院批准的其他支出

(四)残损航空器搬移服务管理

残损航空器是指因为不同的原因丧失其机动性且妨碍机场正常运行的航空器,一般包括冲(偏)出跑道、滑行道、机坪或者发生事件导致受困、受损、解体的航空器以及事故后的残骸。

依据《运输机场残损航空器搬移管理办法》[1],在运输机场及其邻近区域内(机场围界以内以及距机场每条跑道中心点8公里范围内的区域)的残损航空器搬移工作,实行有偿服务制度。

实践中,机场管理机构与航空器运营人通常签订机场综合保障服务协议,其

〔1〕 民航规〔2022〕19号/AP-139-Ⅱ-CA-2022-01。

中包括残损航空器搬移协议。协议双方本着公平合理、等价有偿的原则协商确定具体收费标准和收费计算方法。机场管理机构根据残损航空器搬移协议组织残损航空器搬移工作，如果航空器运营人未与机场管理机构签订搬移协议，航空器运营人应当向机场管理机构支付搬移费用。如果机场管理机构在搬移过程中造成残损航空器二次损伤，航空器运营人可依法请求损害赔偿。如果残损航空器对机场设施设备等造成损害或影响机场正常运行造成运营损失，机场管理机构也可依法请求损害赔偿。

（五）机场应急救援管理

根据《民用航空法》、《突发事件应对法》、《民用机场管理条例》和《民用运输机场突发事件应急救援管理规则》（CCAR－139－Ⅱ－R1）和《民用机场航空器突发事件应急救援实施细则》（民航规〔2024〕14号/AP－139－Ⅱ－CA－2024－04），机场及其邻近区域内[1]航空器应急救援的处置和相关管理工作，应当遵循生命第一、属地管理、首要响应、处置高效的原则进行。（见表5－17）

表5－17　机场应急救援管理机构构成与职责

机构	机场应急救援工作领导小组	机场应急救援指挥中心	应急救援现场指挥部
领导	应当在地方人民政府统一领导下	机场管理机构主要负责人或者其授权人	现场指挥官
构成	由地方人民政府、机场管理机构、民航地区管理局或其派出机构、空中交通管理机构、航空器运营人和其他负有应急救援职责的各应急救援单位负责人共同组成	是领导小组的常设办事机构、应急指挥和协调机构	由消防、公安、医疗等专业指挥官
职责	负责确定救援总体工作、审核预案、审核演练等重要事项、决策应急救援中的重大问题等	负责制定应急救援预案、定期检查、组织演练培训、发布指令并组织实施、按协议组织或参与残损航空器搬移等	统一指挥协调突发事件现场的各救援单位的救援行动

航空器营运人和其他驻场单位应当根据应急救援职责制定相应的突发事件应急救援预案，并保证协调，送机场管理机构备案。机场管理机构有符合规定的机场突发事件应急救援预案、应急救援设施、设备及人员是机场使用许可证审批的必要条件之一。

民航地区管理局定期对机场应急救援开展情况实施监督检查，机场管理机

〔1〕是指机场围界以内以及距机场每条跑道中心点8公里范围内的区域。

构或其他参加应急救援的单位未按机场应急救援的处置和基本要求实施的，民航监管部门将根据不同情形处以责令限期改正、警告、罚款等。

（六）不正常航班与航班备降管理

根据《航班正常管理规定》（CCAR－300），机场管理机构应当建立航班正常运行保障制度，保证航班正点运营；应当加强对设施设备的检查和维护，减少设施设备故障导致的航班延误；应当与空管部门加强协同，优化机坪运行管理，提高地面运行效率，并对所有进出港航班运行进行有效监控；应当按照相关规定安装、使用仪表着陆系统或者等效的精密进近和着陆引导系统，积极开展相关新技术的应用，保障航班安全、正常运行。

1. 机场管理机构在大面积航班延误情况下的职责

机场管理机构应当制定大面积航班延误总体应急预案并报民航行政机关备案，定期组织应急预案演练。发生大面积航班延误时，建立并启动大面积航班延误联动协调机制，及时宣布启动应急预案，建立延误信息发布工作制度及对外宣传平台，实时向社会公布延误及处置情况，协助承运人做好机上延误的各项服务。出现旅客扰乱民航运输生产秩序的，机场管理机构应当及时报警，并在航站楼内为旅客提供医疗服务。

2. 机场管理机构在航班备降情况下的职责

机场管理机构应当制定备降航班地面服务保障工作程序和应急预案，按保障协议做好备降航班服务工作，按照规定将机位、机坪运行情况等信息通告承运人、地面服务代理人和空管部门。应当设立专门机构或者指定专人负责受理投诉工作，向民航行政机关备案，并在法定期限内告知旅客投诉受理及处理结果。

根据《航班正常管理规定》，机场管理机构未履行或不适当履行相关职责的，民航行政机关给予责令限期改正、警告、罚款等处罚。

（七）民用机场领域外商投资准入限制管理

2020 年施行的《外商投资法》明确规定，对外商投资实行准入前国民待遇加负面清单管理制度，清单之外不得对外资设置准入限制。《外商投资民用航空业规定》及其 6 个补充规定一并废止后，[1] 民航领域外商投资准入政策按照《外商投资准入特别管理措施（负面清单）》（2020 年版，已失效）规定及其后续修订执行。

根据 2020 年版《外商投资准入特别管理措施（负面清单）》，民航领域主要保留公共航空运输、通用航空、民用机场等 3 个领域的外资准入限制，其中民用机场的建设、经营须由中方相对控股，外方不得参与建设、运营机场塔台。[2]

---

[1] 民航局 2020 年 12 月 30 日发布《关于废止〈外商投资民用航空业规定〉及其 6 个补充规定的决定》。

[2] 《海南自由贸易港外商投资准入特别管理措施（负面清单）》（2020 年版）、《自由贸易试验区外商投资准入特别管理措施（负面清单）》（2021 年版）对民用机场领域外资准入限制也有相同要求。

涉及外商投资民航项目管理，根据《政府核准的投资项目目录》等规定，由国务院投资主管部门、地方政府等按权限管理。在实施“民用机场使用许可证核发”行政许可的过程中，加强对股比等外商投资有关内容的审核以及事中事后监管。[1]

第五节 通用机场运营管理制度

一、通用机场运营管理法规体系

通用机场不同于运输机场，具有多样性、开放性和非开放性共存等特点，具有不完全相同的法规标准体系，由此，通用机场管理法规建设也是通用航空法规体系重构工作的重要组成部分。从中国通用机场管理立法发展看，通用航空（包括通航机场）管理制度与公共航空运输管理制度不断剥离，独立的通用航空法规标准体系在不断积极创建和完善。

例如，《民用航空法》第6章对民用机场作出笼统规定，没有体现通用机场的特殊要求。《民用机场管理条例》重点规范的是运输机场，对通用机场多使用参照或作出原则规定的形式，其第14条对通用机场的规划、建设作了授权立法规定，即按照国家有关规定执行。

《民航局关于印发加快通用航空发展有关措施的通知》（民航发〔2009〕101号）要求各民航地区管理局积极推动通用机场建设试点工作，简化机场建设审批手续。《国务院关于促进民航业发展的若干意见》（国发〔2012〕24号）提出要加强通用航空基础设施建设及完善通用航空法规标准体系的要求。

《民航局关于通用航空分类管理的指导意见》（民航发〔2018〕80号）提出，对于通用航空的管理，剥离简单套用公共航空运输方式管理的内容，创建一套独立完整、科学适用的通用航空标准制度体系。《关于推进通用航空法规体系重构工作的通知》（民航发〔2019〕5号）提出要制定通用航空法规体系重构路线图，形成通航业务和通航法规两个框架。

> 二维码5－28
> 中国通用机场法规标准体系构成列表

《A类通用机场运行安全管理实施细则》（民航规〔2024〕21号）、《A类通用机场使用许可及运行安全管理办法》（民航发〔2024〕12号）、《B类通用机场备

---

〔1〕 参见《关于取消“限额以下外商投资民航项目建议书和可行性研究报告审批”行政许可事项加强事中事后监管的公告》。

案办法(试行)》(民航规〔2019〕74 号)和《民用机场使用许可实施细则》(民航规〔2024〕10 号/AP - 139 - CA - 2024 - 02)等规范性文件,分别规定了 A 类和 B 类通用机场的分类管理制度。

二维码 5 - 29

A 类通用机场使用手册内容

中国通用机场管理法规体系的建设,目前多为规范性文件和标准,通用机场管理规章存在空白,《民用航空法》和《民用机场管理条例》急需修订。民航地区管理局颁发了一些适用本地区通用机场建设管理的规定,如《民航中南地区通用机场建设管理办法(试行)》《民航华北地区通用机场建设管理办法(试行)》等。

二、A 类通用机场使用许可制度

(一)A 类通用机场使用许可的条件

A 类通用机场是指对公众开放的通用机场,指允许公众进入以获取经营性载客或载人飞行服务的通用机场。

二维码 5 - 30

A 类通用机场使用许可证申请书样式

依据《A 类通用机场使用许可及运行安全管理办法》和《民用机场使用许可实施细则》,A 类通用机场(A 类直升机场、水上机场除外)实行使用许可制度。

A 类通用机场使用申请许可证应具备下列条件:(1)通用机场运营人具有法人资格;(2)飞行场地的飞行条件、净空保护和场地条件等满足开展相应运营业务的需要和相关技术标准要求,并与邻近机场具有相容性;(3)具有安全和运营管理的机构、人员、制度及机场突发事件应急救援预案。[1]

二维码 5 - 31

A 类通用机场使用许可文件资料审查单

(二)A 类通用机场使用许可证申请的材料和程序

申请通用机场使用许可证,应当报送下列文件资料:(1)机场使用许可证申请书;(2)机场使用手册;(3)机场运营人法人身份证明材料、机场产权或者委托运营的证明材料;(4)机场运营人的负责人、与机场运行安全有关的人员情况一览表;(5)符合规定的机场突发事件应急救援预案。[2]

对于 A 类通用机场,民航局自受理申请后 30 个工作日内作出是否颁发机场使用许可证的书面决定。民航地区管理局应当将许可申请、审查和批准等文

---

〔1〕 参见《A 类通用机场使用许可及运行安全管理办法》(民航发〔2024〕12 号)第 9 条。

〔2〕 参见《A 类通用机场使用许可及运行安全管理办法》(民航发〔2024〕12 号)第 10 条。

件资料存档。[1]

(三)A类通用机场使用许可证的使用与管理

根据机场使用许可证编号规则,通用机场使用许可证编号为15位,编号模式:T138△△△△◇○○○○□□,其中T代表通用机场,△△△△代表年份,◇为1、2、3、4、5、6、7,分别代表华北、东北、华东、中南、西南、西北和新疆管理局,○○○○代表许可证发放次序,□□代表变更次数。

机场使用许可证除被依法吊销、撤销、注销外,长期有效。机场运营人应在机场使用许可证载明的范围内开放使用机场,出现法定情形时,应对机场使用许可证进行变更和注销。

二维码5-32

通用机场使用许可证样式

通用机场运营人未取得机场使用许可证,或者许可证被撤销、注销、吊销而开放使用通用机场,开展通用航空载客、载人飞行服务的,由民航地区管理局责令停止开放使用,并处罚款;有违法所得的,没收违法所得。

三、B类通用机场备案制度

(一)通用机场备案的适用范围

依据《B类通用机场备案办法(试行)》(民航规〔2019〕74号)实施备案管理的机场包括B类通用机场、已具有B类通用机场属性的临时场地、仅供直升机运行的机场。

B类通用机场是指不对公众开放的通用机场。不对公众开放的通用机场是指不向通用航空载客、空中游览等业务活动提供服务的机场。已具有B类通用机场属性的临时场地视为B类通用机场。

直升机场一般建设规模小、设施简单,主要开展空中游览等活动,开展载客飞行的情况较少,且安全事故一般发生在飞行过程中而不是在直升机起降阶段,是否对直升机场颁发使用许可证对安全运行的影响不大。《空中游览和体验飞行》(民航规〔2021〕40号/AC-91-FS-033R2)规定,空中游览活动在野外场地亦可开展,"在B类通用机场实施空中游览时,视同于野外场地运行,机场不承担运行保障责任"。因此,我国借鉴国外发达国家的管理经验,对直升机场不颁发使用许可证,采用备案方式进行管理。

(二)通用机场备案的程序

民航局对全国B类通用机场备案实施统一监督管理,民航地区管理局对辖区内的B类通用机场备案实施监督管理。

〔1〕 参见《A类通用机场使用许可及运行安全管理办法》(民航发〔2024〕12号)第14条。

B 类通用机场运营人应当通过通用机场信息管理系统填报备案信息，提交备案申请。运营人应当对填报信息的真实性、准确性和完整性负责。机场备案信息应当对社会公开，允许公众免费查询和使用，并接受社会监督。机场备案信息提交成功后，民航地区管理局应在 5 个工作日内通过系统予以公布。

二维码 5－33
B 类通用机场备案信息登记表

B 类通用机场备案信息登记表分为跑道型、直升机场、水上机场三类。机场运营人应当对备案信息动态更新，确保与机场实际情况一致，并应当对备案信息与机场实际运行情况进行定期复核，复核周期不超过一年。

对于应当备案而拒绝备案的，由民航地区管理局责令改正；拒绝改正的或备案过程中存在弄虚作假行为的，民航地区管理局将其记入民航行业严重失信行为信用记录，并将情况抄报当地县级以上有关人民政府。

四、通用机场空管运行管理

（一）通用机场空管运行管理依据

在中华人民共和国领域内以及根据中华人民共和国缔结或者参加的国际条约的规定，由中华人民共和国提供空中交通服务的空域内从事通用航空活动的单位和个人，适用的有关通用机场空管运行保障要求和通用机场空管安全管理的规范性文件，主要是民航局 2021 年发布的《通用机场空管运行管理办法》（民航规〔2021〕8 号/AP－83－TM－2021－01）。

（二）通用机场空管运行要求的服务内容

根据《通用机场空管运行管理办法》，通用机场应当按照放管结合、分类管理的原则，结合通用机场运行实际，提供相应的空中交通服务、通信导航监视服务、航空气象服务和航空情报服务，建立运行规范和程序，并明确提供各类服务的范围、方式和内容等。[1] 例如，A 类通用机场仅要求运行时间内处于适用状态，并对运行安全影响较大的跑道标志、跑道灯光等设备进行重点管理。B 类通用机场不对公众开放，对 B 类通用机场目视助航设施不作强制规定，仅提出导向性建议。

通用机场委托其他单位提供相关服务的，应当报民航地区管理局备案。通用机场应当与被委托单位签订协议明确责任与义务，通用机场仍承担运行安全管理主体责任。[2] （见表 5－18）

〔1〕 参见《通用机场空管运行管理办法》第 6 条。

〔2〕 参见《通用机场空管运行管理办法》第 9 条。

表5－18　通用机场空管运行要求对照

分类	A类通用机场	B类通用机场	服务方式
空中交通服务	应当提供机场管制服务:(1)通用机场本场管制范围内有10座以上航空器商业载客飞行,或同一时刻本场管制范围内10座以下航空器商业载客飞行不少于两架;(2)通用机场月起降架次不少于600架次	通用机场不提供机场管制服务时应当明确本场通用航空活动组织单位和运行安全责任	可通过固定塔台、塔台指挥车或其他新技术应用的方式提供机场管制服务
航空情报服务	应当提供	根据运行需求自愿提供	可委托
航空气象服务	应当提供	根据运行需求自愿提供	可委托
通信导航监视服务	提供机场管制服务的应当根据运行需求配置通信导航监视设施设备	不提供机场管制服务的,根据实际需求合理配置	可服务外包

五、通用机场净空保护与鸟击防范管理制度

(一)通用机场净空保护的分类管理

所有通用机场(直升机场除外)运营人都应当确保机场净空条件满足飞行安全要求,在机场净空巡视检查和保护管理制度上建立分类要求。(见表5－19)

表5－19　通用机场净空保护分类要求对照

类别	A类通用机场 (A类直升机场、水上机场除外)	B类通用机场和直升机场
净空保护要求	1. 机场运营人应按照规定制作净空保护区域图,并报所在地民航地区管理局和县级以上政府备案 2. 应加强机场净空巡视检查和保护管理,保障机场净空条件符合飞行安全要求 3. 发现影响机场净空保护的情况,应立即制止,并书面报告县级以上政府处理	1. 运营人应确保机场净空条件满足飞行安全要求 2. 鼓励建立机场净空巡视检查和保护管理制度

（二）通用机场鸟击防范管理要求

A类通用机场运营人应当根据通用机场内及临近地区鸟类活动情况制定必要的鸟击及动物防范措施。

鼓励B类通用机场和直升机场运营人建立机场鸟击防范工作制度，减少鸟类撞击航空器。

六、通用机场收费的规定

根据《中国民用航空局关于印发民用机场收费行为规则的通知》（民航规〔2021〕46号）第24~26条的规定，通用航空活动使用通用机场的航空性业务收费和非航空性业务重要收费标准实行市场调节价，机场及服务提供方要合理确定具体收费标准，应当于生效前30日报告所属民航地区管理局，无须备案。通用航空活动使用运输机场或通用机场的非航空性业务其他收费标准的制定和调整，应当遵照有关法律法规执行。

第六章　公共航空运输法律制度

第一节　公共航空运输法律规范体系

一、掌握公共航空运输法律规范体系的意义

了解和掌握公共航空运输法律规范体系，具有重要意义：一是可以帮助大家更准确地“找法”，解决公共航空运输纠纷；二是能够发现公共航空运输领域存在的立法漏洞或冲突；三是可以为公共航空运输主体提供行为规范和指南；四是为公共航空运输市场的执法者提供有效的执法依据。

二、公共航空运输法律规范体系的框架与构成

公共航空运输法律规范体系，是指调整公共航空运输活动所涉系列法律、行政法规、涉及民航管理的规章、规范性文件构成的规则体系。（见图6-1）

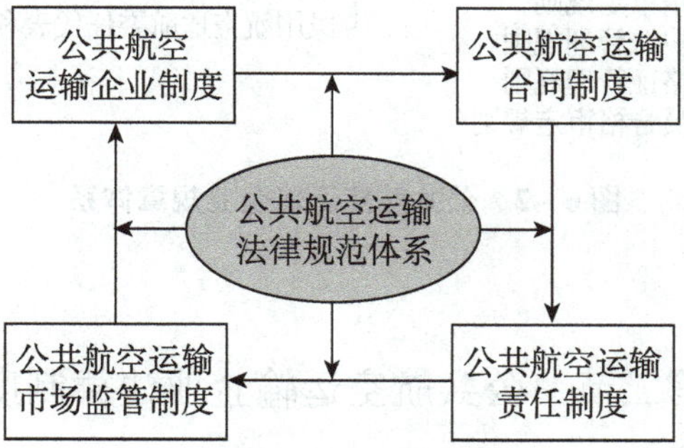

图6-1　公共航空运输法律规范体系框架

根据不同的标准，公共航空运输法律规范体系有不同的构成模式和内容。按照法律制度内容的不同，公共航空运输法律规范体系包括四部分制度规范：公共航空运输企业制度、公共航空运输合同制度、公共航空运输责任制度、公共航空运输市场监管制度。

在公共航空运输法律规范体系构成中，每一类制度规范又可以按照效力高低，建立自身的法规体系。例如，公共航空运输企业制度按照效力高低不同，分为法律（如对航空公司适用的《公司法》《民用航空法》、对航空人员适用的《劳动法》《劳动合同法》等）、行政法规（如《民用机场管理条例》《民用航空器权利登记条例》）、涉及民航管理的规章和规范性文件(如《关于印发公共航空运输服务消费者投诉管理办法的通知》(已失效)、《客舱乘务员的资格和训练》(已失效)等),其中涉及民航管理的规章层面占比较大,可以再细分为运输规则类规章、航空器运行人类规章、经营许可类规章、运输安全类规章、企业航空人员类规章等。(见图6-2)

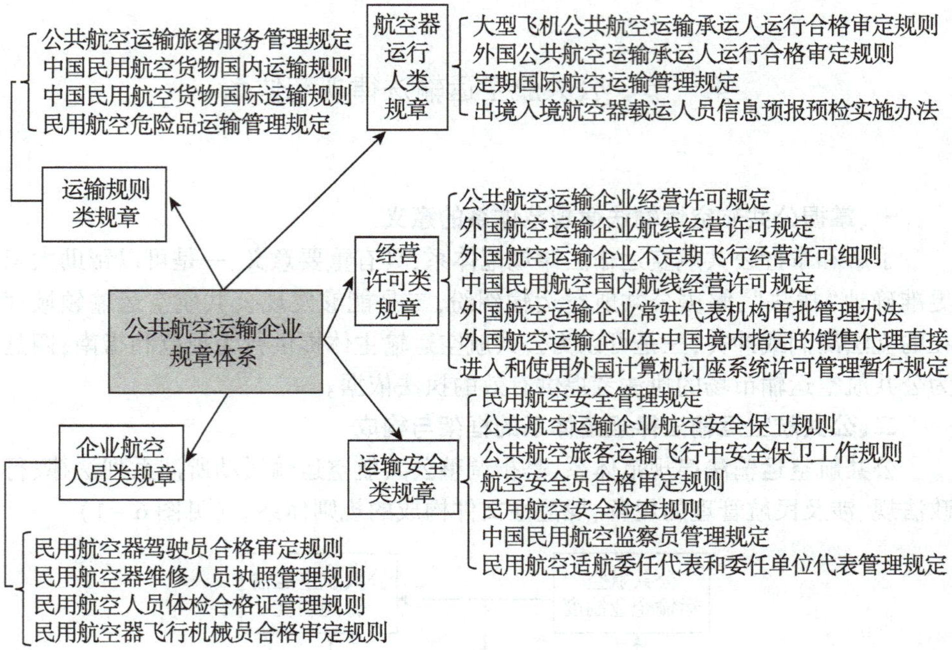

图6-2 公共航空运输企业规章体系

第二节 公共航空运输企业法律制度

一、公共航空运输企业的定义和特点

公共航空运输企业,是指以营利为目的使用民用航空器从事旅客、行李、货物、邮件运输的企业法人。[1] 公共航空运输企业具有以下特点:

1.公共航空运输企业是公司法人。公共航空运输企业以向公众提供航空运输服务为营业,此点与通用航空企业有所不同。[2] 公共航空运输企业在性质上

---

〔1〕 参见《民用航空法》第91条、《公共航空运输企业经营许可规定》(CCAR-201-R1)第2条。

〔2〕 通用航空企业以向其他企业、组织和社会公众提供通用航空和空中作业等飞行服务为营业。

是企业法人，自主经营、自负盈亏，但在组织形式、组织机构上适用《公司法》的规定。[1]

2. 公共航空运输企业是营利法人。根据《民法典》第76条，营利法人是以取得利润并分配给股东等出资人为目的而成立的法人。公共航空运输企业作为营利法人，以营利为目的，强调资本经营和资本增值，因此，在实践中，航空公司出于自身经济效益的考虑，飞机运力大多会投放在干线航线及热点旅游航线上，以获取利润。

3. 公共航空运输企业负有社会责任。依据《民法典》第86条，营利法人从事经营活动，应当遵守商业道德，维护交易安全，接受政府和社会的监督，承担社会责任。例如，航空公司在执行抢险救灾任务或政府指派运输任务，或从事支线航空运输业务时，即使无法保证盈利，也应积极履行社会责任，努力增加运力投入，保证部分地区的群众能够享受航空服务。此外，依据《民用航空法》第104条，公共航空运输企业应当依照有关法律、行政法规的规定优先运输邮件。

4. 公共航空运输企业实行经营许可准入制度。公共航空运输企业是法人，根据《民法典》第58条，法人应当依法成立；设立法人，法律、行政法规规定须经有关机关批准的，依照其规定。《民用航空法》第92条规定，企业从事公共航空运输，应当向国务院民用航空主管部门申请领取经营许可证。这是对公共航空运输企业的市场准入的特别规定。

为什么要对公共航空运输市场采取准入制度？因为公共航空运输活动具有风险高、危害重、影响大的特点，为保证航空飞行安全和公共利益，各国对公共航空运输企业都实施严格的市场准入。不仅在筹建、设立环节要获批准，设立后的经营与运营，包括经营定期航班运输的航线、暂停或终止经营航线、从事不定期运输、营业收费项目、国内航空运价、危险品航空运输以及运输作战军火、作战物资等，[2]也需经批准获得经营许可证。凡未获得筹建批准的，不得设立公共航空运输企业，凡未获得经营许可的，不能从事一切公共航空运输服务。

二、公共航空运输企业的类型

1. 公共航空运输企业按照不同的标准有不同分类。按所有制类别，分为国有控股公共航空运输企业、民营和民营控股公司、中外合资航空公司和外国航空运输企业。

（1）国有控股公共航空运输企业。该类企业的全部资本中，国家资本股本占

---

〔1〕 参见《民用航空法》第94条。

〔2〕 参见《民用航空法》第96～98条、第100～101条；《中国民用航空国内航线经营许可规定》《定期国际航空运输管理规定》《公共航空运输企业经营许可规定》《外国航空运输企业不定期飞行经营许可细则》《外国航空运输企业航线经营许可规定》《民用航空危险品运输管理规定》等。

较高比例,并且由国家实际控制。例如,中航集团公司、东航集团公司和南航集团公司。

(2)民营和民营控股公司。该类企业的资本源于集体企业、私营企业、其他非国有经济组织和个人。自2005年中国放松限制,开始成立私有航空公司。例如,奥凯航空公司、春秋航空公司、华夏航空公司、吉祥航空公司、钱塘航空公司、鹰联航空公司、西部航空公司等。

(3)中外合资航空公司。该类企业的资金部分源于外国投资者。例如,东海航空公司是国内首家民营中外合资航空公司。外商投资的方式包括外国投资者单独或者与其他投资者共同在境内设立企业,或者通过并购方式取得境内企业的股权或者资产,或其他方式在境内投资等。[1] 关于外商投资比例问题,《外商投资法》明确对外商投资实行准入前国民待遇加负面清单管理制度,清单之外不得对外资设置准入限制,[2]但我国《外商投资安全审查办法》第4条规定,在重要运输服务领域,外国投资者持有企业50%以上股权,或外国投资者持有企业股权不足50%,但其所享有的表决权能够对董事会、股东会或者股东大会的决议产生重大影响,或其他导致外国投资者能够对企业的经营决策、人事、财务、技术等产生重大影响的情形,应当在实施投资前主动向外商投资安全审查工作机制办公室进行申报。

《外商投资民用航空业规定》及其6个补充规定一并废止后,[3]民航领域外商投资准入政策按照《外资准入负面清单》(2020年版,已失效)规定及其后续修订执行。根据2020年版《外资准入负面清单》,民航领域主要保留公共航空运输、通用航空、民用机场3个领域的外资准入限制。(见表6-1)

表6-1 中国2020年版《外资准入负面清单》关于交通运输服务业特别管理措施

交通运输服务领域	特别管理措施
公共航空运输公司	须由中方控股,且一家外商及其关联企业投资比例不得超过25%,法定代表人须由中国籍公民担任
通用航空公司	法定代表人须由中国籍公民担任,其中农、林、渔业通用航空公司限于合资,其他通用航空公司限于中方控股
民用机场	民用机场的建设、经营须由中方相对控股。外方不得参与建设、运营机场塔台

[1] 参见2021年1月18日起施行的《外商投资安全审查办法》第2条。

[2] 《外商投资法》2020年1月1日起施行后,《中外合资经营企业法》《外资企业法》《中外合作经营企业法》同时废止。

[3] 民航局2020年12月30日发布《关于废止〈外商投资民用航空业规定〉及其6个补充规定的决定》。

根据《关于取消“限额以下外商投资民航项目建议书和可行性研究报告审批”行政许可事项加强事中事后监管的公告》，取消民航局“限额以下外商投资民航项目建议书和可行性研究报告审批”行政许可事项，涉及外商投资民航项目管理根据《政府核准的投资项目目录》等规定，由国务院投资主管部门、地方政府等按权限管理。在实施“民用机场使用许可证核发”“公共航空运输企业经营许可”“通用航空企业经营许可”等行政许可过程中加强对股比等外商投资有关内容的审核以及事中事后监管。

截至2022年年底，中国共有运输航空公司66家。按不同所有制类别划分：国有控股公司39家，民营和民营控股公司27家。在全部运输航空公司中，全货运航空公司13家，中外合资航空公司9家，上市公司8家。[1]

（4）外国航空运输企业。该类企业是指有权在中国和外国之间从事定期国际航空运输业务的外国航空公司。外国航空运输企业进入中国境内从事航空运输，必须依法经中国政府批准或许可，在中国设立代表机构。代表机构是指外国航空运输企业在中华人民共和国境内设立并从事经营性活动的代表处。代表机构的设立原则和活动要求是：外国航空运输企业所在国政府与我国政府签署了航空运输协定或有关协议；外国航空运输企业应当在中华人民共和国市场监督管理部门办理登记手续，并经民航局批准；代表机构应当遵守中华人民共和国法律、法规和涉及民航管理的规章，不得损害中华人民共和国安全和社会公共利益；代表机构的合法权益受中国法律保护；对代表机构的批准实行互惠对等的原则；代表机构在中国境内一切业务活动由设立的外国航空运输企业承担法律责任。[2]

2. 按照提供服务产品不同，划分为全服务航空公司和差异化服务型航空公司。

（1）全服务航空公司。该类公司提供的是“一价全包”式的产品，无论旅客是否需要这项服务，标准化的服务产品和流程都是固定的，如香槟、红酒、行李免费等。

（2）差异化服务型航空公司。该类公司是后工业化和互联网时代出现的，航空公司从用户思维的角度，设计差异化服务产品、服务流程和定价方式。在竞争日趋激烈的航空客运市场，某些航空公司推出各类差异化服务。例如，南航的“绿色飞行”“一人多座”，东航的“基础经济舱”，天津航空的“飞行通”机票组合产品。

三、公共航空运输企业的设立条件

航空运输业是高科技、高投入、高风险的“三高”行业，直接关系到人民群众的生命财产安全和公共安全，与一般竞争性行业不同，因此，任何国家对公共航

---

〔1〕 参见民航局2023年5月10日发布的《2022年民航行业发展统计公报》。

〔2〕 参见《外国航空运输企业常驻代表机构审批管理办法》（CCAR－212－R1）第3～9条、第25条。

空运输市场都需要进行宏观调控,引导市场有序竞争和理性发展。中国对公共航空运输企业实行经营许可准入制度,民航局除通过颁发经营许可证、加强必要宏观调控外,还通过涉及民航管理的规章规定公共航空运输企业设立条件,具体如下:[1]

1. 不少于3架购买或者租赁并且符合相关要求的民用航空器。

2. 负责企业全面经营管理的主要负责人应当具备公共航空运输企业管理能力,主管飞行、航空器维修和其他专业技术工作的负责人应当符合涉及民航管理的规章的相应要求,企业法定代表人为中国籍公民。

3. 具有符合涉及民航管理的规章要求的专业技术人员。

4. 不少于国务院规定的注册资本的最低限额。中国公共航空运输企业市场准入的立法演进,主要立足于注册资金限额、航空器数量和专业技术人员资质等要求来设定准入门槛,尤其是更集焦于注册资本金限额。例如,《民用航空法》作为公共航空运输企业经营许可的基本法,其第93条对公共航空运输企业市场准入仅作原则性规定,包括民用航空器、航空人员和注册资本三个基本要件。1985年《国务院关于开办民用航空运输企业审批权限的暂行规定》(已失效)和1993年《开办航空运输企业审批基本条件和承办程序细则》(民航局发〔1993〕39号,已失效)首次明确提出运输飞机不少于3架,注册资金不少于8000万元人民币等具体指标。2004年《公共航空运输企业经营许可规定》(CCAR-201)保留不少于3架航空器等准入条件,但将注册资金不少于8000万元修改为"不少于国务院规定的注册资本的最低限额",与《民用航空法》表述同步。2018年《公共航空运输企业经营许可规定》(CCAR-201-R1)对此表述保留。2013年《关于调整公共航空运输企业经营许可管理有关政策的通知》(民航发〔2013〕41号)明确规定,"设立客运航空公司,购置航空器的自有投资规模应不少于人民币6亿元;设立全货运航空公司,购置航空器的自有投资规模应不少于人民币4亿元"。

5. 具有运营所需要的主运营基地机场和其他固定经营场所及设备。

6. 外商投资设立公共航空运输企业,应当符合外商投资民用航空业所规定的投资比例及其他要求。根据2020年版《外资准入负面清单》,民航领域主要保留公共航空运输、通用航空、民用机场3个领域的外资准入限制,其中公共航空运输企业须由中方控股,且一家外商及其关联企业投资比例不得超过25%,法定代表人须由中国籍公民担任(只有中国公共航空运输企业才能经营国内航空服务,并作为中国指定承运人提供定期和不定期国际航空服务)。[2]

---

〔1〕 参见《公共航空运输企业经营许可规定》(CCAR-201-R1)第6~7条。

〔2〕《海南自由贸易港外商投资准入特别管理措施(负面清单)》(2020年版)、《自由贸易试验区外商投资准入特别管理措施(负面清单)》(2021年版)对民用机场领域外资准入限制也有相同要求。

四、公共航空运输企业设立申请不予受理的情形

根据《公共航空运输企业经营许可规定》,存在下列情形的,设立申请不予受理:[1]

1. 不符合建立和完善统一、开放、竞争、有序的航空运输市场的;不符合国家航空运输发展和宏观调控政策的;不能保障航空运输安全、提高运输服务质量和维护消费者合法权益的。

2. 湿租中国现有公共航空运输企业或者外国公共航空运输企业的民用航空器用以筹建公共航空运输企业。

3. 民用机场、空中交通管理、航空器制造、航油供应、民航计算机信息等与公共航空运输企业有直接关联关系、可能影响航空运输市场公平竞争的企业或单位,单独设立或者违反规定参股设立公共航空运输企业。

4. 不符合民航局规定的其他条件。

第三节　公共航空运输企业的经营许可制度

公共航空运输企业的经营许可,是指依据国家航空主管部门(民航局)审核并批准的一种行业经营认可,是维护行业和公民利益的政府行为,其实质上是公共航空运输市场的准入制度。主要包括公共航空运输主体的准入资格和航空运输业务的准入范围。

一、公共航空运输企业经营许可的依据和原则

中华人民共和国境内公共航空运输企业的经营许可,具体依据是《公共航空运输企业经营许可规定》(CCAR-201-R1)。

实施公共航空运输企业经营许可,应当遵循以下基本原则:建立和完善统一、开放、竞争、有序的航空运输市场;符合国家航空运输发展和宏观调控政策;保障航空运输安全、提高运输服务质量和维护消费者合法权益;坚持公开、公平、公正的原则。[2]

二、公共航空运输企业经营许可的程序

航空运输企业进入公共航空运输市场,需要经过申请筹建和申请经营许可两个阶段,经民航局同意筹建的公共航空运输企业,应按国家有关法律、行政法规及民用航空规章的规定和认可条件在2年内完成筹建工作,申请人完成筹建工作后,还需再申请并取得经营许可证。

---

[1] 《公共航空运输企业经营许可规定》(CCAR-201-R1)第8条。

[2] 《公共航空运输企业经营许可规定》(CCAR-201-R1)第4条。

具体程序和流程如图 6－3 所示。

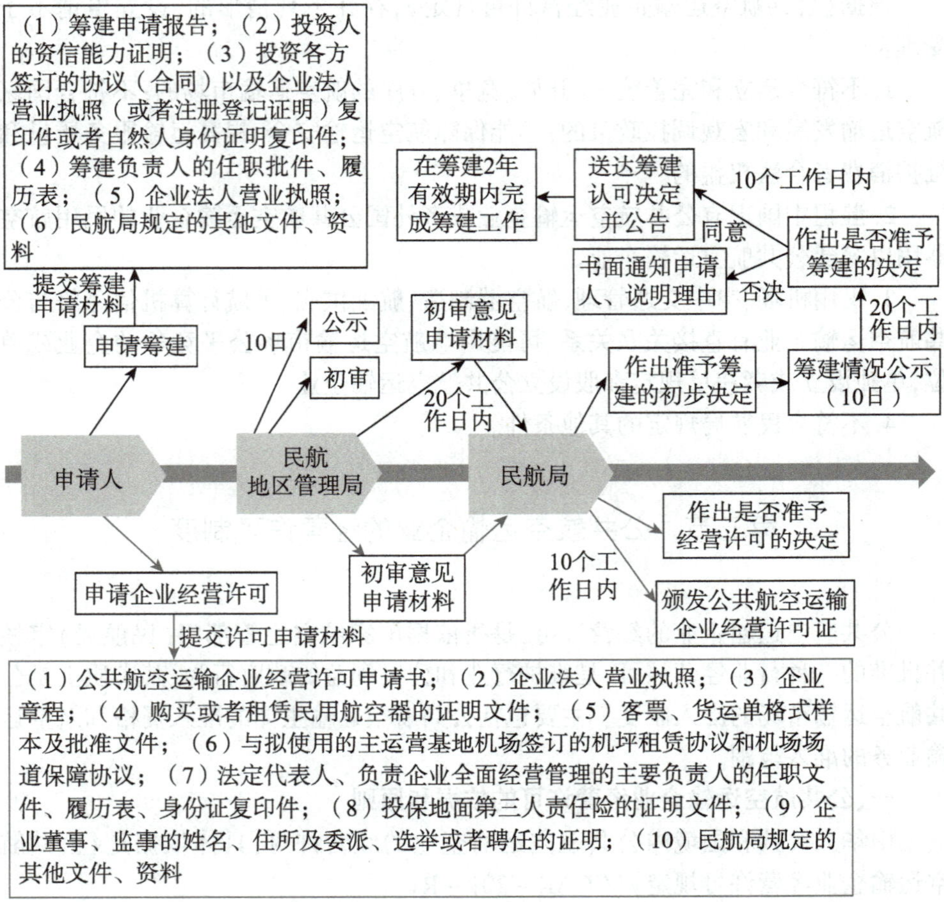

图 6－3 公共航空运输企业经营许可的申请与审批流程

三、公共航空运输企业经营许可证的管理

二维码 6－1

民航局批准中州航空有限责任公司筹建和颁发经营许可证的公示

（一）经营许可证的内容和有效期

公共航空运输企业经营许可证载明的内容包括:企业名称、主运营基地机场和经营范围。

公共航空运输企业经营许可证在未被依法吊销、撤销、注销等情况下,长期有效;经营许可证不能涂改、倒卖、出租、出借或者转让;公共航空运输企业正式投入航线运营前,应当按规定完成运行合格审定,审定合格后方可正式投入航线运营;具有独立法人资格的公共航空运输企业不得共用企业名称、字号、二三字代码、客票、货运单、经营范围。但是公共航空运输企业与其绝对控股的公共航空运输企业签署商务合作协议并报民航局备案后,可以共用二三字代码,并应履行告知义务,保障消费者的合法权益;未履行法定手续的,公共航空运输企业之间不得共用服务标志。

(二)经营许可证的变更

1. 企业名称变更

应当自企业法人营业执照变更之日起1个月内向民航局提交下列材料:申请书、股东会决议、修改后的公司章程或者公司章程修正案、经营许可证复印件、企业法人营业执照复印件。

2. 扩大经营范围

应当向民航局提交下列文件、资料:申请报告,企业主运营基地机场所在地民航地区管理局出具的初审意见,经营许可证复印件,法人营业执照复印件,民航局规定的其他文件、资料。申请扩大经营许可证所载经营范围或者经营项目,有下列情形之一的,民航局不予受理:最近3年发生重大以上(含重大)运输飞行事故的;有严重失信行为的;连续3年经营亏损的;民航局规定的其他条件。

3. 变更主运营基地机场

应当向民航局提交下列文件、资料:申请报告,企业现主运营基地机场所在地民航地区管理局和拟使用主运营基地机场所在地民航地区管理局出具的初审意见,与拟使用的主运营基地机场签订的机坪租赁协议和机场场道保障协议,经营许可证复印件,法人营业执照复印件,民航局规定的其他文件、资料。

(三)经营许可证的注销与失效

公共航空运输企业通过经营许可证进入航空运输市场,同时建立了相应的市场退出机制。

公共航空运输企业取得经营许可证1年内未能实际安排航班经营的,由民航局注销其经营许可证。

存在以下自动失效的情形,民航局注销其经营许可证并予以公告:(1)发生《公司法》规定事由而解散的,经营许可证自清算组成立之日起自动失效;(2)公共航空运输企业被依法宣告破产的,经营许可证自破产宣告之日起自动失效;(3)公共航空运输企业因合并、分立解散的,经营许可证自公司完成合并、分立之日起自动失效;(4)公共航空运输企业依法被吊销营业执照、责令关闭或者被撤销的,经营许可证自有关决定生效之日起自动失效。

四、公共航空运输企业经营许可的监管报告制度

经营许可证的长期有效,如何监管?主要通过年度报告和重大事项报告相结合的报告制度加强监管。

年度报告:公共航空运输企业应当在每年6月30日前,向民航局和主运营基地机场所在地民航地区管理局报送上一年度的年度报告和审计报告。在年度报告中应对本年度经营活动、重大事项、股东以及高级管理人员等持续符合经营许可条件的情况进行说明。

重大事项报告:公共航空运输企业发生管理层重大变动、决定暂停运营、申请或者被申请破产的,应及时向民航局、民航地区管理局报告。

通过报告制度,强化对公共航空运输企业运营风险评估,搭建市场监管平台,开展风险预警,加强对公共航空运输企业市场准入后的持续监管。

五、航空运输企业的航线经营许可制度

(一)中国空运企业航线经营许可的依据

中国对于航空运输企业的航线经营实行许可制度,其法律依据是《行政许可法》和《民用航空法》。例如,《民用航空法》第96条规定:公共航空运输企业申请经营定期航班运输的航线,暂停、终止经营航线,应当报国务院民用航空主管部门批准。不同类型的航线经营许可,具体适用不同的涉及民航管理的规章。(见表6-2)

表6-2 空运企业申请航线经营许可的类型与依据对照

企业类型	申请航线经营许可的类型	航线经营许可依据的具体涉及民航管理的规章
中国航空运输企业	申请国内航线经营许可	《中国民用航空国内航线经营许可规定》(CCAR-289TR-R1)
	申请国际航线经营许可	《定期国际航空运输管理规定》(CCAR-277TR-R3)
外国航空运输企业	申请经营外国地点和中华人民共和国地点间规定航线	《外国航空运输企业航线经营许可规定》(CCAR-287)
	除定期飞行和加班飞行以外的商业航空运输飞行,包括非固定团体包机、综合旅游包机、公共包机、社会团体包机、同益包机、特殊活动包机、学生包机、自用包机、货运包机、客货混合包机、合用包机等种类	《外国航空运输企业不定期飞行经营许可细则》(CCAR-119TR-R1)

(二)中国空运企业国内航线经营许可的原则、条件和方式

1. 国内航线经营许可的原则

实施国内航线经营许可管理,应当遵循以下基本原则:有利于建立和完善全国统一、开放、竞争、有序的航空运输市场体系;坚持公平、公正、公开;有利于保障航空运输安全,提高航班正常率和服务质量;鼓励诚实守信,惩戒弄虚作假等扰乱市场秩序行为;兼顾地方经济发展与空运企业利益;有利于优化航线资源配置,完善航空运输网络。

2. 国内航线经营许可的条件

中国空运企业申请国内航线经营许可,应当具备下列基本条件:是根据中华

人民共和国法律设立的公共航空运输企业；符合民航局安全管理的有关规定；符合航班正常、服务质量管理的有关规定；符合国家航空运输发展的宏观调控政策；空运企业的补充安全运行合格审定合格；符合法律、行政法规和涉及民航管理规章规定的其他条件。[1]

3. 国内航线经营许可的方式

国内航线经营许可实行二级管理，民航局和民航地区管理局分别负责对区际和区内航线实施经营许可的核准和登记管理，民航局对全国国内航线经营进行监管，民航地区管理局对区内航线经营进行监管。国内航线的经营许可采取核准制和登记制两种方式。（见表6－3）

表6－3　国内航线经营许可方式的适用情形对照

许可方式	国内航线经营许可适用的情形	许可依据
核准制	1. 涉及民航总局核定的受综合保障能力及高峰小时飞机起降架次流量限制的机场的航线经营许可 2. 涉及繁忙机场的航线和飞行流量大的航线经营许可 3. 涉及在飞行安全方面有特殊要求的机场的航线经营许可	《中国民用航空国内航线经营许可规定》（CCAR－289TR－R1）第9条
登记制	1.《中国民用航空国内航线经营许可规定》（CCAR－289TR－R1）第9条所列范围以外的航线 2. 国内货运航线 3. 民航局或民航地区管理局划定的其他航线	《中国民用航空国内航线经营许可规定》（CCAR－289TR－R1）第19条

（三）中国空运企业国际航线经营许可的条件

中国空运企业申请国际航线经营许可的条件包括：已按照《公共航空运输企业经营许可规定》申请增加了国际航班经营范围；具备与经营该国际航线相适应的民用航空器、人员和保险；航班计划和航权使用率符合规定；近两年公司责任原因运输航空事故征候率年平均值未连续超过同期行业水平；守法信用信息记录中没有严重违法行为记录；符合航班正常、服务质量管理的有关规定；初次申请国际航线经营许可的，还应具有与经营国际航班相适应的专业技术人员和主要管理人员及相应的经营国际航班的管理制度；符合法律、行政法规规定的其他条件。[2]

（四）中国空运企业国内/国际航线经营许可的程序和监管

根据《中国民用航空国内航线经营许可规定》和《定期国际航空运输管理规定》的规定，中国空运企业申请国内/国际航线经营许可证，需遵循基本程序，出现违规情形的，将给予不同的行政处罚或刑事惩罚。详见表6－4。

〔1〕参见《中国民用航空国内航线经营许可规定》（CCAR－289TR－R1）第8条。

〔2〕参见《定期国际航空运输管理规定》（CCAR－277TR－R3）第3条。

表6-4 中国空运企业国内/国际航线经营许可的程序和监管对照

<table>
<tr><th>企业类型</th><th>经营许可类型</th><th>基本程序</th><th>撤销/注销事由</th><th>违规违法情形</th><th>罚则</th></tr>
<tr><td rowspan="7">中国公共航空运输企业</td><td rowspan="4">申请国内航线经营许可</td><td rowspan="4">1. 计划开航前45日提出
2. 在20日内提出意见并公告
3. 受理申请之日起30日内作出核准决定
4. 核准后10日内报民航局备案</td><td rowspan="4">核准经营许可后,60日内未安排航班或因空运企业自身原因航班执行率不足50%;擅自涂改登记证和核准书</td><td>违反安全管理有关规定;违反关于航班正常、服务质量管理的有关规定;违反法律、行政法规和部门规章规定的其他条件</td><td>暂停或者撤销核准、登记</td></tr>
<tr><td>不主动、及时办理许可注销手续;违规安排加班,冲击和影响定期航班飞行;私自租赁、转让、买卖和交换航线经营权;未经批准以代号共享或湿租其他空运企业飞机等经营方式变相转让或出租航线经营权;未经批准擅自暂停或终止许可中载明的航线经营</td><td>责令改正并给予警告;情节严重的,处以1万~3万元罚款</td></tr>
<tr><td>对符合申请不予受理;对不符合条件的企业准予核准或登记;超越管辖范围核准或登记航线经营许可;不履行规定的义务</td><td>责令改正;情节严重的,行政处分</td></tr>
<tr><td>营私舞弊,索取、收受财物或者谋取其他利益</td><td>刑事责任;行政处分</td></tr>
<tr><td rowspan="3">申请国际航线经营许可</td><td rowspan="3">1. 计划开航前45日内提出
2. 受理申请之日20日内作出核准决定
3. 公示期不少于5日</td><td rowspan="3">许可颁发日起1年内未开通航线;自开航之日起连续正常运营少于3个月;暂停国际航线的期限不得超过一个航季,逾期不能复航;连续2个航季未执行航线经营许可自动失效的;企业不再具备安全生产条件</td><td>未经批准不得擅自暂停或终止国际航线运营;擅自转让、买卖和交换国际航线经营许可;不符合许可条件仍继续从事有关国际航空运输活动</td><td>责令改正,给予警告;情节严重的,处1万~3万元罚款</td></tr>
<tr><td>隐瞒有关情况或者提供虚假申请材料</td><td>不予受理或不予许可并警告;1年内不得再次申请</td></tr>
<tr><td>以欺骗、贿赂等不正当手段取得国际航线经营许可</td><td>撤销许可;给予警告,并处3万元以下罚款,;3年内不得重新申报;依法追究刑事责任</td></tr>
</table>

（五）外国航空运输企业的航线和不定期飞行经营许可制度

1. 外国航空运输企业的定期航线经营许可的原则和程序

二维码6－2

民航局依法注销某货运航空有限公司公共航空运输企业经营许可证案例

外国航空运输企业申请经营外国地点和中华人民共和国地点间规定航线，应当符合中外双方政府民用航空运输协定或者有关协议的规定，并先经其本国政府通过外交途径对其进行指定，双方航空运输协定或有关协议另有规定的除外。民航局审批外航经营许可实行互惠对等的原则。

外航申请经营许可应当在计划开航之日60日前向民航局提出；除双方航空运输协定或有关协议另有规定外，民航局自受理申请之日起20个工作日内作出是否批准的决定，自作出批准决定之日起10个工作日内向外航颁发经营许可。[1]

2. 外国航空运输企业的不定期飞行经营许可

根据《外国航空运输企业不定期飞行经营许可细则》（CCAR－119TR－R1），外航在外国和中华人民共和国之间从事不定期飞行的，取得经营许可和完成运行审定后方可飞行。中国对外航不定期飞行的经营许可实行互惠对等原则。

申请人应在预计飞行日7日前向民航局提出申请，遇灾害运送救援人员或物资等紧急和特殊情况，在说明理由后，可在预计飞行日3日前向民航局提出申请。民航局自受理申请之日起4日内进行审查，并作出许可或不许可的书面决定，许可的飞行计划不得随意更改。

申请不定期飞行经营许可，应提供下列文件：（1）航空器所有人和经营人名称及其地址；（2）航空器的无线电通话和通信呼号；（3）航空器上无线电台使用的频率范围；（4）航空器的机型及最大起飞重量和最大落地重量，可利用座位数或者吨位数；（5）航空器预计起飞、到达地点、日期、时刻（UTC时间）、航路和进出中华人民共和国大陆边境的航路进出点；（6）航班号和飞行架次；（7）包机人、担保人、接待单位的名称、地址、联系人和联系方式；（8）为包机提供代理服务的已获得相应资质的代理人名称、地址、联系人和联系方式；（9）为包机提供地面服务的机场地面服务公司的名称、地址、联系人和联系方式；（10）包机合同；（11）该航空运输企业所在国（地区）有关主管部门为其颁发的可从事公共航空运输的航空运输营业许可证及运行规范复印件；（12）航空器国籍登记证、适航

〔1〕　参见《外国航空运输企业航线经营许可规定》（CCAR－287）第5条、第12～13条。

证、航空器上无线电台使用许可证及噪声证书复印件;(13)投保机身、旅客、货物、对地面第三者责任等险种的保险证明复印件。

第四节　公共航空运输合同制度

一、公共航空运输合同的界定、构成、特点和类型

(一)公共航空运输合同的界定和构成

航空运输法律关系的实质是航空运输合同法律关系,航空运输合同是运输合同的一种。根据《民法典》第809条的规定,运输合同是承运人将旅客或者货物从起运地点运输到约定地点,旅客、托运人或者收货人支付票款或者运输费用的合同。

公共航空运输合同,是指公共航空运输承运人使用民用航空器将旅客或者货物从起运点运输到约定地点,旅客、托运人或者收货人支付票款或者运输费用的合同。

公共航空运输合同的内容不是一个独立的单一书面文本,而是由一系列书面文件组合而成的。航空运输合同的核心内容是合同主体之间的权利和义务,因此凡是有关规制航空运输合同主体之间权利和义务的相关文件,都是航空运输合同的组成部分。

航空运输合同的内容一方面体现于客票、行李票、航空货运单上载明的简要合同条件;另一方面还包括航空公司单方制定的并经民航主管机关批准的旅客、行李和货物运输总条件(国内和国外)以及航空公司公布的有关旅客、行李和货物运输的各类管理规定。例如,航空公司的安全管理手册、客运手册、地面服务保障手册(行李运输业务、旅客运输业务、货物运输业务、危险品运输业务)、航空公司电子客票操作手册、旅客须知、客票使用条件、安全运输提示、客票行李规定(包括随身携带行李限额、托运行李限额、免费行李额、逾重行李收费、行李不正常运输的处理与赔偿)、付费选座产品购买须知、航班延误应对计划、超售声明和补偿计划,以及各种公示的服务协议(如隐私条款、网上订票服务协议、网上座位预留协议、网上乘机手续服务协议、保险条款)等。

(二)公共航空运输合同的特点

1. 公共航空运输合同的标的是运输行为。旅客及其随身行李物品或货物是运送行为的对象而非合同的标的。

2. 公共航空运输合同原则为双务、有偿的合同。公共航空运输活动原则上属于商业运输行为,在运输合同关系中,航空承运人与旅客或托运人互负义务。

公共航空运输合同一般都是有偿的，无偿是例外，如航空公司根据国家指令无偿提供的航空运输服务（以公益活动为目的运输服务）。[1]

3. 公共航空运输合同为诺诚性合同。根据目前的规定和机票交易习惯，无须交付客票，合同即已经成立。例如，电话订票和网购电子客票，都是合同成立在先，客票交付在后。航空货物运输中，托运人填制托运单后，航空承运人出具航空货运单，由托运人和承运人签字或印戳记后，航空货运合同即为成立。

4. 公共航空运输合同是格式合同。公共航空承运人事先单方面提供的航空运输总条件（如旅客、行李运输总条件，货物运输总条件）是合同的核心内容和精髓，机票背面的"合同条件"只是运输条件部分条款的摘述，因此《民用航空法》和国际航空运输公约均规定，客票、行李票、航空货运单等运输凭证只是合同订立及运输合同条件的"初步证据"，这些运输凭证不是航空运输合同的全部。机票遗失、不能出示或某些内容缺失，并不影响合同的存在，航空运输总条件对其构成补充和效力修正。公共航空运输使用格式合同的目的是简便手续、提高效率，节省交易成本。

5. 公共航空运输合同是记名合同。公共航空运输合同的运输凭证是一种实名记载旅客或托运人名字和身份证号的记名无价证券。旅客客票仅是一种资格证券或凭证证券，是不能作为财产使用的书面凭证，不存在流通价值和价格，只有使用价值，且只限客票上所列旅客本人使用，不得转让，享有航空运输服务的权利只属于机票上载明姓名的特定旅客。出票的航空承运人只向客票上所列姓名的旅客提供运输，并有权要求旅客出示相应的有效身份证件进行验证，航空旅客出示有效身份证件是其应履行的法定义务。

6. 公共航空运输合同是具有社会公益性的消费合同。公共航空运输是为满足社会大众的航空旅行或生产需要而进行的，这种运输行为除具有商业性外，还具有社会公益性，因此公共航空运输承运人有强制缔约义务。例如，《民法典》第810条规定："从事公共运输的承运人不得拒绝旅客、托运人通常、合理的运输要求。"但是，旅客及其行李或货物拒绝接受安全检查的，或者旅客随身携带危险品乘坐民用航空器不听劝阻的，公共航空运输承运人有权拒载；旅客坚持携带或者夹带危险物品或者违禁物品的，承运人应当拒绝运输。[2]

二维码6-3

有效乘机身份证件的种类

---

[1] 根据《财政部、国家税务总局关于全面推开营业税改征增值税试点的通知》（财税〔2016〕36号）附件2《营业税改征增值税试点有关事项的规定》规定，这类航空运输服务不征收增值税。

[2] 参见《民用航空法》第101～102条；《民用航空安全保卫条例》第26～27条；《民法典》第818条。

(三)公共航空运输合同的类型

公共航空运输合同按不同标准有不同分类。

1. 按照航空运输合同的履行区域,分为国内航空运输合同与国际航空运输合同。二者有如下两个方面的区别:运输的出发地、约定的经停地或目的地是否在中国境内;法律适用不同,前者适用国内法,后者适用国际航空公约。

2. 按照航空运输合同的对象,分为航空旅客运输合同、航空行李运输合同、航空货物运输合同和航空邮件运输合同。航空旅客运输合同是公共航空运输承运人将旅客及行李运送至约定地点,旅客支付票款的合同。航空行李运输合同,从合同订立和履行过程上看,可视为航空旅客运输合同的附属合同(因为"行李"对"旅客"具有较强的依附性,没有"旅客"的存在,"行李"只能被视为普通货物)。航空货物运输合同是航空承运人与货物托运人之间依法就提供并完成以民用航空器运送货物达成的协议。航空邮件运输合同为航空货物运输合同的特殊形式,受《邮政法》及相关行政法规、部门规章等调适,不受《民用航空法》规范。

3. 按照航空运输合同的订立方式,分为航班运输合同和航空包机合同。航班运输合同,是指公共航空运输承运人根据民航管理部门批准的并已公布的航班时刻,向旅客、托运人和收货人提供航空运输服务,旅客、托运人和收货人支付相应对价的合同。该种合同的条款基本都是格式条款。航空包机合同,是指公共航空运输承运人根据包机人的要求在约定的时间和航线上为包机人提供航空运输服务,由包机人按约定支付相应对价的合同。包机合同条款除格式条款外,还有协商约定的特别条款。

二、公共航空运输合同的主体、内容和形式

(一)公共航空运输合同的主体

公共航空运输合同的主体,即公共航空运输合同的双方当事人。一般情况下:一方为提供航空运输服务的承运人,即航空公司;另一方为购买航空运输服务的旅客、托运人或者收货人。航空旅客运输合同的主体包括承运人和旅客;航空货物运输合同的主体包括承运人和托运人或者收货人。

1. 承运人,是指以营利为目的,使用民用航空器运送旅客、行李、邮件或者货物的企业法人。承运人分为缔约承运人和实际承运人。

缔约承运人,是指签订航空运输合同并保证按照合同约定履行职责的人。缔约承运人既可以亲自履行航空运输任务,也可以将全部或者部分运输任务授权他人代为履行,缔约承运人对授权他人履行的运输仍负有合同约定的责任。通常情况下,缔约承运人就是运输凭证中填写为承运人或第一承运人的人,在连续运输中,每个连续承运人都是缔约的一方。缔约承运人应当对合同约定的全

部运输负责。

实际承运人,是指根据缔约承运人的授权进行航空运输活动的人,并且在没有相反证明时,此种授权被推定为存在。缔约承运人和实际承运人是对应和并存的概念,缔约承运人对全部运输负责,实际承运人对其履行的运输负责。

2. 旅客,是指经承运人同意在民用航空器上载运的除机组成员以外的任何自然人。旅客既可以是付费的,也可以是免费的,但要经承运人同意,未经承运人同意而乘机的人,如私自搭乘、偷乘飞机偷渡的人不被认为是旅客。

3. 托运人,是指为货物运输与承运人订立合同,将货物托付承运人按照合同约定的时间运送到指定地点,向承运人支付相应报酬,并在航空货运单或者货物运输记录上署名的人。

4. 收货人,是指承运人按照航空货运单或者货物运输记录上所列名称而交付货物的人。航空运单上所指的收货人情况较为复杂,与发货人情况相似。有时由于进口管制,最终的收货人并不体现在运单上,运单上的收货人往往是进口商,而在"通知人"上显示的才是真实的收货人。

在复杂的货运情况下,主运单和分运单上所示的收货人的意义有所不同。分运单上的收货人往往是真正的收货人,而主运单上的收货人则往往是货代。

(二)公共航空运输合同的内容

公共航空运输合同的内容,即公共航空运输合同主体在航空运输合同中所享有和承担的权利与义务。不同种类的航空运输合同,主体的权利义务有所不同,法律适用也存在区别。

1. 公共航空旅客运输合同的内容

公共航空旅客运输合同的内容就是承运人和旅客双方当事人的权利和义务。

旅客的主要权利:(1)享有参加航空运输和选择承运人的权利;(2)按规定的限量免费携带行李;(3)享有权利损害的救济请求权;(4)在约定的时间内享有退票或变更的权利。

> **二维码6-4**
> 石某与九元航空有限公司的随身携带手机丢失赔偿纠纷案

旅客的主要义务:(1)旅客应持有效客票、支付相应费用乘机;(2)旅客应按时乘机;(3)旅客应按照规定限量携带准予运输的行李;(4)旅客应遵守安全规则和接受安全检查。

> **二维码6-5**
> 许某欣在航空器上使用禁用物品被处罚案

承运人的主要权利:(1)按规定标准收取票款和其他费用;(2)按照有关规定查验机票、检查旅客携带行李及危险物品;(3)有权拒载拒绝检查的旅客或不轨旅客。

承运人的主要义务:(1)强制缔约义务;(2)安全、正点运输义务;(3)提供必要的服务;(4)合理运输不得绕航的义务;(5)使用旅客个人信息的保密义务。[1]

2.公共航空货物运输合同的内容

二维码6－6

丁某与中国国际航空公司航空运输损害责任纠纷案

公共航空货物运输合同的内容就是承运人和托运人/收货人之间的权利和义务,其中一方的权利就是对方的义务。

托运人的义务:(1)应认真填写航空货运单,对货运单内容的真实性、准确性负责,并在货运单上签名或者盖章;(2)对托运的货物按照相关规定的标准进行包装;(3)必须在托运的货件上标明发站、到站和托运人单位、姓名、详细地址,以及规定的储运指示标志;(4)托运国家规定必须保险的货物的,托运人应在托运时投保货物运输险;(5)应接受航空承运人对航空货运单的查核或货物开箱检查;(6)应按有关规定处理禁运品、限运品和危险品;(7)应按民航主管机关规定的费率缴付运费和其他费用。

收货人的义务:(1)应按时提取货物;(2)应向承运人支付逾期提货的保管费;(3)对货损最迟应在收到货物之日起10日内提出异议,否则丧失索赔权。

承运人的义务:缔约承运人要按照合同约定履行其义务,包括:(1)强制缔约义务;(2)安全、正点运输义务;(3)合理运输不得绕航的义务;(4)出具航空货运单或货物收据的义务;(5)货物到达目的地后通知收货人的义务;(6)对货物的不合理损失进行赔偿的义务。实际承运人是根据缔约承运人的授权进行航空运输活动的人,其义务根据缔约承运人的授权来确定。

(三)公共航空运输合同的形式

1.公共航空旅客运输合同的形式

航空旅客运输合同的形式是客票。客票,是指由承运人或其代理人填开的被称为“客票及行李票”的凭证。1929年《华沙公约》和1955年《海牙议定书》

---

〔1〕《民法典》第501条规定:“当事人在订立合同过程中知悉的商业秘密或者其他应当保密的信息,无论合同是否成立,不得泄露或者不正当地使用;泄露、不正当地使用该商业秘密或者信息,造成对方损失的,应当承担赔偿责任。”第1034条规定:“自然人的个人信息受法律保护。个人信息是以电子或者其他方式记录的能够单独或者与其他信息结合识别特定自然人的各种信息,包括自然人的姓名、出生日期、身份证件号码、生物识别信息、住址、电话号码、电子邮箱、健康信息、行踪信息等。个人信息中的私密信息,适用有关隐私权的规定;没有规定的,适用有关个人信息保护的规定。”《公共航空运输旅客服务管理规定》(CCAR－273)第14条规定:“承运人、机场管理机构、地面服务代理人、航空销售代理人、航空销售网络平台经营者、航空信息企业应当遵守国家关于个人信息保护的规定,不得泄露、出售、非法使用或者向他人提供旅客个人信息。”

有客票的直接规定，并将客票视为运输凭证的一种，《民用航空法》也采用此种体例。但在1971年《危地马拉议定书》和1999年《蒙特利尔公约》中，客票概念消失，取而代之的是“个人或集体的运输凭证”，客票和运输凭证之间渐呈分离之势。

客票在程序法上具有证据价值，客票的证据价值主要体现在两个方面，即客运合同订立的初步证据[1]和运输合同条件[2]的初步证据。1929年《华沙公约》明确规定：“客票、行李票或货运单缺如、不合规定或遗失，不影响运输合同的存在和有效。”1955年《海牙议定书》、1971年《危地马拉议定书》和1999年《蒙特利尔公约》均沿袭该条规定的精神。《民用航空法》第111条也规定，“客票是航空旅客运输合同订立和运输合同条件的初步证据”。

2. 公共航空货物运输合同的形式

航空货物运输合同在形式上表现为航空货运单或货物收据。航空货运单是航空货物运输中，托运人与承运人之间关于运输合同及在存货物的一种单据。根据1999年《蒙特利尔公约》和《民用航空法》的规定，航空货运单只是订立航空货物运输合同和运输条件以及承运人接受货物的初步证据（表面证据）。航空货运单是航空货物运输合同的表现形式之一，不是合同本身，其对合同的证明，只是一种初步的证明，如果有相反的证据，则航空货运单丧失对航空货物运输合同的证明作用。

航空货运单分为航空主运单和航空分运单。航空主运单，是指由航空运输公司签发的，以托运人名义填写的航空货运单。它是航空运输公司据以办理货物运输和交付的依据，是航空公司和托运人（或集中托运人）订立的运输合同。每一批航空运输的货物都有其相对应的航空主运单。航空分运单，是指集中托运人（货运承揽商）在办理集中托运业务时签发的航空货运单。在集中托运的情况下，除了航空运输公司签发主运单外，集中托运人还要签发航空分运单。

航空分运单作为集中托运人与托运人之间的货物运输合同，合同双方分别为货主和集中托运人。集中托运下，货主与航空运输公司没有直接的合同关系，

---

〔1〕 初步证据又称表面证据，它表达了对其所证明的事物的基本肯定，其作为证据的充分性和有效性即证据力已经达到法院可以据以认定事实、进行判决的程度；但是有相反的、更为确凿的证据证明时，初步证据可以被推翻。

〔2〕 运输合同条件是关于运输合同当事人双方的主要权利、义务以及违反合同时应当承担的责任的规定，一般记载于客票最后一页的背面。运输合同条件的内容十分细致、全面，是对运输合同内容的具体化和外在表现。为防止承运人一方利用运输合同是格式合同的特性将不公平条款强加给旅客，国际航空运输公约和各国国内法基本都把运输合同条件法定化，成为强制性规定。《中国民用航空旅客、行李国际运输规则》（民航局第70号令，已失效）的第5条规定：“……客票中的合同条件是运输条件部分条款的摘述。”

也没有直接的货物交接关系，因为在起运地货物由集中托运人将货物交付航空运输公司，在目的地由集中托运人或其代理从航空运输公司处提取货物，再转交给收货人。由于货运承揽商并非实际运输人，一旦发生索赔，托运人就只能向货运承揽商主张权利，而不能向航空公司主张权利。

航空货运单不是物权凭证，其与海运提单有许多不同，具体见表6－5。

表6－5 航空货运单和海运提单之比较

类别	分类	
	航空货运单	海运提单
权利性	非物权凭证	物权凭证
签发时间	货物装机前	货物装机后
格式	固定格式	承运人可自行设计
填制人	托运人	承运人
收执人	正本一式三份，托运人、承运人、收货人各一份	全部交付托运人
受通知人	进口商	进口商或其报关行
流通性	不能流通转让	可流通（记名除外）
运费记载要求	记载	不记载
证券性	非有价证券	有价证券
货物收据	可以作为货物收据	可以作为货物收据
运输凭证	初步证据	证据
提货方式	发提货通知，“认人不认单”	“认单不认人”
提货后的缴回	不需要	需要缴回
运费支付方式	预付或到付	预付或到付
记名性	记名	记名或不记名
指示性	非指示性，属于直接式	多为指示式
丢失后果	不能公示催告	需公示催告

三、公共航空运输合同的订立、成立与生效

（一）公共航空运输合同订立、成立与生效的区分与辨析

合同的订立、成立和生效虽然是三个不同的概念，但有着严密的逻辑关系。合同的生效以合同的成立为前提，合同成立则以合同订立为基础，没有合同的订立，不会有具体合同的成立，没有合同成立不会有合同生效问题。

合同的成立，是双方当事人意思表示一致的结果，要约与承诺的意思表示均采用“到达主义”，受要约方同意要约的意思表示到达对方为合同成立和生效的时间节点。合同成立是合同事实上的存在，属于事实判断问题，与合同成立对应的是合同不存在，合同的成立只需当事人意思表示一致，不问意思表示背后的真实性和主要条款的合法性。

合同的生效是指合同具有法律上的约束力，属于法律上的价值判断，与合同生效对应的是合同无效、效力待定、可变更、可撤销。合同生效的确认既要审查当事人的主体合法性，当事人的意思表示是否真实，又要审查合同内容的合法性。因此，原则上合同一经成立即同时生效，除非法律另有规定或当事人另有约定。

在实践中，航空运输合同的订立、成立与生效有其特定性。例如，在航空运输合同的订立环节，旅客根据航空承运人公布的航班时刻，向航空承运人或销售代理人作出明确而具体的航班时刻、舱位等级等订约意思表示，构成一种要约。托运人（或货主）向具体航空公司提出运输请求，填写货物托运单，也为具体的要约，该要约到达航空公司或代理人时生效。航空承运人在接到订票单和托运单后，承运人审查、同意开具航空客票及行李票或航空货运单，并出票给订票人或托运人的，应视为承诺，根据《民法典》第814条的规定，航空运输合同自承运人向旅客出具客票时成立。对于无成人陪伴的儿童、残障者、孕妇、患病者或其他需要特殊服务的旅客，必须事先向航空承运人提出，经承运人同意并作出相应安排后同意予以承运的，航空运输合同才成立，否则合同不成立。

在航空客票电子交易模式下，航空公司在机票预订网站上发布的航班时刻、机型和经停或直飞等航班信息，性质上应是航空公司向不特定的旅客发出的要约邀请。订票人点击机票预订后，依据提示完成填写并提交订票相关信息，性质上应是旅客对航空公司发出的具体要约，同时也说明其愿意接受网站相关提示条款作为合同条款并受之约束。航空承运人的特定系统生成订票人具体的订单号、票价等订票信息，经订票人核实后提交订单并进行网上支付，承运人的计算机订座系统接到已付款信息后，会生成客票号码，该客票号码及相关行程信息随后以短信形式发送给订票人，这在性质上被视为承运人的承诺，双方之间的航空运输合同即成立，并同时生效。航空承运人的客票（行程单）交付不再是航空运输合同成立的标志，而是合同成立后航空承运人应履行的义务。

（二）办理登机手续与合同成立、生效的关系

在诉讼实践中，关于航空旅客运输合同成立与生效的时间是否一致，常有不同观点。例如，在2006年肖某诉南航公司案[1]中，肖某以1300元向南航公司

---

〔1〕参见北京市朝阳区人民法院民事判决书，（2006）朝民初字第23073号。

购买了飞往广州的CZ3112号航班7折机票。办理登机手续时,地服工作人员确认该机票为超售票,飞机已满员,肖某无法乘机。肖某被安排转签国航某航班,后又延误,遂被转签至南航公司一航班头等舱(票价2300元)离港。由此发生票价争议诉至法院。该案争议的焦点是航空运输合同成立和生效的时间是否一致,办理登记手续的法律性质是什么?在诉讼中,被告南航公司认为,机票在乘客购买时只表示运输合同成立,但合同并没有生效,只有在办理登机手续后合同才开始生效。

有的法院认为航空客运合同的成立和生效时间不一致,合同成立后并不立即生效,而是在旅客检票时生效,并认为这是一种交易习惯。[1] 这种观点在实践中会存在一定的逻辑矛盾。根据《民法典》第814条的规定,客运合同自承运人向旅客出具客票时成立,但当事人另有约定或者另有交易习惯的除外。该条款的但书"当事人另有约定或另有交易习惯",是指客运合同成立时间的例外,并非合同生效时间的例外。例如,在电话订票的情形中,合同成立时间以订票人实际购票时为准,而不是电话承诺时。因此,以航空客运合同须经办理登机手续后方能生效作为交易习惯,主张合同成立与生效不一致,是一种误解。在航空客运合同中,旅客的主要履行义务就是支付票款、提供身份确认,携带符合要求的行李物品并按时登机。在航空公司出票时,旅客提供身份确认、支付票款的合同义务均已履行,如果仍认为合同未生效,而旅客所为的又是履行行为,这显然是存在矛盾的。

航空客运合同应该自旅客购票时成立并同时生效。航空客运合同订立时,旅客需提交并确认飞行目的地、航空承运人、起飞时间,提供身份证明并支付票款后,航空公司再向旅客出票。出票标志当事人的意思表示一致,合同成立。航空客运合同的实质要件符合法律要求,无须审批、登记的特殊要求,因此航空客运合同成立同时生效。因机票是记名的,不能自由转让,合同成立与生效的时间应该保持一致。

办理登机手续,换取登机牌,只是旅客和航空公司就合同履行的内容作进一步补充,是对旅客所携带物品和行李的托运、机上座位的选定等事项达成的补充协议,与合同的成立和生效没有关系。旅客到机场办理登机手续所进行的身份查验、托运行李、分配座位、安全检查、边防检查(出境旅客)等系列行为,应均是在航空旅客运输合同成立并生效后进行的行为,否则无法解释旅客未能通过安全检查而要求退票时航空公司为何要向其收取一定的退票费,如果合同没有成立并生效,就不存在违约责任的问题。如认为航空客运合同在办理登机手续时

[1] 参见胡某潮诉中国国际航空公司运输合同纠纷案。

才告生效，则乘客在登机手续办理前已经履行的提供身份确认、交纳票款等履行合同义务的行为即失去法律依据，明显与交易习惯相违背。航空运输合同对天气、气候等自然因素、科学手段和技术仪器具有高度的依赖性，使起飞时间和航行路线以及到达时间、地点在合同履行中会发生变更，但这些因素都不属于控制合同效力的条款，而是合同生效后的履行问题。[1]

（三）未成年人网购机票的行为效力

1999年《蒙特利尔公约》规定，“任何保存其内容的其他方法都可以用来代替出具该款中所指的运输凭证”，由此全面确立了电子运输凭证的法律地位和法律规则，中国民航自2006年开始全部普及电子客票。

二维码6－7

朱某与中国南方航空公司的旅客运输合同成立与变更纠纷案

在传统航空运输合同订立过程中，合同主体的身份及其缔约能力相对容易辨别。但在电子商务交易情形下，缔约双方身份的确认和行为能力的认定，均在虚拟的计算机订座系统中进行，电子订约的网络环境很难确定订票人是否具有相应的民事行为能力，如未成年人网购机票的行为，应作何效力解释？

例如，2014年，9周岁男孩在机票预订网站上以其父亲的身份证号注册登记购买了某航空公司2014年5月15日上海至巴黎的一张不可退改签的特价机票，并用母亲的信用卡成功支付。5月17日，父亲才发现男孩手机上的航班信息，母亲才发现信用卡被支付机票款。父亲联系航空公司要求返还票款，由此发生争议致讼。此案件提出了一个问题：9岁男孩盗用他人名义进行网上购票时，应如何确认其效力？[2]

未成年人使用欺诈手段网购机票的，网购机票的行为应具有法律效力。具体理由：目前，中国国内银行卡网上支付技术及安全保密技术已成熟，国内各大银行的支付网关均采用国际先进加密方式并经过安全认证，这种设计是阻止未成年人参与电子交易的必要障碍。电子客票交易的订票人需要具有一定的计算机知识和操作能力，否则无法克服交易网页设计的必要障碍。在此情形下，经营者已尽到善意且谨慎的注意义务，若未成年人使用欺诈手段，则法律没有保护必要。此外，航空客运合同的核心构成是航空运输总条件，双方的权利义务已在航空运输总条件中明确，其中对消费者的利益已有必要的保护设计。未成年人能够网购机票成功，可推定订票人具有一定的意思能力和行为能力，有无完全民事行为能力无关紧要。

---

〔1〕参见北京市朝阳区人民法院民事判决书，（2006）朝民初字第23073号。

〔2〕参见郝秀辉：《航空运输合同法》，法律出版社2016年版，第52页。

因此，为充分平衡订票人的利益、航空公司的信赖利益和电子客票交易秩序，限制行为能力人和无行为能力人借助计算机网络和计算机设备采用欺诈手段购票的，不应适用《民法典》第19～20条规定，而应该适用2019年《电子商务法》第48条的规定，推定当事人具有相应的民事行为能力，但有相反证据足以推翻的除外。

四、航空运输合同与航空运输总条件的关系

航空运输总条件是航空运输合同的核心组成部分，但航空运输总条件不会自动地订入航空运输合同，需要借助一定的订入方式。航空运输总条件具有格式条款的特性，要受到格式条款使用规则的限制和约束。

（一）航空运输总条件的界定和类型

航空运输总条件，又被称为“运输共同条件”或“一般运输条件”，是指航空公司对大批量的公共航空运输合同所预先制定的，由合同一方当事人——航空公司在合同缔结时，向合同另一方当事人——旅客、托运人提出的合同条款。

公共航空运输公司的航空运输总条件一般包括国内旅客、行李运输条件、国际旅客行李运输条件、国际货物运输条件、国内货物运输条件等。

（二）航空运输总条件订入航空运输合同的方式

诉讼实践中常见的争议焦点是：航空运输总条件订入航空运输合同的方式应采取“明示”还是“默示”？

“明示”的观点认为，格式条款订入消费者合同时，商人必须提请消费者注意格式条款，使消费者有合理机会了解其内容，同意将它订入合同。

“默示”的观点认为，航空运输总条件已经成为民航运输业的常规，作为格式条款，其可以因构成一种交易习惯或惯例而默示地订入合同。无论相对人是否已经知悉或应该知悉此种惯例，其均成为合同的组成部分。

从中国航空公司将航空运输总条件订入合同的运作实践来看，我国航空公司基本上都只是在运输条件中或机票上标明“航空运输条件是航空运输合同的组成部分”字样，售票时几乎没有明确提请消费旅客注意航空运输总条件内容的，少有旅客了解和知晓航空运输总条件的术语或其中具体条款，直到发生纠纷诉讼时，方知道对旅客不利的条款。因此，航空运输总条件订入航空运输合同应该采取“明示”方式，尤其是对于那些“免除或限制责任条款”的提请注意，更需要主动向消费旅客进行说明和解释。

（三）《民法典》第496条对航空运输总条件适用的影响

《民法典》第496条规定：“格式条款是当事人为了重复使用而预先拟定，并在订立合同时未与对方协商的条款。采用格式条款订立合同的，提供格式条款的一方应当遵循公平原则确定当事人之间的权利和义务，并采取合理的方式提

示对方注意免除或者减轻其责任等与对方有重大利害关系的条款，按照对方的要求，对该条款予以说明。提供格式条款的一方未履行提示或者说明义务，致使对方没有注意或者理解与其有重大利害关系的条款的，对方可以主张该条款不成为合同的内容。”

《民法典》第496条对航空公司适用航空运输总条件具有重大影响。中国航空公司在将航空运输条件订入航空运输合同时，不是仅仅提示购票旅客注意航空运输总条件的存在，而是重在对旅客特别告知或提醒旅客在航空运输总条件中存在免除或限制承运人责任的个别条款。航空公司自己（包括销售代理人）在出售机票时，缺少特别告知程序或提醒环节，仅是将航空运输条件挂在网站上，网上购票系统缺少提请注意的弹出窗口，不进行任何口头解释和说明。这种操作模式会造成航空公司一方在诉讼中因无法举证证明“已尽充分合理告知义务”而陷入被动的局面；更为严重的是，订票人可以根据《民法典》第496条的规定，主张该航空运输条件条款不能成为航空运输合同的内容。

第五节　公共航空运输承运人责任制度

一、国际航空运输承运人责任

国际航空运输承运人责任是指公共航空运输企业依据国际航空运输公约，使用航空器运送旅客、行李和货物的过程中依法承担的违约责任或损害赔偿责任。

（一）国际航空运输的界定和判断

国际航空运输，是指根据当事人各方订立的航空运输合同，以航空器运送人员、行李或者货物而收取报酬的国际运输，由此产生的航空运输责任适用国际条约和国际惯例。

诉讼时间中，法院通常会将“收取报酬”扩大理解为适用所有航空运输，包括航空公司使用航空器履行的免费运输。例如，律师飞往其客户处提供法律咨询时，律师机票由客户购买；旅客与他人分担航空飞行的费用；飞行俱乐部的付费成员的飞行等。

一个航空运输是否为华沙公约体系或蒙特利尔公约体系意义上的国际航空运输，具有重要诉讼意义，直接关系管辖法院和适用法律的选择。例如，1929年《华沙公约》第28条规定原告可以选择4个赔偿诉讼管辖权，即在承运人住所、主要营业地、签订合同的营业地或目的地法院。1999年《蒙特利尔公约》第33条在前面4个管辖权之外，增加了事故发生时旅客的“主要且永久居所地”法院的管辖权。

根据华沙公约体系和蒙特利尔公约体系的相关规定,国际航空运输的判断标准主要有以下 3 个方面。

1. 合同约定。一项运输是否为国际航空运输,取决于航空运输合同约定的出发地、目的地和经停地的地理位置,与航空承运人、托运人、收货人、旅客、航空人员的国籍及其住所无关,也与航空器国籍和航空运输合同的订立地无关,但航空公司的雇员在机上提供的航空飞行服务,不属于国际航空公约的调整范围。

例如,在 Block v. Cie Nationale Air France 案中,法国航空公司与 Altanta 艺术协会约定,由法国航空公司提供一架波音飞机并负责实际操作飞行,艺术协会完全承担支付费用和旅客选择,法国航空公司根据对方提供的旅客名字发出客票。法院认为:"航空公司和旅客之间的关系并不因为有租用协议被推翻。"[1]在 Ross v. Pan American Airways Inc 案中,原告作为戏剧演员和 U. S. O. Camp Shows 公司达成为战区战士演出协议,所有客票都由公司的官员或雇员出具与接收。法院判决实际上承认了该案存在公约意义上的"约定"。

2. 出发地、目的地和约定经停地至少有一个在其他缔约国。据此标准,下列运输均为国内航空运输,而不是公约意义上的国际航空运输:(1)航空运输的出发地和目的地均在同一国家领域内,且在他国并无任何约定地点;(2)运输合同约定的出发地和目的地均在同一缔约国内,承运飞机因非运输合同约定的其他原因临时降落经停他国领域内;(3)航空运输合同约定出发地和目的地均在同一缔约国内,承运飞机仅在有约定经停地点的外国上空穿过。

国际航空公约意义上的国际航空运输具有特定的内涵,与一般意义上的国际航空运输不同。下列航空运输均不是公约意义上的国际航空运输:(1)运输的出发地和目的地在两个非缔约国领域内;(2)运输的出发地和目的地均在同一非缔约国领域内,且在他国(包括缔约国和非缔约国)领域内有约定的经停地点;(3)运输的出发地和目的地均在同一国领域内,且在他国无任何约定地点;(4)在缔约国与非缔约国间的往返航空运输,视为两个独立的航空运输。

3. 连续承运人与不可分割的运输。如果航空运输由几个连续承运人承办,合同各方认为它是一个单一的经营活动,无论合同形式是一个或一系列,无论机票是一张还是多张,都应作为一个不可分割的运输,并不因为其中一个合同或一系列合同完全在同一缔约国的主权、宗主权、委任统治权或权力管辖下的领土内

[1] 386 F. 2d 32 (US CA, Sth Cir. 1967).

履行而丧失其国际性质。[1] 在公约意义上的连续运输中,每个承运人均受国际航空公约的约束。

(二)国际航空运输承运人责任的历史演变

国际航空运输承运人责任自1929年以来,已形成普遍适用的国际统一法律规则,包括系列公约、协定和议定书。

1. 1929年《华沙公约》

1929年10月12日由德国、奥地利等23个国家在华沙签署1929年《华沙公约》,共41条,另有一项附加议定书,1933年2月13日生效。这是国际航空私法领域实行国际统一规则的成功范例,其最大限度地减少了国际航空运输可能出现的法律冲突和司法冲突,保护和促进了国际航空运输业初期的发展。

1929年《华沙公约》主要包括运输凭证、责任制度、管辖法院、诉讼时限及公约的适用范围等内容。关于航空承运人责任,该公约确立了过失推定责任原则、限制责任制度和承运人免责抗辩权,其中过失推定责任制度奠定了整个华沙体系的责任基础,一直到1966年,该责任基础因蒙特利尔临时协议始有所变更。

1929年《华沙公约》确立过失推定责任原则的原因在于:在航空运输业发展早期,受航空技术和航空知识的限制,事故原因复杂,受害人举证困难,无法适用过失责任原则寻求救济和补偿,过失推定既能维持过失责任主义之面貌,又可借其概念本身之扩大,解决诸多危险活动事故的损害赔偿问题,[2] 为那些难以证明承运人过失的受害人提供了一种补偿机会和法律援助。

过失推定责任在航空领域的适用具有很高的风险,空难事故的损失常超过飞机价值,如由承运人全额赔偿必会导致其破产,由此会使投资者和经营者望而却步。1929年《华沙公约》在确立过失推定责任的同时,作为对价:一方面规定了限制责任制度(又称责任限额制度),[3] 责任限额制度减少了承运人可能的巨额赔偿,调动了投资者和运营者的积极性,有利于保障航空运输业的稳步健康发展;另一方面规定了承运人免责抗辩权,即承运人本人及其受雇人为避免损失发生已经采取一切必要措施或不可能采取此种措施;或损失是领航上、航空器操作上或导航上的过失造成的,不承担责任;承运人证明损失是由受害人的过错造成或者促成的,法院可依法全部或部分地免除承运人的责任。[4]

---

〔1〕 参见1929年《华沙公约》第1条第3款。

〔2〕 参见邱聪智:《从侵权行为归责原理之变动论危险责任之构成》,中国人民大学出版社2006年版,第55页。

〔3〕 承运人对每名旅客的责任限额为12.5万法郎(约合8300美元)、对已登记行李或货物遗失或损害的责任限额为每千克250金法郎(特别申明保价的除外)、对于个人手提行李的责任限额为每位旅客5000金法郎。参见1929年《华沙公约》第22条。

〔4〕 参见1929年《华沙公约》第20、21条。

2. 1955 年《海牙议定书》

随着航空运输业逐渐走向成熟,受通货膨胀等诸多社会经济因素的影响,1929 年《华沙公约》的责任制度遭到挑战。国际民航组织于 1955 年 9 月在海牙通过 1955 年《海牙议定书》。1955 年《海牙议定书》于 1964 年 5 月 1 日生效,美国因不满责任限额标准未批准,中国于 1975 年 8 月递交批准书,1975 年 11 月 18 日该议定书对中国生效。

1955 年《海牙议定书》全文共 27 条,对 1929 年《华沙公约》进行了大量修订,主要体现在:(1)将旅客的伤亡的责任限额提高 1 倍,即由 125,000 法郎提高到 250,000 法郎(约合 16,600 美元),但对登记行李、货物及旅客自己保管物品的责任限额未修订;(2)完善了对"有意的不良行为"(willful misconduct)的定义;(3)简化了运输凭证的形式与内容要求;(4)进一步明确承运人的代理人和雇员的责任;(5)缩小了承运人对旅客行李、货物损害的免责范围;(6)补充规定了托运行李、货物理赔的重量计算方法;(7)确认航空承运人的损害赔偿规则也适用于其代理人和受雇人。

总体上,1955 年《海牙议定书》在航空运输凭证和承运人赔偿责任规则方面作出重要修订,但其对 1929 年《华沙公约》并没有作出实质性修改,对航空货物运输影响不大。

3. 1961 年《瓜达拉哈拉公约》

1929 年《华沙公约》起草时,特别规定了连续运输和联合运输规则,也定义了"承运人"的术语。"二战"后,航空器的湿租、包租经营和航空设备互换经营迅速增长,出现了以自己名义实际运营国际航空运输却与旅客没有合同关系的承运人,但其并非缔约承运人的受雇人或代理人,也非连续承运人。由此引发新的法律问题,即在实际承运人运输期间,旅客发生了伤害,其可否起诉缔约承运人?当时的许多法院根据 1929 年《华沙公约》都对此给予否定,多由航空公司自行解决,在有关商业合作协议中约定责任承担,华沙公约责任体制如何修补新问题的立法"漏洞",日渐迫切。[1]

1961 年 9 月,国际民航组织在墨西哥的瓜达拉哈拉城召开国际航空私法会议讨论此问题,大会通过 1961 年《瓜达拉哈拉公约》。该公约于 1964 年 5 月 1 日生效,中国至今未加入。该公约不是对 1929 年《华沙公约》真正意义上的修订,只是对 1929 年《华沙公约》的"承运人"概念进行补充,但具有重要意义,补充了 1929 年《华沙公约》尚未涉及的实际承运人损害赔偿责任规则,确立了统一的实际承运人责任规则。因此,该公约虽是一个相对独立的法律文件,但仍被

---

〔1〕 参见郝秀辉:《国际航空代码共享运输的损害赔偿责任机制——以 1999 年〈蒙特利尔公约〉为中心》,载《华东政法大学学报》2016 年第 1 期。

列为华沙体系的组成部分。

1961 年《瓜达拉哈拉公约》明确了"缔约承运人"[1]和"实际承运人"[2]的概念,并规定缔约承运人对全部运输合同负责,实际承运人只对其参与的部分运输负责;实际承运人的作为与不作为,实际承运人的代理人及受雇人在代理、受雇范围内的作为与不作为,关系到实际承运人履行运输的,视为缔约承运人的作为与不作为;缔约承运人及其代理人或受雇人在授权范围内行事,对于缔约承运人所办运输的作为与不作为,视为缔约承运人的作为与不作为;损害赔偿请求权人有权选择同时或分别向缔约承运人和实际承运人提起诉讼,在分别向这两者提起诉讼的情况下,被诉的承运人也有权要求另一承运人参加诉讼。

1961 年《瓜达拉哈拉公约》涉及的内容本质上是民法的代理关系问题,该公约将实际承运人作为缔约承运人的代理人,两者构成民法上的代理关系,缔约承运人与实际承运人的受雇人、代理人之间构成"复代理"关系。缔约承运人和实际承运人之间是一种代码共享合作关系,缔约承运人与乘客/托运人是航空运输合同关系,实际承运人和缔约承运人共同对乘客/托运人的损害赔偿负有连带责任关系(见图 6-4)。缔约承运人和实际承运人的行为被视为是一种连带行为或共同行为,承担连带责任。但缔约承运人和实际承运人的连带责任与民法上的双向连带责任原理不同,呈现出部分单向的连带责任特性,如责任范围和责任限额的部分单向性。也就是说,缔约承运人连带责任的范围比实际承运人要大得多,实际承运人对其实际运输范围外的损害赔偿不负有连带责任;实际承运人对缔约承运人与索赔人达成的超过法定责任限额的特殊赔偿,没有经过自己承允的,也不承担连带责任。

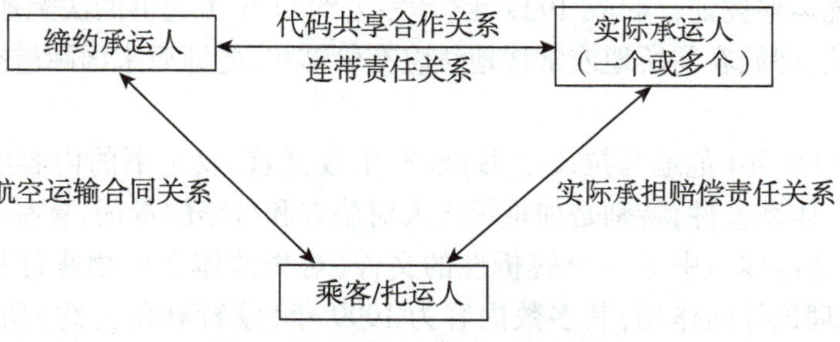

图 6-4　航空缔约承运人和实际承运人法律关系架构

[1] 以本人名义与旅客或者托运人,或者与以旅客或者托运人的名义行事的人订立 1929 年《华沙公约》调整的运输合同的人。

[2] 缔约承运人以外的根据缔约承运人的授权,承担全部或部分运输的人。

4. 1966 年《蒙特利尔协议》

美国是世界上航空技术发达的航空大国，其国内航空运输实行无限额责任制度，因此长期反对 1929 年《华沙公约》的责任限额，也反对加入 1955 年《海牙议定书》，并提出通告要退出 1929 年《华沙公约》。国际民航组织和国际航空运输协会积极斡旋无果。1965 年 5 月，以美国民用航空委员会为一方，以世界各大航空公司为另一方，达成一项民间性质协议，被人称作 1966 年《蒙特利尔协议》。

1966 年《蒙特利尔协议》将进出、经停美国的国际客运航班的责任限额提高到 75, 000 美元(包括法律费用)[1]，修改了 1929 年《华沙公约》的责任基础。该协议虽然理论意义简单，但具有很大的实践价值。虽然美国和世界其他国家对该协议的法律地位多有争议，但该协议至今仍是约束进出、经停美国客运航班的主要规则。因此，该协议虽不属于华沙体系，但与华沙体系有密切联系，在实际法律意义上相当于修订 1929 年《华沙公约》的议定书。

5. 1971 年《危地马拉议定书》

1971 年 3 月，以美国为首的 21 个国家在危地马拉城签订 1971 年《危地马拉议定书》。该议定书的内容比较符合美国利益，但其他国很少对它有兴趣，迄今只有 7 个国家批准，尚未能生效。

该议定书的主要内容主要是：(1)将现有的承运人的推定过失责任制改为严格责任制；(2)大幅提高责任限额，即将旅客责任限额提高到 150 万法郎，将行李责任限额提高到 15, 000 法郎(约合 100, 000 美元)；(3)降低对运输凭证形式和内容的要求，凡能记载出发地、目的地、经停地内容的任何其他方法都可用以替代传统运输凭证；(4)在 1929 年《华沙公约》4 个可起诉的法院地外，增加一个可诉法院，即旅客住所地或常住地法院有管辖权，此即后来国际航空法上的第五管辖权。

尽管 1971 年《危地马拉议定书》没有生效，但该议定书的内容实质性地改变了原华沙体系文件，特别是加重承运人对旅客和行李的责任，具有一定的超前性，在整个华沙体系中是一个转折性的文件，对华沙体系后续修订具有重要影响，发挥了理论导向作用，其多数内容为 1999 年《蒙特利尔公约》所采纳，构成旅客和行李责任制度的主要组成部分。1999 年《蒙特利尔公约》的产生，充分说明了 1971 年《危地马拉议定书》在旧华沙体系向新华沙体系的过渡中发挥了非常重要作用。[2]

---

[1] 不包括法律费用时为 58, 000 美元。

[2] 参见史晓丽：《华沙公约体系及其最新发展评析》，载赵威主编：《国际经济法论文专集》，中国政法大学出版社 2000 年版，第 9 页。

6. 1975 年蒙特利尔 4 个附加议定书

1975 年，在蒙特利尔召开航空法外交会议，目的原本是要继续 1971 年危地马拉城会议未完成的工作，对国际航空货物运输责任制度进行修订。但鉴于国际货币危机形势和各国法院面临的折算困境，该会议临时决定再制定 3 个附加议定书，把 1929 年《华沙公约》、1955 年《海牙议定书》及 1971 年《危地马拉议定书》中责任限额计算单位的法郎一律改为“特别提款权”，由此制订作为修订华沙体系的 4 个“附加议定书”。

第 1 号附加议定书主要修改 1929 年《华沙公约》，允许使用国际货币基金组织规定的“特别提款权”计算 1929 年《华沙公约》的责任赔偿，并将旅客责任赔偿限额改为 8300 特别提款权，旅客自己照管物品的赔偿责任限额改为 332 特别提款权，行李和货物责任赔偿限额改为每公斤 17 特别提款权。

第 2 号附加议定书主要修改 1955 年《海牙议定书》，用特别提款权取代 1955 年《海牙议定书》的限额，将旅客责任赔偿限额改为 16, 600 特别提款权，旅客自己照管物品的赔偿责任限额改为 332 特别提款权，行李和货物责任赔偿限额改为每公斤 17 特别提款权。

第 3 号附加议定书主要修改 1971 年《危地马拉议定书》，将旅客责任赔偿限额改为 10 万特别提款权，旅客延误的责任限额定为 4150 特别提款权/每名旅客，行李毁损、遗失或延误的责任限额改为 1000 特别提款权/每名旅客，货物的责任赔偿限额改为 17 特别提款权/每公斤。

第 4 号附加议定书主要修改 1929 年《华沙公约》和 1955 年《海牙议定书》的国际航空货物运输相关条款，内容上参照 1971 年《危地马拉议定书》，对经 1955 年《海牙议定书》修订后的 1929 年《华沙公约》的货运责任规则进行了实质性变更。

第 4 号附加议定书对 1929 年《华沙公约》和 1955 年《海牙议定书》作出的重大修改包括：(1)采用严格责任替代推定过失责任；(2)进一步简化运输凭证形式与内容要求；(3)采用特别提款权作为计算单位，规定不可变更的固定限额，将货物的责任限额定为 17 特别提款权；(4)进一步明确排除权利人以侵权行为或其他任何原因为由不适用责任限额的情况。

在上述 4 个蒙特利尔附加议定书中，前 3 个附加议定书因始终未达到 30 个批准国，至今未生效。第 4 号附加议定书因规范的是商业交易双方之间的商事合同关系，易为各国接受，递交批准书国家达到 30 个，于 1998 年 6 月 14 日生效。中国在制定《民用航空法》时借鉴了第 4 号附加议定书的部分内容，但至今未批准该附加议定书。

7. 1999 年《蒙特利尔公约》

1929 年《华沙公约》签订之后，数个法律文件都是拟修订 1929 年《华沙公约》的相关内容,但相关修订各自独立,1929 年《华沙公约》的缔约国并不当然是新公约或议定书的缔约国,[1]一个国家如果没有批准 1929 年《华沙公约》之后的公约、议定书,则此修订内容就对其无效,仍旧只适用 1929 年《华沙公约》。如果法院审理的同一案件涉及不同国家的当事人,就必须适用不同的公约和责任限额,这导致大量法律冲突,华沙体系濒临崩溃边缘。一些国家的国内立法主动提高责任限额。例如,日本 1982 年取消国内航线旅客责任限额,1992 年取消所有航班旅客责任限额;澳大利亚 1994 年将国内航线旅客责任限额提高到 50 万澳元,1995 年将国际旅客责任限额提高到 26 万特别提款权(约合 390 万金法郎);意大利 1995 年也放弃责任限额,规定至少不低于 10 万特别提款权(约合 150 万金法郎)。更严重的是,国际航空运输协会 1995 年和 1996 年相继提出 IIA[2]、MIA[3] 和 IPA[4]。

1999 年,国际民航组织在蒙特利尔召开外交会议,通过替代 1929 年《华沙公约》及华沙体系系列议定书和协议的新国际公约"CONVENTION for the Unification of Certain Rules for International Carriage by Air",即 1999 年《蒙特利尔公约》。该公约于 2003 年 11 月 4 日正式生效,中国 2005 年 6 月 1 日批准该公约,2005 年 7 月 31 日起该公约对中国生效。

1999 年《蒙特利尔公约》共 7 章 57 条,形式上基本采用 1929 年《华沙公约》的结构,有关旅客运输规则,主要吸收 1955 年《海牙议定书》、1971 年《危地马拉议定书》、《蒙特利尔第 3 号附加议定书》的部分内容;有关货物运输规则,全部接纳《蒙特利尔第 4 号附加议定书》的内容,有关缔约承运人和实际承运人之间的航空运输规则,基本全盘接受 1961 年《瓜达拉哈拉公约》的内容。

1999 年《蒙特利尔公约》创新了相关制度规则,包括简化航空运输凭证,使

---

[1] 例如,美国作为 1929 年《华沙公约》的缔约国,因其认为 1955 年《海牙议定书》的责任限额过低,迟迟未批准 1955 年《海牙议定书》,直到 1975 年才批准《蒙特利尔第 4 号附加议定书》,在此之前其一直只接受未经修改的 1929 年《华沙公约》的管辖。

[2] 1995 年订于吉隆坡的《国际航空运输协会关于旅客责任的承运人间协议》,该协议是从事国际运输的航空公司为旅客利益提高责任限额采取一致行动而达成的,其不属于华沙体系,但与华沙体系有密切联系。其提出了国际运输中旅客责任无限额协议,该协议包括了"旅客赔偿金额参照各户籍所在国法律规定的内容"。

[3] 1996 年《关于实施国际航空运输协会承运人间协议的措施的协议》,该协议也属于航空公司间达成的协议,不属于华沙体系,但与华沙体系有密切联系。该协议是为实施 1995 年《国际航空运输协会关于旅客责任的承运人间协议》的各缔约方同意在其运输和运费条件中加入相关条款而签署的。

[4] 在日内瓦讨论的美国运输部 USDOTORDER90 - 11 - 6 号令,即关于美国主要航空公司实施 IIA 协议的方案。在 IPA 中,有两条强制性条款:一是赔偿标准参照旅客户籍所在国或长期居留国的法律规定;二是通告旅客 IIA/MIA/IPA 中关于旅客责任限额的新规定。而其中"赔偿标准参照旅客户籍所在国或长期居留国的法律规定"遭到了所有航空公司的一致反对。

电子客票合法化[1]；明确旅客伤亡损害赔偿的先行给付制度[2]；否定惩罚性和其他非补偿性损害赔偿[3]；增加货物运输争议仲裁条款[4]和第五管辖权[5]。

1999 年《蒙特利尔公约》关于承运人责任采用“双梯度责任制”（two-tiered recovery system）。第一梯度责任为严格责任：除旅客自身的健康原因所引起的伤亡外，承运人无论是否有过失，都不得排除或限制责任，均须对旅客承担最高限额为 10 万特别提款权的赔偿责任。第二梯度责任为推定过失责任：基于承运人的过失推定，在 10 万特别提款权以上的旅客损害，承运人承担无限额赔偿责任；行李为 1000 特别提款权；货物为每公斤 17 特别提款权。该公约的双梯度赔偿责任基本都是补偿性责任而非惩罚性责任，实际赔偿数额由法院根据实际损失及恢复原状的原则据实判决。

二维码 6－8

卡塔尔航空集团公司与赵某等航空运输人身损害责任纠纷案

1999 年《蒙特利尔公约》第 24 条创立限额复审默认机制，根据通货膨胀因素调整赔偿限额。如表 6－6 所示，国际民航组织于 2009 年、2014 年、2019 年完成 3 次复审，但 2014 年复审低于该公约规定的触发责任限额 10% 的调整条件，因此责任限额保持在 2009 年第一次复审后确定的水平。

表 6－6　1999 年《蒙特利尔公约》的责任限额及历次复审限额对照

1999 年《蒙特利尔公约》	最初限额/特别提款权	2009 年第一次复审后限额/特别提款权	2014 年第二次复审后限额/特别提款权	2019 年第三次复审后限额/特别提款权
第 21 条（旅客）	100, 000	113, 100	113, 100	128, 821
第 22 条第 1 款（延误）	4150	4694	4694	5346
第 22 条第 2 款（行李）	1000	1131	1131	1288
第 22 条第 3 款（货物）	17	19	19	22

〔1〕有关旅客的客票、行李单和航空货运单等单证的简易化趋势最先见于 1955 年《海牙议定书》，后来在蒙特利尔的议定书中得到进一步改进而为 1999 年《蒙特利尔公约》所引入。

〔2〕参见 1999 年《蒙特利尔公约》第 28 条。

〔3〕参见 1999 年《蒙特利尔公约》第 29 条。

〔4〕参见 1999 年《蒙特利尔公约》第 34 条。

〔5〕1929 年《华沙公约》第 28 条规定了 4 种有管辖权的法院，即承运人的住所地、承运人的主要营业地、运输合同订立的承运人营业机构所在地和航程的目的地的法院。1999 年《蒙特利尔公约》增加规定，“因旅客的死亡或受伤而产生的索赔诉讼可以在事故发生时该旅客的主要且永久居住的住所所在国法院提起”。

为避免华沙体系的混乱,1999年《蒙特利尔公约》第55条专门明确其与华沙体系其他法律文件的关系,即在下列情况下,1999年《蒙特利尔公约》应当优先于国际航空运输所适用的任何规则:(1)在1999年《蒙特利尔公约》当事国之间履行的国际航空运输,而这些当事国同为1929年《华沙公约》、1955年《海牙议定书》、1961年《瓜达拉哈拉公约》、1971年《危地马拉议定书》及1975年4个蒙特利尔附加议定书的缔约国;(2)在1999年《蒙特利尔公约》的一个当事国领土内履行的国际航空运输,而该当事国是上述第1项所述及的公约中一个或者几个法律文件的当事国。

二、中国国内航空运输承运人责任制度

(一)国内航空运输的界定

国内航空运输,是指根据当事人订立的航空运输合同,运输的出发地点、约定的经停地点和目的地点均在中华人民共和国境内的运输。[1]

这与通常所说国内航线(或国内航班)相似,但不完全一致。例如,某旅客机票载明从长春经武汉到广州,或不经停武汉直达广州,这即为国内航线(或国内航班)。如果机票上载明,从英国伦敦经上海再到北京,如有旅客在上海至北京航线上受伤,通常被认为是国内运输,但按照《民用航空法》的规定应是国际航空运输,应依据国际航空公约的标准来确定损害赔偿数额,而不能完全适用中国国内法的规定标准。

(二)中国航空运输承运人责任的历史变迁

中华人民共和国成立以来,中国民航航空运输从无到有,得到迅速发展,航空运输承运人责任立法制度随着社会经济的发展几经变迁,历经数次调整与变动。

1951年,当时的政务院财经委员会发布《飞机旅客意外伤害强制保险条例》,明确在中华人民共和国境内持票搭乘飞机的旅客,均应依照条例规定,向中国人民保险公司投保飞机旅客意外伤害保险,保险费包括于票价之内,按基本票价的5‰收取。对于在航空运输中遭受伤害的旅客,给付每人不超过1500元人民币保险金,该保险金额连同医疗津贴,系法定给付的最高额度;如遇意外事故发生,旅客或家属不得再向航空公司要求任何额外给付。实际上,该条例规定的意外伤害保险金并不是航空运输承运人承担的赔偿责任,乘机旅客的损害赔偿金由保险公司以意外伤害保险金的形式承担。

1982年发生飞机在桂林撞山空难事故,有关部门共同商议并经国务院批准,在《飞机旅客意外伤害强制保险条例》的基础上调整赔偿金额,并视具体情况而内外有别,国内旅客按3000元、4000元和5000元人民币标准给付,遇难旅客所在单位可根

---

〔1〕 参见《民用航空法》第107条第1款。

据规定给予抚恤。1988 年重庆空难发生后,保险金和补助金又调整为 8000 元。

1989 年,国务院颁布施行《国内航空运输旅客身体损害赔偿暂行规定》,废止《飞机旅客意外伤害强制保险条例》,明确规定航空损害赔偿责任承担主体是承运人而非保险公司,承运人对每名旅客最高赔偿金额为 2 万元人民币,保险金的给付不得减免承运人应承担的赔偿金额。

1993 年,国务院发布《关于修改〈国内航空运输旅客身体损害赔偿暂行规定〉的决定》,自 1994 年 1 月 1 日起提高承运人的赔偿额度,即承运人对每名旅客的最高赔偿额为 7 万元人民币。

1995 年《民用航空法》明确承运人的旅客损害赔偿责任限额由国务院民用航空主管部门制定,报国务院批准后公布执行。行李损害赔偿责任适用 2021 年《公共航空运输旅客服务管理规定》;航空货物运输责任适用 1996 年《中国民用航空货物国内运输规则》。

2006 年,国务院批准施行《国内航空运输承运人赔偿责任限额规定》,承运人对每名旅客的赔偿责任限额提高到 40 万元人民币,借鉴 1999 年《蒙特利尔公约》的限额复审立法经验,确立限额调整机制;对每名旅客随身携带物品的赔偿责任限额为 3000 元人民币;对旅客托运的行李和货物的赔偿责任限额为每公斤 100 元人民币。(见表 6－7)

表 6－7　中国航空运输承运人责任标准的变革对照

项目	1951 年	1982 年	1988 年	1989 年	1994～2005 年	2006 年至今
依据	1951 年《飞机旅客意外伤害强制保险条例》(已失效)			《国内航空运输旅客身体损害赔偿暂行规定》(已失效)	1993 年《关于修改〈国内航空运输旅客身体损害赔偿暂行规定〉的决定》(已失效);1996 年《中国民用航空旅客、行李国内运输规则》(已失效)、《中国民用航空货物国内运输规则》	《国内航空运输承运人赔偿责任限额规定》
保险	与承运人对旅客的损害赔偿金合一			可投人身意外伤害险	可投人身意外伤害险	可投人身意外伤害险
旅客	保险金 1500 元人民币	国内旅客:3000 元≥5000 元人民币;国外旅客:≤2 万美元	保险金和补助金≤8000 元人民币	≤20,000 元人民币	≤70,000 元人民币	40 万元人民币

续表

项目	1951 年	1982 年	1988 年	1989 年	1994~2005 年	2006 年至今
行李					自理行李和随身携带物品:不超过 2000 元人民币;托运行李:每公斤不超过 50 元人民币	随身携带物品:3000 元人民币;托运行李:每公斤 100 元人民币
货物					每公斤 20 元人民币	每公斤 100 元人民币

在航空运输损害赔偿实践中,中国航空运输承运人实际给付的赔偿金通常都高于法定最高限额。例如,在 2002 年"5・7"空难中,中国北方航空公司客机在大连海域失事,造成 104 人死亡,北方航空公司最终对每位旅客给付赔偿金 184,000~194,000 元人民币。[1] 在 2010 年 8 月 24 日"伊春空难"中,河南航空公司在 2010 年 8 月 30 日公布对"伊春空难"飞机坠毁事故每位遇难旅客的赔偿标准总共为 96.2 万元人民币(不含保险赔偿),前提是家属签署责任解除书,自动放弃对空难直接责任人的追诉权。

三、航班延误的承运人责任规则

航班延误是中国民航和世界民航都面临的一大难题,在实践中,航班延误发生的赔偿纠纷经常发生,由此引发的乘客拒绝登机、下机、毁坏候机楼设备、乘客与航空公司人员群体冲突等事件,严重扰乱机场正常秩序,给航空安全带来巨大压力。

(一)航班延误的界定和原因

1. 航班延误的界定

航班延误通常限定于航空运输中的定期航班,不包括不定期航班。从 1929 年《华沙公约》、1999 年《蒙特利尔公约》和《民用航空法》的有关规定[2]来看,虽都涉及"航班延误"责任,但没有"航班延误"的明确定义。

根据民航局 2016 年颁发的《航班正常管理规定》(CCAR-300)第 3 条相关用语含义的界定,"航班延误"是指航班实际到港挡轮挡时间晚于计划到港时间超过 15 分钟的情况。"航班出港延误"是指航班实际出港撤轮挡时间晚于计划出港时间超过 15 分钟的情况。"机上延误"是指航班飞机关舱门后至起飞前或者降落后至开舱门前,旅客在航空器内等待超过机场规定的地面滑行时间的情况。"大面积航班延误"是指机场在某一时段内一定数量的进、出港航班延误或

---

〔1〕 参见董念清编著:《航空法判例与学理研究》,群众出版社 2001 年版,第 89 页。

〔2〕 参见 1929 年《华沙公约》第 19 条;1999 年《蒙特利尔公约》第 19 条;《民用航空法》第 126 条。

者取消,导致大量旅客滞留的情况。某一机场的大面积航班延误由机场管理机构根据航班量、机场保障能力等因素确定。

《民法典》第 820 条规定,承运人应当按照有效客票记载的时间、班次和座位号运输旅客。《航班正常管理规定》(CCAR－300)第 6 条规定,承运人应当按照获得的航班时刻运营航班。

2. 航班延误的原因

根据《航班正常管理规定》(CCAR－300)第 29 条的规定,延误原因划分为两类:一是承运人自身原因,如机务维护、航班调配、机组等;二是非承运人原因,如天气、突发事件、空中交通管制、安检以及旅客没有准时进行登机操作程序等。对于不同原因发生的延误,承运人或者地面服务代理人应当为旅客提供不同的食宿服务。

(二)航班延误责任的国际法规则

延误的法律责任最早出现在 1929 年《华沙公约》第 19 条:"承运人对旅客、行李或货物在航空运输中由于延误所造成的损害应当承担责任。"但 1929 年《华沙公约》第 19 条的规定过于简单和笼统,对于什么是延误、延误的构成要素和情形、承运人应承担什么样的责任等未作明确规定,当时各国法院只能依据本国法加以认定。

1955 年《海牙议定书》也没有规定延误的赔偿限额,1971 年《危地马拉议定书》首次专门规定延误的旅客责任限额为 62,500 金法郎,1975 年《蒙特利尔第 3 号附加议定书》将延误的旅客责任限额改为 4150 特别提款权。1999 年《蒙特利尔公约》继承 1975 年《蒙特利尔第 3 号附加议定书》的延误赔偿限额,即航空承运人对延误的每名旅客以 4150 特别提款权为最高限额。

无论是 1929 年《华沙公约》还是 1999 年《蒙特利尔公约》,航班延误采用过错推定责任原则,并且任何形式的延误索赔行为,都必须满足公约的相关设定与限制。[1] 这意味着延误赔偿不仅受到最高限额 4150 特别提款权的限制,还受到许多条件的限制。例如,延误索赔的申请人需举证证明:(1)发生了延误;(2)延误导致损失。当然,航空承运人要限制或免除延误责任的,也需举证证明:(1)本人及其受雇人和代理人为避免损失发生,已经采取一切合理要求的措施或不可能采取此种措施;(2)损失是由索赔人或索赔人从其取得权利的人、旅客本人的过失或者其他不当作为、不作为造成或促成的。

(三)航班延误责任的欧盟法规则

1991 年,欧盟通过 295/91 号(EEC)条例,确立了特殊类型航班延误的补偿

〔1〕 参见 1929 年《华沙公约》第 24 条、1999 年《蒙特利尔公约》第 29 条。

义务——因拒载而延误时对旅客的补偿义务。之后，欧盟颁布889/2002号条例，重申1999年《蒙特利尔公约》关于航班延误责任归责原则。

2004年，欧盟制定《欧共体关于航班拒载、取消或延误时对旅客赔偿和帮助的一般规定》[以下简称261/2004号(EC)条例，以此替代295/91号(EEC)条例]，采用强制性赔款责任及辅之履行关怀义务的方式对受影响的乘客进行救济(见表6-8)。例如，根据航班里程数的长短，除最高可以给予600欧元赔偿额的救济外，承运人还应尽早为乘客重新安排其他航班，并提供餐饮、住宿和电话服务等。

表6-8　261/2004号条例关于航班延误时对旅客的赔偿标准

延误具体情形	赔偿标准
①飞行距离为1500公里或以内的航班，延误2小时或以上	250欧元
②飞行距离为1500公里以上的所有欧共体内航班和飞行距离为1500~3500公里之间的所有其他航班，延误3小时或以上	400欧元
①或②没有涵盖的所有航班	600欧元
根据规定为旅客提供乘另一航班，到达时间不超过最初预定航班计划到达时间如下小时：a 飞行距离为1500公里或以内的航班，2小时；b 飞行距离为1500公里以上的所有欧共体内航班和飞行距离为1500~3500公里之间的所有其他航班，3小时；a或b没有涵盖的所有航班，4小时	按上述规定的赔偿款减少50%

261/2004号(EC)条例虽然对延误旅客的权利给予强力救济，但在2005年生效后引发一些诉争，争议的核心焦点是欧盟条例的合法性问题，认为欧盟条例的救济手段是一种行政处罚或者是强制性行政补偿规则，与1999年《蒙特利尔公约》第29条的“禁止惩罚性质或其他非补偿形式的救济手段”的规定相矛盾。[1]

(四)航班延误责任的中国法规则

中国高度重视航班延误责任立法完善与延误治理，已经建成由《民用航空法》、《民用机场管理条例》、《航班正常管理规定》、《公共航空运输旅客服务管理规定》、《民航局关于印发航班延误取消原因确认工作程序的通知》(民航发

---

〔1〕 例如，Sturgeon and Others案(C-402/07. the Court, Fourth Chamber. 19 November 2009.)；Bök and Lepuschitz案(C-432/07. The Court, Fourth Chamber. 19 December 2009.)；Nelson v. Deutsche Lufthansa AG案(C-581/10. the Court, Grand Chamber. 23 October 2012.)，IATA&ELFAA v. DfT (C-344/04. the Court, Grand Chamber. 10 January 2006.)等。参见袁治杰、刘宁文等：《中国航班延误责任制度之完善——以欧盟立法与实践演进为鉴》，载《北京航空航天大学学报(社会科学版)》2015年第3期；刘路：《欧盟航空承运人责任制度研究——以与国际公约的继受与竞合为中心》，载《北京航空航天大学学报(社会科学版)》2016年第4期。

〔2016〕123号)、《关于规范航班延误或取消后航空公司为旅客提供证明等相关事宜的通知》(局发明电〔2016〕3198号)等构成的航班延误法律规范体系。

1. 航班延误责任原则与补偿规则

航班延误责任在性质上构成承运人的违约责任,旅客一方享有知情权、选择权、索赔权等,航空承运人一方负有告知义务、补救义务、损害赔偿义务等。

关于航班延误责任规则原则,中国立法采用过错推定责任原则。例如,《民用航空法》第126条规定:"旅客、行李或者货物在航空运输中因延误造成的损失,承运人应当承担责任;但是,承运人证明本人或者其受雇人、代理人为避免损失的发生,已经采取一切必要措施或者不可能采取此种措施的,不承担责任。"

关于航班延误的旅客补偿问题,中国立法坚持维护消费者合法权益、发挥市场决定性作用和加强监管的原则,确保政府和市场的边界清晰。例如,2004年原民航总局出台《对关于国内航空公司因自身原因造成航班延误给予旅客经济补偿的指导意见(试行)》,指导各个航空公司,根据各自情况制定标准,做好航班延误后的服务工作。2017年发布的《航班正常管理规定》继续坚持充分保护旅客知情权,同时不侵犯企业的自主经营权。

例如,《航班正常管理规定》(CCAR-300)第17条明确规定,承运人应当制定并公布运输总条件,明确航班出港延误及取消后的旅客服务内容,并在购票环节中明确告知旅客。国内承运人的运输总条件中应当包括是否对航班延误进行补偿;若给予补偿,应当明确补偿条件、标准和方式等相关内容;第58条进一步明确规定,承运人的运输总条件中未明确航班延误补偿相关内容的,由民航行政机关责令限期改正,逾期不改正的,给予警告,并处3万元以下的罚款。2021年《公共航空运输旅客服务管理规定》(CCAR-273)行李延误的赔偿标准或者所适用的国家有关规定、国际公约,承运人应当在运输总条件中明确;承运人应当将运输总条件通过民航服务质量监督平台进行备案。[1]

2. 航班延误综合治理具体举措

民航局自2008年起开展航班延误治理活动,制定系列治理航班延误的政策措施。2015年,以《民用航空法》《消费者权益保护法》《民用机场管理条例》为主要依据制定《航班正常管理规定》,对在中国国内运行的航空公司的不正常航班进行系统化治理,其中借鉴了美国、欧盟相关民航法规规章,严格遵守1999年《蒙特利尔公约》的要求设定了相关机构的义务性规范和罚责。

中国在航班正常、延误处置实践中,综合治理措施主要包括以下内容。

(1)明确延误告知义务。《航班正常管理规定》第26条明确规定:承运人应

---

〔1〕 参见《公共航空运输旅客服务管理规定》(CCAR-273)第37条、第54条。

当在掌握航班状态发生变化之后的30分钟内通过公共信息平台、官方网站、呼叫中心、短信、电话、广播等方式，及时、准确地向旅客发布航班出港延误或者取消信息，包括航班出港延误或者取消原因及航班动态；机场管理机构应当利用候机楼内的公共平台及时向旅客通告航班出港延误或者取消信息；航空销售代理人应当将承运人通告的航班出港延误或者取消的信息及时通告旅客。

（2）出具航班延误或取消证明。《公共航空运输旅客服务管理规定》第41条规定，在行李运输过程中，托运行李发生延误、丢失或者损坏，旅客要求出具行李运输事故凭证的，承运人或者其地面服务代理人应当及时提供。《民航局关于规范航班延误或取消后航空公司为旅客提供证明等相关事宜的通知》（局发明电〔2016〕3198号），明确为航班延误、取消证明提供要求和参考样本。

（3）提供退改签服务。《民用机场管理条例》第37条第2款规定，航班发生延误情形下，机场管理机构应及时协调航空运输企业及其他有关驻场单位共同做好旅客和货主服务，及时通告相关信息。《公共航空运输旅客服务管理规定》将航班延误列为非自愿变更客票、非自愿退票的情形，承运人导致延误旅客非自愿变更客票或非自愿退票的，不得向旅客收取客票变更费和退票费。[1]

（4）赔偿损失。《民法典》第820条规定，承运人应当按照有效客票记载的时间、班次和座位号运输旅客。承运人迟延运输或者有其他不能正常运输情形的，应当及时告知和提醒旅客，采取必要的安置措施，并根据旅客的要求安排改乘其他班次或者退票；由此造成旅客损失的，承运人应当承担赔偿责任，但是不可归责于承运人的除外。

二维码6-9

郭某与中国南方航空公司旅客运输延误损失赔偿纠纷案

（5）建立航班延误保险理赔机制。《航班正常管理规定》第18条规定，承运人应当积极探索航班延误保险等救济途径，建立航班延误保险理赔机制。实践中，各航空公司都在积极推动延误险投保。

（6）受理投诉并及时告知。承运人、机场管理机构、地面服务代理人、航空销售代理人应设立专门机构或指定专人负责受理投诉工作，并以适当方式向社会公布中国境内的投诉受理电话、电子邮件地址，并报民航行政机关备案、对投诉7日内予以处理并告知、10日内作出实质性回复、投诉记录至少保留2年。[2]

（7）暂停或取消时刻经营权。《航班正常管理规定》第6条、第57条规定，承运人应当按照获得的航班时刻运营航班；承运人违反规定影响航班正常的，由民航行政机关取消其时刻，并处3万元以下的罚款。

---

〔1〕 参见《公共航空运输旅客服务管理规定》第24、25条。

〔2〕 参见《航班正常管理规定》（CCAR-300）第45、46条。

(8)明确各方法律责任。《航班正常管理规定》细分了承运人、机场管理机构、空管部门及其他服务保障单位的航班正常保障义务和相关法律责任(见表6－9),明确航空公司、机场、空管、公安等部门被赋予协同联动职责,同时对必要设施设备和人员配备、销售代理人和地服代理人的协议要求与延误责任提出要求。

表6－9 延误航班承运人的法定义务与罚责对照

义务类型	义务违反	罚责
告知义务	承运人未在购票环节明确告知旅客运输总条件;承运人未及时通告旅客航班动态信息;承运人未按要求发布信息	警告并处1万元罚款;情节严重的,处2万元以上3万元以下罚款
延误前保障义务	未制定或者公布运输总条件、内容不符合要求、运输总条件中未明确航班延误补偿相关内容	责令限期改正,逾期不改正的,给予警告并处3万元以下罚款
	未制定备降航班地面服务保障工作程序或者应急预案、未制定大面积航班延误应急预案、未按要求制定或者公布机上延误应急预案或者预案内容不符合要求	
投诉受理义务	未按要求设立专门机构或指定专人负责受理投诉工作,未按要求对外公布投诉受理电话或电子邮件地址,或未按要求报民航行政机关备案;未按要求将受理变化事项在规定时间内告知民航行政机关;港澳台地区承运人和外国承运人不具备受理中文投诉能力或者拒绝受理中文投诉	责令限期改正,逾期不改正的,给予警告并处3万元以下罚款
延误后报警义务	未按要求在规定时限内对旅客投诉进行处理;未按要求在规定时限内对旅客投诉作出实质性回复;未按要求保留投诉记录;未及时报警,影响民航运输生产秩序	警告并处1万元罚款;情节严重的,处2万元以上3万元以下罚款
	未及时报警,影响民航运输生产秩序	

(9)加强对不文明旅客的惩治。《航班正常管理规定》规定,旅客应当文明乘机,合法维权,不得违法进入机场控制区,堵塞安检口、登机口,冲闯机坪、滑行道、跑道,拦截、强登、强占航空器,破坏设施设备,或者实施其他扰乱民航运输生产秩序的行为;旅客扰乱民航运输生产秩序的情况,承运人、地面服务代理人、机场管理机构等相关单位应当及时报警;机场公安机关接到报警后,应当依法及时处理,维护民航运输生产秩序;旅客违反规定扰乱民航运输生产秩序的,由公安机关依法予以处理。[1] 同时,国家发展改革委、民航局、中央精神

〔1〕 参见《航班正常管理规定》第24、25、71条。

文明办、最高人民法院、财政部、人社部、国家税务总局和证监会等多部门联合发布相关文件,将在机场和航空器内存在不文明行为的旅客,列入“航空旅客黑名单”,限制其乘坐民用航空器。

例如,某女 2019 年 10 月 1 日在天津滨海机场乘机时,因飞机延误 22 分钟,找寻机场工作人员索要延误赔偿费未果,随即在机场安检口堵塞、强占、冲击安检通道,阻止和殴打其他进行安检的旅客,后被机场公安带走,被公安机关予以行政处罚,并被列入《民航限制乘坐民用航空器严重失信人名单》,一年内禁止乘坐民用航空器。

四、航空承运人责任的司法认定

(一)航空旅客运输途中因自身健康原因死亡的赔偿责任

在航空旅客运输损害赔偿责任构成要件上,承运人承担责任的前提须以“事故”为前提。航空事故既包括飞机坠毁的空难,也包括湍流、风切变引起飞机颠簸、劫机等致旅客伤害有关情形。完全是旅客健康状况引起的,或与飞行无关的事情或事件,不是航空事故,这种除外责任不仅有航空公司的运输总条件或购票须知的明确排除,而且有明确的立法规定。

《民法典》第 823 条规定,承运人应当对运输过程中旅客的伤亡承担赔偿责任;但是,伤亡是旅客自身健康原因造成的或者承运人证明伤亡是旅客故意、重大过失造成的除外。前款规定适用于按照规定免票、持优待票或者经承运人许可搭乘的无票旅客。

《民用航空法》第 124 条也规定,因发生在民用航空器或者在旅客上、下民用航空器过程中的事件,造成旅客人身伤亡的,承运人应当承担责任;但是,旅客的人身伤亡完全是由于旅客本人的健康状况造成的,承运人不承担责任。

在航空损害赔偿实践中,承运人对旅客因本人健康状况致人身伤亡予以免责的情形,仅限于伤亡“完全”是因健康原因造成的,不能有其他可归责于承运人的混合原因并存。例如,乘客虽患有心脏病,但处于相对稳定状态,如其在飞行中因气流颠簸引发心脏病发作死亡,则承运人需承担责任。

二维码 6-10

黄某等诉中国国际航空公司生命权纠纷案

(二)航班延误赔偿责任的司法认定

航班延误的治理和规制需要采取多层面、多方位的举措,不仅需要延误防治的技术措施,更需要立法、执法和司法的规制方式,其中司法规制虽是一种个案规制、事后规制的方法,但具有控制的终极性和公正性,在航班延误治理和规制方式中占据重要地位。司法规制方式,主要是指法院依法对航班延误纠纷进行审查,针对航班延误的不同原因,依法对延误赔偿责任进行认定和裁断。

1."航班晚到"所致延误的责任认定

目前,这个问题是一个"灰色地带",争议很大。但是,"航班晚到"所致延误归根结底还是运力调配不当或准备不足的表现,应归于航空公司原因。

例如,在2013年一位乘客诉英国易捷航空的诉讼案中,从盖特威克飞往尼斯的航班延误3个多小时,易捷航空以"天气恶劣"为由驳回该乘客的赔偿要求。该乘客发现,伦敦和尼斯的天气在原定起飞时间都没问题,该航班延误是该架飞机在其他航线上遭遇大风天气导致的。法院判决认为,航空公司应该有足够的飞机和人员来应对这种情形,故判定易捷航空向该乘客赔偿210英镑(约合258欧元)。

2.因救治病发旅客致航班延误的责任认定

《民法典》第822条规定,承运人在运输过程中,应当尽力救助患有急病、分娩、遇险的旅客。

在2013年张某诉某航空公司的纠纷案中,航班飞行途中因一名外籍旅客生病,飞机返航,在某机场将病人送下飞机后重新起飞,到达时间延误2小时23分钟。因航班延误致使张某出发前订好的后续高铁车票失效,张某为此花费112欧元重新购买一张车票,对此损失赔偿多次协商遭拒诉至法院。法院判决驳回张某诉请。

3.机械故障导致航班延误的责任认定

因机械故障导致航班延误,没有证据证明属于完全不能预见、不能避免并不能克服的客观情况的,航空公司应对此承担违约赔偿责任,不应免除全部的违约责任,这一般可归责于航空公司未尽完善的机务维护义务。

4.航班延误赔偿责任构成要件的认定

航班延误赔偿责任构成要件包括以下4个:(1)航空运输确实发生有"延误",这需要原告提供航空承运人开具的延误证明书寓意证明。(2)航空承运人对发生延误有过错。这是法定的过错推定责任原则。对此,承运人承担无过错的举证责任。实践中,延误发生上的无过错举证难度小,但延误补救措施上的无过错举证难度大。(3)航班延误给旅客或货主造成损失。对此,旅客或货主承担损害客观存在的举证责任。在此要区分延误补偿和延误赔偿,延误补偿与实际损失、票价无关,补偿金有法定和约定两种,补偿与继续履行可并罚;延误赔偿与实际损失有关,不支持惩罚性赔偿。(4)旅客或者货主遭受的损失与延误有因果关系,这个因果关系的存在与否,可由法官行使自由裁量权。

5.航班延误损失赔偿范围的司法认定

在延误期间,旅客人身伤亡的赔偿范围有所不同,其中司法通常予以支持的包括:医疗费、住院伙食补助费、营养费、护理费、误工费、残疾赔偿金、交通费、物损费和鉴定费等损失；但对于律师代理费用损失、精神损害赔偿，司法通常不支持。

航班延误致旅客财产损失赔偿范围包括：(1)餐食或住宿费损失，具体分为两类：一是在经停地，无论何种原因，承运人均应负责向经停旅客提供；二是在始发地，机务维护、航班调配、商务、机组等原因造成延误的，应提供餐食或住宿；天气、突发事件、空中交通管制、安检及旅客等非承运人原因造成延误的，旅客自理餐食或住宿，承运人应予以协助。(2)交通费用的损失，司法仅支持赔偿直接损失和实际损失。(3)联程机票费用的损失，应该予以支持。因为根据旅客签证情况，航空公司对旅客后续航程应当明知。联程机票费用的损失是一种直接损失，而非可得利益损失。

【思考题】

1. 航空承运人是否可以拒签公共航空旅客运输合同？
2. 航空运输格式合同条款争议的解释应按照什么原则进行？
3. 航空货运单的性质和作用是什么？
4. 在航空旅客运输合同中，旅客是否享有退票的权利？
5. 什么是缔约承运人和实际承运人？缔约承运人和实际承运人之间是一种什么法律关系？
6. 1999 年《蒙特利尔公约》和 1929 年《华沙公约》关于管辖权问题的规定有何不同？
7. 在航班发生延误的情况下，旅客依法享有哪些权利？承运人有哪些义务？

第七章　通用航空法律制度

第一节　通用航空概述

通用航空活动是民用航空活动的重要组成部分，一国民航业的健康协调发展离不开通用航空活动。通用航空和公共航空运输不同，具有飞行作业项目多样化、通航飞行时效性强、航空器品种和使用机型多而繁杂、空域使用随意性大、飞行时间不确定等特征。

一、国际航空公约对通用航空的定义

国际民航组织将民用航空活动划分为商业航空运输活动（Commercial Aaviation，CA）、航空作业活动（Aaviation Operations，AM）和通用航空活动（General Aaviation，GA）三类。

1944 年《芝加哥公约》附件 6《航空器的运行》第 1 部分第 1 章采用排除法对通用航空进行定义，即通用航空运行是指除商业航空运输运行或航空作业运行以外的航空器运行。

根据 1944 年《芝加哥公约》附件 6 第 1 部分第 1 章定义，航空作业是指使用航空器进行专业服务的航空器运行，如农业、建筑、摄影、测量、观察与巡逻、搜寻与援救、空中广告等。国际民航组织空中航行委员会认为，航空作业运行与其他通用航空运行有本质不同，不具有国际性，没必要制定航空作业标准和建议措施，故第 15 届大会第四次航行会议（1965 年 11 月至 12 月于蒙特利尔）建议，需要制定的国际通用航空运行的国际标准和建议措施暂不包括航空作业运行，但会议明确附件的框架应便于今后扩展到包括航空作业运行。因此，航空作业一般由各国自己制定标准和建议措施。

二、各国对通用航空的定义

世界上大多数国家把民用航空活动分为两大类：一是公共航空运输，二是通用航空活动。通用航空活动又具体分为 7 类：大型飞机定期载客运输、大型飞机货运、小型航空器定期载客运输、大型飞机不定期载客运输、小型航空器不定期载客运输、小型航空器货运和其他民用航空活动。但各国有关通用航空定义的内涵和外延以及分类的需求存在差异性，通用航空包含的内容与范围并不完全

相同。(见表 7－1)

表 7－1　国际民航组织和各国对通用航空活动的界定对照

<table>
<tr><th>国际组织/国别</th><th>大型飞机定期载客运输</th><th>大型飞机货运</th><th>小型航空器定期载客运输</th><th>大型飞机不定期载客运输</th><th>小型航空器不定期载客运输</th><th>小型航空器货运</th><th colspan="2">其他民用航空活动</th></tr>
<tr><td>国际民航组织</td><td colspan="6">商业航空运输活动</td><td>通用航空活动</td><td>航空作业活动</td></tr>
<tr><td>欧盟</td><td colspan="6">商业航空运输活动</td><td colspan="2">通用航空活动</td></tr>
<tr><td>英国</td><td colspan="4">定期航空服务和非定期航空运输活动
(按航班时刻表运营的商业航空运输航班)</td><td colspan="4">通用航空活动</td></tr>
<tr><td>德国</td><td colspan="3">定期航班</td><td colspan="5">通用航空活动</td></tr>
<tr><td rowspan="2">美国</td><td colspan="3">定期航班</td><td colspan="3">其他商业航空运输活动</td><td colspan="2">通用航空活动</td></tr>
<tr><td colspan="2">公共航空运输</td><td colspan="6">通用航空活动</td></tr>
<tr><td>澳大利亚</td><td colspan="3">定期航班</td><td colspan="5">通用航空活动:指除了主要航空公司执飞的所有不定期飞行活动,包括支线航空公司执飞的不定期飞行</td></tr>
<tr><td>加拿大</td><td colspan="6">商业航空运输活动</td><td>通用航空活动</td><td>航空作业活动</td></tr>
<tr><td>印度</td><td colspan="6">商业航空运输活动</td><td>通用航空活动</td><td>航空作业活动</td></tr>
<tr><td>越南</td><td colspan="6">商业航空运输活动</td><td colspan="2">通用航空活动</td></tr>
<tr><td>法国</td><td colspan="6"></td><td>轻便航空、自用商务</td><td>航空作业活动</td></tr>
</table>

加拿大、印度与国际民航组织的标准相同,将商业航空运输活动和航空作业活动之外的界定为通用航空活动;欧盟、英国、越南则是采用两分法,将商业航空运输活动之外的都界定为通用航空活动;德国、澳大利亚是将定期航班之外的都划定为通用航空活动。

美国的通用航空较为发达、范围更广,一般认为,除了商业航空运输活动以外的所有民用航空活动都是通用航空活动。美国所有航空法规对民用航空活动并不严格区分运输航空和通用航空,仅是根据各类航空活动特点开展针对性管理。例如,美国将商业航空运输管理主要分为美国运输部的经济授权管理和美国联邦航空局的安全运行管理。商业航空运输活动之外的民用航空活动，无须运输部进行经济授权，但运行必须符合14CFR第91部的规定。美国商业航空运输包括持证航空运输承运人、通勤航空承运人和基于需求的空中出租车。

法国的通用航空分为轻便航空、自用商务航空和航空作业三大部分，其中又以轻便航空占据重要地位。〔1〕

苏联《航空法》把通用航空称为“航空作业”〔2〕。俄罗斯《联邦航空法》第114条将“航空作业”定义为：使用航空器执行农业、建筑业的飞行活动，或保护环境、提供医疗援助和用于其他目的的飞行活动；航空作业的一般规则和任务由俄罗斯联邦法规规定；俄罗斯联邦立法和行政当局有权规定航空作业的条件，有权根据各地域的环境特性或交通设施和常住人口的特定条件规定航空作业的限制。

三、中国立法对通用航空的定义与重构

中国通用航空发展最早是1912年冯如驾驶自制飞机的飞行表演。1931年，中国开始首次通用航空商业活动——航空摄影。1951年广州在城市上空进行灭蚊蝇活动；1952年，军委民航局建立航空农林队。20世纪50～80年代中期，中国通航作业多集中在农林化飞行、航空护林、航空摄影、航空磁法测量、海陆石油能源勘探和直升机服务，20世纪80年代末期出现空中游览、短途运输和公务飞行等社会公众服务作业。〔3〕 20世纪90年代以来，中国相继颁发《国务院办公厅关于促进通用航空业发展的指导意见》（国办发〔2016〕38号）和《民航局关于通用航空分类管理的指导意见》（民航发〔2018〕80号）、《民航局关于推进通用航空法规体系重构工作的通知》（民航发〔2019〕5号），开始进行通用航空发展的顶层设计，积极推动通用航空的发展，以期实现运输航空和通用航空的“两翼齐飞”。

1.《民用航空法》对通用航空的定义

中国关于“通用航空”的概念与国际民航组织的定义有区别，根据《民用航空法》第145条的定义，通用航空是指使用民用航空器从事公共航空运输以外的民用航空活动，包括从事工业、农业、林业、渔业和建筑业的作业飞行以及医疗卫生、抢险救灾、气象探测、海洋监测、科学实验、教育训练、文化体育等方面的飞行活动。

2.《通用航空飞行管制条例》对通用航空的定义

《通用航空飞行管制条例》明确通用航空是指除军事、警务、海关缉私飞行和公共航空运输飞行以外的航空活动。〔4〕《通用航空术语》（MH/T 1039－

〔1〕 刘伟民主编：《航空法教程》，中国法制出版社2001年版，第403页。

〔2〕 刘伟民主编：《航空法教程》，中国法制出版社2001年版，第403页。

〔3〕 参见孟平：《通用航空：现状与展望》，载《中国民用航空》2003年第7期。

〔4〕 参见《通用航空飞行管制条例》第3条。

2011)对通用航空的定义,与《通用航空飞行管制条例》采用相同表述。

《一般运行和飞行规则》的适用范围包括公共航空运输、通用航空和航空作业,但未对通用航空进行定义,其将航空作业定义为"使用航空器进行专业服务的飞行活动,包括农业航空、工业航空和其他航空作业"。《通用航空术语》(MH/T 1039 -2011)对航空作业的定义与《一般运行和飞行规则》相同,并作了以下细致分类。(见表7-2)

表7-2 航空作业分类

类型	分类	类型	分类
农业航空	农业航空 agricultural aviation	其他	公务飞行 business flight
	航空喷洒(撒) dispersing by aircraft		通用航空包机飞行 general aviation charter flight
	航空播种 seeding by aircraft		直升机引航作业 helicopter pilotage work
	航空护林 aerial forest fire-protection		航空应急救援 emergency air rescue
	人工降水 artificial precipitation		航空医疗救护 aerial ambulance and doctor services
	气象探测 meteorological observation		空中游览 aerial sightseeing
	渔业飞行 fishery flight		空中拍照 aerial television and silm-making
工业航空	工业航空 industrial aviation		空中广告 aerial advertisment
	航空物探 aerogeophysical prospecting		航空科学实验 aerial scientific experiment
	空中巡查 aerial patrol		航空城市消防 aerial urbam fire-fighting
	海洋监测 marine monitoring		航空表演飞行 performance flight
	直升机机外载荷飞行 helicopter external-load flights		私用或商用飞行驾驶执照培训 private or commercial pilot certificate training
	航空摄影 aerial photography		个人娱乐飞行 personal entertainment flight
	航空石油服务 aviation petroleum		航空训练飞行 training flight
			航空竞技飞行 contest flight

注:表内分类来源于中华人民共和国民用航空行业标准:《通用航空术语》(MH/T 1039 -2011)。

总体而言,民航局管理的航空活动分为运输航空和通用航空。运输航空是指有固定航班的旅客、货物运输的航空公司,以大、中型飞机为主,应符合《大型飞机公共航空运输承运人运行合格审定规则》(CCAR -121)相关要求,常被称为121部航空公司。通用航空多使用小型飞机或直升机,应符合包括《小型商业运输和空中游览运营人运行合格审定规则》(CCAR -135)和《一般运行和飞行规则》(CCAR -91)运营要求。滑翔机、热气球、动力伞等隶属国家体育总局管理。

中国立法定义的通用航空活动范围比 1944 年《芝加哥公约》附件 6 的定义宽泛，没有非常明确区分航空作业和通用航空。实际上，航空作业与其他通用航空活动虽有相同之处，但在实践中有所区别，航空作业以“出租和报酬”为目的，需要颁发航空运营人合格证；通用航空运行大多不以“出租和报酬”为目的，一般不需颁发“航空运营人合格证”。

3. 通用航空业务框架的重构

2019 年，民航局发布《关于推进通用航空法规体系重构工作的通知》（民航发〔2019〕5 号），重构“两个框架”，“两个框架”是开展中国民航通航政策法规体系重构的总体性文件。

根据通航业务框架（见表 7 – 3），通用航空业务分为非经营性通用航空和经营性通用航空两大类，并分别按照载人、非载人、载客进行分类管理，坚持“放管结合、以放为主”的通用航空整体政策走向，鼓励和推动通航发展，支持社会资本投资通航产业。

表 7 – 3　通航业务框架

非经营性		经营性						
非载人 D2	载人 D1	非载人		载人			载客	
		其他非载人活动（含无人机）C2	货运（含无人机）C1	训练飞行 B3	面向非社会公众 B2	面向社会公众 B1	不定期运输 A2	定期运输 A1

第二节　通用航空法规标准体系

通用航空具有飞行活动多样化、航空器品种繁杂、空域使用随意性大、使用机型多、飞行时间不确定等特征，通用航空管理与公共航空运输管理区别较大，需要一套专门的通用航空法规标准体系。

一、通用航空的国际法规范

国际民航组织理事会通过的 1944 年《芝加哥公约》附件 6《航空器的运行》是国际航空法中关于通用航空的主要规定。附件 6《航空器的运行》包括 3 个部分：第Ⅰ部分《国际商业航空运输——飞机》、第Ⅱ部分《国际通用航空——飞机》、第Ⅲ部分《国际运行——直升机》，各部分的标准和建议措施有不同的适用范围，国际通用航空运行主要适用第Ⅱ部分和第Ⅲ部分的标准和建议措施。附件 6 第Ⅱ部分是涉及国际通用航空的定翼飞机。第Ⅲ部分包括了直升机的国际商业运输飞行和通用航空飞行。

2022 年 3 月 7 日,第 225 届国际民航组织理事会第 8 次会议审议通过了对附件 6《航空器的运行》第Ⅰ部分的第 47 次、第Ⅱ部分的第 40 次、第Ⅲ部分的第 24 次修订,以上修订于 2022 年 7 月 18 日生效,2022 年 11 月 3 日适用。(见表 7 –4)

表 7 –4 附件 6《航空器的运行》3 个部分的适用范围对照

项目	附件 6 第Ⅰ部分《国际商业航空运输——飞机》	附件 6 第Ⅱ部分《国际通用航空——飞机》	附件 6 第Ⅲ部分《国际运行——直升机》
适用范围	适用于经批准从事国际商业航空运输运行的运营人实施的飞机运行	使用飞机从事国际通用航空运行	使用直升机从事国际商业航空运输运行或国际通用航空运行

二、中国通用航空法规体系

(一)通用航空法规框架体系的重构

1. 通用航空法规体系重构的依据

国务院办公厅 2016 年印发《关于促进通用航空业发展的指导意见》,提出健全通用航空相关法律法规的任务。2019 年,民航局发布《关于推进通用航空法规体系重构工作的通知》,成为开展中国通用航空法规体系重构工作的总体性文件,首创"两个框架"。

"两个框架"是规范通航行业监管工作的指南,"两个框架"对通航行业监管提出"分类监管、精准监管、重点监管"的要求,坚持开展不同方式、不同频率、不同强度的监管。(1)根据活动的不同风险类型,采用"双随机"监管与重点监管相结合的方式,对于通航短途运输、通航包机飞行进行重点监管,对于从事其他活动的通航公司采用"双随机"监管,确保监管对象全覆盖。(2)根据安全类事项和经济类事项的不同特点采用不同监管方式:在通航领域的经济类事项监管中,减少事前管理方式,以企业自我管理为主,行政机关依托法定自查、信用手段实施事中事后管理。(3)根据企业自我管理意愿和能力的强弱进行区别管理:对于自我管理意愿弱、能力低的企业,行政机关要加大监管力度和监管频率,督促、帮助企业落实主体责任。

总之,通用航空管理突出行业监管重点,建立基于公众利益和运行风险的分类监管机制,重点管控载客类运行,放宽其他类运行的监管标准。由"事前审批"向"事后监管"转变,减少申请材料、审批环节和审定部门;由"申请——审批"向"承诺——授权"转变,简化、放宽非载客类企业准入条件;由"定向全覆盖"向"双随机——公开"转变,公开监察员权力清单和责任清单,尽职免责、失职追责。[1]

[1] 参见《民航局关于通用航空分类管理的指导意见》(民航发〔2018〕80 号)。

2022 年，民航局印发了《"十四五"民航立法专项规划》和《"十四五"通用航空发展专项规划》，标志中国通用航空法规体系进入密集变动和重构完善期。

2. 与通用航空业务框架结合的通航法规框架体系

通用航空法规框架体系的重构坚持经济授权管理和安全运行管理，这是政府管理的两条主线；重构突出政府监管的两个重点：经营能力和运行能力。

经营能力指标：(1)经营性：载客(定期、不定期)；载人(对社会公众、不对社会公众)；非载人[货运(无人机)]。(2)非经营性：载人、非载人。

运行能力由多个关键类指标和辅助指标组成，其中关键类指标包括最大起飞全重、载客数、最大商载，最终确定以客座数和最大商载数作为运行能力的关键指标，以载客数 19 座、商载 3.4 吨为基准。运行指标的分类分级：两类六级，两类即飞机类和直升机类；飞机类按客座数区间分为 5 级、直升机类统一按第 6 级处理，下分 4 个子级。(见表 7－5)

表 7－5　运行能力指标的分类分级

<table>
<tr><td rowspan="12">飞机</td><td rowspan="2">1 级</td><td colspan="2">载人载客飞行的：60 座以上(不含机组)</td><td rowspan="12">直升机</td><td rowspan="12">6 级</td><td rowspan="2">载人载客飞行的：30 座以上(不含机组)
非载人暂不区分机型</td></tr>
<tr><td colspan="2">非载人飞行的：商载 3.4 吨以上</td></tr>
<tr><td rowspan="2">2 级</td><td colspan="2">载人载客飞行的：30～59 座(不含机组)</td><td rowspan="2">载人载客飞行的：20～29 座(不含机组)
非载人暂不区分机型</td></tr>
<tr><td colspan="2">非载人飞行的：商载 3.4 吨以上</td></tr>
<tr><td rowspan="3">3 级</td><td rowspan="2">载人载客飞行的：20～29 座(不含机组)</td><td>商载 3.4 吨以上</td><td rowspan="4">载人载客飞行的：10～19 座(不含机组)
非载人暂不区分机型</td></tr>
<tr><td>商载 3.4 吨以下</td></tr>
<tr><td colspan="2">非载人飞行的：商载 3.4 吨以下</td></tr>
<tr><td rowspan="3">4 级</td><td rowspan="2">载人载客飞行的：10～19 座(不含机组)</td><td>商载 3.4 吨以上</td></tr>
<tr><td>商载 3.4 吨以下</td><td rowspan="4">载人载客飞行的：9 座以下(不含机组)
非载人暂不区分机型</td></tr>
<tr><td colspan="2">非载人飞行的：商载 3.4 吨以下</td></tr>
<tr><td rowspan="2">5 级</td><td colspan="2">载人载客飞行的：9 座以下(不含机组)</td></tr>
<tr><td colspan="2">载人飞行的：商载 3.4 吨以下</td></tr>
</table>

3. 通用航空法规体系重构所涉民航管理的规章的完备

按照民航管理事项进行分类并排序，通用航空法规体系重构共涉及 10 类 23 部涉及民航管理的规章，见表 7－6。

表 7－6　通用航空法规体系重构所涉 23 部涉及民航管理的规章框架

调整内容	航空器	航空人员	一般运行规则	航空企业合格审定及运输	学校、航空人员及其他单位合格审定及运行	机场建设和管理	综合调控规则	航空运输规则	航空保安	航空器搜救与事故调查
CCAR部号	CCAR－21	CCAR－61	CCAR－85	CCAR－135	CCAR－140	CCAR－158	CCAR－201LR	CCAR－285	CCAR－329	CCAR－395
	CCAR－43	CCAR－66TM	CCAR－86	CCAR－136	CCAR－141		CCAR－229	CCAR－290	CCAR－333	
		CCAR－67FS	CCAR－91	CCAR－138	CCAR－145				CCAR－343	

资料来源：参见《民航局关于推进通用航空法规体系重构工作的通知》（民航发〔2019〕5 号）附件 3《通航法规框架及说明》。

通用航空法规体系重构所涉 23 部涉及民航管理的规章的制修工作已基本完成，其中，被废止的涉及民航管理的规章 4 部，具体如下：(1)《外商投资民用航空业规定》（CCAR－201）于 2020 年 12 月 30 日被废止，有关包括通用航空在内的民航业外商投资，按照国家负面清单管理。[1] (2)《民用航空企业及机场联合重组改制管理规定》（CCAR－229）于 2023 年 5 月 8 日被废止。《法律、行政法规、国务院决定设定的行政许可事项清单》（2023 年版）（国办发〔2023〕5 号）不再包括该许可事项，该审批已改为备案管理。(3)《非经营性通用航空登记管理规定》（CCAR－285）被 2022 年 7 月 13 日民航局印发的《非经营性通用航空备案管理办法》（民航规〔2022〕24 号）替代，非经营性通用航空由许可管理转为备案管理。(4)《维修和改装一般规则》（CCAR－43）被废止，其相关内容被纳入《一般运行和飞行规则》（CCAR－91－R4）“航空器维修”一章。所涉规章名称修改 3 部，具体为：《小型航空器商业运输　运营人运行合格审定规则》被修改为《小型商业运输和空中游览运营人运行合格审定规则》（CCAR－135－R3）、《特殊商业运行合格审定规则》（CCAR－136）被修改为《特殊商业和私用大型航空器运营人运行合格审定规则》（CCAR－136）、《民用航空器事故和飞行事故征候调查规定》

二维码 7－1

通用航空法规框架所涉 23 部涉及民航管理的规章制修情况列表

〔1〕随着中国对外开放加深，国家外资准入管理模式发生重大变化，《外商投资法》自 2020 年 1 月 1 日施行后，《中外合资经营企业法》《外资企业法》《中外合作经营企业法》同时废止。《外商投资法》明确对外商投资实行准入前国民待遇加负面清单管理制度，清单之外不得对外资设置准入限制。2020 年 12 月 30 日，交通运输部、商务部、发展改革委废止《外商投资民用航空业规定》及其 6 个补充规定。根据 2021 年版《外资准入负面清单》规定，民航领域主要保留公共航空运输、通用航空、民用机场 3 个领域外资准入限制。

(CCAR－395－R1)被修改为《民用航空器事件技术调查规定》(CCAR－395－R3)。补充制定所涉规章2部:《通用航空安全保卫规则》(CCAR－333)和《通用机场管理规定》(CCAR－138)。

(二)通用航空法规体系的效力层级

根据效力等级,通用航空法规体系一般包括法律、行政法规、涉及民航管理的规章和民航规范性文件。(见图7－1)

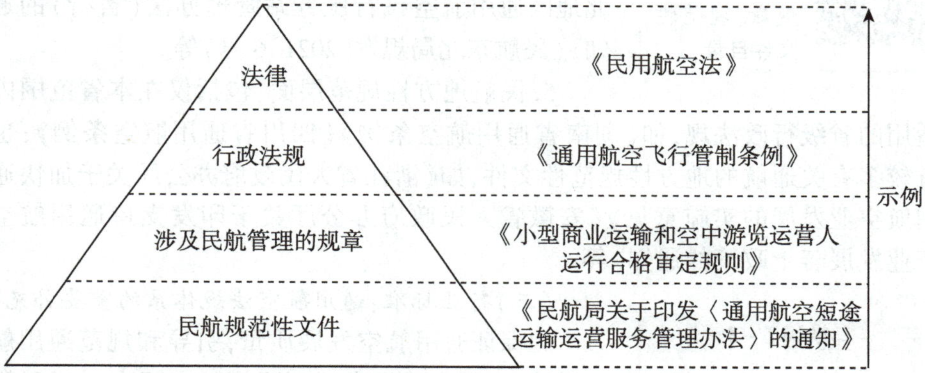

图7－1　通用航空法规效力层级

1. 法律层面。如《民用航空法》对通用航空的定义、飞行安全和相关义务进行了原则性规定。

2. 行政法规层面。如《国务院关于通用航空管理的暂行规定》(已失效)是通航企业赴境外开展经营活动进行行政许可的法律依据。《通用航空飞行管制条例》明确规定通用航空飞行的空域管理、服务保障、审批手续以及升放和系留气球等。《飞行基本规则》是中国境内组织实施飞行和规范一切飞行活动的基本法规,明确规定了对空域管理、飞行管制、机场区域内和航路航线飞行、飞行间隔、飞行指挥等问题。《民用机场管理条例》对中国境内民用机场(包括通用机场)的规划、建设、使用、管理及其相关活动进行了原则性规定。

3. 涉及民航管理的规章层面。涉及航空器、航空人员、一般运行规则、航空企业合格审定及运输、学校、航空人员及其他单位合格审定及运行等诸多规章。例如,《小型商业运输和空中游览运营人运行合格审定规则》《特殊商业和私用大型航空器运营人运行合格审定规则》《民用航空器驾驶员学校合格审定规则》《一般运行和飞行规则》《通用航空经营许可管理规定》《通用航空安全保卫规则》《民用航空导航设备开放与运行管理规定》《正常类飞机适航规定》等。

4. 民航规范性文件层面。如《民航局关于通用航空分类管理的指导意见》(民航发〔2018〕80号)、《民航局关于印发〈非经营性通用航空备案管理办法〉的通知》(民航规〔2022〕24 号)、《民航局关于印发〈通用航空短途运输运营服务管理办法〉的通知》(民航规〔2023〕50 号)等。各民航地区管理局也发布了系列规范性文件,如《华北地区通用机场净空保护区域内建设项目净空审核实施细则》(民航华北规〔2023〕2 号)、《民航华北地区民用航空安全信息管理办法》(民航华北规〔2023〕3 号)、《东北管理局关于印发东北地区通用航空飞行服务站管理办法(暂行)的通知》(民航东北局规发〔2021〕6 号)等。

二维码 7-2

中国通用航空现行有效的有关法律法规、规章、规范性文件目录

5. 民航地方性规范层面:包括仅在本省范围内适用的省级行政法规,如《湖南省通用航空条例》《四川省通用航空条例》;也有较多有关通航的地方性规范性文件,如《浙江省人民政府办公厅关于加快通用航空业发展的实施意见》《安徽省人民政府办公厅关于印发支持通用航空产业发展若干政策的通知》等。

(三)行业标准:通用航空法规体系的重要补充

为保证通用航空发展质量,引导和规范通用航空活动,中国先后发布系列通用航空标准,如《民用直升机场飞行场地技术标准》(MH 5013 - 2023)、《通用航空飞行动态数据传输规范》(MH/T 4052 - 2021)、《通用机场选址技术指南》(MH/T 5065 - 2023)等。

二维码 7-3

中国通用航空作业服务标准列表

通用航空标准在通用航空行业服务的管理、服务、支撑、引领方面发挥着重要作用。通用航空作业服务标准体系包括基础通用标准、作业质量与服务标准、设备配备标准、运行与保障标准 4 个大类。(见图 7-2)

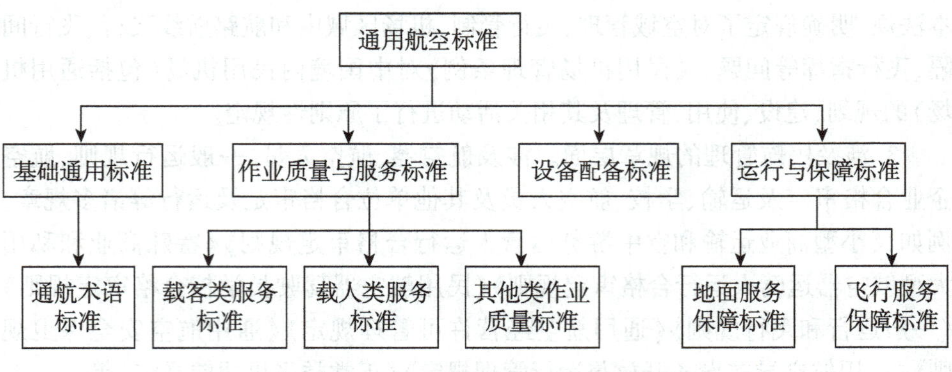

图 7-2 通用航空作业服务标准体系

第三节　通用航空经营许可制度

一、中国通用航空经营许可管理的立法变革

在中国通用航空市场管理制度体系中,《通用航空经营许可管理规定》是重要民航管理的规章之一,关系到通用航空市场准入和监管。该规章主要适用于中国境内从事经营性通用航空活动企业的经营许可及相应的监管,历经多次制修变动(见表7-7)。该规章变动的整体发展趋势是许可条件进一步简化、市场准入门槛逐步降低,通用航空分类管理进一步落实;目标是优化民航营商环境,激发通用航空市场活力,促进中国通用航空实现高质量发展。

表7-7　《通用航空经营许可管理规定》变革对照

规章编号	颁发主体	实施时间	效力状态
CCAR-135TR-R2	中国民用航空总局令第133号	2005年1月2日	失效
CCAR-135TR-R3	中国民用航空总局令第176号	2007年2月14日	失效
CCAR-290	交通运输部令2016年第31号	2016年6月1日	失效
CCAR-290-R1	交通运输部令2018年第36号	2019年1月1日	失效
CCAR-290-R2	交通运输部令2019年第30号	2020年1月1日	失效
CCAR-290-R3	交通运输部令2020年第18号	2021年1月1日	有效

根据《通用航空经营许可管理规定》(CCAR-290-R3)规定,从事经营性通用航空活动的企业,应当取得通用航空经营许可,取得通用航空经营许可的企业应当遵守法律、行政法规和规章的规定,在批准的经营范围内依法开展经营活动。实施通用航空经营许可管理的基本原则是:(1)促进通用航空业高质量发展,维护社会公共利益,保护消费者合法权益;(2)符合通用航空发展政策;(3)符合科学规划、市场主导、协调发展的要求;(4)保障飞行、作业以及空防安全。

二、经营性通用航空活动的分类管理

根据2021年施行的《通用航空经营许可管理规定》(CCAR-290-R3)规定,从事经营性通用航空活动的企业,应当取得通用航空经营许可,取得通用航空经营许可的企业应当遵守法律、行政法规和规章的规定,在批准的经营范围内依法开展经营活动。

关于经营性通用航空活动分类,《通用航空经营许可管理规定》(CCAR－290－R3)重新划分经营项目类别,取消原按注册资金规模划分的甲乙丙丁四分法,采取按飞行活动性质划分的“载客”、“载人”和“其他”3类,以便实现对通用航空企业的分类管理。

经营性载人飞行活动,指以载人为直接目的,并发生了取酬行为的飞行活动,如公务飞行、包机(出租)飞行、空中游览等,不包括以空中作业为直接目的的载人飞行活动,如农林飞行、抢险救援、空中勘测、训练飞行等。

(一)载客类经营活动

载客类,是指通用航空企业使用符合民航局规定的民用航空器,从事旅客运输的经营性飞行服务活动。载客类中的客,是指向通用航空企业支付费用,搭乘通用航空企业使用的符合民航局规定的民用航空器,实现从起飞地到降落地运输目的的旅客。

载客类经营活动主要类型包括通用航空短途运输和通用航空包机飞行。

1. 通用航空短途运输的管理

通用航空短途运输,是指通用航空企业使用30座(含机组)以下的民用航空器开展的短距离定期载客运输飞行活动。其中涉及跨省、自治区、直辖市(以下简称省)飞行的,距离一般不超过500公里;涉及跨省且跨海飞行的,距离一般不超过800公里;省内飞行的,距离不限。[1]

(1)管理依据

在中华人民共和国境内(不含港澳台地区)开展通用航空短途运输的管理,有关规范最早为《通用航空短途运输管理暂行办法》(民航规〔2020〕24号),后被修订为《通用航空短途运输运营服务管理办法》(民航规〔2023〕50号),自2024年5月1日生效。

该管理办法按照通用航空法规框架和业务框架指引,对短途运输企业在运营资质、航线备案、旅客服务和锂电池携带等方面明确了管理要求。

(2)短途运输企业的运营资质

根据《通用航空短途运输运营服务管理办法》的要求,开展通用航空短途运输业务的通用航空企业简称短途运输企业,应当按规定取得相关航线和预先飞行计划批复;应当合理编制不与公共航空运输企业和其他短途运输企业重合的公司代码和航班号;需取得“通用航空短途运输”经营许可和“定期载客飞行”运行种类;委托其他企业(含航空销售网络平台)销售客票或代理地面服务业务

[1] 参见《通用航空短途运输运营服务管理办法》(民航规〔2023〕50号)第3条。

的,应当分别签订销售代理书面协议或地面服务保障协议;应当制订并公布飞行事故应急救援计划及伤亡人员家属援助计划。

在航线开始经营日期3日前,短途运输企业应当通过通用航空管理系统向企业住所地和经营活动所在地民航地区管理局备案以下材料:飞行事故应急救援计划及伤亡人员家属援助计划、短途运输航线航班、运输服务标准、投诉管理制度和处理程序、旅客携带锂电池乘机安全管理自查制度和锂电池机上应急处置方案。

(3)短途运输航线航班管理

短途运输企业可自主选择航点,确定航线,原则上不得进入公共航空运输企业正在经营的定期载客运输市场;鼓励参与"干支通,全网联"运营,开通A类通用机场之间、支线机场之间、A类通用机场与支线机场之间的短途运输航线;在交通不便、偏远等地区首次开辟的航线上,如承诺保证每周开通至少4班往返航线,原则上给予3年航线保护期;连续运营1年以上且1年内未发生局方规定的相关违法违规行为的,可申请纳入冬春/夏秋航季定期航班预先飞行计划管理。短途运输企业应当将拟运营航线的航班号、班期、起降时刻、起降机场、航空器型号和航班计划执行起止日期等信息进行备案。

(4)短途运输旅客的服务保障

短途运输企业应当制定并公布运输服务标准。运输服务标准应当至少包括:①客票预订、销售、变更和使用的实施细则;②包括特殊旅客乘机、限制运输、拒绝运输、漏乘、误机等在内的旅客乘机规定;③客票超售处置规定;④行李运输的标准和要求,包括是否提供行李运输,禁、限运行李要求,行李运输的方式、尺寸、重量、件数、免费行李额等;⑤地面第三人责任险、乘客责任险等保险的购买情况和赔付标准;⑥航班延误或者取消后的旅客服务规定,包括对航班延误是否补偿,若给予补偿,则应当明确补偿条件、标准和方式等相关内容;⑦受理投诉的电子邮件地址和电话号码。

短途运输企业不得无故变更、调整航班计划;应采取措施提高旅客服务质量,不得泄露、出售、使用或者向他人提供旅客个人信息;旅客客票销售、乘机登记等相关信息应当至少保存3年;依法对旅客运输损失承担相应的赔偿责任。短途运输旅客可向民航服务质量监督电话"12326"进行投诉。

短途运输企业应当在旅客购票、办理乘机手续、安全检查、起飞前机组告知等环节,通过购票网站、微信、短信、公告提示、口头提醒等方式,告知旅客遵守携带锂电池乘机的有关要求。

2. 通用航空包机飞行的管理

通用航空包机飞行，是指通用航空企业使用30座(含机组)以下的民用航空器，按照与包机方所订立的文本合同提供的不定期载客运输服务。[1]

(1)管理依据

对设立在中华人民共和国境内(不含港澳台地区)从事通用航空包机飞行活动的通用航空企业的管理，现行有效文件为《通用航空包机飞行管理暂行办法》(民航规〔2020〕30号)。历史上曾有规范性文件《关于明确通用航空包机飞行(短途运输)乘机凭证有关事宜的通知》(局发明电〔2018〕157号)和《通用航空包机飞行(短途运输)经营管理暂行办法》(MD-135TR-TR-2015-01)，后者被《通用航空短途运输管理暂行办法》(民航规〔2020〕24号)[2]废止。

(2)包机飞行企业的经营规范

根据《通用航空包机飞行管理暂行办法》(民航规〔2020〕30号)第5条规定，包机飞行企业应当符合下列条件：①持有通用航空经营许可证，且许可证载明的经营范围中包含载客类的经营项目；②购买或者租赁至少两架符合民航局适航管理规定，且具有标准适航证的民用航空器；③投保地面第三人责任险[3]；④通过民航局规定的不定期载客飞行运行种类的运行合格审定。

包机飞行企业应当与包机方订立合法的、不可转售的文本合同，并依据合同约定提供包机飞行服务。包机合同应当至少明确：①服务事项范围；②收费标准；③服务流程与服务标准；④包机飞行使用的航空器地面第三人责任险、乘客责任险、机身险等保险购买情况；⑤服务纠纷解决方案；⑥人员伤亡与财产损失的赔偿方案；⑦涉及双方权利义务关系的其他事项。[4]

(3)包机飞行企业的运营管理

包机飞行企业在运营过程中，应当履行下列义务：①取得相关飞行计划的批复；②按照要求履行特殊通用航空飞行活动任务报批手续；③按规定备案计划活动信息、报送生产经营数据及民航局认为需要报送的其他数据；④按要求报送企业年报；⑤不得以虚假宣传等方式侵害消费者合法权益、扰乱市场秩序；⑥向企

〔1〕 参见《通用航空包机飞行管理暂行办法》(民航规〔2020〕30号)第3条。

〔2〕 民航规〔2020〕24号文件又被2024年5月1日生效的《通用航空短途运输运营服务管理办法》(民航规〔2023〕50号)废止。

〔3〕 此项规定意在保证包机飞行企业具备充分的责任赔偿能力，但对乘客责任险、机身险等补充保险的购买，并非强制性的，采鼓励态度，并强调包机飞行企业为包机方提供购买航空意外险的便利条件。参见《通用航空包机飞行管理暂行办法》(民航规〔2020〕30号)第6条。

〔4〕 参见《通用航空包机飞行管理暂行办法》(民航规〔2020〕30号)第7条。

业住所地民航地区管理局备案建立的投诉管理制度；⑦投诉应在15日内予以处理、答复，投诉处理记录应至少保存3年；⑧按规定制订飞行事故应急救援计划及伤亡人员家属援助计划，并与所使用机场或者相关责任主体签订应急救援保障协议，确保具备有效的应急救援保障能力。[1]

（二）载人类经营活动

载人类，是指通用航空企业使用符合民航局规定的民用航空器，搭载除机组成员以及飞行活动必需人员以外的其他乘员，从事载客类以外的经营性飞行服务活动。载人类中的人，是指除机组成员以及飞行活动必需人员之外，搭乘通用航空企业使用的符合民航局规定的民用航空器，实现非运输目的的乘员。

根据通航业务框架，载人类经营性飞行服务活动分为训练飞行活动、面向非社会公众飞行活动和面向社会公众行活动。

（三）其他类经营活动

其他类，是指通用航空企业使用符合民航局规定的民用航空器，从事载客类、载人类以外的经营性飞行服务活动。根据通航业务框架，其他类经营性飞行服务活动分为货运（含无人机）飞行活动和其他非载人活动（含无人机）。

载人类、其他类经营活动的主要类型由民航局另行规定。

三、通用航空经营许可的条件、主体、方式和程序

（一）通用航空经营许可的条件

根据《通用航空经营许可管理规定》（CCAR－290－R3）第8条规定，取得通用航空经营许可，应当具备下列基本条件。

（1）从事通用航空经营活动的主体应当为企业法人，企业的法定代表人为中国籍公民。根据2021年版《外资准入负面清单》的规定，民航领域主要保留公共航空运输、通用航空、民用机场3个领域外资准入限制，其中通用航空公司领域法定代表人须由中国籍公民担任，其中农、林、渔业通用航空公司限于合资，其他通用航空公司限于中方控股。[2]

（2）通用航空经营许可申请人应当具有满足下列要求的民用航空器：①在中华人民共和国进行登记，符合相应的适航要求；②除民航局另有规定外，用于从事载客类、载人类经营活动的民用航空器应当具有标准适航证；③与拟从事的经营性通用航空活动相适应；④从事载客类经营活动的，至少购买或者租赁2架

〔1〕 参见《通用航空包机飞行管理暂行办法》（民航规〔2020〕30号）第8～16条。

〔2〕 《海南自由贸易港外商投资准入特别管理措施（负面清单）》（2020年版）、《自由贸易试验区外商投资准入特别管理措施（负面清单）》（2021年版）对民用机场领域外资准入限制也有相同要求。

民用航空器;从事载人类和其他类经营活动的,至少购买或者租赁 1 架民用航空器。民用航空器包括民用有人驾驶航空器和民用无人驾驶航空器。该款最大限度降低了通用航空经营许可条件,充分体现了立法要转变政府职能、减少行政干预和分类管理的思路。

(3)有与民用航空器相适应,经过专业训练,取得相应执照的驾驶员。这意味着对通用航空企业不再要求驾驶员之外的航空人员。

(4)按规定投保地面第三人责任险。申请人需要履行地面第三人责任险投保义务,不仅是《通用航空经营许可管理规定》的要求,也是《民用航空法》和《国务院关于通用航空管理的暂行规定》(国发〔1986〕2 号)的要求。但对于机身险、乘客责任险没有强制性投保规定,而是鼓励通用航空企业投保民用航空器机身险、乘客责任险等补充保险。

(5)法律、行政法规规定的其他条件。例如,《通用航空经营许可管理规定》(CCAR－290－R3)第 49 条规定,依照法律、行政法规规定应当完成运行合格审定的,应当在审定合格后方可开展经营性飞行活动。鼓励具备运行能力的申请人申请通用航空经营许可和运行合格审定联合审批。

(二)通用航空经营许可的主体和方式

根据《通用航空经营许可管理规定》(CCAR－290－R3)第 5 条规定,民航局负责对全国通用航空经营许可以及相应监督管理工作实施统一管理;民航地区管理局负责辖区内的通用航空经营许可以及相应监督管理工作。

在通用航空经营许可方式上,实行告知承诺制。除事关人民群众生命安全的经营活动外,对绝大多数通用航空经营活动的许可实行告知承诺制审批。民航行政机关一次性告知申请人审批条件,申请人以书面形式承诺其满足通用航空经营许可条件,民航行政机关信赖申请人的承诺、诚信,无须现场审验,依据申请人的承诺直接办理许可审批手续。

(三)通用航空经营许可的程序

通用航空经营许可程序包括申请、受理、决定、备案和定期公告等,在申请经营许可材料方面最大限度降低要求,取消驾驶员之外的航空人员执照和通航企业设立分公司备案的要求。充分落实简政放权和便民管理思路,详见图 7－3。

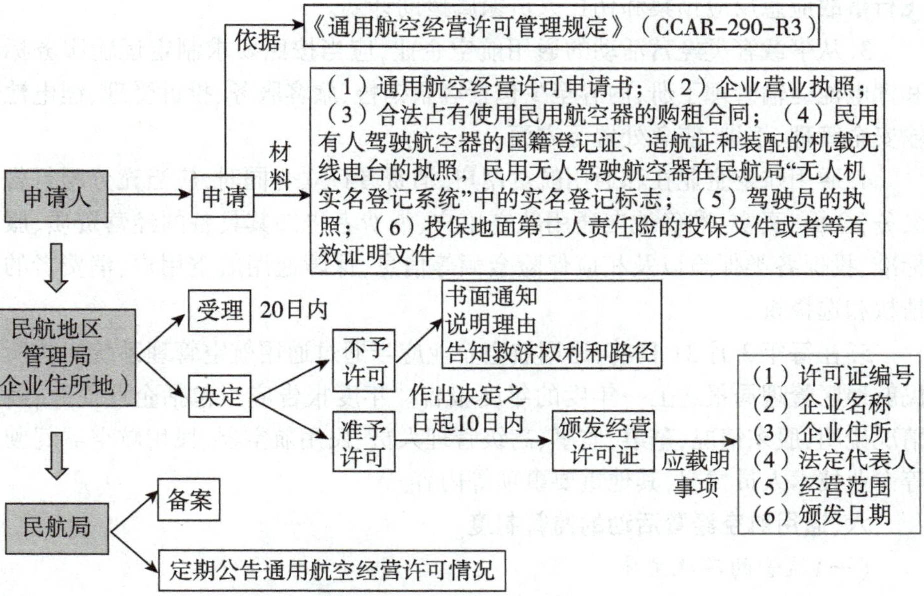

图7-3　通用航空经营许可的申请程序

四、通用航空经营许可证的管理

根据《通用航空经营许可管理规定》(CCAR-290-R3)规定，通用航空经营许可证载明事项仅需记载许可证编号、企业名称、企业住所、法定代表人、经营范围、颁发日期6项内容。除法律、法规、规章另有规定外，通用航空经营许可证持续有效，但不得涂改、倒卖、出租、出借或者以其他形式非法转让，如果发生经营许可证遗失、损毁、灭失等情况，则可申请补发。该规章降低了企业经营管理的制度性成本，体现出服务通航企业发展的真情，也节约了民航机关的政府行政资源。

五、通用航空企业的经营规范

通用航空企业开展经营性通航活动，应遵守以下规范要求：[1]

1. 开展经营活动前，通用航空企业应当向住所地民航地区管理局备案经营活动信息；开展经营性通航活动时，应当持续符合通用航空经营许可条件以及民航局规定的其他要求；经营活动结束后，通用航空企业应当按照民航局有关信息报送规定要求，及时、真实、完整地报送安全生产经营情况、行业统计数据以及申领民航财政补贴所需信息等有关内容。

2. 从事载客类经营活动的通用航空企业，应当按照民航局的有关规定，制订

〔1〕　参见《通用航空经营许可管理规定》(CCAR-290-R3)第21~26条。

飞行事故应急反应预案和伤亡人员家属援助计划。

3. 从事载客类经营活动的通用航空企业,应当按照要求制定运输服务标准和锂电池运输管理手册,内容至少包括客票销售、旅客服务、投诉受理、锂电池运输安全管理、培训、应急处置等方面。

4. 通用航空企业在和通用航空用户、消费者订立合同时,应当充分履行告知义务,全面、真实、准确地向通用航空用户、消费者告知其具备的经营资质、服务标准、投保各类保险以及相应保险金额等信息,保障通用航空用户、消费者的知情权和选择权。

5. 在每年3月31日前,通用航空企业应当通过通用航空管理系统向住所地民航地区管理局报送上一年度的年度报告。年度报告应当包括企业简介,经营情况说明,股东情况,董事、监事、高级管理人员、民用航空器、民用航空器驾驶员等专业技术人员情况,其他重要事项等内容。

六、通用航空经营活动的监管制度

(一)监管的实施主体

经营性通用航空活动的监管,由通用航空企业住所地民航地区管理局实施;通用航空企业开展跨地区违法经营性通用航空活动的,由违法行为发生地民航地区管理局依法进行查处,并应将违法事实、处理结果抄告通用航空企业住所地民航地区管理局和报民航局备案。

(二)监管的相关机制

1. 监查重点:承诺内容是否属实

经营性通用航空活动的行政许可程序采用"告知承诺制"方式,民航地区管理局作出行政许可决定,核查承诺内容是否属实,是对通用航空企业进行监督检查的重点。

2. 监查方式:"双随机、一公开"

"双随机、一公开"是2019年以来中国市场监管的基本手段和方式,[1]也是通航领域简政放权、优化服务的重要举措。"双随机"是指随机抽取检查对象、随机选派执法人员,"一公开"是指随机抽查结果纳入社会诚信记录并按规定对外公示。

经营性通用航空活动采用"告知承诺制"的方式简化许可程序后,非现场监管的比例增加,既要保证必要的抽查覆盖面和工作力度,又要防止检查过多和执法扰民,在不影响公正与效率的前提下,可以合理确定随机抽查的比例和

[1] 参见《国务院关于在市场监管领域全面推行部门联合"双随机、一公开"监管的意见》(国发〔2019〕5号)、《关于印发〈民航局关于推进精准监管工作的意见〉的通知》(民航发〔2019〕9号)。

频次。

3. 建立诚信经营评价机制

二维码 7－4

民航地区管理局对某通用航空公司违规飞行事故行政处罚案例

对诚信评价记录好的通用航空企业，可以依法减少检查频次或者豁免检查；对诚信评价记录差的通用航空企业，依法增加检查频次，并加大对失信和违章行为的监管和处罚力度。

例如，通用航空企业有下列情形之一的，依法记入民航行业严重失信行为信用记录：(1)拒绝接受或者拒不配合民航行政机关依法开展的监督检查的；(2)拒不执行民航行政机关依法作出的改正或者限期改正要求的；(3)从事无证无照经营的；(4)在申请通用航空经营许可或者接受民航行政机关检查等工作过程中，提供虚假材料、虚假证言证词的；(5)采取告知承诺制审批方式取得许可，但实际情况与承诺内容不符被撤销经营许可的；(6)侵害通用航空用户、消费者合法权益，引发重大社会影响的。[1]

二维码 7－5

某通航公司超运行能力作业被行政处罚案

通用航空企业有下列情形之一的，民航地区管理局应当依法办理经营许可证的注销手续：(1)因破产、解散等被终止法人资格的；(2)通用航空经营许可依法被撤销、撤回或者经营许可证依法被吊销的；(3)法律、法规规定的应当注销的其他情形。[2]

七、通用航空企业违规、违法运营的法律责任

根据《民用航空法》和《通用航空经营许可管理规定》(CCAR－290－R3)第7章36～46条的规定，通用航空企业在经营许可证的申请、使用和运营过程中，出现违规、违法情形，民航局或者民航地区管理局将给予警告、限期改正、罚款、吊销或撤销经营许可证等相关法律处罚。

(一)通用航空经营许可证申请的法律责任(见表7－8)

表 7－8　通用航空经营许可证申请的法律责任

序号	违法行为	法律责任
1	申请人隐瞒有关情况或者提供虚假申请材料	不予受理或不予许可，并给予警告；申请人在1年内不得再次申请许可
2	被许可人以欺骗、贿赂等不正当手段取得通用航空经营许可	依法撤销其经营许可，并处3万元以下的罚款；被许可人在3年内不得再次申请许可

〔1〕 参见《通用航空经营许可管理规定》(CCAR－290－R3)第34条。

〔2〕 参见《通用航空经营许可管理规定》(CCAR－290－R3)第35条。

（二）通用航空经营许可证违规使用的法律责任（见表7－9）

表7－9　通用航空经营许可证违规使用的法律责任

序号	违规情形	法律责任
1	未将经营许可证正本置于企业住所或者营业场所醒目位置	限期改正；拒不改正的，给予警告，并处1万元以下罚款
2	未按规定及时办理经营许可证变更手续	责令其限期改正；拒不改正的，给予警告，并处3万元以下罚款
3	涂改、倒卖、出租、出借或以其他形式非法转让经营许可证	
4	经营许可证遗失、损毁、灭失等情况未按规定申请补发	

（三）通用航空企业违法运营的法律责任（见表7－10）

表7－10　通用航空企业违法运营的法律责任

序号	违规情形	法律责任
1	未取得经营许可证擅自或超出经营范围从事经营性通用航空活动	停止违法活动，处违法所得3倍以下、最高不超过3万元的罚款；没有违法所得的，处1万元以下的罚款
2	未能持续符合通用航空经营许可条件	责令其限期改正，给予警告，并处3万元以下的罚款
3	未按照要求报送或更新相关信息内容	
4	未按要求制定飞行事故应急反应预案	责令其限期改正；拒不改正的，给予警告，并处3万元以下的罚款
5	未按要求制定伤亡人员家属援助计划	
6	未按要求制定运输服务标准	
7	未按要求制定锂电池运输管理手册	
8	未在规定时间内报送上一年度的年度报告，或年度报告内容不符合要求	
9	不配合民航行政执法人员的监督检查，或故意隐瞒、提供虚假信息	责令其限期改正，给予警告，并处3万元以下的罚款
10	违反《民用航空法》情节较重	可以吊销其经营许可证
11	不再具备安全生产条件	依法撤销经营许可证

第四节　非经营性通用航空备案制度

非经营性通用航空活动是通用航空的重要组成部分，《国务院办公厅关于促进通用航空业发展的指导意见》（国办发〔2016〕38号）明确提出，鼓励航空消费,积极发展个人使用、企业自用等非经营性通用航空。

一、中国非经营性通用航空活动管理的立法变迁

非经营性通用航空活动,是指在中国境内进行的不以营利为目的的通用航空飞行活动。非经营性通用航空活动分为载人活动和非载人活动。例如,私人娱乐飞行、自用飞行、航空运动训练飞行、应急救援飞行等活动。

中国对非经营性通用航空活动历经了由“登记管理”到“备案管理”的立法变迁。2004 年 11 月开始施行《非经营性通用航空登记管理规定》(CCAR－285)。2016 年,《民航局关于进一步深化民航改革工作的意见》提出“简化非经营性通用航空登记管理”。2020 年 9 月,国务院印发《关于取消和下放一批行政许可事项的决定》,正式取消“非经营性通用航空登记核准”行政许可项目,改为备案管理。2020 年 10 月,民航局发布《关于取消“非经营性通用航空登记核准”加强事中事后监管措施的公告》。2022 年 4 月,《非经营性通用航空登记管理规定》(CCAR－285)被交通运输部正式废止。

2022 年 10 月,民航局以行政规范性文件的形式印发《非经营性通用航空备案管理办法》(民航规〔2022〕24 号),延续了通用航空“放管服”理念,大幅简化和降低非经营性通用航空的备案要求,激发中国非经营性通用航空市场活力。

二、非经营性通用航空备案的分类

(一)主体备案

根据民航局印发的《非经营性通用航空备案管理办法》(民航规〔2022〕24 号),为更好实施分类管理,非经营性通用航空备案分为主体备案和活动备案,主体备案分为单位备案和个人备案,分别提交不同的备案材料。

单位备案是指开展非经营性通用航空活动的法人或其他组织进行的备案。取得通用航空经营许可证的企业,无须另行主体备案,以单位名义开展非经营性通用航空活动的飞行人员,无须另行个人备案。

单位备案和个人备案均不要求超轻型飞行器具有驾驶员执照,但是单位备案需提交主体法人资格证件、法定代表人或负责人的有效身份信息和无犯罪记录声明、驾驶员资质能力证明、航空器信息(航空器国籍证、适航证和无线电台执照)、有效联系方式等材料。个人备案需提交个人有效身份信息、无犯罪记录声明、驾驶员资质能力证明和有效联系方式等材料。个人备案无须提交航空器信息,由此个人可以通过租借航空器开展个人娱乐飞行。

非经营性通用航空的主体备案全程均在网上办理,活动主体通过“通用航空管理系统”线上完成主体备案,通过系统下载相关证明文件,开展飞行计划申报。主体备案内容发生变更的,应当自变更之日起 15 个工作日内更新备案内容。

(二)活动备案

活动备案是指在飞行活动结束后,报备飞行活动信息的行为。活动备案无须

在飞行前进行，但应当在飞行活动结束后至次月4日前，备案有关飞行活动信息。

三、非经营性通用航空的监管制度

（一）非经营性通用航空活动主体的法律义务

从事非经营性通用航空飞行活动的主体，应当遵守法律、法规和涉及民航管理规章的规定，严格执行民航飞行运行规则、规定和标准，不得损害国家、社会、集体的利益和其他公民的合法权益；应当采取有效措施，保证飞行安全，保护环境和生态平衡，防止对环境、居民、作物或者牲畜等造成损害；应当确保第三人责任险持续有效。[1]

二维码7-6

民航监管局对某通航公司违法飞行行政处罚案例

（二）非经营性通用航空活动主体违规违法、失信的法律后果

非经营性通用航空活动主体未执行民航飞行运行规则、规定和标准；未采取有效措施保证飞行安全、保护生态环境；未做到第三人责任险持续有效；未依法备案；提供虚假信息、严重失信等行为，除依照法律法规和《通用航空企业诚信经营评价管理暂行办法》等有关规定予以处理外，还将向民航飞行计划审批管理部门通报相关情况。企业诚信经营评价结果将作为民航行政机关实施行业监管、政策使用、通用航空发展专项资金补贴发放等工作的重要参考。

二维码7-7

某通航公司违规从事体验飞行被行政约见案例

为强化事中事后监管，对于未进行备案或备案内容发生变更，逾期未更新的非经营性通用航空活动主体以及活动结束后未按要求进行信息填报备案的单位，民航地区管理局依据《民航法》相关规定予以处罚。

第五节　无人驾驶航空器管理制度

一、无人驾驶航空器的定义、分类与飞行活动性质

（一）无人驾驶航空器的定义、分类

无人驾驶航空器，是指没有机载驾驶员、自备动力系统的航空器。无人驾驶航空器按照性能指标分为微型、轻型、小型、中型和大型。[2]（见表7-11）

---

〔1〕参见《非经营性通用航空备案管理办法》第12～14条。

〔2〕该定义和以下分类参照中国2024年1月1日施行的《无人驾驶航空器飞行管理暂行条例》（国令第761号）第3条、第62条。

表 7 - 11　无人驾驶航空器分类对照

项目	微型	轻型	小型	中型	大型
空机重量	<0.25 千克	≤4 千克	≤15 千克		
最大起飞重量		≤7 千克	≤25 千克	≤150 千克	>150 千克
最大飞行真高	≤50 米				
最大平飞速度	≤40 千米/小时	≤100 千米/小时			
人工介入操控	无线电发射设备符合微功率短距离技术要求，全程可以随时人工介入操控	具备符合空域管理要求的空域保持能力①和可靠被监视能力，全程可以随时人工介入操控			

①空域保持能力是指通过电子围栏等技术措施控制无人驾驶航空器的高度与水平范围的能力。

(二)无人驾驶航空器的飞行活动性质

无人驾驶航空器的飞行任务性质包括但不限于反恐维稳、抢险救灾、医疗救护、国家重大活动飞行、人工影响天气、飞防作业、航空物探、航空测绘、遥感物探、空中巡查、物流运输、航拍航摄、飞行培训、农林作业、科学试验、试飞、娱乐表演等。

(三)无人驾驶航空器运行与运营管理的法规依据

民用无人驾驶航空器的运行与运营管理，主要依据国务院、中央军委第 761 号令公布的《无人驾驶航空器飞行管理暂行条例》和民航局发布的《民用无人驾驶航空器运行安全管理规则》(CCAR-92)，均自 2024 年 1 月 1 日施行。

二、无人驾驶航空器的登记管理制度

民用无人驾驶航空器登记管理包括实名登记和国籍登记。

(一)实名登记制度

在中华人民共和国境内从事飞行有关活动的所有类型民用无人驾驶航空器的所有人都应当按规定在民用无人驾驶航空器综合管理平台(UOM 平台)进行实名登记，取得登记标志后方可激活使用民用无人驾驶航空器，未经实名登记实施飞行活动的，将由公安机关责令改正。实名登记信息应当包括所有人的合法身份信息和联系信息、民用无人驾驶航空器的信息和使用用途、实名登记的有效期。

实名登记标志包括 UAS 和实名登记号。实名登记号为 8 位阿拉伯数字、罗马体大写字母或者二者的组合。中型、大型民用无人驾驶航空器的实名登记标志应当粘贴或者喷涂在民用无人驾驶航空器上，保持清晰可辨、便于查看。

(二)国籍登记制度

民用无人驾驶航空器应进行国籍登记，但不得具有双重国籍，未注销外国国籍的民用无人驾驶航空器不得在中华人民共和国申请国籍登记,未注销中华人民共和国国籍的民用无人驾驶航空器,不得在外国办理国籍登记。

民用无人驾驶航空器完成国籍登记后取得国籍标志和登记标志,国籍标志为罗马体大写字母B,登记标志为实名登记号。中华人民共和国民用无人驾驶航空器国籍标志置于登记标志之前,国籍标志和登记标志间加一短横线,刻有国籍标志和登记标志的识别牌应当固定在无人驾驶航空器上。

三、民用无人驾驶航空器的运营许可和运行管理制度

(一)民用无人驾驶航空器的运营许可

根据《民用无人驾驶航空器运行安全管理规则》(CCAR-92)规定,除了使用微型民用无人驾驶航空器从事飞行活动和常规农用无人驾驶航空器作业飞行活动,无须取得民用无人驾驶航空器运营合格证(以下简称运营合格证)之外,使用民用无人驾驶航空器从事飞行活动的单位,应当获得局方颁发的运营合格证和相应运营规范后,方可运行,合格证持有人不得违反运营合格证和相应运营规范的要求实施运行。

无人驾驶航空器运营合格证申请人可以申请的经营种类包括:载客类、载人类、载货类、培训类和其他类。

运行人申请运营合格证和相应运营规范,应当具备下列条件:(1)有实施安全运营所需的管理机构、管理人员和符合安全操控要求的操控员;(2)有符合安全运营要求的无人驾驶航空器及有关设施、设备;(3)有实施安全运营所需的管理制度、操作规程,保证持续具备按照制度和规程实施安全运营的能力;(4)从事经营活动的单位应为营利法人。

(二)民用无人驾驶航空器的运行管理

根据《民用无人驾驶航空器运行安全管理规则》(CCAR-92)规定,民用无人驾驶航空器的运行人可以申请的运行种类包括留空飞行、航线飞行和其他飞行。民用无人驾驶航空器的运行按照面向运行场景、基于运行风险、分级分类管理的原则,分为开放类、特定类和审定类三类运行(第92.7条)。(见表7-12)

表7-12 民用无人驾驶航空器的运行分类

运行分类	定义	运行要求	适用范围
开放类	相应运行场景的风险较小,运行人除满足局方规定的一般运行要求外,即可规避相应运行风险的运营模式	一般运行要求	(1)使用微型民用无人驾驶航空器实施运行;(2)使用轻型民用无人驾驶航空器在适飞空域内运行;(3)常规农用无人驾驶航空器作业飞行活动

续表

运行分类	定义	运行要求	适用范围
特定类	相应运行场景存在一定的风险，运行人除满足局方规定的一般运行要求外，应当在运行前制定完整的风险缓解措施，以实现防范相应运行风险的运营模式	一般运行要求、相应运营规范	
审定类	相应运行场景的风险较高，运行人除满足局方规定的所有运行要求外，应当在运行前制定完整的风险缓解措施，以实现管控相应运行风险的运营模式	一般运行要求、审定类运行要求、相应运营规范	(1)使用大型民用无人驾驶航空器在人口密集区域上空运行；(2)载运人员；(3)载运危险品；(4)国际仪表飞行规则(IFR)运行

四、无人驾驶航空器的空中交通管理制度

民用无人驾驶航空器的空中交通管理，主要依据包括国务院、中央军委第761号令公布的《无人驾驶航空器飞行管理暂行条例》[1]、国家空中交通管理委员会办公室2023年11月3日发布的《关于明确〈无人驾驶航空器飞行管理暂行条例〉空中交通管理有关事项的通知(征求意见稿)》。

(一)无人驾驶航空器的空域划设和使用规范

依据《无人驾驶航空器飞行管理暂行条例》的规定，授权国家空管交通管理领导机构就管制空域划设、飞行活动申请内容、操控无人驾驶航空器的行为规范等内容进行细化明确。

1. 无人驾驶航空器飞行空域划设原则

《无人驾驶航空器飞行管理暂行条例》第18条规定，无人驾驶航空器飞行空域的划设应当遵循统筹配置、安全高效原则，以隔离飞行为主，兼顾融合飞行需求，充分考虑飞行安全和公众利益。划设无人驾驶航空器飞行空域应当明确水平、垂直范围和使用时间。空中交通管理机构应当为无人驾驶航空器执行军事、警察、海关、应急管理飞行任务优先划设空域。

2. 无人驾驶航空器管制空域的划设

无人驾驶航空器使用的空域划分为管制空域和适飞空域。在管制空域内实施无人驾驶航空器飞行活动需要经空中交通管理机构批准。管制空域范围以外的空域为微型、轻型、小型无人驾驶航空器的适飞空域。

《无人驾驶航空器飞行管理暂行条例》第19条规定，国家根据需要划设无

〔1〕 自2024年1月1日起施行。

人驾驶航空器管制空域，真高[1] 120米以上空域，空中禁区、空中限制区以及周边空域，军用航空超低空飞行空域，以及下列区域上方的空域应当划设为管制空域：(1)机场以及周边一定范围的区域；(2)国界线、实际控制线、边境线向我方一侧一定范围的区域；(3)军事禁区、军事管理区、监管场所等涉密单位以及周边一定范围的区域；(4)重要军工设施保护区域、核设施控制区域、易燃易爆等危险品的生产和仓储区域，以及可燃重要物资的大型仓储区域；(5)发电厂、变电站、加油(气)站、供水厂、公共交通枢纽、航电枢纽、重大水利设施、港口、高速公路、铁路电气化线路等公共基础设施以及周边一定范围的区域和饮用水水源保护区；(6)射电天文台、卫星测控(导航)站、航空无线电导航台、雷达站等需要电磁环境特殊保护的设施以及周边一定范围的区域；(7)重要革命纪念地、重要不可移动文物以及周边一定范围的区域；(8)国家空中交通管理领导机构规定的其他区域。管制空域应设置地面警示标志，并应当加强日常巡查。

3. 临时管制空域的划设

为保障国家重大活动以及其他大型活动，执行军事任务或者反恐维稳、抢险救灾、医疗救护以及其他紧急任务，可以在适飞空域中临时增加管制空域并对外公布。

根据《民用无人驾驶航空器运行安全管理规则》(CCAR－92)规定，运行人应当通过电子围栏等技术措施使其使用的民用无人驾驶航空器具备相应的空域保持能力(第92.519条)和空域被监视能力(第92.521条)。

(二)无人驾驶航空器空中交通服务分类

民用无人驾驶航空器空中交通服务分为管制类服务、协同类服务和信息类服务，各类服务按照运行场景、飞行空域、服务对象的差异，提供服务的内容不同。(见表7－13)

表7－13 无人驾驶航空器空中交通服务分类

服务类别	服务的主要内容
管制类	间隔服务、流量管理服务等
协同类	飞行活动申请服务、空域风险评估服务、空中交通管理机构协同服务等
信息类	运行识别服务、交通态势信息服务、运行环境信息服务、记录与统计分析服务、飞行计划设计服务等

〔1〕 真高是指距离地表的真实高度。

（三）无人驾驶航空器飞行活动的申请

组织无人驾驶航空器飞行活动的单位或者个人，依法需要办理相关许可、备案手续的，应当在拟飞行前1日12时前通过UOM平台提出飞行活动申请，并应当提供相关部门出具的证明材料。

1.全程使用通信基站或者互联网进行无人驾驶航空器中继飞行活动、飞越集会人群上空、在移动的交通工具上手动操控无人驾驶航空器、分布式操作[1]或者集群[2]飞行的，应当提供公安机关出具的相关任务备案证明材料。

2.运载危险品或者空投物品（常规农用无人驾驶航空器[3]飞行活动除外）的，应当提供公安机关出具的相关任务备案证明材料或者相关行业主管部门出具的授权或者委托材料。

3.模型航空器[4]在航空飞行营地空域外实施飞行活动的，应当提供县级以上体育主管部门出具的授权或者委托材料。

4.在真高120米以下管制空域实施飞行活动的，经与空中交通管理机构协商一致后，无须向空中交通管理机构提出飞行活动申请；但需在计划起飞1小时前经空中交通管理机构确认，并提供涉及的管制空域内的相关设施管理单位的意见材料。

5.实施融合飞行[5]活动的，应当明确此次飞行活动的责任单位或者个人。《无人驾驶航空器飞行管理暂行条例》第31条规定，组织无人驾驶航空器实施下列飞行活动，无须向空中交通管理机构提出飞行活动申请：(1)微型、轻型、小型无人驾驶航空器在适飞空域内的飞行活动；(2)常规农用无人驾驶航空器作业飞行活动；(3)警察、海关、应急管理部门辖有的无人驾驶航空器，在其驻地、地面（水面）训练场、靶场等上方不超过真高120米的空域内的飞行活动；但是，需在计划起飞1小时前经空中交通管理机构确认后方可起飞；(4)民用无人驾驶航空器在民用运输机场管制地带内执行巡检、勘察、校验等飞行任务；但是，需

---

〔1〕 分布式操作，是指把无人驾驶航空器系统操作分解为多个子业务，部署在多个站点或者终端进行协同操作的模式。

〔2〕 集群，是指采用具备多台无人驾驶航空器操控能力的同一系统或者平台，为了处理同一任务，以各无人驾驶航空器操控数据互联协同处理为特征，在同一时间内并行操控多台无人驾驶航空器以相对物理集中的方式进行飞行的无人驾驶航空器运行模式。

〔3〕 农用无人驾驶航空器，是指最大飞行真高不超过30米，最大平飞速度不超过50千米/小时，最大飞行半径不超过2000米，具备空域保持能力和可靠被监视能力，专门用于植保、播种、投饵等农林牧渔作业，全程可以随时人工介入操控的无人驾驶航空器。

〔4〕 模型航空器，也称航空模型，是指有尺寸和重量限制，不能载人，不具有高度保持和位置保持飞行功能的无人驾驶航空器，包括自由飞、线控、直接目视视距内人工不间断遥控、借助第一视角人工不间断遥控的模型航空器等。

〔5〕 融合飞行，是指无人驾驶航空器与有人驾驶航空器同时在同一空域内的飞行。

定期报空中交通管理机构备案，并在计划起飞1小时前经空中交通管理机构确认后方可起飞。

（四）操控无人驾驶航空器实施飞行活动的行为规范

《无人驾驶航空器飞行管理暂行条例》第32条规定，操控无人驾驶航空器实施飞行活动，应当遵守下列行为规范：(1)依法取得有关许可证书、证件，并在实施飞行活动时随身携带备查；(2)实施飞行活动前做好安全飞行准备，检查无人驾驶航空器状态，并及时更新电子围栏等信息；(3)实时掌握无人驾驶航空器飞行动态，实施需经批准的飞行活动应当与空中交通管理机构保持通信联络畅通，服从空中交通管理，飞行结束后及时报告；(4)按照国家空中交通管理领导机构的规定保持必要的安全间隔；(5)操控微型无人驾驶航空器的，应当保持视距内飞行；(6)操控小型无人驾驶航空器在适飞空域内飞行的，应当遵守国家空中交通管理领导机构关于限速、通信、导航等规定；(7)在夜间或者低能见度气象条件下飞行的，应当开启灯光系统并确保其处于良好工作状态；(8)实施超视距飞行的，应当掌握飞行空域内其他航空器的飞行动态，采取避免相撞的措施；(9)受到酒精类饮料、麻醉剂或者其他药物影响时，不得操控无人驾驶航空器；(10)国家空中交通管理领导机构规定的其他飞行活动行为规范。

（五）无人驾驶航空器在适飞空域内的避让规则

《无人驾驶航空器飞行管理暂行条例》第33条规定，操控无人驾驶航空器实施飞行活动，应当遵守下列避让规则：(1)避让有人驾驶航空器、无动力装置的航空器以及地面、水上交通工具；(2)单架飞行避让集群飞行；(3)微型无人驾驶航空器避让其他无人驾驶航空器；(4)国家空中交通管理领导机构规定的其他避让规则。

根据国家空中交通管理委员会办公室2023年11月3日发布的《关于明确〈无人驾驶航空器飞行管理暂行条例〉空中交通管理有关事项的通知（征求意见稿）》，适飞空域内，无人驾驶航空器操控人员应当加强对空观察，掌握所在飞行空域内的其他航空器的飞行动态，及时发现和消除可能存在的空中相撞风险，并对飞行安全负责。当发现无人驾驶航空器飞行轨迹前方出现其他航空器时，应当操控无人驾驶航空器向飞行轨迹右侧避让；确需超越前方航空器，应当操控无人驾驶航空器从前方航空器右侧超越；发现与其他航空器存在空中相撞风险时，应当操控无人驾驶航空器减速、悬停、改变高度或者降落避让。（见表7－14）

表 7－14　无人驾驶航空器安全间隔规范

安全间隔	无人驾驶航空器			
	轻型	小型	中型	大型
航线间隔	(1)穿越轻、小型无人驾驶航空器空域，垂直间隔应当不小于 300 米			
	(2)穿越有人驾驶航空器空域、航线以及中大型无人驾驶航空器空域、航线，飞行高度在 8400 米以下垂直间隔应当不小于 600 米，飞行高度超过 8400 米垂直间隔应当不小于 1200 米			
	(3)当不满足垂直间隔时，与轻、小型无人驾驶航空器空域之间的横向间隔应当不小于 5 千米；与其他中、大型无人驾驶航空器空域、航线的横向间隔应当不小于 7 千米；与有人驾驶航空器飞行空域之间的横向间隔应当不小于 10 千米；与有人驾驶航空器飞行航线之间的横向间隔应当不小于 20 千米			
空域间隔	(1)轻、小型无人驾驶航空器飞行空域之间，水平间隔应当不小于 1 千米，或者垂直间隔不小于 100 米； (2)轻、小型无人驾驶航空器飞行空域与中、大型无人驾驶航空器飞行空域之间，水平间隔应当不小于 5 千米，或者垂直间隔不小于 300 米； (3)轻、小型无人驾驶航空器飞行空域与有人驾驶航空器飞行空域之间，水平间隔应当不小于 7 千米，或者垂直间隔不小于 900 米			
	(4)中、大型无人驾驶航空器飞行空域之间，水平间隔应当不小于 7 千米，或者飞行高度 8400 米以下垂直间隔不小于 600 米、飞行高度超过 8400 米垂直间隔不小于 900 米； (5)中、大型无人驾驶航空器飞行空域与有人驾驶航空器飞行空域之间，水平间隔应当不小于 10 千米，或者飞行高度 8400 米以下垂直间隔不小于 1200 米、飞行高度超过 8400 米垂直间隔不小于 1500 米			
特殊间隔	无人驾驶航空器飞行空域、航线，与射击空域水平间隔应当不小于 20 千米，或者垂直间隔应当不小于 1500 米；与射击、轰炸航线水平间隔应当不小于 10 千米，或者垂直间隔应当不小于 1500 米			
	除因任务需要且该项飞行活动由同一单位或者部门组织、采取必要的安全风险防范措施的外，禁止无人驾驶航空器在轰炸、放油、对地射击、空投空降空域或者航线下方飞行			
	在训练飞行空域和专用管道空域[①]等特定空域内实施无人驾驶航空器飞行，以及在划定的隔离空域内实施融合飞行，组织该次飞行活动的单位，可以根据飞行科目、任务需要和空域容量、航空器性能等，制定适应其飞行特点的安全间隔标准，并对此种间隔标准的可靠性和飞行安全负责。执行此种间隔标准时，不得影响其他航空器的正常飞行和飞行安全			
	实施融合飞行的空域，应当按照有人驾驶航空器的安全间隔标准，配备与其他空域、航线之间的安全间隔标准；航空飞行营地空域外的模型航空器，应当在空中交通管理机构为其划定的隔离空域内实施飞行活动，该空域与其他空域、航线的安全间隔标准，按照轻、小型无人驾驶航空器空域间隔标准执行			

①专用管道空域，是指为无人驾驶航空器实施物流运输、快递、巡线等任务，预先划设的、具有一定垂直和水平范围的空中航道，依托精准的导航定位等设施提供安全保障。

【思考题】

1. 简述各国对通用航空定义的异同。

2. 简述中国通用航空法规体系的构成。

第八章　航空器致第三人损害的赔偿责任

第一节　航空器致第三人损害赔偿责任概述

航空事故不仅会造成机上旅客和机组人员的伤亡和财产损失,也会对第三人的人身、财产和环境造成损失或损害。

《民法典》第1238条规定:“民用航空器造成他人损害的,民用航空器的经营者应当承担侵权责任……”

该条款的适用范围既包括民用航空器在航空运输期间所致损害,又包括民用航空器在飞行中对地(水)面所致损害;既包括民用航空器的机上损害,也包括民用航空器坠毁或部件坠落造成机外的地(水)面人员损害或财产损失。

从损害救济路径上来看,机上旅客可以依据运输合同关系请求违约责任或侵权责任,机组人员可以依据劳动合同关系请求雇主责任,但地(水)面第三人因与航空器经营人或运营人不存在任何合同关系,其损害赔偿只能请求侵权责任(见图8-1)。因此,从侵权行为之观点,航空事故的危险责任,大致指航空器在航行中对地(水)面上的人或物发生的损害赔偿责任。[1]

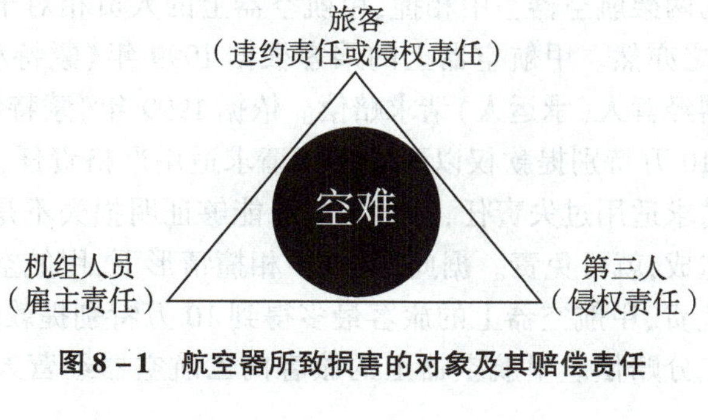

图8-1　航空器所致损害的对象及其赔偿责任

〔1〕 参见邱聪智:《从侵权行为归责原理之变动论危险责任之构成》,中国人民大学出版社2006年版,第102页。

一、第三人的内涵与范围

（一）第三人的内涵

航空法领域的“第三人”，是相对于有合同关系的旅客而言，泛指“非旅客”，即营运人、旅客或货物的托运人或收货人以外的人。[1]

（二）第三人的范围

1. 地（水）面第三人

地（水）面第三人，是指与损害发生时的航空器经营人或对航空器有使用权但没有运输合同关系的人，不包括受《劳动合同法》约束的有损害赔偿请求权的人。

1952 年《罗马公约》未对第三人作出明确定义，依该公约名称及其措辞，1952 年《罗马公约》的“第三方”仅限于“地（水）面上”的第三方。换言之，当两架或两架以上航空器发生空中相撞或空中相扰事件造成损害时，有权索赔的第三方仅限地（水）面受害人，不包括航空器上处于第三方地位的其他受害人。《民用航空法》第 12 章的主要内容借鉴了 1952 年《罗马公约》及其议定书的规定，将“第三人”限于地（水）面第三人，不包括航空器上及其他非地（水）面第三人。

2. 空中第三人

现今大部分民航客机都设有空中防撞系统（traffic collision avoidance system，TCAS）功能，但在实践中，两架飞机在同一高度上相向飞行发生相撞，或在同一高度上飞行时会聚角相撞，或在爬升和下降过程中相撞情形还会时有发生。[2] 在空中相撞情形下，一航空器上的人员向另一航空器经营人是否存在请求赔偿的可能？

例如，甲、乙两架航空器空中相撞，甲航空器上的人员相对于乙航空器而言构成第三人，反之亦然。甲航空器上的乘客根据 1999 年《蒙特利尔公约》可以向自己的航空器经营人（承运人）请求赔偿。依据 1999 年《蒙特利尔公约》实行双梯度责任制，10 万特别提款权以下的赔偿请求适用严格责任，10 万特别提款权以上的赔偿请求适用过失责任，承运人如果能够证明损失不是由其或雇员或代理人的过错造成，就可免责。据此，在空中相撞情形下，甲航空器经营人如果能够证明自己免责，甲航空器上的旅客最多得到 10 万特别提款权，乙航空器上的旅客可得到充分赔偿。甲航空器上的旅客向乙航空器经营人请求损害赔偿

---

〔1〕 参见 2009 年《一般风险公约》第 1 条。

〔2〕 例如，1956 年，美国联合航空 718 号班机和环球航空 2 号班机在大峡谷空中相撞，事件致 128 人全部罹难。1996 年，起飞的沙特阿拉伯航空 763 号班机与进场的哈萨克斯坦航空 1907 号班机在新德里上空相撞。2008 年，一架轻型飞机和一架直升机在新西兰首都惠灵顿北郊上空相撞。

的，只能以第三人身份请求侵权赔偿。

2009 年《一般风险公约》与 2009 年《非法干扰公约》，均对第三人进行专门定义，即“第三方”是指“运营人、旅客或货物的托运人或收货人以外的人”。显然，2009 年《一般风险公约》和 2009 年《非法干扰公约》在公约名称与具体条文中均删去 1952 年《罗马公约》对第三人须系“地（水）面上”的空间限制，由此，对第三人范围的判断更为清晰明确，弥补了 1952 年《罗马公约》的疏漏。2009 年《非法干扰公约》还明确规定，当两架或两架以上航空器涉及该公约适用下的损害事件时，这些航空器的运行人应当对第三方所受损害负连带责任；如果两个或两个以上运行人有责任，其相互间的追索权应当根据其各自的责任限额和造成的损害加以确定；运行人赔偿责任有限额的，对超过责任限额的数额概不负责。〔1〕

2009 年《一般风险公约》与 2009 年《非法干扰公约》扩大了第三人的范围，除地（水）面第三人外，在空中相撞或相扰情形下，“旅客”也可能成为具备第三人地位的人。“旅客”虽然不能成为所乘坐航空器的“第三人”，但会是造成空中相撞或相扰另一致害航空器的“第三人”。〔2〕

二、第三人损害赔偿公约体系下“航空事故”的内涵与理解

国际社会于 1925 年开始关注航空器对地（水）面第三方造成损害的赔偿问题，当时在巴黎召开的第一届国际航空私法会议专门对此进行讨论。〔3〕在国际航空公约的立法史上，国际航空法专家技术委员会在公约起草中最先使用“事故”（accident）一词的，是关于航空承运人对地（水）面的“人或物”致害赔偿责任的公约草案。该草案规定：航空器发生“事故”引起地（水）面的损害，航空承运人需承担赔偿责任。〔4〕

但是，考察罗马公约体系文本，发现罗马公约体系下的各文件从始至终并未使用“accident”术语。1952 年《罗马公约》使用了“incident”术语，但未进行定义。综观 1952 年《罗马公约》全文，可以理解为“accident”和“incident”在同一意义上采用，均为“事故”。从其第 1 条第 1 款规定，可以理解为：凡是飞行中的航空器或从飞行中的航空器坠落下的人或物所造成地（水）面损害的，均为公约意义上的事故。但是，并非事故的所有后果均可索赔，只有损害是事故（incident）的直接后果方可赔偿，如果所受损害只是航空器遵照现行空中交通规则在空中

〔1〕参见 2009 年《非法干扰公约》第 5 条。

〔2〕参见郝秀辉：《国际空难损害赔偿的理论与实践》，法律出版社 2022 年版，第 79～80 页。

〔3〕Ide, *The History and Accomplishements of the Internationali Technical Commitee of Aerial Legal Experts*（*CITEJA*），3 JALC（1932）.

〔4〕Brett C. Rowan, *Caution, Your Civil Liberties May Have Shifted During the Flight: Judicial Interpretation of the Warsaw Convention*, Washington University Global Studies Law Review, 2008.

通过的结果，则受害人无权要求赔偿。

2009年的《一般风险公约》和2009年《非法干扰公约》均使用了“事件”(event)一词，并对其进行不同定义。2009年《一般风险公约》将“事件”(event)定义为“飞行中的航空器由于非法干扰行为以外的原因而造成损害的情形”[1]；而2009年《非法干扰公约》将“事件”(event)定义为“因涉及飞行中航空器的非法干扰行为而导致损害的情形”[2]，这也意味着航空承运人对地(水)面第三人的责任范围在扩大。

通过罗马公约体系下系列公约文本对事故和事件术语使用的演变来看，对于没有合同关系的第三人的人身损害和财产损失的保护，无区别对待，无论是“事故”(incident)还是“事件”(event)所致，航空承运人都负赔偿责任。此点与对有合同关系的航空旅客及其行李或货物的保护有所不同，对旅客的人身伤害和财产损坏的救济是区别对待的。

因航空器失事或自航空器上落下或投下物品发生损害时，事故的判断乃是基于损害事实，并不要求事故(致害原因)是否具有“意外性”，因为航空器失事致害通常导致的是最严重的损害，所以不问损害原因，即使是不可抗力原因所致，承运人也应对受害人负责。但对乘客在上下航空器或飞行中，因事故伤亡的，承运人只对“意外事故”的原因致害承担责任，对于可归责于乘客的事由或因乘客的过失而发生的损害，承运人减免赔偿责任。两类公约体系对“事故”要求不同，在我国台湾地区“民用航空法”第89条和第91条的规定[3]也得以充分体现。

三、航空器致第三人损害的类型

从航空器致第三人损害赔偿责任视角看，此处的致害航空器主要是指民用航空器，既包括公共运输航空器，也包括各类通用航空器。警用和军用等各类国家航空器也会发生致害情形，但不在民事赔偿责任范畴，则归属国家赔偿责任。

根据航空器自身行为的方式，航空器致第三人损害分为以下类型。[4]

---

[1] 原文为：an “event” occurs when damage is caused by an aircraft in flight other than as a result of an act of unlawful interference。

[2] 原文为：an “event” occurs when damage results from an act of unlawful interference involving aircraft in flight。

[3] 第89条规定：航空器失事致人死伤，或毁损他人财物时，不论故意或过失，航空器所有人应负损害赔偿责任；其因不可抗力所生之损害，亦应负责。自航空器上落下或投下物品，致生损害时，亦同。第91条规定：乘客于航空器中或于上下航空器时，因意外事故死亡或伤害者，航空器使用人或运送人应负赔偿之责。但因可归责于乘客之事由，或因乘客有过失而发生者，得免除或减轻赔偿。

[4] 以下参见郝秀辉：《航空器致第三人损害的侵权责任研究》，中国政法大学出版社2010年版，第19～33页。

(一)直接接触或撞击造成的第三人损害

航空器或其部件或其载运的构件、物体、人员、货物或化学物质“直接接触”或“撞击”造成的损害,通常是最严重的航空事故损害情形。

1. 直接接触造成的损害情形

“直接接触”造成第三人的损害包括航空器失事坠毁所致损害和航空器部件坠落所致损害。航空器坠毁对地(水)面的人与物会造成严重损害,甚至可能对环境造成不利影响和损害。例如,2004年11月21日,一架从包头直飞上海的东航小型客机Mu5210航班起飞后不久坠入南海公园。近6吨航空燃油和其他大量污染物扩散到整个湖中,让号称“塞外西湖”的公园陷入瘫痪,200多名公园职工待业,引发世界首起航空器坠毁致环境污染索赔案,东方航空公司赔偿南海公园管理处建筑损失、营业中断补偿费等总计1134万元。[1]

在2001年“9·11”事件中,袭击者驾机撞击世贸大楼,造成3000多人死亡和大楼被毁的人间惨剧,造成的心理、经济、财政和政治上的影响十分惊人,受害者及其亲属遭受的损失和痛苦难以计量。[2]

二维码8-1

洛克比空难造成地面人员死亡和房屋毁损案

“直接接触”造成的第三人损害,还包括飞行中的航空器发动机、机翼或螺旋桨坠落造成地面人员伤亡的情形,这在实践中也多有发生。

从国内外司法实践看,在对农作物或树木喷洒农药的飞行作业中,喷洒的农药等化学物质与地(水)面的人、家畜等发生直接接触,发生多起侵权损害赔偿责任的司法判例。[3]

二维码8-2

发动机脱落酿成的空难

例如,在李某与二龙山农场、鹤翔通航公司财产损害赔偿纠纷案[4]中,李某发现其蚕种场饲养的柞蚕发生大面积死亡。经鉴定,二龙山蚕种场的柞蚕大面积死亡的原因为农药中毒,300公顷柞蚕场柞蚕的平均死亡率为90.05%。法院判定二龙山农场雇用鹤翔通航公司的飞机在大豆田喷洒农药的行为,属于高空使用剧毒物的高度危险作业行为,侵权人应负举证责任,二龙山农场不能证明李某所受损害是受害人故

---

〔1〕 参见陶克菲:《包头坠机引发国内首例空难污染诉讼案》,载《环境保护》2006年第1期。

〔2〕 See Tillinghast Towers Perrin, *September* 11, 2001—*Implications for the Insurance Industry*, The Times, 21 September 2001, p. 2-11. See also J. Moore, *Lloyd's estimates losses for US attacks at £1.2bn*, The Times, 26 September 2001, p. 28.

〔3〕 See I. H. Ph. Diederiks-Verschoor, *Aviations Impact on Agriculture and Its Animal Habitat*, Pertanika J. Soc. Sci. & Hum. 6(2). (1998), p. 127-128.

〔4〕 参见黑龙江省黑河市中级人民法院民事判决书,(2016)黑11民终444号。

意造成的，也无法证明其喷洒农药的行为与损害结果之间不存在因果关系，故支持李某的诉请。因无证据证明鹤翔公司的飞机在喷洒农药时有违规操作，故鹤翔通航公司不承担责任。二审支持原审法院判决结果。

2. “撞击”造成的损害情形

> 二维码8-3
>
> 李某与黑龙江省二龙山农场财产损害赔偿纠纷案民事判决书

“撞击”，是指航空器与地（水）面的人或物相撞。这种相撞发生于航空器运营的任何阶段，包括航空器坠地事故造成财产毁损，停放的航空器与地面移动的航空器相撞，滑行航空器与地面的人或廊桥、摆渡车等其他物体的碰撞。

实践中，航空器在机场地面刮擦和碰撞时有发生。例如，2013年4月7日，某公司B747飞机从浦东机场推出，地面人员未按机场划定的标志线推行，监护人员忽视了对飞机后部及障碍物的观察，当主轮接近机坪道肩边缘时才叫停牵引车，致使飞机机尾部与机坪外照明灯的灯杆碰撞；2014年8月26日，某公司CRJ900型B－3363号飞机在重庆机场跑道起飞滑跑时与跑道上摆放的禁行标志牌发生碰撞；2018年10月6日，春秋航A320大连至济州航班，在地面保障过程中，因机场机务工程车司机离开车辆时，未按规定熄火、未拔钥匙、未放置轮挡，致车辆移动并撞击飞机引发飞机损坏。航空器发生的坠地撞击更易造成地面财产损害或人员伤害。

> 二维码8-4
>
> 贝尔429直升机坠地事故造成车辆毁损

> 二维码8-5
>
> 四川省南充市高坪区人民法院（2014）高坪民初字第1731号民事判决书

航空器与地（水）面的人或物碰撞引发的损害赔偿责任诉讼也不断发生。例如，2013年7月14日，飞行学员唐某与何某驾驶C172/B－7906飞机计划执行广汉—绵阳（飞越）—南充（落地）—遂宁（飞越）—广汉学生机长转场训练，飞机在南充机场正常落地，唐某按照管制指挥将飞机滑行至停机位。何某下机后与飞机螺旋桨相撞当场死亡。民航西南地区管理局“7·14”事故调查组作出的调查报告显示，这是一起通航一般飞行事故，训练中飞行学员在地面被螺旋桨桨叶击中死亡，导致事故发生的最大可能是该飞行学员下机后未按安全路线绕行飞机。何某父母对该报告不服，提起诉讼，审理法院对该调查报告的真实性、合法性和关联性予以采信。[1]

---

〔1〕 参见四川省南充市高坪区人民法院民事判决书，(2014)高坪民初字第1731号。

综上所述,航空器及其任何部件和装载的人、物体及化学物质(包括与航空器分开的部件)对地(水)面上的人或物直接接触或撞击的,一定会造成致命或严重伤害。但是,航空器及其任何部件没有直接接触地(水)面的,也可能会造成损害。例如,航空事故中坠落或释放的货物可能是有巨毒性的物质,从而对与航空器及其任何部件没有直接接触的地(水)面造成灾祸。[1]

(二)超低空飞行造成的第三人损害

在这种损害情形中,航空器没有失事,没有物体或部件从其上坠落,也没有和地(水)面上或附近的人或物有直接接触或撞击,航空器仅是以超低高度突然俯冲或持续超低空飞行。这种反复或骤然的超低空飞行,依据是否遵守空中交通管制规则,分为违法飞越上空与合法飞越上空,但都可能造成地(水)面人员伤害或财产损害。

航空器突然超低空靠近或突然发出震耳欲聋的声音,会造成人或动物的惊吓,即由于受到惊吓,汽车司机可能突然失去控制从而发生交通事故、马匹可能脱缰奔逃、各种饲养的动物和家畜也可能受惊而相互伤害或厮杀。例如,沈阳市苏家屯区农用航空站的飞机为防治病虫害进行超低空飞行(飞行高度在8~10米),巨大噪声造成养殖户的1000余只鸡相互踩踏死亡,受害方终获9万余元全额赔偿。[2]

因航空器巨大的噪声和高速运行,使其成为一个高风险的运输工具,为防止其对地(水)面造成损害的危险,航空器的飞行高度是空中交通管制的必要内容,每一次航行都必须向空中交通管制单位上报含有巡航高度层的飞行计划,并遵守有关飞行高度的强制性规定。例如,《一般运行和飞行规则》对飞行的最低安全高度有明确要求。虽然违反空中交通管制规则不一定造成地(水)面损害,造成地(水)面损害的也不都是违反空中交通管制规则的原因,但违反空中交通管制规则与否是判断造成噪声损害的航空器经营人有无过失的一个重要考量要素。

二维码8-6

《一般运行和飞行规则》(CCAR-91-R4)关于最低安全高度的规定

一般而言,对于超低空飞行的航空器噪声或声震对地(水)面造成的损害,人们争议不大;但对于突然超低飞越上空或是骤然性、瞬间性的"单个噪声"或

[1] See K. De Miranda, *Some aspects of ICAO's Annex* 13,16 *and* 18, *Comments on National Aspects*, 7 April 1999, p. 4. A. J. Mauritz, *Liability of Operations and Owners of Aircraft for Damage Inflicted to Persons and Property on the Surface*, Leiden, Shaker Publishing, 2003, p. 13.

[2] 参见范春生:《飞机超低空飞行吓死养鸡场1021只鸡》,载http://news.21cn.com/domestic/difang/2008/12/09/5588888.shtml。

声震造成的地(水)面损害,人们有很大争议。航空器飞越上空的“单个噪声”也能对地(水)面造成损害,如打断上课、降低交谈的理解力等,尤其是影响睡眠状态和质量。20世纪80年代,德国两架喷气式飞机相互在很短时间内突然低空飞越街道,一位19岁汽车司机因惊吓失去控制而发生交通事故。[1] 按照德国对事故术语的界定和解释,这种“突然”飞越上空出现的噪声损害适用德国《航空法》第33条严格责任规则。

二维码8-7

八达岭机场超低空飞行、噪声扰民争议行政判决书

航空器超低空飞行产生的声震也会对地(水)面造成严重损坏,尤其是航空器飞行高度越低和速度越高,声震的强度和宽度就越大。例如,在德国,一架直升机以超低高度飞越房屋时,其产生的声震造成有90年历史的屋顶部分坍塌。[2] 自由航行的航空器有飞行高度的限制,超音速飞行的航空器的声震造成的损害,可归属“事故”范围,应进行损害赔偿。

中国也有此类判例。例如,1997年7月29日,沈阳市苏家屯区农用航空站的飞机为防治病虫害进行超低空飞行,强烈噪声造成养殖户的1000余只鸡相互踩踏死亡,受害方在起诉后终审获9万余元全额赔偿,后来辽宁省高级人民法院将此案通报为环保典型案例。[3]

(三)正常飞越上空造成的第三人损害

二维码8-8

使用无人机喷洒农药西红柿田受损纠纷案

在航空器致第三人损害的情形中,航空器的起飞、空中飞行和着陆遵守了可适用的空中交通管制规则关于正常通过的权利规定,但可能因起飞和着陆活动影响了机场附近的人和财产的使用或享用,造成妨害和噪声损害。当然这种噪声损害的原因除了航空器外,也可能有其他方的责任,如机场和政府。[4] 这种损害包括人与动物的一定程度的精神损害,家畜对噪声特别敏感的话,甚至会导致其死亡。而且航空器正常的飞越上空可能还会引起财产的贬值,尤其是直接在航道下和机场附近的财产。

---

[1] See A. J. Mauritz, *Liability of Operations and Owners of Aircraft for Damage Inflicted to Persons and Property on the Surface*, Leiden, Shaker Publishing, 2003, p. 134.

[2] See A. J. Mauritz, *Liability of Operations and Owners of Aircraft for Damage Inflicted to Persons and Property on the Surface*, Leiden, Shaker Publishing, 2003, p. 14.

[3] 参见范春生:《辽首例飞机噪音污染案》,载找法网2019年8月24日,https://china.findlaw.cn/xfwq/xiaofeizhedequanyi/hdpc/2316.html。

[4] See generally P. Mendes de Leon, *Liability of airports for noise hindrance: A comparative analysis*, 11 Korean Journal of Air and Space Law 169, 1999, p. 174–176.

正常飞越上空是指遵守了空中交通管制规则，是合法的飞行。但是，由于城市规模的快速发展，喷气式飞机的大规模使用，置换新式飞机成本的高昂，机场改、扩建布局合理性的欠缺以及不尽如人意的飞机运行方式、机场规划和机场设计、机场周边土地使用等原因，机场附近正常飞越上空的航空器噪声和声震仍然有极大的可能会对地(水)面第三人的人身和财产造成损害。

二维码 8-9

机场有限公司与养殖场噪声污染责任纠纷民事判决书

历史上国内外机场的噪声损害案例不胜枚举，这种损害包括人与动物的一定程度的精神损害、死亡以及财产的贬值。例如，2006 年 9 月启用的东南亚最繁忙的机场之一素旺那普国际机场因噪音扰民，老百姓们组织起来多次与泰国机场总公司谈判搬迁或赔偿，无果后引发百姓放飞氢气球“报仇”，甚至放烟花干扰航班。中国也曾出现严重的噪声污染损害纠纷案。例如，宁波 99 村民因机场噪声状告原环保总局案；高德行等 12 位代表提出要求搬迁萧山机场噪声区居民的议案；1700 余名居民因首都机场噪声扰民上书民航总局案；上海浦东机场噪声污染区分期动迁案等。

四、受害第三人的赔偿请求权基础

空难事故的受害人无论是“地(水)面”第三人还是“空中”第三人，都有损害赔偿的请求权，但两种类型的第三人的责任基础有些差异。

对于“地(水)面”第三人而言，其可以对运营人或其受雇人、代理人就飞行中的航空器对其造成的损害根据 2009 年《一般风险公约》或 1952 年《罗马公约》或是根据侵权或是根据其他理由，提起任何损害赔偿之诉讼。[1] 显然，“地(水)面”第三人的请求权基础不能是违约责任，但可以是侵权责任。对于这种侵权赔偿责任的构成要件，有人认为，要存在客观的损害和损害事实与航空器经营人行为之间的因果关系两个要件。[2] 国外也有人认为只要有造成航空器损害事实，就足以认定责任存在。[3]

对于“空中”第三人而言，其因有旅客身份，从应然的救济路径看：一方面可以向与自己有运输合同关系的航空承运人进行索赔，其请求权基础是违约责任；另一方面也可以向非本人乘坐航空器的另一航空器的运营人进行索赔，其请求权基础是侵权责任。当然，“空中”第三人这种侵权责任的请求权依据还取决于

---

〔1〕 参见 2009 年《一般风险公约》第 12 条。

〔2〕 参见陈熊：《海峡两岸民用航空损害赔偿制度比较研究》，武汉大学 2012 年博士学位论文，第 113 页。

〔3〕 See William J. Appel, *Strict Liability, in Absence of Statute, for Injury or Damage Occurring On the Ground Caused by Ascent, Descent, or Flight of Aircraft*, 73 A. L. R. 4th 416 (1989).

国际航空公约和各国内法的规定。

为保证2009年《一般风险公约》和2009年《非法干扰公约》两个公约与1999年《蒙特利尔公约》之间的衔接与协调，保障“旅客”的求偿权不因适用2009年《一般风险公约》和《非法干扰公约》而减损并避免不必要的制度冲突，两公约通过“排他性救济要求”，均明确将“旅客”排除出第三人。[1]

第二节　航空器致第三人损害赔偿责任的公约体系

航空器致第三人的损害赔偿与受害旅客的损害赔偿所适用的国际公约和损害赔偿责任规则有着严格区别。迄今，有关航空器致第三人损害赔偿责任领域的国际航空法文件，包括：1933年《罗马公约》、1938年《布鲁塞尔保险议定书》、1952年《罗马公约》、1978年《蒙特利尔议定书》、2009年《一般风险公约》和《非法干扰公约》。在这些国际航空法文件中，1952年《罗马公约》是对1933年《罗马公约》的修订，2009年《一般风险公约》是1952年《罗马公约》的现代化版。

一、1933年《罗马公约》

该公约目的是统一航空器致地（水）面第三方损害的法律规则，但只有5个国家批准该公约。

二、1938年《布鲁塞尔保险议定书》

该议定书涉及的是在外国领土上飞行的航空器应该保险的规定，其批准国更少，与1933年《罗马公约》的实际效果都非常有限。

三、1952年《罗马公约》

该公约是对前两个公约和议定书的取替，虽生效但批准国也较少，只有32国批准，且没有美国、英国、德国、加拿大等航空大国参加。

四、1978年《蒙特利尔议定书》

该议定书尚未生效。

五、2009年《一般风险公约》和《非法干扰公约》

2009年4月20日至5月2日，国际民航组织在加拿大蒙特利尔市召开的国际航空法会议上通过了《一般风险公约》和《非法干扰公约》。

2009年《一般风险公约》是对1952年《罗马公约》和1978年《蒙特利尔议定书》的现代化，其核心是航空器运营人的双梯度责任制。在第一梯度下，运营人对第三方造成的损害无论是否有过错，均以航空器最大质量为基础承担限额内

---

〔1〕 参见郑派：《1952年〈罗马公约〉现代化的国际现实问题研究》，华东政法大学2012年硕士学位论文，第16页。

的赔偿责任。超出限额的部分,对航空器运营人适用过错推定责任原则。

2009 年《非法干扰公约》旨在通过采取集体的国家行动,统一为飞行中航空器的非法干扰事件的后果提供赔偿的一些规则,以达到保护第三方受害人利益和维护航空业持续发展的双重目的。非法干扰行为造成的损害,由航空器运营人在一个限额内承担赔偿责任,限额以上的损害通过设立的国际民用航空基金提供赔偿。

总体而言,有关航空器致第三人损害责任方面的国际公约并未能产生 1952 年《华沙公约》那样的国际影响,没有达到公约起草者的初衷。其原因是:"该公约处理的是一种极少发生的事件,又无不可克服的法律冲突和管辖冲突,在这个领域实施统一法律没有多大必要,因而 1933 年第一个罗马公约以来,各国都不愿成为该公约的缔约国。"

但是,对于那些中国尚未批准或者加入的国际公约,其中有些内容与中国法律规范不冲突且内容合理的部分,中国立法予以了吸收。例如,《民用航空法》中关于航空器对地(水)面上第三人造成损害责任部分就吸收了 1952 年《罗马公约》的相关内容。

第三节 航空器致第三人损害赔偿的责任原则

飞行中的航空器对第三人的损害行为的性质属于侵权行为,而不是违约行为,因为第三人与航空器的经营人不存在契约关系。从各国立法情况看,此种侵权行为不是一般的侵权,乃属于特殊侵权行为领域。

一、罗马公约体系关于第三人损害责任原则的规定

当前有关空难致地(水)面第三人损害责任的国际公约有 1933 年《罗马公约》、1938 年《布鲁塞尔保险议定书》、1952 年《罗马公约》和 1978 年《蒙特利尔议定书》。上述公约和议定书对于第三人损害赔偿责任普遍实行严格责任原则,即凡是在地(水)面上遭受损害的人,能证明损害是飞行中的航空器或从飞行中的航空器上落下的人或物所造成的,即可获得公约规定的赔偿。《罗马公约》规定的严格责任原则仅适用于"在一缔约国登记的航空器在另一缔约国境内造成的损害",因此《罗马公约》的适用受到限制。

例如,1992 年 10 月 4 日,一架以色列航空公司的波音 747 货机撞入荷兰阿姆斯特丹市郊的一家工厂而坠毁,造成人员伤亡 60 多人,财物损害难以数计。由于荷兰和以色列都不是罗马公约体系内公约的缔约国,无法适用该公约的严格责任,只能适用荷兰民法上的过失责任,即受害人(或其家属)必须证明航空

公司人员有过失才能获得赔偿。[1]

二、各国关于第三人损害责任原则的立法实践

德国在1936年《航空交通法》规定,“在航空器运行过程中,因事故致人死亡、损害他人身体、健康或损坏他人之物时,航空器保有者负有损害赔偿义务”[2]。在此,飞机的“监管者”对他人的人身和财产负有的责任保护的范围不包括“根据契约登机的乘客”。显然,此种严格责任针对的是航空器对地面第三人的侵权损害责任。从德国法保护的范围上看,其比1952年《罗马公约》的保护范围要宽,凡是在地球表面造成的损害,不管这些损害是飞机的噪声造成的还是飞机失事或迫降造成的,被告都必须承担赔偿责任,并且不得用不可抗力作为自己辩护的理由。但这种严格责任归责的立法在审判实践中常被法院作出限制性解释。例如,德国联邦最高法院在1993年判决的案件,长期居住在军用飞机航线之下的居民,因飞机的噪声影响而患有头痛病,对德国联邦政府提起诉讼,被法院判决驳回,理由是德国《航空交通法》第33条规定的是最严格的责任,该案中并不存“事故”。[3]

美国较早的空中飞行事故造成地面第三人损害的判例,可追溯到纽约法院1822年审理的吉尔案[4]。该案的被告乘坐的热气球从空中下降时落在了原告的菜园里,结果引来大批看热闹和救助的人群,造成了原告的蔬菜和花草的严重损失。审理该案的法官判处被告构成直接暴力侵害之诉的严格责任,理由是被告对于他的降落引来人群造成被告的损失是应当预见的。[5] 美国对航空事故造成地面第三人损害施加严格责任的立法最早追溯到1922年《统一航空法》,1977年第二次《侵权法重述》明确航空飞行行为是异常危险行为,适用严格责任,但关于航空器对地面的损害,各州的法律依然不统一。[6] 实践立法上科以严格责任的不多,更多的是科以过失责任。但就整体而言,美国对于航空事故造成地(水)面第三人损害赔偿的判例还是以适用严格责任为主流的。[7] 法国和英国对于航空器对地(水)面第三人的损害责任也规定了严格原则。

中国的法律对于航空器对地(水)面第三人的损害责任原则仍然采严格责

---

〔1〕 See C. J. J. M. Stolker & D. I. Lerine, *Compansation for Damage to Parties on the Ground as a Result of Aviation Accidents*, Air and Space Law, 1997, p. 60.

〔2〕 参见该法第33条及以下各条。

〔3〕 参见《侵权法上严格责任的原理和实践》,法律出版社2006年版,第71~72、76页。

〔4〕 See Guille v. Swan, 19Johns. (N. Y.) 381 (1822). 转引自《侵权行为法比较研究》,法律出版社2006年版,第46页。

〔5〕 参见《侵权行为法比较研究》,法律出版社2006年版,第47页。

〔6〕 参见《侵权行为法比较研究》,法律出版社2006年版,第55页。

〔7〕 参见赵家仪:《美国法上基于异常危险行为的严格责任》,载《法商研究》2004年第2期。

任立法例。例如,《民用航空法》第 157 条规定严格责任,同时规定公共航空运输企业必须投保地面第三者责任保险。

三、第三人损害赔偿严格责任原则的正当性

空难致第三人造成的损害应按照何种责任归责原则进行赔偿取决于立法的规定,但立法对任何一种损害赔偿责任归责原则的确认必有其相应的道德基础和法理基础。各国立法和国际公约选择严格责任原则,具有如下的正当性基础。

1. 对人"生命至上"的尊重和财产神圣不可侵犯理念的维护

从航空业发展的历史来看,对于任何国家的任何历史时期,航空业都是一个要快速发展和需要保护的行业。但为什么国际公约和各国法律却对航空器造成地面第三人损害的赔偿规定了严格责任呢?这种赔偿的根据除了"有损害就有赔偿"的民法原理外,还有人性原因。对人生命的尊重和其赖以生存的财产保护应该是一个比保护航空业发展更大的一种价值追求,这种价值追求形成了受害人利益保障采严格责任的道德基础。

2. 航空损害风险的"互惠性"欠缺

在航空器对地面损害的法律关系中,风险的施加不是相互的,航空器操作者和受害人对风险的认知预测和避免能力不对等。在空难事故对第三人单方面施加风险的情况下,仅仅依据损害结果就足以引起经营者或所有者道德上的赔偿义务,当这种道德上的赔偿义务转化为法律上的义务时,其结果便是产生严格责任标准。

3. 责任保险和责任担保的推动

随着 20 世纪初空运业的萌芽,即出现了航空保险,航空意外事故发生的情形符合保险的多数原则。保险制度的出现为法律责任归责原则提供了坚实的基础和保障。首次以国际公约的形式规定航空器对地面第三者责任保险的是 1933 年《罗马公约》,1938 年《布鲁塞尔保险议定书》又对 1933 年《罗马公约》进行补充。1952 年《罗马公约》又就经营人的财务担保法律规则作了大胆尝试。[1] 中国在 1974 年首次制定航空保险规则,《民用航空法》参照国际公约规定了地面第三者责任险和责任担保制度。航空保险机制使严格责任易于理解和接受。如果没有责任保险制度,严格责任将使加害人预防意外事故的经济成本增加,加大加害人经济负担,从而会对加害人的自由造成非常大的损害,最终可能会使(航空活动)行为中止。

---

〔1〕 参见 1952 年《罗马公约》第 15 条。

第四节 航空器致第三人的精神损害赔偿责任

空难不仅会使旅客遭受精神损害,还会造成地(水)面第三人精神损害。第三人泛称为“非旅客”,第三人的“精神损害”具体包括3种类型:(1)与空难有直接关系的第三人(如因飞机坠毁致财产或人身损害)的精神损害,即基础权益受损引起的精神损害;(2)与空难没有任何直接关系的第三人(如旁观者)因目睹空难而致的精神打击,即纯粹精神损害;(3)空难受害人的近亲属因听闻或目睹旅客死亡而遭受的精神痛苦。不同类型的第三人精神损害赔偿,立法态度、赔偿要件、赔偿数额和赔偿原则等有所差异。

一、空难致权益受损的第三人的精神损害赔偿

飞行中的航空器受多种因素影响,可能会发生坠毁或航空器部件坠落或超低空飞行,由此可能造成地(水)面人员伤亡或财产损害。

1952年《罗马公约》肯定了航空器经营人或所有人的损害赔偿责任,但是否认了第三人的精神损害赔偿。[1] 长期以来,地(水)面第三人精神损害赔偿问题存在激烈争议。国际航协、罗马尼亚等代表持反对态度,理由是:精神损害没有客观判断标准。作为1952年《罗马公约》现代化成果的2009年《非法干扰公约》第3条明确规定:“运营人对属于死亡、人身伤害和精神伤害的损害,应当予以赔偿,如果精神损害是某种可以辨认的精神疾病,且该精神疾病是因身体伤害或直接面临可能即将死亡或发生身体伤害的情况造成,则应当予以赔偿。”应该说2009年《非法干扰公约》的规定是对1999年《蒙特利尔公约》回避做法的一种叛逆,是国际航空私法立法史上的一次创新。

《民用航空法》采取与1952年《罗马公约》一致的态度,仅支持第三人人身伤亡和财产损害的赔偿责任,对于损害事故非直接后果的精神损害赔偿是否认的。

可以肯定,空难发生以及失事飞机坠毁何处并非某人所能完全控制的,如果飞行的航空器坠毁于地面,第三人已亡父母留下的唯一照片被坠毁飞机失火烧毁,或者造成第三人为父母修建的墓葬毁损,将子女睹物追忆亲人的权利被剥夺,那么子女的精神痛苦和悲伤可想而知。正是由于第三人的精神利益与这些特定财产密切相联,财产中附着某种深厚情感,立法或司法漠视这种客观存在的精神损害是不合理的。《民法典》对此予以确认,即《民法典》第1183条规定,侵

---

〔1〕 参见1952年《罗马公约》第1条。

害自然人人身权益造成严重精神损害的,被侵权人有权请求精神损害赔偿;因故意或者重大过失侵害自然人具有人身意义的特定物造成严重精神损害的,被侵权人有权请求精神损害赔偿。

二、目睹空难第三人的纯粹精神损害赔偿

在实践中,空难的恐怖景象可能会使无任何身体伤害和财产损害的第三人(旁观者)遭受严重的精神打击和心理伤害,这种精神损害被称为纯粹精神利益损害。

考察英美法系国家对第三人纯粹精神损害赔偿的做法,目前基本是承认的,并将其视为独立的诉因。[1] 大陆法系国家的典型做法是通过对健康权的扩张解释,将第三人的精神损害视为健康权受损的一种类型。

从两大法系一些国家的立法与司法实践考察来看,第三人纯粹精神痛苦的损害赔偿有较为严格的构成要件,其中主要包括以下内容。

第三人所受精神损害须达到严重程度。判断精神损害严重程度的实践标准有:(1)理性人标准,即以法律虚拟的理性人在面对同一事故时会遭受的精神打击为标准。(2)医疗标准,即借助医学对精神性疾病进行确认的标准,该标准通常以医疗专家的诊断报告单为精神痛苦严重性的重要证明。(3)身体伤害标准,即精神损害要在结果上表现为身体损害,如因致死或心脏病突发,该标准是判断精神损害严重的有力证据。

第三人必须在现场目睹了侵权事件的发生。与实质受害人无亲属关系的第三人不是在现场而是听他人转述或新闻转播所致的精神损害,不能给予赔偿。例如,“9·11”事件经全球卫星电视不断重复播放时,全世界的人都可在电视上看到航空恐怖袭击的悲惨场面,会造成许多人精神不安,如果允许任何人都可向航空公司提出精神损害赔偿,则必然加重航空公司乃至国家的赔偿负担。因此,在实践中,因电视、报纸等新闻媒体对空难的报道而遭受精神损害的第三人提起的索赔之诉是难以胜诉的。

三、空难致受害人近亲属的精神损害赔偿

对于空难致旅客的精神损害(包括纯粹精神损害)赔偿问题,华沙体系的历史发展和各国司法的司法判例都有所支持。受害旅客的近亲属,作为第三人面对或听闻旅客的死亡或伤残,可能会引发极度悲痛、恐惧、震惊、忧郁等情形。例如,航空旅客甲在空难中受伤丧失了性功能,甲的配偶因此丧失配偶间的性利益,由此导致精神忧郁。当旅客因空难而成植物人时,受害旅客的近亲属此时遭受的精神痛苦远大于受害者本人。正因近亲属与死者之间的特殊情感关系,近

〔1〕 参见[德]马克西米利安·福克斯:《侵权行为法》,齐晓琨译,法律出版社2006年版,第80~85页。

亲属确实会存在精神受损情形。

航空旅客或地(水)面人员因空难致死情形下,死者的近亲属请求精神损害赔偿应没有问题。但实践中,航空旅客或地(水)面人员因空难致残时,其近亲属的精神损害索赔一般极难以获得支持。[1] 近亲属因空难所致纯粹精神损害索赔更难成功。例如,在1982年,泛美航空公司的飞机在路易斯安那州一个居民区坠毁爆炸,一些旁观者因担心家人生命安危所生精神痛苦都未能获得赔偿。[2]

关于近亲属精神损害赔偿的判定,近亲属范围的界定是一重要问题,因这关涉请求权人的数量和范围。各国法律对此规定差异较大。

《民法典》第1045条规定,亲属包括配偶、血亲和姻亲;配偶、父母、子女、兄弟姐妹、祖父母、外祖父母、孙子女、外孙子女为近亲属;配偶、父母、子女和其他共同生活的近亲属为家庭成员。

【思考题】

1. 2021年8月27日,某农用航空服务站为某村进行飞行防治病虫害作业,多次超低空飞经个体养鸡户张某的鸡舍上空。飞机飞行的噪声使张某的鸡群受到惊吓,鸡陆续死亡,累计2000余只。此种侵权行为属于(　　)。

A. 一般侵权　B. 高度危险作业侵权　C. 环境污染侵权　D. 产品缺陷侵权

2. 航空器致第三人损害赔偿责任的有关国际航空法文件包括哪些?

3. 航空器致第三人精神损害赔偿的正当性和依据是什么?

---

〔1〕 See E. g. Giancontieri v. Pan American World Airways Inc. ,764. F. 2d 1151,19 Av. Cas. (CCH) 17,517 (5th Cir. 1985); Tissenbaum v. Aerovias Nacionales De Columbia, S. A. , – F. Supp. – ,24 Av. Cas. (CCH)18,428 (E. D. N. Y. 1995).

〔2〕 See Lee S. Kreindler, *Aviation accident law*, Bender, release No. 34. 1996. p § 2. 10[25]2 – 72.

第九章 航空保险制度

第一节 航空保险概述

一、航空风险和航空保险的作用

(一)航空保险的前提和基础:航空风险

航空风险是指与航空相关的财富及利益可能遭受的损害风险。

航空风险是航空保险存在的前提和基础。航空风险源于航空器运行遭遇的各种风险,根据国际运行成熟度与运行区域复杂程度,不同国际航线面临发动机失效、通信问题、导航问题、天气问题、救援困难、人员疲劳、机械故障等不同等级和结构性风险。例如,跨越不同的地理区域和气候区,可能会遇到风暴、雷雨、雾等各种不同的天气条件,这可能会对飞行安全带来威胁;国际航线机组人员可能会受到时差反应的影响,造成失眠、疲劳、注意力不集中等,影响飞行安全。[1]法律制度的设计无法也没必要完全消除这种风险,忍受它比试图消除它更为有利。[2]

航空风险发生概率的大小和损失程度的大小,是保险公司开发或承保航空保险项目的重要考量。航空保险所涉及的航空风险,分为三种情形:(1)航空器遭遇的正常风险;(2)航空器的潜在危险具有变大的风险;(3)可以排除或控制的损害风险。[3] 航空器必然遭遇的正常风险和可以排除或控制的损害风险,都不是保险承保的范围,只有不确定的损害风险才会被列入保险承保的范围,无论其起因于人为因素还是自然事件。

(二)航空保险的作用

根据德国安联保险公司(AGCS)发布的《2022 年全球索赔回顾》,航空类索赔在保险市场中所占份额较大,按全球索赔金额比例计算,在过去 5 年中,航空

---

〔1〕 参见《国际运行》(民航规〔2024〕1 号/AC－121－FS－132R1)。

〔2〕 参见[美]葛瑞高瑞·C. 克廷:《意外事故侵权法的社会契约观念》,载[美]格瑞尔德·J. 波斯特马主编:《哲学与侵权行为法》,陈敏、云建芳译,北京大学出版社 2005 年版,第 59 页。

〔3〕 See Prof. Dr. I. H. Ph. Diederiks-Verschoor, *An Introduction to Air Law*, 8th edition, Kluwer Law International, 2006, p. 245－246.

碰撞或坠机索赔总占比9%、航运事故索赔总占比3%。[1] 因此,航空保险对航空业发展具有重要影响。

一方面,航空保险覆盖了航空业的各个方面,从航空器制造、运行、维护到旅客、货物的安全,通过保险公司的专业风险评估和管理,有助于识别、评估和控制风险,降低航空业的风险水平,全方位地提高航空业的安全稳定性。另一方面,航空保险能够确保航空公司和旅客的利益获得最大限度的保护,增强公众对航空安全的信心。

二、航空保险的起源和发展

(一)世界航空保险的起源与发展

关于航空保险单的起源,有不同观点,但在第一次世界大战之前,这种保险单还是罕见的。[2] 自1903年飞机首次成功飞离地面后,飞机制造业有了很大发展。1910年,劳合社承保了飞机降落致庄稼损失的保险。1911年,劳合社承保了参加航空表演的航空器保险。1917年,英国女王保险公司出具第一张航空器机身险保单。

第一次世界大战期间,迅速发展的航空运输产生保险需求,但因航空运输风险巨大,保险界对飞机的稳定性和安全性心中无数,并缺乏对该种风险的专业评估。因此,保险公司对此回应欠缺积极性,较少愿意承保航空风险的保险公司开出的保费极高,航空公司不愿花巨资对保险投保,由此航空保险的发展出现障碍。

第一次世界大战后,大量战机投入民用航空运输,分散航空风险的需求增大且急迫和严峻,航空保险成为保险市场的新商机,一些航空保险公司成立。1919年,劳合社和白十字保险协会共同组建飞机承保集团;1931年,英国建立航空保险公司;美国由60家保险公司组建"美国航空保险集团"和"联合航空保险公司"。

1929年《华沙公约》规定的承运人责任限额制度,极大地促进了航空保险业务承保的积极性。1934年,由当时8家最大的保险公司共同创办国际航空保险人联盟(IUAI),迄今已是航空保险或再保险人间的国际性专业组织。到20世纪50年代早期,伦敦市场已成为世界航空保险中心。英国的劳合社是世界最负盛名的保险公司,由于劳合社承保人的责任是无限责任,其成为世界上最负盛名的航空保险市场,[3]全球的机身险和责任险均由劳合社保险和分保。

---

〔1〕 参见王瀚、贾乔:《航空保险风险证券化的法律路径探析——以航空器机身险债券为例》,载《保险研究》2023年第7期。

〔2〕 See Prof. Dr. I. H. Ph. Diederiks-Verschoor, *An Introduction to Air Law*, 8th edition, Kluwer Law International, 2006, p. 244.

〔3〕 参见傅金筑:《中国民航的飞机保险》,载《民航经济与技术》1996年第7期。

(二)中国航空保险的缘起与发展概况

中国民航涉足飞机保险的时间较晚,中国航空保险业经历了从无到有的多个发展阶段,逐渐由依赖国外市场向自主发展转变,呈现出国内保险市场的开放和航空业的崛起。

在起步阶段,中国人民保险公司承保的航空保险始于1971年。1974年,经国务院批准,要求中国从事国际航线飞行的飞机(班机或包机),均需办理航空保险。当时投保飞机较少,承保主要依赖国外保险市场,国内保险公司提供的航空保险产品和技术主要是通过国外引进。

在自主发展阶段,航空保险业开始自主探索适合中国市场的保险产品和服务,开发出系列具有竞争力的航空保险产品。例如,中国航空保险市场的险种由原飞机险及责任险等简单的险种,逐步增加有机场责任险、航空维修人责任险、航空油料公司责任险、航空表演/航展责任险、空中交通管制责任险、保费保障保险等保险产品,更加符合中国被保险人的实际需求。

在创新发展阶段,航空保险业开始引进和利用大数据、人工智能等技术,准确评估航空风险,提供精准的保险产品和服务,如航空意外伤害险、航班延误险、航空行李丢失险等。保险公司不断创新商业模式与合作方式,与航空公司、旅游机构共同推出航空保险产品,利用互联网和电子商务发展在线销售和服务模式,电子保单和在线理赔等便捷服务,极大地提高了服务效率和质量。

三、航空保险的概念、特征和类型

(一)航空保险的概念

关于航空保险的概念,学理上的界定大同小异。例如,有学者认为,航空保险是指以与航空有关的物质财富及其有关利益为保险标的的各种保险的总称。[1] 有学者认为,航空保险原称飞机保险,主要承担飞行器在航行过程中或滑行、停航期间遭遇自然灾害或意外事故所受到的损失以及由此引起的相关责任赔偿。[2] 有学者认为,航空保险,是指承保与航空有关的各种空中与地面损失的保险的总称。[3]

综上所述,所谓航空保险,是指与航空运输和航空作业活动相关的各种财产保险、人身保险和责任保险的总称。

(二)航空保险的特征

1. 高技术、高价值、高风险、高投入

航空保险的高技术是指航空保险在承保、理赔方面含有较高的技术含量。

---

〔1〕 参见刘伟民主编:《航空法教程》,中国法制出版社2001年版,第419页。

〔2〕 参见陆爱琴撰:《国际保险》,华东理工大学出版社1998年版,第97页。

〔3〕 参见吴建端:《航空法学》,中国民航出版社2005年版,第261页。

航空保险的高价值是指发生保险事故,保险赔偿金通常是很高的额度。航空保险的高风险与航空飞行的高风险密切相关,航空飞行面临诸多人类无法克服的自然风险、人为因素的风险以及战争风险等,如"9・11"事件的风险,对于全球的航空业、保险业都是灾难性损失,保险公司与航空公司都需要建立完善的风险管理体系与合规机制。航空保险市场的准入门槛很高,保险公司需有雄厚的资金、充足的偿付能力和专业的承保理赔技术;航空公司为更好应对各种风险挑战,需要投入更多资源推动技术研发、风险管控和社会责任承担。

2. 再保险和共保现象突出

航空保险的风险高度集中,航空器机身险或责任险的投保金额都十分庞大。任何一家保险公司一般都无力承保,或不愿单独承保,航空保险单通常采取再保险(分保)的方式。再保险(分保)由最初的保险联营〔1〕发展而来,即几家保险公司签订联营协议,根据协议约定的比例提供资金并分摊风险。在航空保险的早期,英、美、法、德、意和瑞士等国的保险市场都有一些保险联营。〔2〕除欧洲和美国之外,其他国家也有航空保险联营存在。〔3〕

再保险不是重复保险或共同保险(以下简称共保〔4〕),再保险人以分摊保险人的风险为目的,具有风险互换特性,以使风险更大程度的分散。因此,在保险实践中,几乎所有航空保险都存在再保险的情形,并切实、充分发挥保障作用。例如,1990 年广州机场的 3 架波音飞机碰撞产生空难,中国人民保险公司承保的 3 架飞机机身险保额合计 8000 万美元,责任险每架飞机最高责任限额 7.5 亿美元,其中 3 架飞机的机身险、各责任险分别以 80%、86% 的份额向伦敦保险市场进行分保,事故后得到及时的外汇补偿。〔5〕

在航空保险实践中,保险公司还会采取共保方式。共保是指两个及其以上

〔1〕 联营实际上就是缔约公司的一个共同保险部门,这种办法不仅消除了联营体成员之间的竞争,借助联营体的经济力量建立垄断、控制价格或费率等,也弥补了经济实力小的保险公司无力承保风险巨大的航空保险的遗憾,以数家保险公司的经济实力共同承保航空风险,在更大程度上保障了投保人的损失补偿。

〔2〕 See R. D. Margo, *Aviation Insurance: The Law and Practice of Aviation Insurance including Hovercraft and Spacecraft Insurance*, 3rd ed., Butterworth, 2000, p. 29.

〔3〕 See Prof. Dr. I. H. Ph. Diederiks-Verschoor, *An Introduction to Air Law*, 8th edition, Kluwer Law International, 2006, p. 245.

〔4〕 共保和分保的共同点:几家保险公司承担同一保险标的的风险责任。不同点:保险标的出险后,被保险人要同时向共保的保险公司提出索赔,而接受分保的保险人只对分出的保险公司负责,一般不直接赔偿给被保险人,即被保险人只能直接向原保险人索赔,然后由原保险人按分保比例向再保险人摊回赔款。

〔5〕 此次空难造成了 1 架飞机烧毁、1 架飞机撞毁、1 架飞机撞坏,120 多名旅客、7 名机组人员死亡,90 余名旅客受伤。参见《国际金融报》2000 年 10 月 25 日,第 5 版。

的保险公司使用同一保险合同,对同一保险标的、同一保险责任进行保险。共保采用成立共保集团或签订共保协议的方式进行。[1]

3. 鲜明的国际性

航空飞行活动的国际性很强,航空保险的险种、承保、再保险和保险事故的发生和理赔等活动常具有跨区域、跨国界的特点,航空保险的技术规范和法律规则有明显的国际性。例如,再保险安排、保险单、保险凭证措辞、保险条件、损失勘察、定损、支付赔款等,都呈现出统一国际化的运作模式,遵循国际规则或国际惯例。航空保险不仅为跨国航空公司提供风险保障,而且通过保险产品的跨国销售和服务,推动了全球航空保险市场的融合与发展。

4. 较强的专业性

航空保险业务涉及众多金融和法律问题,如再保险、保险合同等,因此,航空保险业的发展和金融、法律等行业有深度的交叉与融合。航空保险行业的产品和服务设计,必须立足于各种航空风险的深入研究和精准分析,无论是航空器事故风险、货物毁损风险还是旅客伤亡风险,都有其独特性和复杂性。例如,航空器事故的原因涉及认为因素、机械故障、天气因素等多个方面,需要保险公司具有专业知识和技能进行风险评估、保险费定价和保险赔偿金的计算。保险公司对货损和旅客伤亡等风险,也需要提供个性化的保险方案和专业的理赔服务。

5. 较高的合规性要求

为保护消费者权益、规范航空保险市场、促进市场的有序发展,各国政府对航空保险行业,不仅在立法层面,在保险公司的经营资质、保险产品的设计和销售、保险合同的订立和履行、保险理赔的流程和标准等方面通常都会制定详尽的法律法规要求,而且会进行非常严格的监管。因此,在跨国航空运输活动中,保险公司需要对接不同国家的法律体系和监管制度,只有与国际航空公司、各国政府监管机构等进行紧密合作,才能确保保险产品和服务的合规性和有效性。

(三)航空保险的类型

航空保险行业是为航空运输领域提供全面风险保障的高度专业化行业,其核心业务涵盖航空器机身保险、责任保险、旅客意外伤害保险和货物运输保险等多类保险产品和服务。

航空保险作为一种综合性保险,按照不同的保险标的,主要分为如下几类。

1. 航空人身保险

航空人身保险聚焦航空活动中的旅客与机组人员的潜在人身风险。该类保险以人的身体为保险标的,主要包括机组人员人身意外伤害保险和航空旅客人

[1] 参见《原中国保险监督管理委员会关于对共保、异地承保及统括保单等业务管理的通知》(保监发〔2000〕15号)之规定(已失效)。

身意外伤害保险。

2. 航空财产保险

航空财产保险主要是以航空器及其相关设备(零备件)、货物为保险标的的保险,性质上是为航空器及相关设备、货物等财产的损失风险提供保障。

一般情况下,航空财产保险主要是航空器机身险(包括飞机机身、装机发动机及附属零部件)和机身(零备件)战争险、机身免赔额保险等附加险。

3. 航空责任保险

航空责任保险的保险标的是航空承运人或航空港对旅客伤亡、行李、货物、地(水)面第三人损害的赔偿责任。该类保险通常是法定的强制保险。

在不同国家的不同历史时期,保险公司设计提供的航空保险的具体险种有所不同。例如,1974 年,中国人民保险公司办理的航空保险险种有机身一切险、战争险和法定责任险,其中责任险只有航空公司的旅客责任、第三者责任、行李、货物、邮件的运输责任及综合责任。[1] 目前,中国航空保险市场提供的险种更丰富,包括航空机身及零备件一切险、机身战争险、航空机身免赔额保险、航空公司综合责任险、航空旅客责任保险、航空第三者责任险、机场责任险、航空驾驶员责任险、航空产品责任险、航空展览责任险、航空承运人综合责任战争险、空中交通管制责任险、试飞保险、飞行表演机身及责任一切险、机组人身意外伤害保险、机组人员执照丧失保险等各类多样化的保险产品。同时,保险公司与航空公司、旅游公司合作,开发有更加个性化的"机票 + 保险、航空旅游 + 保险"等组合产品。

四、航空保险的立法规定和要求

(一)国际运行航空器保险单携带的相关规定

涉及国际运行的航空器运营人在实施运行时应当随机携带航空器保险单。1944 年《芝加哥公约》附件未对航空器保险单提出具体要求,但国际民航组织成员国普遍要求飞入甚至过境的航空器随机携带保险证明文件,我国《民用航空法》第 175 条和《国际运行》附件 5 也有同样的要求。[2]

(二)航空承运人责任保险的立法要求

二维码 9－1

中国立法关于民用航空活动责任保险的有关要求明细

从《民用航空法》和相关行政法规、涉及民航管理的规章、民航规范性文件或地方相关立法的规定看,无论是从事公共航空运输的航空器运营人,还是从事通用航空活动的企业或无人驾驶航空器运行人,都要求必须投保对地面第三人责任险,对其他险

[1] 参见傅金筑:《中国民航的飞机保险》,载《民航经济与技术》1996 年第 7 期。

[2] 参见《国际运行》(民航规〔2024〕1 号/AC－121－FS－132R1)附件 51. 12 航空器保险单。

别未作强制性规定。(见表9-1)

表9-1 中国民用航空活动有关责任保险的立法要求概况

层级	立法名称	发文字号
法律	《民用航空法》第166条	中华人民共和国主席令第81号
行政法规	《民用航空运输不定期飞行管理暂行规定》第15条	国务院令第29号
	《国内航空运输承运人赔偿责任限额规定》第5条	中国民用航空总局令第164号
	《无人驾驶航空器飞行管理暂行条例》第12条	国务院、中央军事委员会令第761号
民航规章	《定期国际航空运输管理规定》第4条	交通运输部令2019年第26号
	《外国航空运输企业不定期飞行经营许可细则》第10条	中国民用航空总局令第167号
	《公共航空运输企业经营许可规定》第18条	交通运输部令2018年第16号
	《通用航空经营许可管理规定》第49条	交通运输部令2020年第18号
	《民用无人驾驶航空器运行安全管理规则》第92.669条	交通运输部令2024年第1号
规范性文件	《非经营性通用航空备案管理办法》第14条	民航规〔2022〕24号
	《通用航空包机飞行管理暂行办法》第7条	民航规〔2020〕30号
	《通用航空短途运输运营服务管理办法》第17条	民航规〔2023〕50号
	《空中游览和体验飞行》第10.2条	民航规〔2021〕40号
	《轻小无人机运行规定(试行)》第14.2条	AC-91-FS-2015-31
	《意外伤害保险业务监管办法》第6条	银保监办发〔2021〕106号
地方法规	《浙江省无人驾驶航空器公共安全管理规定》第10条	浙江省人民代表大会常务委员会公告第11号(2019年)
	《张家界市低空飞行旅游管理办法(试行)》第20条	张政办发〔2017〕25号
	《海宁市支持制造业高质量发展的若干政策意见》	海政发〔2021〕65号
	《安徽省农业农村厅、安徽省财政厅关于继续开展植保无人驾驶航空器规范应用试点工作的通知》第4条	皖农机函〔2022〕339号

第二节 航空保险法律关系

一、航空保险法律关系的概念和特征

航空保险法律关系是指由保险法规范所调整的,基于一定法律事实而发生的特定法律主体之间的权利和义务关系。

航空保险法律关系是法律关系的一种,但与其他法律关系相较,航空保险法律关系有如下特征:

1. 具有商事法律关系的特性

航空保险法律关系的投保人、保险人、被保险人、受益人等主体之间的权利义务具有相当的复杂性,但承保航空风险的保险人必须是具备特定资质的保险公司,作为保险人的保险公司是典型的具有营利性的商事主体。

2. 兼具自愿性和强制性

航空保险法律关系的当事人是平等的主体,通常在自愿基础上形成,投保人对相关航空保险产品和保险人有选择权,保险人对不符合投保条件的投保人有拒绝承保的权利。但是,有的航空保险具有强制性,如中国现行航空法律法规要求的公共航空运输企业、通用航空活动经营人、航空器运营人都应当投保地面第三人责任险。因地面第三人责任险涉及公共安全和公共利益,体现国家对航空保险法律关系的强制性干预。

3. 呈现有偿性和双务性

航空保险是商事保险公司经营的以营利为目的的活动,作为保险行为的对价,保险人提供保险,以投保人支付保险费为前提。投保人和保险人为换取对方提供的利益要相互付出对价。航空保险法律关系的有偿性和双务性赋予投保人和保险人各自的义务和责任,必须遵循最大的诚实信用原则,如实履行告知义务,按约支付保险补偿金或保险赔偿金,否则就要承担违约责任。

4. 是一种损益型的法律关系

航空保险行为是一种典型的损益性行为,几乎在每项具体的航空保险业务中,双方当事人都存在获利与亏损的问题。对投保人而言,投保后如发生保险事故并出现约定情形,投保人就会以较少的保费支出换取较大的保险金;但如未发生保险事故,则保险费不能收回。对保险人而言,在保险期限内,如发生保险事故并出现约定情形,则保险人要支出远大于所收保费的保险金;如未发生保险事故,则保险费不用退回,保险人因此获利。因此,航空保险法律关系是损益型的法律关系,这种损益性对投保人和保险人是相互对应的。

二、航空保险法律关系的主体及其资格

航空保险法律关系的主体分为两种：一是当事人，即投保人和保险人；二是关系人，即被保险人和受益人。不同的航空保险法律关系主体，权利能力和行为能力不同。

（一）投保人

投保人，是指与保险人订立保险合同，并按照保险合同负有支付保险费义务的人。航空保险的投保人范围广泛，既可以是航空器的所有权人或使用权人，也可以是自然人、法人、非法人、旅客、货主等。

投保人具备下列特点：（1）必须具有民事权利能力和完全民事行为能力。无民事行为能力人和限制民事行为能力人未征得法定代理人同意，订立的保险合同无效。（2）对保险标的应当具有保险利益[1]。保险利益是保险制度的精髓和保险案件裁判应当遵循的原则，立法要求投保人对保险标的具有法律上承认的利益，目的是消除赌博的可能性、防止发生道德危险，限制保险人补偿损失的最高额度。实践中，关于保险利益的审查时点，人身保险是保险合同订立时，财产保险是保险事故发生时。[2] 例如，航空器融资租赁情形下，出租人和承租人均可为投保人。（3）负有支付保险费的义务。投保人既可以为自己利益订立的保险合同支付保费，也可以为他人利益订立的合同支付保费。

二维码 9-2

航空器综合险保险费支付纠纷案

（二）保险人

保险人，又称承保人，是指与投保人订立保险合同，并承担赔偿或给付保险金责任的人，即经营保险事业的组织。保险人应具备下列特点：（1）必须是依法定程序设立并取得经营资质的保险组织。法律将保险人限制为保险组织的原因：在保险事故发生后，保险人支付的保险金数额可能较大，自然人担任保险人的话，其财力有限，也不利于保险业的管理。（2）在保险合同履行期间享有保险费请求权。（3）在保险事故发生后依约定的保险责任负有损害赔偿或给付保险金的义务。

二维码 9-3

中国人民财产保险公司与中美洲际直升机投资公司保险费纠纷案

（三）被保险人

被保险人，是指财产或人身受保险合同保障，享有保险金请求权的人。被保

〔1〕 保险利益是保险合同当事人的权利义务所指向的对象，是保险合同的客体。

〔2〕 参见《最高人民法院关于适用〈中华人民共和国保险法〉若干问题的解释（三）》第4条、《保险法》第12条。

险人包括投保人或第三人。被保险人必须具备以下条件：(1)必须是保险事故发生时遭受损失的人。(2)航空财产保险的被保险人必须是航空器、货物的所有人或其他权利人；航空人身保险的被保险人应是生命或健康因保险事故的发生而遭受直接损害的航空公司、航空人员或乘客。(3)必须是享有赔偿请求权的人。财产保险的赔偿请求权多由被保险人自行行使，被保险人死亡的，由其法定继承人行使。人身保险的赔偿请求权可由被保险人自己行使，也可由合同指定的受益人行使，未约定受益人且被保险人死亡的，由其法定继承人行使。

(四)受益人

受益人，又称保险金受领人，是指人身保险合同中由被保险人或投保人指定的享有保险金请求权的人。受益人不是保险合同必有的对象。人身保险合同中可以约定受益人，财产保险合同约定受益人则无法律依据。受益人可以是投保人、被保险人或第三人，且不受有无民事行为能力及保险利益的限制。

保险人引入受益人概念并记载在保险单上，可以视为其认可受益人的法律地位，即认可被保险人将其保险金请求权作为标的设定给受益人。受益人享有的保险金请求权须从被保险人死亡时产生，并且这种请求权无须支付对价，即无须承担交纳保险金的义务。投保人或被保险人可指定一人或数人为保险金的受益人，也可指定受益人顺序和受益份额，还可以变更受益人，但需书面通知保险公司，由保险公司在保险单上批注。

第三节　航空器机身保险

一、航空器机身险的含义、分类和特征

(一)航空器机身险的含义、分类

航空器机身险，又称光机险，[1]是指航空器在飞行、滑行和停放期间，因意外事故造成航空器及其部件毁损及意外所致航空器拆卸重装、运输和残骸清除等费用的损失，由保险人给付赔偿金。

机身险是航空保险业务的主要险种，以各种航空器及其部件作为保险标的。根据影响保险的风险，航空器机身保险可分为飞行险、滑行险、地面险。

飞行险，是指航空器在飞行中可能遭遇的风险和事故。例如，航空器相撞事故、发动机失效所致事故、雷击等意外事件所致航空器损失等。在飞行险的保险单中，保险责任期间是“在飞行中”，关于这个术语，大多数保险人都采用1952

〔1〕 参见赵维田：《国际航空法》，社会科学文献出版社2000年版，第400页。

年《罗马公约》第 1 条第 2 款的定义，即“从为实际起飞而发动机器时起，到降落后滑跑完毕为止”，如为轻于空气的航空器，所谓“在飞行中”系指该航空器离开地面时起至重新系留地面时止的期间。

滑行险，是指航空器在机场内移动面临的风险事故，包括航空器被牵引或依靠自身动力滑行期间出现的相撞或倾覆。滑行险的责任期间与飞行险的责任期间不同，航空器只要不是在跑道上起飞助跑或着陆滑跑，都属滑行险的责任期间以内。但是，1970 年《海牙公约》和 1971 年《蒙特利尔公约》涉及的劫机保险采用“门到门”标准，即“从装载完毕、机舱外部各门均已关闭时起，到打开任何一扇机舱门以卸载时为止”。从保险目的上看，滑行险已不再构成一个单独保险项目类别，通常被包括在飞行险中。

地面险主要包括以下风险及意外事故：(1) 碰撞或恶意行为造成的损失或损害；(2) 爆炸或自燃引起的火灾造成的损害；(3) 非法侵占、偷盗等造成的损害。在地面险中，保险人承担的是综合险，目前，在地面险保险单中，综合险是一种习惯。但应注意的是，地面险只开始于发动机发动之时。

(二)航空器机身险的特征

1. 航空器机身险是一种财产保险

航空器机身险承保的是特定保险利益的特定性损失，保险人根据保单赔付被保险人遭受的机身及其部件等毁坏或灭失的财产损失。其不仅要求对航空器有保险利益的人才能投保，而且对保险利益有量的规定性，须以财产的实际价值为限。中国的航空器机身险分为国际航线机身险和国内航线机身险两种，前者需用外币投保，后者用人民币投保即可。对于用外币投保的机队，保险公司将其拿到伦敦国际保险市场上进行分保险。

2. 航空器机身险的客体宽泛

航空器机身险的“机身”定义并不局限于航空器的机体本身。根据英国《劳合社航空器机身保险单(美国)》(AVN16)和《伦敦航空器保险单(美国)》(AVN69)的相关记载，航空器“机身”包括航空器的机身外壳、机翼、尾翼、内部动力装置、起落装置、飞行操纵系统和机载设备等。与航空器装配的引擎与零部件等设备也可视为机身的构成部分，通常与航空器机身一起投保，[1] 但由于引擎易被移到其他航空器上，在商业运输中，引擎常会被安排为一个单独的保险。未单独投保，在航空器检修与维保过程中被正常拆卸、取用或清洗的引擎与零部件，仍为机身险的承保范围。因此，航空器机身险一切险，即航空器机身及零备件一切险的简称，是航空保险中历史最悠久的险种，承保范围最广泛，通常包括

[1] 参见王瀚、贾乔：《航空保险风险证券化的法律路径探析——以航空器机身险债券为例》，载《保险研究》2023 年第 7 期。

火灾、雷击、爆炸、碰撞、风暴、偷窃等原因造成的损失。

3. 承保范围相对灵活

航空器机身险的保险责任范围可以进行选择，通常包括飞行中、滑行中、停放及停泊等期间，保险事故所致航空器及其零部件毁损或失踪的损失；事故引发的航空器拆卸、重新组装及运输耗费、航空器残骸清理耗费的损失；航空器遭遇事故的施救费用的合理损失（最高不超过机身保险金额的10%）、损坏航空器修理后的试飞及进行检验的合理费用。

4. 通常不适用保险委付规则

航空保险与海事保险不同，航空保险的保险人可以选择现金给付、重置或修理的方式承担保险责任，不能依照海事保险的委付规则，在事故发生时将被保险航空器委付给保险人以求得全部保险补偿，除非保险人选择将航空器作为损余物资收回。航空器机身险保单规定被保险人不得擅自遗弃航空器残骸于保险人，其原因是，在航空器毁损事故发生后，会涉及残损航空器搬移、清理现场或跑道修复等相关责任。[1] 残损航空器搬移工作实行有偿服务，航空器运营人应当委托机场管理机构实施残损航空器搬移，未签订搬移协议的，相关各方应按公平合理、等价有偿的原则协商确定。[2]

二、航空器机身险的保险金额和保险费

（一）保险金额的确定

航空器机身险的保险金额采取两种方式确定，即保险法理论和保险实务中的不定值保险和定值保险。

所谓“不定值保险”，是指保险合同双方当事人在订立合同时只列明保险金额，不预先确定保险标的的价值，待危险事故发生后，再行估计其价值而确定其损失。不定值保险方式的弊端是无法满足被保险人对新型飞机的需求。

所谓“定值保险”，是指投保人和保险人约定保险标的保险价值并在合同中载明的，保险标的发生时，以约定的保险价值为赔偿计算标准。[3] 定值保险方式有利于减少理赔环节和便于确定赔偿金额。

目前，国际航空机身险保险实践中，由于飞机是一种特殊商品，价值昂贵，且市场价格变化大，通常采用定值保险方式，中国保险公司承保的飞机机身保险也均采用定值保险方式。正因机身险是定值保险的根本属性，保险公司不能按照

---

〔1〕 参见郝秀辉、刘海安、杨万柳：《航空保险法》，法律出版社2012年版，第110页。

〔2〕 参见1944年《芝加哥公约》附件14——机场第Ⅰ卷《机场设计和运行》《机场服务手册（第五部分残损航空器搬移）》和民航局2022年发布的《运输机场残损航空器搬移管理办法》（民航规〔2022〕19号/AP－139－Ⅱ－CA－2022－01）。

〔3〕 参见《保险法》第55条第1款。

保险事故发生时飞机的价值给付保险赔偿金,而应按照保险合同上载明的保险价值计算赔偿金额。

(二)保险费的计算方式

机身险的保险费率一般以对保险金额的百分比表示,保险费=保险费率×保险金额。保险费通常在年度基础上计算,但特殊情况下,如测试飞行,则在小时基础上计算。

二维码9-4

某通航公司与某财产保险公司机身保险纠纷案

航空器机身保险费率的确定较难存在通用的精算公式,国内和国际市场上对机身险费率的制定依据的因素会有差异。

例如,中国机身险费率主要是根据以往损失记录,并对不同型号的航空器使用不同的费率。国际市场上机身险费率往往需要参考多种因素,除赔付历史外,还要考虑航空公司的内部管理制度、运营航线、安全运营记录、训练制度、飞行员的飞行经验、机场条件、航空器的用途和型号、保险责任范围、免赔额等,也可能会因灾难性事件作出上下调整。如“9·11”事件后,再保险的保费大幅提高。2000年武汉空难中失事飞机的机身保险金额为2000万元,[1]在2002年韩国釜山“4·15”空难中,机身保险金额是2161万美元。[2]

二维码9-5

通用航空器发生全损后如何理赔?

三、航空器机身险的保险责任和除外责任

(一)机身险的保险责任

机身险保险责任在保险条款中通常约定为:飞机在飞行或滑行中以及在地面上,无论任何原因造成飞机及其附件的意外损失或损坏,包括飞机失踪;并负责赔偿意外事故引起的飞机拆卸重装、运输费用、施救费用及清除残骸的费用。

二维码9-6

租赁期间航空器受损能否依据《保险理赔协议》索赔?

机身险的保险责任方式只能选择现金赔偿、重置或修理航空器,被保险人不能委付。机身险保险保单上没有载明飞机保险价值的,以发生事故时评估确定的飞机实际价值为赔偿计算标准。保险单上约定有机身险每次事故绝对免赔额的,该免赔额部分应予扣除。

(二)机身险的除外责任

航空保险具有高风险性,尤其是航空器机身险承保风险更宽泛,保险人一般会在保险合同中设定特殊的除外责任条款控制其承保风险,因此机身险虽然承

[1] 参见《从武航“六·二二空难”认识航空保险》,载《国际金融报》2000年10月25日,第5版。

[2] 参见马守敏:《空难凸显保险业的诚信》,载《人民法院报》2002年4月27日,第1版。

保航空器可能遭遇的意外风险，但并非全部风险都可承保。

航空器机身保险的除外条款有很多，通常包括：自然磨损、渐进损坏、内在缺陷、机械故障或失效情形；权力机构强制行为导致的损害；航空器不具有适航状态造成的损害；被保险人自己的过错造成的损害；未经保险人同意进行航空器的权利变化或类型改造所致航空器发生的毁损灭失；合法占有人不当处置导致的航空器损害；不符合保险单规定用途的飞行所造成的航空器损害；噪声、污染或其他危险造成的损害等。[1]

二维码9-7
临时租借飞行员发生事故所致损失是否属于保险责任范围争议纠纷案

在通用航空器机身保险赔付实践中，飞行员和航空器用途不符合保单约定，是保险公司典型的除外责任情形。保单中非列名飞行员驾驶飞机发生事故无法获得保险赔偿。例如，通航企业如果临时租借飞行员，需在每次租借前向保险公司报备飞行员情况，待获得保险公司同意后方能实施飞行计划，否则无法获赔。通用航空器在投保时应列明营业执照经营范围中所有的飞机用途，同时每次增加或减少经营范围时，都需向保险公司申请批改保单，否则将造成保单失效，发生保险事故后，保险公司将不承担赔偿责任。

二维码9-8
某公司的公务直升机进行航拍坠毁索赔保险金被拒纠纷判例

（三）"适用于整个保单的前提条件条款"的性质

航空器运营的风险远高于机动车，故在航空器保险合同中通常会设置保单适用的前提条件条款，但对保险合同这个前提条件条款的理解常成为司法或仲裁实践中争议焦点问题。

二维码9-9
某财产保险公司与某科技限公司的无人机机身损失保险金纠纷案

例如，某财险公司《航空器机身一切险及责任险条款》约定：适用于整个保单的前提条件，被保险人必须遵守并履行以下条件，否则保险人可依法拒绝承担赔偿责任：(1)被保险人应恪尽职守，随时保持足够谨慎，采取一切合理可行的措施防止事故发生，避免或减少损失。(2)被保险人应遵守管理当局发布的涉及被保险飞机安全运行的全部有关航空飞行和适航遵守法规的法令和要求，并保证满足以下条件：①每次飞行开始时，被保险飞机在各方面都处于适航状态。②所有现行法规要求的、与被保险飞机有关的航行日志或其他记录都应保持时时更新，并在保险人或其代

〔1〕 参见郝秀辉、刘海安、杨万柳：《航空保险法》，法律出版社2012年版，第126～131页。

表要求时，能够及时提供。

在国际航空保险通行的AVN1C保单[1]中也有被保险人遵守航空安全运营法规的先决条件。在发生保险事故后，保险人以被保险人未遵守航空器运行安全相关规章为由拒绝赔偿的情况时有发生。综观保险仲裁或诉讼实践，有的仲裁庭支持了保险人拒赔的抗辩，也有司法案例支持“被保险人不包括一般雇员，飞行员违反航空相关规定不能视为被保险人违反相关规定”的观点[2]。

有学者认为，适用于整个保单的前提条件中的“被保险人”不宜扩大解释为包括被保险人的普通雇员，理由在于：航空保险对于赔偿条件设置过于苛刻，将导致航空保险的目的落空；被保险人的机上员工和地面员工几乎不存在保险公司所担心的道德风险；民航行业是一个高度监管的行业，安全规章众多，以违反保单的这个先决条件为由无法获得保险赔偿，有违公平。[3]

从“适用于整个保单的前提条件条款”的性质看，无论在保险合同中如何设置条款，都不能否定其免除保险公司的内容本质，如将该条款设置于除外责任项下，自应理解为免责条款。

四、航空器机身附加险

对于航空器机身险除外责任的风险事故，需要保险时可采用附加险方式进行，附加险的险种包括以下两种。

二维码9-10
中国人民财产保险公司与安昌通航公司财产保险合同纠纷案

（一）机身战争险

因1968年贝鲁特（黎巴嫩首都）机场的以色列袭击，引起“战争、劫机和其他危险除外”条款，这个条款最初在伦敦航空保险市场上被设计，后来成为机身保险和责任保险的组成部分，即“AVN 48B条款”。[4] 机身战争险一般作为机身一切险的特别附加险予以承保，投保金额约定，但通常没有免赔额。

机身战争险承保下列原因引起的航空器毁损：（1）战争、入侵、外敌行动、内战、叛乱、起义、军管、武装夺权或篡权；（2）罢工、暴动、国内暴乱、劳工骚乱；（3）一人或多人出于政治或恐怖主义目的采取的行动；（4）任何第三者的恶意行为或阴谋破坏活动；（5）任何政府或公众或地方当局采取的或按其命令采取的

---

〔1〕 Avn1c London Aircraft Insurance Policy（Hull，Third Party and Passenger Liability），https://www.Iua.co.UK/IUA_MEMBER/Clauses/Elibrary/Clauses_Search.ASPX? CAT = AVIATION.

〔2〕 参见江苏省苏州市吴江区人民法院民事判决书，（2018）苏0509民初10410号。

〔3〕 参见【北仲年度观察系列】《中国商事争议解决年度观察（2022）》热点问题观察。

〔4〕 See R. D. Margo, *Aviation Insurance: The Law and Practice of Aviation Insurance Including Hovercraft and Spacecraft Insurance*, 3rd ed., Butterworth, 2000, p. 325.

充公、国有化、扣押、占用或征用；(6)未经被保险人同意，机上任何人在飞行中对飞机或机组人员进行劫持或非法扣押或错误操作(包括这种扣押或操作的企图)。

二维码 9－11

中华联合财产保险股份有限公司通用航空机身一切险及责任险条款

但是，不是所有投保的机身战争险都会获得赔偿。例如，1970 年 9 月 6 日，泛美航空公司一架波音 747 客机被两人劫持到开罗并被炸毁。在法庭上，原告提交由私人保险公司签署的全险保单和美国政府签署的战争险保单，但所有保险人都拒绝承担赔偿责任。审理法院最终裁决由全险保险人而非战争险保险人负责赔偿航空器的损失。法院认为，根据纽约法律，航空器的损失不是全险保险单中的除外责任所使用的那些术语如叛乱、暴动、内战、军事力量或篡权势力的占领、战争或准战争行动、骚乱或内部动乱等造成的，除外术语有争议的将以最不利于保险人利益的方式解决。该判决在美国上诉法院获得支持。[1]

(二)免赔额险

免赔额是指保险人对每次保险事故免赔一定损失金额。免赔额条款在财产保险中被广泛使用，因免赔额能消除许多小额索赔，减少损失理赔费用，从而可降低保费。

航空器机身保险一般也规定有免赔额条款，不同类型的航空器，免赔额有所不同。[2] 在机身险保单中，免赔额是一种强制的除外责任条款。被保险人为将免赔额风险负担转嫁出去，只能与保险人协商，以免赔额作为保险标的，投保机身险的附加险，另行交纳保险费，由保险人承保被保险人免赔额部分的损失。

机身的免赔额险是针对免赔额部分的保险，以此来降低被保险人对免赔额部分的风险。以免赔额作为保险标的投保机身险的附加险，需要另行交纳保险费。[3] 其保险费通常为固定金额，根据具体情况而定，免赔额越高，保险费越高；免赔额越低，保险费越低。

机身免赔额保险的效力与机身险一致，但机身发生实际全损和推定全损时，保险赔付不扣除免赔额，机身免赔额险不另行赔付。

---

〔1〕 See Prof. Dr. I. H. Ph. Diederiks-Verschoor, *An Introduction to Air Law*, 8th edition, Kluwer Law International, 2006, p. 253.

〔2〕 参见杨雅玲：《航空保险》，台北，东华书局 2010 年版，第 94～95 页。

〔3〕 参见刘伟民主编：《航空法教程》，中国法制出版社 2001 年版，第 421 页。

第四节　航空责任保险

航空责任保险是航空保险的常见形式,主要包括承运人对旅客伤亡或行李或货物损害或延误赔偿责任保险、航空器承运人或经营人对地(水)面第三人致害赔偿责任保险、航空战争责任保险、机场责任保险、航空产品责任保险等。

一、航空旅客责任保险

航空旅客责任保险是一种以航空承运人对旅客的损害赔偿责任为保险标的的保险。航空旅客责任保险表面上是弥补航空承运人因履行赔偿责任产生的损失,但实质上有为航空旅客权益保障和保持航空业稳健持续发展之意旨。在航空旅客权益保障日益高涨的当今时代,旅客责任险渐由惯例变为法定,并与航意险相得益彰。航空旅客责任保险的责任限额、责任范围、保险金计算、除外事项、保险费率等保险条款可充分贯彻意思自治原则,不必完全遵从格式合同条款,被保险人可依据自身需求与保险人协商签署个性化保险合同。[1]

(一)航空旅客责任保险的立法变革

航空旅客责任保险始于20世纪初,但最初较少适用。在1999年《蒙特利尔公约》之前,任何国际公约关于航空承运人对飞行中航空器上发生的旅客人身伤亡的赔偿责任,都没有强制的保险要求。例如,1929年《华沙公约》和1955年《海牙议定书》都没有承运人责任保险的任何规则,1971年《危地马拉议定书》也没有规定承运人的任何保险义务,其规定的“补充赔偿制度”被认为是华沙体系中唯一直接与强制保险挂钩的条款。[2]

1999年《蒙特利尔公约》第50条规定,缔约国应当要求其经营航空运输至该国内的承运人提供其已就本公约中的责任进行充分保险(adequate insurance)[3]的证据。该公约规定,受害乘客可以从承运人的赔偿责任中获得充分补偿,从而为乘客提供了更好的保障。

1997年的欧共体第(EC)No2027/97号条例要求欧共体的航空承运人对每名旅客的责任要投保10万特别提款权的责任保险。欧盟7857/2004号规章对航空承运人和航空器运营人的强制保险进行了分类要求,对通用航空活动的特

[1] 参见郝秀辉、刘海安:《航空旅客责任保险研究》,载《保险研究》2013年第1期。

[2] 参见郝秀辉、刘海安:《航空旅客责任保险研究》,载《保险研究》2013年第1期。

[3] “adequate insurance”术语是模糊不清和不确定的,因为责任承担取决于确定责任制度、责任基础、事故受害人或继承人的损害类型和损害程度等多方面的变数,所以一个国家的充分保险在另一个国家未必充分。

殊类型航空器,不要求强制保险。

澳大利亚、加拿大、奥地利、德国、意大利、西班牙、瑞士等多数国家的国内立法规定了旅客的强制性保险,将其作为对乘客利益的一种补充保险。[1] 我国的《民用航空法》和早期相关规章对航空旅客及行李的责任保险并未作强制性规定,但在近年的《民用航空法》修订和规章文件的制修中都在强化旅客责任险。例如,《通用航空短途运输运营服务管理办法》(民航规〔2023〕50 号)第 17 条规定,短途运输企业应当根据该办法制定并公布运输服务标准;运输服务标准应当至少包括地面第三人责任险、乘客责任险等保险的购买情况和赔付标准。

(二)航空旅客责任保险的承保范围

航空旅客责任保险的承保范围包括:旅客在上下航空器或乘坐航空器飞行的过程中遭受伤害;运输迟延对旅客造成的利益损失[2]。

(三)航空旅客责任保险的保险事故

在航空旅客责任保险合同中,对保险事故的描述基本沿用了航空事故的界定,这是因为航空旅客责任保险的保险标的是航空承运人对旅客损害承担赔偿责任,该赔偿责任源于航空事故致害,如果保险事故与航空事故不统一,航空旅客责任保险就丧失了必要性。当然,保险人承保的保险责任事故的范围,也可在保险合同中约定,即使是法定的航空事故,如通过合同约定予以除外,则不构成旅客责任的保险事故。

(四)航空旅客责任保险的保险责任

在航空旅客责任保险单中,保险责任的大小与被保险的航空承运人对旅客的损害赔偿责任有密切关系,保险责任的构成通常包括保险补偿金和抗辩费用两部分,但保单可以对保险责任限额进行约定。

保险补偿金的数额以被保险人对受被害旅客支付的赔偿额为依据。旅客责任保险金的给付受双重限制,每一旅客不得超过法定每一旅客的限额,所有给付旅客的保险金不得超过每一意外事故的总限额,即保单约定的保险金额通常以对每个旅客的责任限额和对单个事故的责任限额进行确定,并考虑机场、机型、飞行区域和机上乘客座位数等因素。

在抗辩费用方面,被保险人为履行承保范围内应负的赔偿责任所进行的抗辩或诉讼,事先经保险人同意的费用支出也是保险责任的范围,但应赔偿金额超过保险金数额的,只按保险金额与应赔偿金额的比例进行分摊。

---

〔1〕 See R. D. Margo, *Aviation Insurance: The Law and Practice of Aviation Insurance Including Hovercraft and Spacecraft Insurance*, 3rd ed., Butterworth, 2000, p. 20 - 27.

〔2〕 在航班延误责任保险成为独立的险种之前,因航班运输迟延对旅客造成的损害赔偿责任,也可以在航空旅客责任保险中进行承保。

(五)航空旅客责任保险的除外事项

航空旅客责任保险的除外事项与航空旅客责任的免除事由并非同一。其他航空保险的通用除外事项如航空器用途、战争、劫机等,在航空旅客责任保险中同样适用。但为避免重复承保和业务需要,被保险人对其董事、雇员、合伙人、机组人员等赔偿责任,均排除在航空旅客责任保险之外,航空旅客责任保险中的旅客必须是对于航空器的操作没有任何义务的人。

二、航空行李责任保险

航空行李责任保险,是指以航空承运人在运输过程中依法对航空旅客的行李毁损、灭失或延误的赔偿责任为保险标的的一种保险。

国际公约和各国国内法都规定了航空承运人对旅客行李毁损、灭失或延误的赔偿责任,航空承运人可以通过责任保险方式分散赔偿损失的风险。1999年《蒙特利尔公约》规定对航空旅客进行充分保险的要求。欧共体委员会1992年有关航空承运人执照的规章要求承运人必须根据欧洲司法投保对乘客、行李、货物和第三人的责任保险。[1] 一些国内立法,如奥地利、德国等立法都规定了适当的强制性保险要求[2]。

(一)航空行李责任保险的保险标的

在国内、国际航空运输中,航空承运人对旅客托运行李的赔偿责任均可投保,对于旅客非托运行李的赔偿责任,一般在航空旅客责任保险中一并投保。但在航空行李的定期保险中,非托运行李或托运行李均可投保。

但是,旅客的下列物品一般不在航空行李责任保险的承保范围:危险物品、货币、有价证券、票证、邮票、纪念币、金银制品、首饰、珠宝、钻石、玉器、古书、古玩、字画、艺术品、文件、账册、技术资料、图表、动物、植物等其他不易或无法鉴定价值的物品。但也可以约定投保,保障旅客行李内这些物品因挤压破碎、丢失、散失、盗窃造成的损失。

(二)航空行李责任保险的保险期间

在航空保险实践中,保险公司提供的航空旅客行李保险有国内航空单程行李保险、国际航空单程行李保险、全球航空旅客行李定期保险。

航空行李责任保险可以采取单次保险或定期保险的方式,各有不同的保险期间。单次保险的保险责任期间,自保险行李经承运人收讫并签发保险单时起,至被保险人离开本次运输工具并从承运人处领取到或应当领取到行李时终止,被保险人未及时提取保险标的,保险责任的终止期一般最多延长至被保险人离

---

〔1〕 See Article 7 EC Council Regulation 2407/92, OJ 1992 L240/1, as adopted on 24 Aug 1992.

〔2〕 See R. D. Margo, *Aviation Insurance: The Law and Practice of Aviation Insurance Including Hovercraft and Spacecraft Insurance*, 3rd ed., Butterworth, 2000, p. 20 – 27.

开本次运输工具后的24小时为限。定期保险的保险责任期间，为托运行李或非托运行李保险单提供的保障期限，可以根据被保险人的需求和实际情况选择。

（三）航空行李责任保险的保险责任

二维码 9-12

中国人民财产保险股份公司的航空旅客行李保险产品

在保险合同期限内，下列原因造成保险行李的直接损失，保险人负责赔偿：(1)因飞机遭受碰撞、倾覆、坠落、失踪（在3个月以上），在危难中发生卸载以及遭受恶劣气候或其他危难事故时发生抛弃行为所造成的损失；(2)因受震动、碰撞、挤压而造成行李的破碎、弯曲、凹瘪、折断、开裂；(3)行李遭受雨淋；(4)非包装不善原因导致包装破裂而造成的行李散失；(5)行李遭受盗窃；(6)行李丢失。

行李发生保险责任范围内的损失时，保险人均依照物品的发票价或重置价在保险金额内按实际损失进行赔偿，但以不超过保险单上注明的保险金额为限。行李发生保险责任范围内的损失时，被保险人获悉损失后必须在48小时内通知保险人。被保险人向保险人申请索赔时，必须提供下列单证：(1)保险单正本、机票；(2)承运部门出具的事故证明；(3)物品损失清单；(4)本人身份证或护照正本及复印件一份。保险行李内物品遭受损失的残值，应由双方协商确定其金额，并在核定实际损失时作相应扣除。

（四）航空行李责任保险的除外责任

下列原因造成保险行李的损失，保险人不负责赔偿：(1)行李内物品的自然损耗、本身的缺陷和自然特性；(2)行李内物品在保险责任开始前已存在品质不良或数量短差；(3)包装不善导致的行李散失或损毁；(4)被保险人的故意行为或违法犯罪行为；(5)其他不属于保险责任范围内的损失。

三、航空货物责任保险

（一）航空货物责任保险的定义

航空货物责任保险，是指以航空承运人受托运送的货物遭受损失时对托运人依法应负的赔偿责任为保险标的的一种航空责任保险。投保人和被保险人是运输货物的航空承运人。

依据1999年《蒙特利尔公约》和我国《民用航空法》的规定，航空承运人对运输过程中货物的毁损、灭失应承担损害赔偿责任。

（二）航空货物责任保险的特征

1. 保险标的特殊。航空货物责任保险承保的保险标的与财产保险不同，是航空承运人因运输货物出现毁损、灭失依法应当承担的赔偿责任。

2. 保险金有限额。航空货物责任保险属于赔偿性限额保险，因货物运输的损害赔偿责任无法预先确定具体保险金额，保险单通常只载明保险人应承担责任的最高限额。发生保险责任索赔,保险人在赔偿限额内进行赔偿。如为获得充分保障,则货主应向保险人另行办理货物运输保险。

3. 承保基础特定。航空货物责任保险的承保基础是必须有“事故发生”和“期限内索赔”,前者是在保险责任期内发生事故,后者是指保险索赔必须在索赔时效内提出,超过时效,视为放弃权利。

4. 是非强制性保险。航空货物责任保险不是强制性的,是任意险,投保与否取决于航空承运人的意志,不强制投保。

(三)航空货物责任保险的投保方式和费率计算

航空承运人向保险公司投保货物责任保险,通常的投保形式是以批单方式加在标准航空保险单上,也可以单独投保“航空货物承运人责任及货物全险保险单”,把货物责任保险与货物全险混合投保。

航空货物责任保险费率的计算方式按照运货收入的百分比计收,或按照预计运费收入计算一个固定的保险费,待保险单期满后不再进行调整。航空公司根据货运量大小确定采用哪种方式。

航空货物责任保险的保险期间是自航空承运人或航空货物承揽人签发航空货运单[1]开始至到达目的地交付收货或办妥转运手续时为止的整个运输过程。

四、航空第三者责任保险

(一)第三者责任保险的保险标的

二维码 9-13

速递手表丢失
保险公司巨额
赔偿

航空第三者责任保险又称为“公众责任保险”,有广义和狭义之分,广义的航空第三者责任保险,泛指所有以被保险人对第三者依法给付的损害赔偿责任为保险标的的保险。其中的被保险人包括航空器经营人或航空器所有人、航空产品制造人、航空港或机场经营人、航空燃油供应人、航空展示场经营人等。[2]

狭义的航空第三者责任保险,是指以被保险人对其航空器在运营过程中造成地(水)面第三者的人身伤亡或财产损害依法应负的赔偿责任为保险标的的保险。其中被保险人包括航空器经营人或所有人。第三者责任保险的保险事故包括:航空器的空中相撞;从飞行中的航空器上坠落的物体如燃料、化学物品;航空器发出的噪声;航空器在地面上发生的事故,如螺旋桨击打、飞机滑行事故、喷

[1] 航空货运单是航空承运人与托运人签订的航空货物运输合同的凭证,是航空承运人或其代理人进行货物操作、运输和交付的凭证,是货物保险的凭证,是托运人或收货人向承运人支付运费和相关费用金额的依据,也是航空承运人之间签转运输货物的状态完好性的记录与结算运费及其他费用的证据。

[2] 参见杨雅玲:《航空保险》,台北,东华书局2010年版,第32~34页。

流、燃油渗漏、载运货物发生外溢、泄漏或活体动物逃逸致人损害或伤亡等。[1]

（二）第三者责任保险的性质

航空飞行活动具有高风险，涉及航空安全、国家安全和公共安全，空难事故会造成地（水）面不特定第三人的人身伤亡或财产损害，损害后果只由航空承运人或经营人自己赔偿，一旦无力赔偿势必造成第三人受损的利益无以补救。迄今，无论国际航空公约还是各国国内立法都对第三者责任保险进行强制性要求。因此，航空第三者责任保险是一种强制险而非任意险。

1. 国际公约对第三者责任保险的规定

1933 年《罗马公约》首次以国际公约形式规定航空器对地（水）面第三人责任保险，1938 年《布鲁塞尔保险议定书》又对 1933 年《罗马公约》进行补充，防止承保人设法逃避其在保险合同中的责任。1952 年《罗马公约》承继规定保险和担保规则，明确缔约国可以要求其他缔约国的航空器经营人对于应予赔偿的损害责任根据适用的限额进行保险。[2]

2. 各国法对第三者责任保险的强制性要求

第三者责任保险在大多数国家有明确或隐含的强制保险要求。例如，英国、美国、瑞士、德国、奥地利、澳大利亚、丹麦、挪威、加拿大等国，都要求航空器经营人或所有人在进行航空运输或飞越其领土时，要根据航空器登记程序或批准航空服务执照要求，提供保险保证金的证明。[3] 即使法律不要求第三者责任保险保证金，实践中的大多数商业和非商业经营人也为第三者责任提供了足够的保证金。[4]

《民用航空法》规定，从事通用航空活动的，应当投保地面第三人责任险；民用航空器经营人应当投保地面第三人责任险或者取得相应的责任担保；外国民用航空器飞入中华人民共和国领空，其经营人应当提供有关证明书，证明其已经投保地面第三人责任险或者已经取得相应的责任担保；其经营人未提供有关证明书的，中华人民共和国国务院民用航空主管部门有权拒绝其飞入中华人民共和国领空。[5]

中国涉及民航管理的规章对某类经营许可的申请，强制要求第三人责任险。例如，《定期国际航空运输管理规定》（2019 年修正）第 4 条规定，申请国际航线

---

〔1〕 See Rod D Margo. *Aviation Insurance*, 3rd edition, Butterworths, 2000, p. 251.

〔2〕 参见 1952 年《罗马公约》第 15 条。

〔3〕 See R. D. Margo&A. T. Houghton, *The Role of Insurance in Aviation Finance Transactions*, in G. F. Butler eds., Handbook of Airline Finance, Aviation Week US, 1999, p. 23 – 27.

〔4〕 See A. J. Mauritz, *Liability of Operations and Owners of Aircraft for Damage Inflicted to Persons and Property on the Surface*, Leiden, Shaker Publishing, 2003, p. 141.

〔5〕 参见《民用航空法》第 150 条、第 166 条、第 175 条。

经营许可的空运企业,应当向民航局提交书面申请以及投保飞机机身险、机身战争险和法定责任险的保险证明文件。《民用无人驾驶航空器经营性飞行活动管理办法(暂行)》第5条规定,取得无人驾驶航空器经营许可证,应当具备投保无人驾驶航空器地面第三人责任险的基本条件。

(三)第三者责任保险的保险责任范围

二维码 9-14
某通航公司因航空器第三人责任险到期后未续保被撤销经营许可案

航空第三者责任保险既可以单独投保,也可以在航空器运营一切责任综合险中一起投保。航空第三者责任保险的保险责任与旅客责任保险和雇主责任保险不同。被保险人为任何参与被保险飞机操作的飞行人员、机舱服务人员或其他机组成员所遭受的人身伤亡或财产损失的赔偿责任,可以投保雇主责任险;被保险人为乘客在飞行中及上下飞机过程中遭受的人身伤亡或财产损失的赔偿责任,可以投保旅客责任险。

航空第三者责任保险的保险责任仅限于被保险人的航空器坠毁或从其上坠落的人或物造成第三人损失或损害,依法应承担的赔偿责任。除直接的财产损失和身体伤害外,保险额也包括保险单中特别陈述的航空事故造成的任何疾病和精神痛苦的补偿。被保险人即使被免除对第三人的赔偿责任,保险人也要对被保险人的这种赔偿责任进行补偿。大多数保单都禁止被保险人在未经保险人同意的条件下对赔偿责任或给付进行承诺。

(四)第三者对保险人的直接诉权

在第三者责任保险法律关系中,遭受损害的第三人和保险人没有任何关系,基于合同相对性原理,第三人只能对航空器经营人提起诉讼,航空器经营人根据自己意愿对保险人提起诉讼,保险人对航空器经营人赔偿后,航空器经营人再赔偿给第三人。

关于第三人对保险人直接诉讼可能性问题,1952年《罗马公约》赋予了第三人保留在担保有效期内和经营人被宣告破产的情况下对保险人或担保人直接诉讼的权利。[1] 为满足第三人的索赔,该公约第18条还特别强调保险人应给付经营人的任何款项,在第三人索赔要求未满足前,不得为经营人的债权人,扣押或采取执行措施。这种代位诉权的行使可以有效地保护受害第三人的赔偿救济。

各国对第三人对保险人直接诉讼的立法规定不完全相同。例如,德国法没有规定第三人对保险人直接诉讼的可能性问题,但奥地利法允许第三人对保险

〔1〕 See Article 16(5) of the Rome Convention of 1952.

人直接诉讼,第三人通过直接诉讼可要求保险人和被保险的经营人承担连带责任。我国《民用航空法》对受害第三人直接对保险人或担保人提起诉讼的相关权利与1952年《罗马公约》有相同规定和要求。[1]

五、航班延误责任保险

(一)航班延误责任保险的保险标的

航班延误责任保险,是以航空承运人对旅客、行李运输过程中的延误赔偿责任为保险标的的保险。

关于航班延误责任的规定,最早出现在1929年《华沙公约》,1971年《危地马拉议定书》首次规定航班延误责任限额为62,500金法郎,1975年《蒙特利尔第3号附加议定书》将其改为4150特别提款权。1999年《蒙特利尔公约》将航班延误旅客的责任限额确定为4150特别提款权。

航班延误责任的性质是一种违约损害赔偿责任,航空承运人对航班延误赔偿责任的承担势必造成自身利益的损失,这种损失的风险需要通过保险方式进行转移,航班延误责任保险由此而来。

(二)航班延误责任保险与航班延误保险的区分

航班延误责任保险与航班延误保险并不相同。航班延误保险是指自然灾害、恶劣天气、机械故障等导致航班延误而给予乘客的一种赔偿。二者有以下区别:(1)投保人、被保险人不同。航班延误责任保险的投保人和被保险人为航空承运人;航班延误保险投保人为任何完全民事行为能力人,被保险人为航空旅客。(2)保险赔付金额不同。航班延误保险的保险赔付金因飞机延误时间不同而不等;航班延误责任保险的保险金额受到延误责任限额的限制。(3)法律性质不同。航班延误保险属于责任保险;航班延误保险属于财产保险;当然二者目前都属于商业保险和自愿保险。

六、航空港(机场)责任保险

(一)航空港(机场)责任保险的承保范围

航空港(机场)责任保险是以航空港经营人为被保险人,主要承保因航空港经营人的疏忽或过失,未履行应尽职责造成人员伤亡和财产损害的赔偿责任。

航空港是各种风险高度集中的区域,航空港经营过程会面临很多责任风险。例如,候机大厅洗手间地面湿滑致旅客摔伤;航空港餐厅供应的食品或饮料不卫生致旅客食物中毒;航空港内接驳车辆因管理不善与停机坪滑行的飞机相撞;航空港经营人未及时采取驱鸟措施致客机发动机吸入鸟而机毁人亡或因疏于有效管理机场跑道、灯光设备和塔台设施等致事故损害等。航空港经营人对这些风

[1] 参见《民用航空法》第168~170条。

险的损害一般要承担赔偿责任，除与有关单位签订免责协议[1]分散责任风险外，国际上通行做法是购买航空港责任保险。

20 世纪 60 年代，德国杜塞尔多夫机场发生大火。当时该机场的线路短路，酿成巨灾，造成惨重经济损失。保险公司在较短时间内予以赔付。该案发生后，国际上许多航空港均投保航空港责任保险。在国际上，航空港责任保险属传统的航空险业务范畴，由航空险承保人承接。1993 年，中国出现的首个航空港责任保险保单是中国太平洋保险公司承保的首都国际机场等 7 家国际机场的责任险，责任限额累计 20 亿美元。[2]

航空港责任保险也可以采用多家航空港集中统一投保的方式，这可以降低保险成本，具有较大的规模经济效益。

（二）航空港责任保险保单的主要内容

1. 责任限额。根据国际惯例，大型的国际机场如香港启德机场、北京首都国际机场，其投保的责任限额一般以每次事故和年度累计。对于涉及人身伤害的赔偿限额和涉及产品的责任限额，一般会分别规定一个较低的分限额。

2. 责任范围。一般采概括式记载。保单规定对凡属法院裁定或法律规定的应由航空港当局承担的法律责任，均由本保险承担，但除外责任有规定的除外。

二维码 9－15

机场地面服务及保险合同纠纷案

3. 除外责任。除外责任范围直接关系保障范围，一般采用列举式记载。国际航空保险市场对空中交通管制、注油责任的风险程度评价较高，因此往往将空中交通管制、注油责任、飞机维修责任风险加以删除。这些除外责任引起的航空事故后果十分严重，一般通过收取较高保费的方式，扩展承保此类风险。

4. 免赔额。除普通的免赔额外，造成飞机损失的免赔额会另行规定较高的免赔额，以引起特别重视。

5. 保费确定。在国际市场上，航空港责任保险保费的确定一般不采用“费率”的概念，直接按毛保费报价，报价会综合航空港投保的责任限额、飞机起降架次、旅客吞吐量、货邮吞吐量等风险要素来确定。[3]

---

〔1〕 例如，航空港当局与餐厅承包的快餐公司签订免责协议，约定由于餐厅供应的食品引起旅客或空勤人员中毒，航空港概不承担后果。又如，航空港当局通常与航空油料公司签订免责协议，规定油料公司供油受污染或输油型号错误所致事故，航空港不承担法律责任。

〔2〕 参见宋为翔、张旗：《航空港的责任风险及其保险》，载《上海保险》2000 年第 4 期。

〔3〕 参见宋为翔、张旗：《航空港的责任风险及其保险》，载《上海保险》2000 年第 4 期。

七、战争责任保险

（一）战争责任保险的定义

航空战争责任保险，是指以航空战争责任风险为保险标的的保险。航空战争责任风险，是航空公司或其他航空服务提供商在提供航空运输服务过程中，因战争、劫持或包括恐怖主义行为在内的其他人为暴力灾难，造成航空旅客、地（水）面第三方的人身伤亡、财产损失，因而承担的损害赔偿责任的风险。

（二）战争责任保险的保险标的

战争责任保险的保险标的包括旅客战争责任保险和第三者战争责任保险。根据国际公约和各国国内法规定，航空承运人对航空旅客和地（水）面第三人因航空事故造成的财产损失和人身伤亡承担严格责任，即使这种责任是战争、劫持或恐怖主义等航空承运人无法控制的风险造成的，为此，航空承运人向保险市场寻求保障，转嫁因赔偿责任造成的损失。

（三）战争责任保险的保单形式：AVN52C 航空责任扩展承保批单

战争责任保险没有独立的保单，是通过批单（AVN52 条款）的形式在机身/责任一切险下经批改后扩展承保。也就是说，航空战争责任保险是通过"倒签批单"形式来承保战争责任风险，具体是通过加贴批单的形式废除战争、劫持及其他风险除外条款（AVN48B 条款），将除外的战争风险再度承保回来。

"倒签批单"的标准条款最为通用的是世界上最古老的特殊风险保险人——劳合社（Lloyd's）提供的 AVN51 条款和 AVN52 条款，AVN51 条款针对战争机身风险（war risk hull），AVN52 条款针对战争责任风险（war risk liability）。AVN52C 条款是"9·11"事件前扩展承保飞机战争责任风险的标准条款，通常表述为：尽管保单批注部分包括了 AVN48B 条款，但鉴于被保险人缴纳了附加保费，同意将 AVN48B 条款之外的所有条目予以删除，同时执行本批单的条件。

AVN48B 条款始于 1968 年，几乎所有航空保险单都采用（主要是应航空险业务再保险人的要求），目前为航空险保单的标准条款之一。该条款的具体内容是：本保单不负责以下原因引起的索赔：（1）战争、入侵、外敌行为、敌意的对抗（无论是否宣战），国内战争、叛乱、革命、起义、戒严令、军变或篡权或试图篡权；（2）任何使用原子或核裂变和/或聚变或其他类似的反应或放射性物质或力量的战争武器的任何带有敌意性质的爆炸；（3）罢工、暴乱、民变或劳工骚乱；（4）任何一人或多人带有政治或恐怖主义目的的行为，无论其是否为某主权力量的代理，也无论因而导致的损失或破坏是意外还是故意；（5）任何恶意行为或阴谋破坏；（6）由于任何政府（无论是全民的、军事的还是事实上的）或者公共或地方权利机构的命令或在其命令下，对所有权或使用权的没收、国有化、查封、管制、扣留、霸占或征用;(7)在未经被保险人同意的情况下,任何飞机上的人员或团体在飞行中进行劫机或任何非法抢夺或不正当执行对飞机或机组人员的控制权(包括任何企图进行这种抢夺或控制的尝试)。

第五节　航　意　险

一、航意险的概念

航意险是航空旅客人身意外伤害保险的简称,是指被保险乘客在飞行中、上下飞机过程中,因意外事故遭到人身伤亡,保险公司按照约定的保险金额给付身故保险金、残疾保险金或医疗保险金。

意外伤害是指遭受外来的、突发的、非本意的、非疾病的使身体受到伤害的客观事件。

航意险是保险公司为航空旅客专门设计的一种针对性很强的商业险种。航意险的保险合同由保险单(或其他保险凭证)及所附条款、投保单及被保险人名单等与本合同有关的投保文件、合法有效声明、批注、附贴批单及其他书面协议构成。

二、航意险的性质和作用

航意险不同于航空旅客责任保险,有其独特的性质、功能和作用。

(一)航意险的性质

1. 航意险是非强制险,属于自愿保险。航意险是对航空旅客的一种重要保险产品,是否购买自己决定,对投保人或被保险人一般无选择要求,凡购票乘客,均可自愿购买一份或多份航意险。

2. 航意险的保险条款简单,投保简便,适用广泛,并且保险金由保险公司直接赔付给保单的受益人。

3. 航意险的保险期较短。航意险形式多样,保险期间有一年、几天或几个小时不等,一般从被保险人持有效机票通过机场安检时开始,到抵达目的港走出机舱门时止。如果被保险人经航空公司调整航班或改签,但起始港和目的港与原约定航班相同,则航意险合同继续有效。[1] 航班出现停留、绕道、延误情形的,只要被保险人始终随机行动,其间所受意外伤害就在保险责任范围内。

(二)航意险的功能与作用

航意险有多重功能和作用,能对受害旅客发挥及时补偿的救济作用,又因其相对较低的保费,具有较强的保障和风险管理功能。目前,航意险产品多元化,

---

〔1〕 参见2003年原中国保险监督管理委员会发布的《航空旅客意外伤害保险条款(行业指导性条款)》规定。

可以满足不同乘客的需求。航意险对意外伤害乘客给予及时的保险救助,有较强的保障功能。在航意险有效期内,无论身故、残疾或住院医疗,保险公司都会给付保险金,有较强的风险管理功能。

例如,2022 年 5 月 7 日,中国北方航空公司一架由北京飞往大连的客机在大连海域失事。据有关统计,机上 103 名乘客中有 39 人购买航意险。按照当时航意险的规定,受益人或被保险人的法定继承人可获得每份 20 万元的保险金赔付。

三、中国航意险的发展历程

中国的航意险发展起源于 1951 年,历经强制期、任意混乱期、统一条款期、行业指导条款期和完全市场化等发展时期,航意险的性质也由强制性变为目前的任意性。(见表 9 – 2)

表 9 – 2 中国的航意险发展历程

<table>
<tr><th>发展时期</th><th>依据</th><th>性质</th><th>保险费</th><th>保险金额(人民币)</th></tr>
<tr><td>强制期</td><td>1951 年《飞机旅客意外伤害强制保险条例》</td><td>强制性</td><td>保费按票价 5‰ 收费,包括于票价内</td><td>每人 1500 万元</td></tr>
<tr><td rowspan="4">任意期混乱期</td><td rowspan="4">1989 年《国内航空运输旅客身体损害赔偿暂行规定》;1996 年《关于支付航空人身意外险手续费的通知》;1997 年《关于继续整顿航空旅客人身意外伤害保险市场的通知》</td><td rowspan="4">任意性</td><td>3 元、5 元、7 元、9 元、11 元</td><td>1 万元、2 万元、3 万元、4 万元、5 万元</td></tr>
<tr><td>1993 年:5 元、10 元</td><td>3 万元、6 万元</td></tr>
<tr><td>1996 年:20 元</td><td>20 万元</td></tr>
<tr><td>1997 年:20 元</td><td>20 万元</td></tr>
<tr><td>统一条款期</td><td>1998 年《航空旅客人身意外伤害保险条款》;2000 年《人身保险产品备案管理暂行办法》</td><td>任意性</td><td>每份 20 元</td><td>每份 20 万元,同一被保险人最高 200 万元</td></tr>
<tr><td>行业指导期</td><td>2003 年《航空旅客意外伤害保险条款(行业指导性条款)》</td><td>任意性</td><td>每份 20 元</td><td>40 万元,同一被保险人最高 200 万元</td></tr>
<tr><td>市场化时期</td><td>2007 年《关于加强航空意外保险管理有关事项的通知》(自主开发定价)</td><td>任意性</td><td>20 元</td><td>40 万元;乘客每人最多限购 5 份</td></tr>
</table>

四、航意险的保险责任和除外责任

发生航空意外事故,保险公司要给付的航意险保险金包括三类:意外伤害身故保险金、意外伤害残疾保险金、意外伤害医疗保险金。不同保险公司的航意险,意外伤害医疗保险金有所不同。

各保险公司提供的航意险,除外责任的情形大同小异,主要有:(1)投保人或被保险人的故意隐瞒、欺诈行为;(2)投保人、受益人对被保险人的故意杀害、伤害;(3)被保险人犯罪、拒捕;(4)被保险人殴斗、自杀、故意自伤或因受酒精、毒品及管制药物的影响;(5)被保险人未遵医嘱,私自服用、涂用、注射药物;(6)被保险人因精神疾患(精神错乱或失常);(7)被保险人流产、分娩;(8)被保险人患有艾滋病或者感染艾滋病毒(HIV 阳性)期间;(9)被保险人从事或参与恐怖主义活动、邪教组织活动;(10)战争、军事行动、暴乱或者武装叛乱;(11)核爆炸、核辐射或者核污染;(12)被保险人违反民用航空管理相关法律、法规及承运人关于安全乘坐等规定的行为导致的意外;(13)被保险人通过安全检查后又离开机场遭受意外伤害;(14)直接或间接由石棉导致的伤残、身故或疾病;(15)被保险人乘坐非本合同约定的航班班机遭受意外伤害。[1]

【思考题】

1. 航空保险的作用和功能是什么?
2. 航空保险中的强制性保险有哪些?
3. 航意险的性质和功能是什么?

---

〔1〕 参见都邦航空旅客意外伤害保险条款、平安航空意外伤害保险条款、华安航空旅客意外伤害保险条款等。

第十章 航空安保法律制度

第一节 航空安保法概述

一、航空安保的定义

航空安保,是航空安全保卫的简称,是指为保证民用航空安全不受非法干扰行为的影响,采取的措施和使用的人力和物力资源的总和。[1]

根据航空运输系统的空间区位与完成航空运输行为的程序,航空安保系统分为地面安保、航空器安保与飞行安保3部分。地面保安亦称机场安保,包括机场周边安保系统、航站大厦安保系统与空侧安保系统。航空器安保主要是指采取必要措施,避免航空器所承载的人员、货物与邮件遭受威胁,保证乘客的安全,包括借助高科技检验仪器对进出航空器的人员、货物与邮件进行严格检查,以排除危害航空器安全的潜在威胁。飞行安保主要是指对"飞行中"航空器的驾驶舱和客舱的安全保卫。

航空安保涉及航空活动的各个环节,航空公司和机场等所有主体在进行航空活动及其相关活动时,应当按照《国家民用航空安全保卫质量控制计划》《国家民用航空安全保卫培训方案》,从人员资质、安保队伍配置、组织和管理,到航空安保方案制定、培训和质量控制、监督与审计等方面,全面落实航空安全保卫工作的要求。

二、航空安保法的定义和特征

(一)航空安保法的定义

航空安保法,是指防治非法干扰航空活动、规范危害航空安全的行为的系列法律规范的总称。航空安保法的调整对象是危害航空安全的行为,危害航空安全的行为是"非法干扰行为"和"扰乱性行为"的总称。

如表10-1所示,从《民用航空安全保卫条例》《民用航空运输机场航空安全保卫规则》《公共航空运输企业航空安全保卫规则》《公共航空旅客运输飞行

---

[1] 参见1944年《芝加哥公约》附件17《安保—保护国际民用航空免遭非法干扰行为》;《国家民用航空安全保卫规划》"2.定义"。

中安全保卫工作规则》等重要安保规章看，关于非法干扰行为和扰乱行为的定义和行为类型的立法规定，中国涉及民航管理的规章与1944年《芝加哥公约》附件17的规定基本相同，但《民用航空安全保卫条例》和《民用航空法》制定较早，对非法干扰行为和扰乱行为没有专门定义和列举行为类型。

表10－1 1944年《芝加哥公约》附件17和中国法规规章关于危害航空安全行为的立法对照

<table>
<tr><th>危害航空安全行为</th><th>1944年《芝加哥公约》附件17</th><th>《民用航空运输机场航空安全保卫规则》（CCAR－329）第159条</th><th>《公共航空运输企业航空安全保卫规则》（CCAR－343－R1）第142条</th><th>《公共航空旅客运输飞行中安全保卫工作规则》（CCAR－332－R1）第49条</th><th>《民用航空安全保卫条例》</th></tr>
<tr><td>非法干扰行为</td><td colspan="4">非法干扰行为，是指危害民用航空安全的行为或未遂行为，主要包括：
（1）非法劫持航空器；
（2）毁坏使用中的航空器；
（3）在航空器上或机场扣留人质；
（4）强行闯入航空器、机场或航空设施场所；
（5）为犯罪目的而将武器或危险装置、材料带入航空器或机场；
（6）散播危害飞行中或地面上的航空器、机场或民航设施场所内的旅客、机组、地面人员或大众安全的虚假信息；
（7）利用使用中的航空器造成死亡、严重人身伤害，或对财产或环境的严重破坏</td><td rowspan="3">第16条：机场内禁止的行为：
（1）攀（钻）越、损毁机场防护围栏及其他安全防护设施；
（2）在机场控制区内狩猎、放牧、晾晒谷物、教练驾驶车辆；
（3）无机场控制区通行证进入机场控制区；
（4）随意穿越航空器跑道、滑行道；
（5）强行登、占航空器；
（6）谎报险情，制造混乱；
（7）扰乱机场秩序的其他行为。
第24条：扰乱民用航空营运秩序的行为：
（1）倒卖购票证件、客票和航空运输企业的有效订座凭证；
（2）冒用他人身份证件购票、登机；
（3）利用客票交运或者捎带非旅客本人的行李物品；
（4）将未经安全检查或者采取其他安全措施的物品装入航空器。
第25条：航空器内禁止的行为：
（1）在禁烟区吸烟；
（2）抢占座位、行李舱（架）；
（3）打架、酗酒、寻衅滋事；
（4）盗窃、故意损坏或者擅自移动救生物品和设备；
（5）危及飞行安全和扰乱航空器内秩序的其他行为</td></tr>
<tr><td rowspan="2">扰乱行为</td><td>扰乱性行为是指除非法干扰行为之外的可能危及飞行安全和扰乱航空运输秩序的行为</td><td colspan="3">扰乱行为，是指在民用机场或在航空器上不遵守规定，或不听从机场工作人员或机组成员指示，从而扰乱机场或航空器上良好秩序的行为</td></tr>
<tr><td>例如，戏言劫机、炸机；未经许可企图进入驾驶舱内；在客舱洗手间内吸烟；违规使用电子设备、违规开启机上应急设备；在机上寻衅滋事、酗酒滋事、性骚扰；冲击机场，在禁烟区吸烟，强占航空器等行为</td><td></td><td></td><td>航空器上的扰乱行为包括：
（1）强占座位、行李架；
（2）打架斗殴、寻衅滋事；
（3）违规使用手机或其他禁止使用的电子设备；
（4）盗窃、故意损坏或者擅自移动救生物品等航空设施设备或强行打开应急舱门；
（5）吸烟（含电子香烟）、使用火种；
（6）猥亵客舱内人员或性骚扰；
（7）传播淫秽物品及其他非法印制物；
（8）妨碍机组成员履行职责；
（9）扰乱航空器上秩序的其他行为</td></tr>
</table>

(二)航空安保法的特征

1. 国际性

综观一国航空安保措施的各个环节和国际航班所涉各国的航空安保举措，任何环节或任一国家的航空安保存在漏洞，都无法有效防范航空犯罪行为的方式。航空运输飞行活动的天然国际性决定了航空安保水平的共同提供。因此，航空安保法具有突出的国际性，在防范危害航空安全方面有多个国际公约，共同维护国际航空安全秩序。

例如，包括3个反劫机公约在内的国际航空安保公约都有100多个国家和地区加入或承认，是国际社会共同遵守的国际法律规范。1944年《芝加哥公约》附件17规定非法干扰行为方面的日常情报，不仅要在信息共享方面进行国际合作，还要交换航空安保管理措施，使情报信息分享常态化。

除多边国际公约和国际标准及建议措施外，国家间、地区间航空安保条约或双边航空运输协定，都有应予遵循的航空安保条款，形成对国际公约和国际规则的有效补充。国际民航组织制定有《双边航空运输协定安保示范条款》，供各国予以采纳。

2. 规制对象和适用范围广泛

航空安保法作为应对危害航空安全行为的法律规范，不仅规制危害航空安全的自然人，也规制背后支持自然人犯罪的法人组织或其他组织；不仅适用于航空器上和机场区域发生的非法干扰行为和扰乱性行为，也适用于在航空器和机场之外利用网络或其他技术手段侵害航空安全的非法行为。航空安保法律规范的立法理念突出为“预防”、“治理”和“应急”，重点是加强安保建设和督导检查，有效防范安全风险，确保航空安全。

3. 技术性

实践中，危害航空安全的各种非法干扰行为和扰乱性行为往往带有较高的技术手段。例如，1988年的“洛克比空难”发生的直接原因是犯罪行为人使用了难以通过普通X射线予以探测的塑性炸药，该炸药性质十分稳定且可以被塑形后嵌入各类物品的缝隙，引爆后会对飞行中的航空器造成不可逆的破坏。由此，国际民航组织在1991年通过了历史上第一个规范某类航空安保技术方面的1991年《蒙特利尔公约》，该公约要求各缔约国对其领土上取缔和禁止制造非标注的塑性炸药以及限制塑性炸药的流入和流出、持有和贮藏进行严格的管控。目前，各国在机场开展的安检扫描以及防范危险品登机的检查等安保措施，均依赖于相关技术发展的保障。1944年《芝加哥公约》附件17直接从技术角度规定国际航空安保信息共享的具体程序，并要求各国分享安保工作发现的问题并提出改进措施。

4. 公法性

航空安保法适用的对象主要是危害航空安全的各种非法干扰行为和扰乱性

行为，相关法律规范具有典型的公法属性，所涉法律责任内容多为行政处罚责任和刑事责任，与刑法和刑事诉讼法等公法深入交叉。航空安保法的作用重在维护航空安全、公共安全和国家安全，保障国际国内航空运输正常运行秩序。

航空安保法的公法属性并不意味着不涉及私权内容。各种非法干扰行为和扰乱性行为在危害航空安全的同时，也会侵害旅客、航空公司等主体的民事权益，危害行为人在被处以行政处罚或刑事惩罚的同时，也会有民事责任的追究，《民法典》还规定了民事责任优先原则[1]。

三、航空安保法规体系的构成

（一）国际公约及相关安保标准与建议措施

国际民航组织理事会根据1944年《芝加哥公约》第37条于1974年3月22日通过关于安保的标准和建议措施，并定为1944年《芝加哥公约》的附件17“标准和建议措施—《安保—保护国际民用航空免遭非法干扰行为》”。（见表10－2和表10－3）

表10－2　航空安保国际公约

公约全称	公约	ICAO 文件编号	是否生效	中国加入情况
《国际民用航空公约》	1944年《芝加哥公约》	ICAO Doc No. 7300	生效	加入
《关于在航空器内的犯罪和犯有某些其他行为的公约》	1963年《东京公约》	ICAO Doc No. 8364	生效	加入
《关于制止非法劫持航空器的公约》	1970年《海牙公约》	ICAO Doc No. 8920	生效	加入
《制止危害民用航空安全的非法行为公约》	1971年《蒙特利尔公约》	ICAO Doc No. 8966	生效	加入
《补充1971年蒙特利尔公约的议定书》	1988年《蒙特利尔议定书》	ICAO Doc No. 9518	生效	加入
《关于注标塑性炸药以便探测的公约》	1991年《蒙特利尔公约》	ICAO Doc No. 9571	生效	未加入
《制止非法劫持航空器公约的补充议定书》	2010年《北京议定书》	ICAO DCAS Doc No. 21	生效	加入
《制止与国际民用航空有关的非法行为的公约》	2010年《北京公约》	ICAO DCAS Doc No. 21	生效	加入
《关于修订〈关于在航空器内的犯罪和犯有某些其他行为的公约〉的议定书》	2014年《蒙特利尔议定书》	ICAO DCTC Doc No. 33	生效	已签署但尚未批准

〔1〕《民法典》第187条规定，民事主体因同一行为应当承担民事责任、行政责任和刑事责任的，承担行政责任或者刑事责任不影响承担民事责任；民事主体的财产不足以支付的，优先用于承担民事责任。

表 10－3 航空安保国际标准和措施相关文件

类别	内容
专门性文件	1944 年《芝加哥公约》附件 17《安保—保护国际民用航空免遭非法干扰行为》 《防止对国际民用航空进行非法干扰行为的安全保卫手册》(Doc 8973－限制性文件) 《不循规和扰乱性旅客法律问题手册》(Doc 10117 号文件) 《民用航空的网络安保》(A41－WP/22－EX/10 号文件) 《涉及飞机货物舱的安全操作指南》(Doc 10102) 《关于可能危及民用飞机作业的军事活动的安全措施手册》(Doc 9554) 《全球航空安全计划》(Doc 10004) 《运行检查、合格审定及持续监督程序手册》(Doc 8335 号文件) 《安全监督手册》(Doc 9734 号文件)
附件 17 的附篇:安保措施的综合性文件(部分条款涉及)	附件 2－《空中规则》 附件 6－《航空器的运行》第Ⅰ部分－《国际商业航空运输－飞机》;第Ⅱ部分－《国际通用航空－飞机》;第Ⅲ部分－《国际运行－直升机》 附件 8－《航空器的适航性》 附件 9－《简化手续》 附件 10－《航空电信》第Ⅳ卷(监视和防撞系统) 附件 11－《空中交通服务》 附件 13－《航空器事故和事故征候调查》 附件 14－《机场》第Ⅰ卷－《机场设计和运行》 附件 18－《危险物品的安全航空运输》 附件 19－《安全管理》 《危险物品安全航空运输技术细则》(Doc 9284 号文件) 《空中航行服务程序－空中交通管理》(Doc 4444 号文件) 《空中航行服务程序－航空器的运行》(Doc 8168 号文件)第Ⅲ卷－《航空器运行程序》
关于不循规和扰乱性旅客规定条款的文件	《航空安保规定的实施手册》(Doc 9811 号文件－限制发行) 《简化手续手册》(Doc 9957 号文件) 《客舱乘务组安全培训手册》(Doc 10002 号文件) 《事故和事故征候中客舱安全调查手册》(Doc 10062 号文件) 《旅客安全信息和指示手册》(Doc 10086 号文件) 《安全信息保护手册》(Doc 10053 文件) 《关于不遵循/扰乱性旅客所涉法律问题的指导材料》(Circular 288)(内含《关于航空器上实施的某些罪行的示范法》) 《安全管理手册(SMM)》(Doc 9859 号文件)

注:关于保护安全数据、安全信息和相关来源的规定载于 1944 年《芝加哥公约》附件 19 的附录 3 中。

(二)中国航空安保法规体系的构成

中国政府对民航安全保卫工作一直高度重视,在中华人民共和国民航发展的各个历史时期作出许多加强民航安保工作的重大决定。例如,1973 年,国务院、中央军委决定在民航国际航班上派遣安全员执行安全保卫任务；1981 年，国务院批准组建民航公安机关，同年国务院决定对国际国内航班实施安全检查；1991 年，经国务院批准在全国民用机场组建安全检查站和消防队；2001 年，国务院成立“国家处置劫机事件领导小组”；2003 年经国务院批准组建空中警察队伍。中国民航建构了机组成员、空中警察、空中安保员、安全检查员组成的民航安保队伍；借鉴国际先进管理理念，自主研发和推行更高级的航空安保管理体系（SEMS）；推行国际化的安保审计和中国特色的行政监察，全面强化航空安全保卫工作。先后颁发《国务院关于加强民用航空安全工作的通知》（国发〔1993〕82 号）、《民航公安保卫系统处置劫机事件工作程序》（民航总局公发〔1994〕40 号）、《国家处置劫机事件总体预案》等规范文件。中国航空安保法规体系内容涉及面广，由国内立法及国际公约文件两部分构成。

一方面，中国作为缔约国，恪守国际公约的规定，积极履行 1944 年《芝加哥公约》附件 17《安保—保护国际民用航空免遭非法干扰行为》、1963 年《东京公约》、1970 年《海牙公约》、1971 年《蒙特利尔公约》、2010 年《北京公约》及 2010 年《北京议定书》等规定的义务，自觉遵守国际民用航空公约，监督实施有关航空安保的标准和建议措施。

另一方面，积极制定和完善国内航空安保立法，将国际公约的相关内容转化为国内法，颁发系列有关航空安保的法律、法规、规章以及规范性文件和标准，并保证在中国境内有效实施。例如，《民用航空安全保卫条例》明确规定，规划制定目的就是使中国航空安保工作遵守并符合 1944 年《芝加哥公约》附件 17 的标准和建议措施以及其他附件中有关航空安保的规定，在中华人民共和国领域内的一切民用航空活动以及与民用航空活动有关的单位和个人都必须遵守。

1. 法律层面

1979 年《刑法》专门将劫机、破坏飞机、破坏机场等使飞机发生毁坏危险的行为规定为刑事犯罪行为，予以严惩。1992 年《关于惩治劫持民用航空器犯罪分子的决定》，专门规定劫机罪的构成和刑罚，严厉打击劫持航空器的犯罪行为。1996 年《民用航空法》专章规定危害民用航空安全的犯罪行为的构成和处罚。1997 年修订《刑法》，将《关于惩治劫持民用航空器犯罪分子的决定》的内容直接纳入刑法，明文规定劫机、民用航空器内犯罪及其他航空犯罪，并归类于“危害公共安全罪”和“妨害社会管理秩序罪”范围。

二维码 10－1

中国航空安保法规体系构成文件目录

《治安管理处罚法》明确规定对危害航空安全的违法行为可以依法实施警

告、罚款、行政拘留等治安管理处罚。例如,扰乱机场公共场所秩序或航空器内秩序;非法拦截或者强登、扒乘航空器等交通工具,影响交通工具正常行驶;盗窃、损坏、擅自移动使用中的航空设施,或强行进入航空器驾驶舱;在使用中航空器上使用可能影响导航系统正常功能的器具、工具,不听劝阻等。

《民用航空法》明确民用航空主管部门对全国民用航空活动实施统一监督管理;机长负责保护民用航空器及其所载人员和财产的安全;并专章规定危害民用航空安全行为的法律责任。《民用航空法》修订稿拟新增"安全保卫"专章。(见表10-4)

表10-4 《民用航空法》有关危害民用航空安全的行为及处罚

立法条文	危害民用航空安全的行为
第191条	以暴力、胁迫或者其他方法劫持航空器的
第192条	对飞行中的民用航空器上的人员使用暴力,危及飞行安全的
第193条	违规隐匿携带炸药、雷管或者其他危险品乘坐民用航空器,或者以非危险品品名托运危险品的,或隐匿携带枪支子弹、管制刀具乘坐民用航空器的
第194条	公共航空运输企业违法运输危险品的
第195条	故意在使用中的民用航空器上放置危险品或者唆使他人放置危险品,足以毁坏该民用航空器,危及飞行安全的
第196条	故意传递虚假情报,扰乱正常飞行秩序,使公私财产遭受重大损失的
第197条	盗窃或者故意损毁、移动使用中的航行设施,危及飞行安全,足以使民用航空器发生坠落、毁坏危险的
第198条	聚众扰乱民用机场秩序的
第199条	航空人员玩忽职守,或者违反规章制度,导致发生重大飞行事故,造成严重后果的
第200条	违反本法规定,依照刑法、治安管理处罚法的规定进行处罚

2. 行政法规层面

《民用机场管理条例》第16条规定,运输机场应当符合国家规定的民用航空安全保卫条件。

《民用航空安全保卫条例》对防止对民用航空活动的非法干扰,维护民用航空秩序,保障民用航空安全作出基本规定。例如,规定机场安全保卫及禁止实施危害航空安全的条款;保障民航安全的安全检查;违反此条例的处罚等。(见表10-5)

表 10－5 《民用航空安全保卫条例》内容

总则	民用机场安全保卫	民航运营安全保卫	安全检查	罚则
适用范围 适用原则 主体责任	机场安保条件 控制区安保 活动区安保 维修区安保 航空器警卫 机场禁止行为	售票要求 承运手续要求 登机要求 行李货物要求 供应品要求 机长职责与权力 禁止行为	乘机安检强制性规定 安检内容 工作人员安检要求 空运货物安检要求 外交邮袋、信使要求 航空邮件安检要求 携带物品禁止规定	由民航公安机关依照《治安管理处罚条例》有关规定予以处罚；构成犯罪的，依法追究刑事责任

3. 相关涉及民航管理的规章

涉及民航管理的规章对规范民用航空安全保卫工作、维护航空运输秩序、制止威胁飞行安全的行为、防止机上滋扰行为、保护所载人员和财产的安全起着十分重要的作用。

如表 10－6 所示，现有航空安保的涉及民航管理的规章 11 部，由《民用航空安全检查规则》《民用机场航空器活动区道路交通安全管理规则》《公共航空旅客运输飞行中安全保卫工作规则》《民用航空运输机场航空安全保卫规则》《公共航空运输企业航空安全保卫规则》《通用航空安全保卫规则》等构成，涉及机场及活动区安检、飞行安全、安全员审定等方面。

表 10－6 中国航空安保的主要涉及民航管理的规章

编号	涉及民航管理的规章名称	发布时间
CCAR－329	《民用航空运输机场航空安全保卫规则》	2016－04－21
CCAR－343－R1	《公共航空运输企业航空安全保卫规则》	2018－11－16
CCAR－333	《通用航空安全保卫规则》	2022－04－29
CCAR－396－R4	《民用航空安全信息管理规定》	2022－06－14
CCAR－92	《民用无人驾驶航空器运行安全管理规则》	2024－01－01
CCAR－398	《民用航空安全管理规定》	2018－03－13
CCAR－332－R1	《公共航空旅客运输飞行中安全保卫工作规则》	2017－02－27
CCAR－331SB－R1	《民用机场航空器活动区道路交通安全管理规则》	2006－07－12
CCAR－339－R1	《民用航空安全检查规则》	2016－10－28
CCAR－13－R1	《民用航空行政检查工作规则》	2016－04－13
CCAR－69－R1	《航空安全员合格审定规则》	2018－08－31

例如,《公共航空旅客运输飞行中安全保卫工作规则》明确规定,机上扰乱行为和非法干扰行为的处置程序,赋予机长处置权力,明确航空安全员应当按照管理程序进行管理,口头制止无效的,应当采取约束性措施予以管束。机上事件移交单经机长签字确认后,航空安全员应当将行为人与有关证据一并移交有管辖权的机场公安机关调查处理[1]。旅客违反该规则有关规定,由具有管辖权的公安机关依据《治安管理处罚法》给予处罚(第47条)。该规则不仅将航空公司的安保保卫规章化,而且明确了机上航空安全员可以协助警察执法,可以强行制止轻微的非法干扰行为(严重的违法行为,在飞机降落后要交由地面警察处置)。

又如,《通用航空安全保卫规则》贯彻“分类监管”的理念,将通用航空领域安保管理与公共航空运输安保管理进行区分,推动通用航空业高质量发展。比如,明确通用航空器运营人对通航安保工作承担主体责任;允许运营人通过签订安保协议委托安保服务机构具体执行安保措施,但不转嫁其法定责任;要求运营人对相关人员开展背景调查、安保培训,提高从业人员安全素养;对载客类、载货类等通航活动的安全检查和运输管理提出更高要求。

二维码 10－2

某公司未按要求落实航空安保措施被行政处罚案例

4. 有关规范性文件

有关航空安保的规范性文件,包括国务院、公安部、民航局等部门制发的大量管理程序、咨询通告、管理文件、工作手册和信息通告等,涵盖有航空保安组织机构、行政管理、机场航空导航设备、公共航空、通用航空、安保技术设备设施管理、保安审计及质量控制、突发事件处置等安保内容。这些规范性文件在中国民航安保实践工作中占有非常重要地位,对有关行政法规和规章起到必要、有效的执行作用和补充作用。

二维码 10－3

某通航公司违反《民用航空安全管理规定》被行政处罚案

例如,《国务院关于加强民用航空安全工作的通知》《空中警察管理规定(试行)》《民用航空安保审计规划》等。其中《适航指令的颁发和管理程序》(民航规〔2023〕44号/AP－39－AA－2023－01R2)明确规定,对于特殊适航指令的分发,应确保不传送敏感的航空安保信息,并按照1944年《芝加哥公约》附件17《安保—保护国际民用航空免遭非法干扰行为》的规定,以安全的方式将敏感的航空安保信息传送给相关国家适航当局主管部门,具体传送方式可参考国际民

[1] 航空器起飞后发生的事件,提交给最先降落地机场所在地民航地区管理局;航空器未起飞时发生的事件,提交给起飞地机场所在地民航地区管理局(第27条)。

航组织《适航性手册》(Doc 9760)。

5. 有关航空安保标准

民航局制定了大量包括安保技术、信息管理、消防等行业标准,构成中国航空安保法规标准体系的重要组成部分。(见图 10－1)

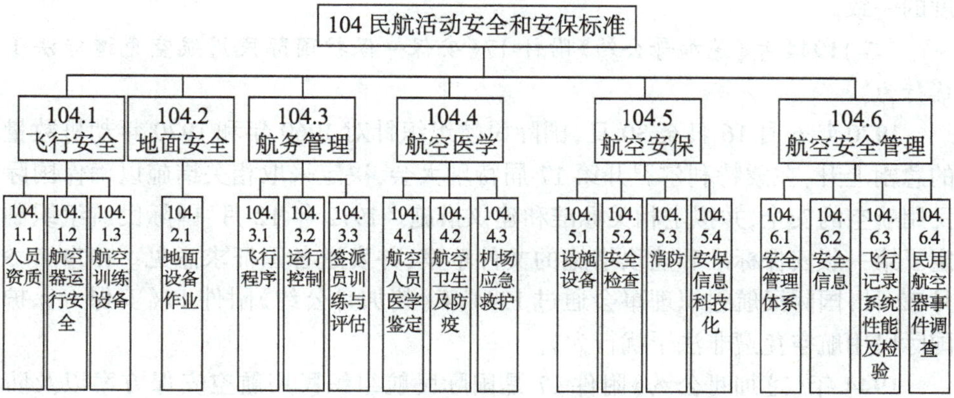

图 10－1　民航活动安全和安保标准子体系

资料来源:参见民航局 2023 年 12 月 8 日发布的《民用航空行业标准体系(征求意见稿)》。

第二节　国际航空安保公约

"二战"以前,民用航空活动规模小,干扰民航活动的行为对民用航空的危害性不大,航空安全保卫未引起重视。"二战"以后,随着民用航空的广泛应用与飞速发展,危害航空安全飞行的行为逐渐增多,一些民用航空器并成为恐怖分子的作案目标,共同打击惩治危害航空安全的违法犯罪行为已成为国际社会共识。从 20 世纪 60 年代起,面对日益猖獗的非法干扰民用航空的行为,国际民航组织先后组织召开多次会议,商讨防范、惩治危害国际航空安全的犯罪。目前,已形成由 1944 年《芝加哥公约》及附件 17 和相关公约构成的国际安保公约体系。

一、1944 年《芝加哥公约》及其相关附件

(一)1944 年《芝加哥公约》关于航空安保的规定

1944 年《芝加哥公约》规定了航空安全、安保、效率和正常,以及航空环境保护方面的标准。国际民航组织最主要的工作之一是制定并修改国际标准和建议措施,并将其纳入 1944 年《芝加哥公约》的附件中。1944 年《芝加哥公约》附件正文的最主要组成部分就是"标准"和"建议措施"——对于各缔约国而言,前者

通常必须遵守,后者仅建议遵守。[1]

根据该公约第 37 条“国际标准及程序的采用”的特别规定,各缔约国承允在关于航空器、人员、航路及各种辅助服务的规章、标准、程序及组织方面进行合作,凡采用统一办法而能便利、改进空中航行的事项,应尽力求得可行的最高程度的一致。

(二)1944 年《芝加哥公约》附件 17《安保—保护国际民用航空免遭非法干扰行为》

1970 年 6 月 16 日至 30 日,国际民航组织针对 1969 年和 1970 年劫机数量的急剧上升,在蒙特利尔召开第 17 届特别大会,决定采取相关措施以确保国际民用航空的安全,并拟定相关标准和建议措施。1972 年 12 月,国际民航组织制定了第一版安保标准和建议措施的文件草案,并发送各国征求意见。1974 年 3 月 22 日,国际民航组织理事会通过 1944 年《芝加哥公约》附件 17《安保—保护国际民用航空免遭非法干扰行为》。

1944 年《芝加哥公约》附件 17 是国际民航组织民用航空安保方案以及防止对民用航空及其设施进行非法干扰行为的基础性文件。迄今,经 18 次修改,形成现在第 12 版附件 17《安保—保护国际民用航空免遭非法干扰行为》及相关指导材料。例如,1985 年增加旅客客舱行李一致性核对,1992 年增加航空器安保检查,1996 年增加安保人员背景调查,2002 年增加驾驶舱安保和客航行李 100% 屏检,2006 年引入风险评估概念,2011 年增加供应链安保和互联网安保,2013 年增加内部威胁和高风险货物,2014 年主要涉及机场陆侧安保,增加关于“不可预测性”的定义、航空货邮安保的新标准以及关于国际合作、机场陆侧安保、安保意识培训、外部安保服务提供者的监督、关键信息技术的安保等。

二维码 10-4

附件 17 的各次修订情况

在 1944 年《芝加哥公约》附件 17 修订工作中,1986 年成立的航空安保专家组发挥重要作用。航空安保专家组成员来自 27 个国家,下设附件 17 工作组、威胁和风险工作组、航空安保技术工作组、航空货运安保工作组、航空安保培训工作组、指导材料工作组、下一代安检工作组等 7 个工作小组。附件 17 提出诸多航空安保的具体国际标准和建议措施,要求各缔约国自觉依照和严格执

[1] 标准:凡有关物理特征、结构、材料、性能、人员或程序的规格,其统一应用被认为对国际航行的安全或正常是必需的,各缔约国将按照公约予以遵守;不可能遵照执行时,按照该公约第 38 条,必须通知理事会。建议措施:凡有关物理特征、结构、材料、性能、人员或程序的规格,其统一应用被认为对国际航行的安全、正常或效率是有利的,各缔约国将力求按照该公约予以遵守。

行附件的国际标准,参照执行建议措施,建立完善本国航空安保法规体系,与国际社会通力合作,共同防治非法干扰等危害民用航空安全的行为。(见表 10－7)

表 10－7　1944 年《芝加哥公约》附件 17 的主要内容

章名	节名
前言(v)	
第 1 章　定义	
第 2 章　总则	2.1 目标 2.2 适用性 2.3 保安和简化手续 2.4 国际合作 2.5 设备、研究和发展
第 3 章　组织	3.1 国家组织和主管当局 3.2 机场运行 3.3 航空器经营人 3.4 质量控制
第 4 章　预防性保安措施	4.1 目标 4.2 关于通行管制的措施 4.3 关于航空器的措施 4.4 关于旅客及其客舱行李的措施 4.5 关于货舱行李的措施 4.6 关于货物、邮件和其他物品的措施 4.7 关于特殊类型旅客的措施
第 5 章　应对非法干扰行为的管理	5.1 预防 5.2 应对 5.3 交换情报和报告
附篇	

1944 年《芝加哥公约》附件 17《安保—保护国际民用航空免遭非法干扰行为》在 2006 年第 8 版首次出现“扰乱性旅客”的概念,此类旅客是指“在机场或航空器上不遵守行为规范,或不听从机场工作人员或机组人员指示,扰乱机场或航空器上良好秩序和纪律的旅客”。附件 17 没有明确扰乱性旅客的类别,只要求对潜在性扰乱旅客采取特别措施。

(三)《防止对国际民用航空进行非法干扰行为的安全保卫手册》

国际民航组织出版的《防止对国际民用航空进行非法干扰行为的安全保卫手册》(Doc 8973 号－限制发行文件),对附件 17 以及其他附件的航空安保规定进行详细说明,为各国遵守附件 17 的各项标准和建议措施提供详细资料。该手册是载有标准和建议措施的补充材料或作为应用标准和建议措施的指南,意在帮助各国根据 1944 年《芝加哥公约》各附件规定的要求,执行本国的民用航空安保方案。但该手册与 1944 年《芝加哥公约》本身不同,与附件 17 中的国际标准也不同,对缔约国不具有强制约束力。

(四)1944 年《芝加哥公约》附件 19《安全管理》

为回应全球航空安全战略的民航局长会议(2006 年)和高级别安全会议(2010 年)的提议,国际民航组织空中航行委员会同意建立一个安全管理专家组(SMP)制订一份专门针对航空安全的附件。2013 年 2 月 25 日,理事会根据 1944 年《芝加哥公约》第 37 条的规定首次通过附件 19《安全管理》,2016 年 3 月

2 日通过第一次修订，2016 年 7 月 11 日开始生效，2019 年 11 月 7 日开始适用。

附件 19 是包含与国家安全管理的基本职责和过程有关的标准和建议措施，该附件以理事会最初在附件 1，附件 6 第Ⅰ、Ⅱ、Ⅲ部分，附件 8，附件 11，附件 13 和附件 14 第Ⅰ卷中通过的安全管理规定和以安全管理专家组第一次特别会议(2012 年)提出的建议为基础。

1944 年《芝加哥公约》附件 19 明确国家的安全保障措施，要求各国必须根据规定履行监察义务，建议各国应该制订相关程序，以便将检查、审计和调查工作优先放在有重大安全关切或需要的领域，各国应该定期审查服务提供者个体的安全绩效，并在基本航空立法具体运行规章方面提出明确要求和建议。

例如，在基本航空立法方面，要求各国必须颁布具有与其航空业活动的规模和复杂程度相称，并且符合 1944 年《芝加哥公约》所载要求的完整、有效的航空法，以便能够通过为此目的设立的有关当局或机构，对民用航空安全进行监督和管理并执行规章，确保航空法与本国保持相关性和适当性。各国航空法必须使履行安全监督职能的人员能够酌情接触从事航空活动的个人和机构的航空器、运行、设施、人员和相关记录。

又如，在具体运行规章方面，要求各国必须颁布规章[1]，至少阐明源于基本航空立法的国家要求，从而使标准化的运行程序、产品、服务、设备和基础设施与 1944 年《芝加哥公约》各附件一致。(见表 10－8)

表 10－8　1944 年《芝加哥公约》附件 19 的主要内容

章名	节名	章名	节名
前言		附录 1 国家安全监督(SSO)系统关键要素(CEs)	1. 基本航空立法(CE－1) 2. 具体运行规章(CE－2) 3. 国家系统及职能(CE－3) 4. 合格的技术人员(CE－4) 5. 技术指导、工具及提供重要的安全信息(CE－5) 6. 颁发执照、合格审定、授权和批准的义务(CE－6) 7. 监察的义务(CE－7) 8. 解决安全问题(CE－8)
第 1 章　定义			
第 2 章　适用范围			
第 3 章　国家的安全管理职责	3.1 国家安全方案(SSP) 3.2 国家安全的政策、目标和资源 3.3 国家对安全风险的管理 3.4 国家的安全保障措施 3.5 国家的安全推广措施		

[1] 注："规章"一词取其泛指意义，包括但不限于指令、规则、法令、指示、成套法律、要求、政策和命令。

续表

章名	节名	章名	节名
第4章　安全管理体系(SMS)	4.1 总则 4.2 国际通用航空—飞机	附录2　安全管理体系（SMS）的框架	1. 安全政策与目标 2. 安全风险管理 3. 安全保障措施 4. 安全推广
第5章　安全数据和安全信息的收集、分析、保护、共享和交换	5.1 安全数据收集和处理系统 5.2 分析安全数据和安全信息 5.3 保护安全数据和安全信息 5.4 共享和交换安全信息	附录3　保护安全数据、安全信息及其相关来源的原则	1. 总则 2. 保护原则 3. 例外原则 4. 公布 5. 安全数据和安全信息管理人的责任 6. 保护所记录的数据

二、1963年《东京公约》

在20世纪五六十年代，劫机事件频发。为更好预防和惩治劫机犯罪，联合国、国际民航组织及相关国家共同努力，于1963年9月14日在东京举行的61个国家参加的国际航空法会议上，通过1963年《东京公约》，1969年12月14日生效。中国于1978年11月14日交存加入书。

1963年《东京公约》共分7章26条，其中第7章共8条属于程序性规则，其实体法律规则共6章18条。其适用范围包括飞行中的航空器上的犯罪行为和某些其他行为（第1条第1款规定），“其他行为”概括为危害航空器或其所载人员或财产安全或者航空器上秩序、纪律的行为，这种不循规行为具体包括哪些类别，并无提及。

1963年《东京公约》第4章专章规定“非法劫持航空器”，这是第一个对劫持航空器作出规定的国际公约，为国际社会制止劫持航空器的犯罪奠定基础。1963年《东京公约》是第一个使用“劫持航空器”概念的国际条约，但未对劫机犯罪作出明确定义，也未规定各国起诉和引渡嫌犯的义务。

1963年《东京公约》规定了机长的权力，为机长的管辖提供依据，这一规定为缔约国普遍接受，对维持机上良好秩序、有效保障航空器、所载人员和财产安全具有重要的意义。

机长的权力包括看管权力、驱逐权力、移交权力、收集证据权力4种。

1. 看管权力主要是一种治安处罚权，即在飞行中的航空器上，对于非法干扰行为人，机长可以要求或授权机组其他成员给予协助，并可以请求或授权，但不能强求旅客给予协助，来管束他有权管束的任何人。

2. 驱逐权力，是指机长在有理由认为某人在航空器内已犯或将犯公约所指出的行为时，可在航空器降落的任何国家的领土上使该人离开航空器。机长行使驱逐权力受到两个限制：(1)驱逐目的正当，必须保证航空器及人员财产的安全，维护机上良好秩序和纪律；(2)某人离开航空器时，应将事实和理由报告降落地国家当局。

3. 移交权力，是指机长有理由认为，任何人在航空器内犯有他认为按照航空器登记国刑法是严重的罪行时，可将该人移交给降落地国当局，由该当局按机长的权力继续管辖和处理。移交既是机长的权力也是义务，移交人员时，应在降落前将移交理由通知移交地国当局，办理移交手续时，应向降落地国当局提供合法占有的证据和情况。

4. 收集证据权力，是指机长为说明自己所采取的任何措施有正当理由，符合公约规定的标准，有权收集证据，以此证明有足够的根据处置犯罪和行为。

1963 年《东京公约》明确对航空器内犯罪行为的管辖权包括：航空器登记国、罪行在该国领土上具有后果、罪犯或受害者是该国居民或在该国有永久居所以及罪行危及该国的安全等。

三、1970 年《海牙公约》

1970 年 12 月 16 日，在荷兰海牙召开 77 个国家代表参加的国际航空法外交会议上，通过 1970 年《海牙公约》，1971 年 10 月 14 日生效。1980 年 9 月 10 日，中国正式交存 1970 年《海牙公约》的加入书，并声明保留第 12 条第 1 款，同年 10 月 10 日对中国生效。

1970 年《海牙公约》主要集中解决劫机问题。1963 年《东京公约》虽然提出劫机问题，但未明确规定劫机是一种严重的犯罪行为，也未明确如何惩处。1970 年《海牙公约》第一次将非法劫持航空器作为犯罪进行严厉惩罚，并在劫机犯罪的认定、管辖和责任追究方面进行了具体规定，更便于各国依公约对国际劫机犯罪进行惩治，这是对国际航空安保体系发展的重大贡献。

1970 年《海牙公约》的主要内容有：(1)将劫持飞机定为国际罪行，并明确构成要件。依据该公约规定，凡在飞行中的航空器（航空器从装载完毕、机舱外部各门均已关闭时起，直至打开任一机舱门以便卸载时为止）内的任何人或其共犯用暴力或用暴力威胁，或用任何其他恐吓方式、非法劫持或控制该航空器，或企图采取任何这种行为，即犯罪。(2)确立普遍管辖原则和“或引渡或起诉”刑事追究原则。航空器登记国、航空器着陆国、航空器承租人的营业地国或居所地国和罪犯所在地国可以对航空器实行司法管辖权。

1970 年《海牙公约》虽是专门处理空中劫持问题的公约，但仅涉及劫持“飞行中”的航空器的劫机行为，适用范围有限。

四、1971 年《蒙特利尔公约》

为进一步防止危害民用航空安全的各种非法行为，包括对机场地面设施实施的暴力行为，惩处毁坏飞行及航行设备等危害飞行安全的行为，1971 年 9 月 8 日，国际民航组织法律委员会在蒙特利尔举行 60 个国家参加的外交会议，讨论并通过 1971 年《蒙特利尔公约》，1973 年 1 月 26 日生效。中国于 1980 年 9 月 10 日加入 1971 年《蒙特利尔公约》，同时声明中国政府不受将争端提交国际法院有关规定的约束，1980 年 10 月 10 日该公约对中国生效。

1971 年《蒙特利尔公约》是在 1970 年《海牙公约》的基础上，对防止危害干涉、破坏和损坏民用航空安全的各种非法行为进一步作出规定。其主要内容包括：

1. 将危害国际航行安全的罪行范围由狭义的“空中劫持”扩大到广义的危害国际航空犯罪，包括一切破坏、损害和其他危害民用航空安全的罪行，不仅包括在“飞行中”，同时包括对“使用中”[1]的航空器所犯的罪行。

2. 1971 年《蒙特利尔公约》扩大适用范围，不仅包括对航空器内的人的犯罪行为（可能危害航空器安全），也包括对航空设备的犯罪行为。

3. 各缔约国对危害民用航空安全的罪行给予严厉的惩罚，并采取必要措施对这类罪行实施普遍管辖权；缔约国应把上述犯罪视为一种可引渡的罪行，但引渡应遵照被要求国法律规定的条件；有关缔约国如不将罪犯引渡，则应对罪犯起诉，并按本国法律作为一种严重性质的普遍罪行作出判决。

4. 有关缔约国应采取适当措施为被劫持的航空器、旅客或机组继续旅行提供方便，并将航空器和所载货物归还原主；各缔约国在对罪犯提出刑事诉讼时，相互给予最大限度的协助，但应适用被要求国的法律。

> 二维码 10－5
>
> 洛克比空难引起的 1971 年《蒙特利尔公约》解释和适用纠纷案

1963 年《东京公约》、1970 年《海牙公约》和 1971 年《蒙特利尔公约》被称为“三个反劫机公约”，由此初步形成惩治危害国际民用航空安全犯罪的国际公约体系。

五、1988 年《蒙特利尔议定书》

1971 年《蒙特利尔公约》签订后，全球民用航空活动又发生向国际民用机场发射炮弹，向机场候机区、安检区放置炸弹，枪杀无辜旅客，爆炸停放在机场内尚未使用的民用航空器等新的犯罪行为。鉴于袭击国际机场的事件时有发生，1988 年 2 月 9 日，国际民航组织在蒙特利尔召开 81 个国家参加的航空法会议，讨论并通过

---

[1] “使用中”是指从地面人员对某一航空器飞行前的准备起，直到降落后 24 小时止。

1988 年《蒙特利尔议定书》,1989 年 8 月 6 日生效。中国于 1988 年 2 月 23 日签署该议定书,1989 年 8 月 6 日该议定书对中国生效。

该议定书规定:"本议定书是补充 1971 年 9 月 23 日订于蒙特利尔的制止危害民用航空安全行为的公约。在议定书各缔约国之间,公约和议定书应被视为并解释为一个单一的文件。"由此,1988 年《蒙特利尔议定书》和 1971 年《蒙特利尔公约》构成一个整体,议定书是公约的一部分,两者合为一个统一文件。该议定书全文由前言和 9 条正文组成。

该议定书主要目的是扩大 1971 年《蒙特利尔公约》的适用范围,弥补 1971 年《蒙特利尔公约》的不足,增列以下 3 种犯罪行为:(1)在用于国际民用航空的机场内对人实施暴力,造成或足以造成重伤或死亡的行为;(2)破坏或损坏,用于国际民用航空的机场的设备或停放机场上未在使用中的航空器的行为;(3)中断机场服务以致危害或足以危及该机场的安全的行为。

六、1991 年《蒙特利尔公约》

为防止恐怖分子利用塑性炸药实施的,以摧毁航空器、其他运输工具以及其他目标为目的的恐怖行为的发生,1991 年 2 月 12 日,在蒙特利尔召开的国际航空法大会上,审议通过国际民航组织探测炸药特别专家小组草拟的 1991 年《蒙特利尔公约》,旨在防止使用塑性炸药危害航空器的非法行为。该公约于 1998 年 6 月 21 日生效。迄今为止,已有 130 多个国家和地区加入该公约。因为该公约涉及许多科学技术、军事、国防等问题,各国对于加入该公约十分谨慎。中国目前没有加入该公约。

1991 年《蒙特利尔公约》是由国际民航组织主持制定的一部技术性公约,其内容并不涉及复杂的法律问题,主要是调整塑性炸药的生产、使用与流通环节中关于识别剂的技术标准问题。该公约的目的在于确保塑性炸药按照规定注标,防止以摧毁航空器、其他运输工具以及其他目标为目的的恐怖行为。该公约对于防止恐怖分子利用难以探测的塑性炸药非法行为具有重要意义。

七、2010 年《北京公约》和《北京议定书》

2010 年 8 月 30 日至 9 月 10 日,在北京举行的国际民航组织国际航空保安公约外交大会,通过 2010 年《北京议定书》和 2010 年《北京公约》。2010 年《北京公约》和 2010 年《北京议定书》是民航史上第一个以中国城市命名的国际公约,是国际航空安保公约现代化的重要成果和新的里程碑,为国际航空业打击恐怖行为提供重要保障。

2018 年 7 月 1 日,2010 年《北京公约》生效,2018 年 1 月 1 日,2010 年《北京议定书》生效。2022 年 10 月 30 日,第十三届全国人大常委会第 37 次会议批准 2010 年《北京公约》,2023 年 10 月 1 日起对中国正式生效;2023 年 6 月 30 日,第十四届全国人大常委会第3次会议审议并批准2010年《北京议定书》;10月27日,中国正式递交2010年《北京议定书》批准书,2023年12月1日起对中国正式生效。

2010年《北京议定书》共25条,其对1970年《海牙公约》的补充修订内容主要包括:(1)扩展非法劫持航空器的内涵,纳入包括胁迫、技术手段等劫持航空器的行为或新型手段;(2)将威胁实施劫持航空器的行为界定为犯罪,将组织或领导他人实施犯罪、协助逃匿、协助实施相关犯罪以及协助团伙犯罪等界定为犯罪;(3)扩大管辖权范围,增加犯罪发生地国管辖权、犯罪嫌疑人国籍国管辖权,明确当事国可以确立针对本国国民实施犯罪的管辖权以及犯罪嫌疑人为惯常居住于本国的无国籍人的管辖权;(4)吸收联合国其他反恐公约中有关公平待遇条款、政治犯例外条款等有益规定。

八、2014年《蒙特利尔议定书》

由于违规旅客事件频发,在一些国家和国际航空运输协会积极倡议下,国际民航组织于2009年启动1963年《东京公约》的修订工作。2014年3月26日至4月4日,国际民航组织在其总部蒙特利尔召开1963年《东京公约》修订外交会议,来自100个国家和9个国际组织的422名代表出席会议。会上有24个国家(包括中国、巴西、印度等)在2014年《蒙特利尔议定书》上签字,该议定书于2020年1月1日生效,中国已签署但尚未批准。

2014年《蒙特利尔议定书》增加管辖权、机上安保员[1]、罪行清单[2]和追索权[3]条款,重点打击旅客的不循规行为,保障航空器安全运行。

不循规行为类别是2014年《蒙特利尔议定书》制定过程中最具争议的问题之一,该议定书第15条之二列举最受关注和危害性较大的不循规行为,同时发布对国际民航组织第288号通告(《不循规/扰乱性旅客所涉法律问题的指导材料》)[4]进行更新的决议。第288号通告列举的不循规行为的类型如表10-9所示。

---

〔1〕 机上安保员在有理由认为必须立即采取行动保护航空器或所载人员的安全,防止非法干扰行为,以及该协定或安排允许采取行动防止犯下严重罪行时,可在未经授权的情况下,采取合理的预防措施。

〔2〕 第15条之二规定:鼓励各缔约国采取必要措施,对航空器上犯下罪行或者行为的人启动适当刑事、行政或者任何其他形式的程序,特别是:(1)对机组成员实施人身攻击或威胁实施此种攻击;(2)拒绝遵守机长或以机长名义为保护航空器或机上人员或财产的安全之目的发出的合法指令。该公约的任何规定不影响各缔约国为惩处机上所犯不循规和扰乱性行为而在本国立法制定或维持适当措施的权利。

〔3〕 第18条之二规定:本公约中任何规定不排除根据本国法律向分别根据第八条或第九条被移交或下机的某人要求补偿所产生的任何损失的权利。

〔4〕 第288号通告是国际民用航空组织于2002年专门制定和颁布的有关不循规行为的文件。

表 10 –9 第 288 号通告中的不循规行为类别

违规行为类型	条文	不循规行为的具体表现	是否被认为实施犯罪
在民用航空器上针对机组人员实施的攻击和其他行为	第 1 条	(1)攻击、恐吓或威胁机组成员	是
		(2)拒绝遵循机长、代表机长的机组人员为了确保机上人员和财产安全或维护机上良好秩序和纪律而作出的合法指示	是
在民用航空器上实施的危及安全或危及良好秩序和纪律的攻击和其他行为	第 2 条	(1)民用航空器上任何人对其他人实施暴力、性侵犯或者儿童性骚扰将被认为是实施犯罪	是
		(2)民用航空器上任何人实施了下列行为,即肢体或语言攻击、恐吓或威胁其他人以及故意损坏或破坏财产,如果危及航空器及其上任何人的安全,或者破坏航空器上的良好秩序和纪律	是
		(3)饮用酒精类饮料或服用麻醉类药物	否
在民用航空器上犯下的其他罪行	第 3 条	(1)在盥洗室吸烟	否
		(2)摆弄烟雾探测器或其他安全装置	否
		(3)使用便携电子设备等	否

如表 10 –10 所示,中国的刑法、治安处罚法、行政法规和涉及民航管理的规章分别规定了不循规行为的类型。

表 10 –10 中国立法关于旅客不循规行为的相关规定

依据	条文	不循规行为的表现
《民用航空安全保卫条例》	第 25 条	航空器内禁止下列行为:(1)在禁烟区吸烟;(2)抢占座位、行李舱(架);(3)打架、酗酒、寻衅滋事;(4)盗窃、故意损坏或者擅自移动救生物品和设备;(5)危及飞行安全和扰乱航空器内秩序的其他行为
《公共航空旅客运输飞行中安全保卫工作规则》	第 49 条 非法干扰行为	非法干扰行为,是指危害民用航空安全的行为或未遂行为,主要包括:(1)非法劫持航空器;(2)毁坏使用中的航空器;(3)在航空器上或机场扣留人质;(4)强行闯入航空器、机场或航空设施场所;(5)为犯罪目的而将武器或危险装置、材料带入航空器或机场;(6)利用使用中的航空器造成死亡、严重人身伤害,或对财产或环境的严重破坏;(7)散播危害飞行中或地面上的航空器、机场或民航设施场所内的旅客、机组、地面人员或大众安全的虚假信息

续表

依据	条文	不循规行为的表现
	第 49 条 扰乱行为	扰乱行为，是指在民用机场或在航空器上不遵守规定，或不听从机场工作人员或机组成员指示，从而扰乱机场或航空器上良好秩序的行为。航空器上的扰乱行为主要包括：(1)强占座位、行李架的；(2)打架斗殴、寻衅滋事的；(3)违规使用手机或其他禁止使用的电子设备的；(4)盗窃、故意损坏或者擅自移动救生物品等航空设施设备或强行打开应急舱门的；(5)吸烟（含电子香烟）、使用火种的；(6)猥亵客舱内人员或性骚扰的；(7)传播淫秽物品及其他非法印制物的；(8)妨碍机组成员履行职责的；(9)扰乱航空器上秩序的其他行为
《刑法》	第 123 条	对飞行中的航空器内人员使用暴力，危及飞行安全
	第 234 条	故意伤害客舱内他人身体
《治安管理处罚法》	第 34 条	盗窃、损坏、擅自移动使用中的航空设施，或强行进入航空器驾驶舱；在使用中的航空器上使用可能影响导航系统正常功能的器具、工具，不听劝阻
	第 43 条	殴打他人的，或者故意伤害他人身体

第三节　危害航空安全的违法犯罪行为及法律责任

一、危害航空安全的违法行为和行政处罚

（一）扰乱公共秩序的违法行为和罚则

在航空实践中，扰乱公共秩序的行为包括扰乱机场秩序、客舱秩序的行为，携带管制器具进入机场或破坏航空设施等妨碍公共安全的行为，妨碍社会管理的行为等，一般会依据《治安管理处罚法》《民用航空安全保卫条例》《居民身份证法》等，由公安机关予以行政处罚（见表 10－11）。例如，擅开飞机舱门行为是一种典型的“机闹”行为，在司法实践中，擅开飞机舱门行为一般作为普通的治安违法行为由公安机关予以处理。

二维码 10－6

李某谎报“诈弹”扰乱机场公共场所秩序案

二维码 10－7

乘客非法携带弹药乘坐航空器被行政处罚案

表 10－11 扰乱机场、客舱公共秩序的违法行为和罚则

违法行为	《治安管理处罚法》第 23 条	罚则
扰乱机场秩序	扰乱车站、港口、码头、机场、商场、公园、展览馆或者其他公共场所秩序的	处警告或者 200 元以下罚款;情节较重的,处 5 日以上 10 日以下拘留,可以并处 500 元以下罚款
扰乱航空器内秩序	扰乱公共汽车、电车、火车、船舶、航空器或者其他公共交通工具上的秩序的	
非法拦截、强登、攀爬航空器	非法拦截或者强登、扒乘机动车、船舶、航空器以及其他交通工具,影响交通工具正常行驶的	
违法行为	《治安管理处罚法》第 25 条	罚则
散步虚假信息制造混乱	散布谣言,谎报险情、疫情、警情或者以其他方法故意扰乱公共秩序的	处 5 日以上 10 日以下拘留,可以并处 500 元以下罚款;情节较轻的,处 5 日以下拘留或者 500 元以下罚款
投放虚假危险物质	投放虚假的爆炸性、毒害性、放射性、腐蚀性物质或者传染病病原体等危险物质扰乱公共秩序的	
扬言实施放火、爆炸、投放危险物	扬言实施放火、爆炸、投放危险物质扰乱公共秩序的	

（二）妨害公共安全的违法行为和罚则（见表 10－12）

表 10－12 妨害公共安全的违法行为和罚则

违法行为	法律依据	罚则
非法携带枪支、弹药或者弩、匕首等国家规定的管制器具进入公共场所或者公共交通工具	《治安管理处罚法》第 32 条第 2 款	处 5 日以上 10 日以下拘留,可以并处 500 元以下罚款
盗窃、损坏、擅自移动使用中的航空设施,或强行进入航空器驾驶舱	《治安管理处罚法》第 34 条第 1 款	处 10 日以上 15 日以下拘留
在使用中的航空器上使用可能影响导航系统正常功能的器具、工具,不听劝阻	《治安管理处罚法》第 34 条第 2 款	处 5 日以下拘留或者 500 元以下罚款
货物托运人不得伪报品名托运或者在货物中夹带危险物品,尚未构成犯罪	《民用航空安全保卫条例》第 35 条	可以处以 5000 元以下罚款、没收或者扣留非法携带的物品

（三）妨害社会管理的违法行为和罚则（见表 10－13）

表 10－13 妨害社会管理的违法行为和罚则

违法行为	法律依据	罚则
伪造、变造、倒卖航空客票	《治安管理处罚法》第 52 条	处 10 日以上 15 日以下拘留,可以并处 1000 元以下罚款;情节较轻的,处 5 日以上 10 日以下拘留,可以并处 500 元以下罚款

续表

违法行为	法律依据	罚则
使用伪造、变造的居民身份证购票、登机	《居民身份证法》第17条	由公安机关处200元以上1000元以下罚款,或者处10日以下拘留,有违法所得的,没收违法所得
未取得驾驶证驾驶或者偷开他人航空器	《治安管理处罚法》第64条	处500元以上1000元以下罚款;情节严重的,处10日以上15日以下拘留,并处500元以上1000元以下罚款

二、危害航空安全类犯罪及其刑事责任

危害航空安全的犯罪行为是最为严重的非法干扰民用航空的行为。根据国际航空安保系列公约规定,危害民用航空安全的犯罪行为包括劫持民用航空器罪、危害航空器飞行安全罪、对航空器上人员的犯罪、危害国际民用机场安全罪以及危害民航安全的其他犯罪行为。国际航空安保系列公约要求各缔约国负有制止危害国际航空安全犯罪的义务,并承允对上述罪行给予严厉惩罚。

《刑法》将危害航空安全的犯罪归类于第二章危害公共安全罪,共涉及8个罪名。(见表10-14)

二维码10-8

乘客擅自打开机舱安全门被行政处罚纠纷案

二维码10-9

门某在机上寻衅滋事被行政拘留案

表10-14　《刑法》关于危害航空安全的犯罪类型

分类	法条	内容
破坏交通工具罪	第116条	破坏火车、汽车、电车、船只、航空器,足以使火车、汽车、电车、船只、航空器发生倾覆、毁坏危险,尚未造成严重后果的,处3年以上10年以下有期徒刑
破坏交通设施罪	第117条	破坏轨道、桥梁、隧道、公路、机场、航道、灯塔、标志或者进行其他破坏活动,足以使火车、汽车、电车、船只、航空器发生倾覆、毁坏危险,尚未造成严重后果的,处3年以上10年以下有期徒刑
破坏电力设备罪、破坏易燃易爆设备罪	第118条	破坏电力、燃气或者其他易燃易爆设备,危害公共安全,尚未造成严重后果的,处3年以上10年以下有期徒刑
破坏交通工具罪、破坏交通设施罪、破坏电力设备罪、破坏易燃易爆设备罪	第119条	破坏交通工具、交通设施、电力设备、燃气设备、易燃易爆设备,造成严重后果的,处10年以上有期徒刑、无期徒刑或者死刑。过失犯前款罪的,处3年以上7年以下有期徒刑;情节较轻的,处3年以下有期徒刑或者拘役

续表

分类	法条	内容
非法携带枪支、弹药、管制刀具、危险物品危及公共安全罪	第 130 条	非法携带枪支、弹药、管制刀具或者爆炸性、易燃性、放射性、毒害性、腐蚀性物品，进入公共场所或者公共交通工具，危及公共安全，情节严重的，处 3 年以下有期徒刑、拘役或者管制
劫持航空器罪	第 121 条	以暴力、胁迫或者其他方法劫持航空器的，处 10 年以上有期徒刑或者无期徒刑；致人重伤、死亡或者使航空器遭受严重破坏的，处死刑
暴力危及飞行安全罪	第 123 条	对飞行中的航空器上的人员使用暴力，危及飞行安全，尚未造成严重后果的，处 5 年以下有期徒刑或者拘役；造成严重后果的，处 5 年以上有期徒刑
重大飞行事故罪	第 131 条	航空人员违反规章制度，致使发生重大飞行事故，造成严重后果的，处 3 年以下有期徒刑或者拘役；造成飞机坠毁或者人员死亡的，处 3 年以上 7 年以下有期徒刑

（一）劫持航空器罪

二维码 10－10

某物流公司伪报品名托运物品被行政处罚案

二维码 10－11

乘客使用伪造的居民身份证登机被行政处罚案

1. 劫持航空器罪的概念和立法依据

劫持航空器罪，是指以暴力、胁迫或者其他方法劫持航空器的行为。所谓“劫持”，是指犯罪分子以上述方法按照自己的意志强行控制航空器的行为，如强迫航空器改变飞行线路、强迫航空器改变着陆地点等。

劫持航空器罪是危害航空安全犯罪中最严重的一种犯罪。预防与惩治劫持航空器犯罪有 4 个重要的国际公约和 2 个议定书，即 1963 年《东京公约》、1970 年《海牙公约》、1971 年《蒙特利尔公约》、1988 年《蒙特利尔议定书》、2010 年《北京公约》及 2010 年《北京议定书》。

2. 劫持航空器罪的构成要件

（1）犯罪主体为一般主体。既可以由中国人构成，也可以由外国人或者无国籍人构成，即可以由不受国籍、种族、宗教团体和社会地位限制的自然人构成。

（2）本罪侵犯的客体是航空运输安全，即旅客和机组人员的生命、健康、运载物品和航空器的安全，以及地面上的人身和财产安全。航空器的范围包括民用航空器和国家航空器。劫机行为发生的时间须为航空器“飞行中”，劫机地点是处于“飞行中”或“使用中”的航空器上。1971 年《蒙特利尔公约》扩大劫持航空器罪的范围，不仅包括在飞行中，也包括在使用中的航空器内所犯罪行。

根据1971年《蒙特利尔公约》的规定,所谓在“飞行中”,是指航空器从装载完毕,机舱外部各门均已关闭时起,直至打开任一舱门以便卸载时为止。航空器在迫降时,在主管当局接管该航空器及其所载人员和财产的责任前,应被认为仍在飞行中。所谓“使用中”,是指从地面人员或机组对某一特定飞行器开始进行飞行前准备起,直到降落后24小时止。

(3)犯罪的客观方面表现为以暴力、胁迫或者其他方法劫持航空器的行为。

所谓“暴力”,是指对航空器上的人员,特别是驾驶人员、机组人员,实施殴打、伤害等行为,迫使航空器改变航向或者行为人自己驾驶航空器。所谓“胁迫”,是指对航空器上的人员施以精神恐吓或者以暴力相威胁,如爆炸飞机、枪杀旅客、揭发罪行等,使驾驶、操纵人员不敢反抗,服从犯罪分子的指挥或者由其亲自驾驶航空器。所谓“其他方法”,是指上述暴力、胁迫以外的任何劫持方法,如麻醉驾驶人员,贿买或者教唆、引诱乘务组人员(包括驾驶员、其他操纵人员),驾驶人员利用驾驶航空器的便利条件直接非法驾机外逃等方法。

1963年《东京公约》仅将犯罪规定为“用暴力或用暴力威胁”,没有包括恐吓等精神威胁的方式。1970年《海牙公约》增加对犯罪手段和形式的规定,将恐吓等精神胁迫方式列为犯罪的手段。2010年《北京公约》及2010年《北京议定书》增加“技术方法”作为劫持航空器的犯罪手段。

(4)犯罪的主观方面是直接故意。无论行为人出于什么目的、动机劫持航空器,都不影响本罪的成立。这是有关国际公约所有缔约国(包括中国)承诺并确认的。因此,即使以“政治避难”为名劫持航空器的,也应当依法定罪处罚。但因出现意外情况如飞行员突发疾病无法驾驶飞机,乘客代替操纵飞机的行为,不构成本罪。

(5)犯罪结果。劫机犯罪行为有两种情况:一是达到劫持或控制航空器的目的,构成犯罪既遂;二是由于某种原因未能达到劫持或控制航空器的目的,这是一种犯罪未遂。无论上述哪种情况都构成犯罪,即劫机犯罪是一种行为犯罪,不论既遂或未遂,都构成犯罪。只要行为人劫持并控制了航空器,就构成本罪既遂。

依照我国《刑法》第121条的规定,犯劫持航空器罪的,处10年以上有期徒刑或者无期徒刑;致人重伤、死亡或者使航空器遭受严重破坏的,处死刑。所谓“致人重伤、死亡”,是指行为人在劫持航空器的过程中,向旅客或者机组人员实施暴力,打死、打伤旅客等情形。所谓“使航空器遭受严重破坏”,是指行为人在劫持航空器过程中,毁坏了航空器上的重要设施、设备,或者在强迫航空器降落时,使航空器毁坏等情形。

(二)暴力危及飞行安全罪

1.暴力危及飞行安全罪的概念和立法依据

暴力危及飞行安全罪,是指对飞行中的航空器上的人员使用暴力,危及飞行安全的行为。

暴力危及飞行安全罪是另一类严重犯罪,对社会的危害极大。1971年《蒙特利尔公约》将其作为一种犯罪单列加以规范。我国1997年《刑法》第123条新设暴力危及飞行安全罪。

2.暴力危及飞行安全罪构成要件

(1)犯罪主体为一般主体,凡达到刑事责任年龄、具备刑事责任能力的自然人均可成为本罪主体。既可以由中国人构成,也可以由外国人或无国籍人构成。

(2)犯罪侵犯的客体是公共安全,即不特定多数人的生命、健康和重大公私财物安全。犯罪分子利用航空飞行的危险性,以机组人员、乘客、重大公私财物的安全为代价,达到犯罪目的。

(3)犯罪的客观方面表现为行为人对飞行中或使用中的航空器及其内的人员使用暴力,危及飞行安全的行为。1971年《蒙特利尔公约》和1988年《蒙特利尔议定书》共规定了8种非法干扰民用航空安全的犯罪行为,并要求各缔约国予以严厉惩处。

1971年《蒙特利尔公约》规定的非法和故意地实施暴力危及飞行安全的犯罪行为包括:①对飞行中的航空器内的人实施暴力行为,如该行为足以危及该航空器的安全;②破坏使用中的航空器或对该航空器造成损坏,使其不能飞行或将会危及飞行安全;③用任何方法在使用中的航空器内放置或使别人放置一种装置或物质,将会破坏该航空器或对其造成损坏,使其不能飞行或造成损坏,危及飞行安全;④破坏或损坏航空设备或妨碍其工作,如任何此种行为将会危及飞行中的航空器的安全;⑤传送明知是虚假的情报,危及飞行中的航空器的安全。

1988年《蒙特利尔议定书》新增3种犯罪行为:①在国际民用航空机场内对人实施暴力,造成或足以造成重伤或死亡的行为;②破坏或损坏国际民用航空机场的设备或停放机场上未使用的航空器的行为;③中断机场服务以致危害或足以危及机场安全的行为。

(4)犯罪的主观方面是行为人故意地实施暴力危及飞行安全的犯罪行为。

暴力危及飞行安全的犯罪行为对社会的危害极大,1971年《蒙特利尔公约》将这些行为的未遂者和共犯都规定为犯罪,并要求各缔约国给予严厉惩处。

我国《刑法》第123条规定,对飞行中的航空器上的人员使用暴力,危及飞行安全,尚未造成严重后果的,处5年以下有期徒刑或者拘役;造成严重后果的,处5年以上有期徒刑。

（三）重大飞行事故罪

1. 重大飞行事故罪的概念和立法依据

重大飞行事故罪，是指航空人员违反规章制度、致使发生重大飞行事故、造成严重后果的行为。

1995年《民用航空法》第199条首次明确规定，"航空人员玩忽职守，或者违反规章制度，导致发生重大飞行事故，造成严重后果的，分别依照、比照刑法第一百八十七条或者第一百一十四条的规定追究刑事责任"。也就是说，比照或依照1979年《刑法》关于玩忽职守罪和重大责任事故罪定罪量刑。1997年修订后的《刑法》将《民用航空法》的这一规定具体化，并将航空人员玩忽职守罪从刑法"玩忽职守罪"中分离出来，第一次在刑法中单独规定重大飞行事故罪。可见，1997年以前，中国刑法中并无"重大飞行事故罪"的独立罪名。根据1995年《民用航空法》增加规定的重大飞行事故罪载于《刑法》第131条。

《通用航空飞行管制条例》第41条明确规定，从事通用航空飞行活动的单位、个人违反该条例规定，有未经批准擅自飞行，未按批准的飞行计划飞行，不及时报告或者漏报飞行动态，未经批准飞入空中限制区、空中危险区的情形之一，造成重大事故或者严重后果的，依照刑法关于重大飞行事故罪或者其他罪的规定，依法追究刑事责任。

2. 重大飞行事故罪的构成要件

（1）犯罪主体为特殊主体，其范围仅限于航空人员，非航空人员不构成本罪。关于"航空人员"的定义和范围，1944年《芝加哥公约》没有明确，该公约附件1《人员执照的颁发》列出了需要颁发执照的航空人员，范围包括飞行机组人员和其他人员。我国《民用航空法》第39条对航空人员定义为，"从事民用航空活动的空勤人员和地面人员：空勤人员，包括驾驶员、飞行机械人员、乘务员；地面人员，包括民用航空器维修人员、空中交通管制员、飞行签派员、航空电台通信员"。根据公约和我国《民用航空法》对航空人员的管理规定，所谓"航空人员"是指接受专门训练后取得国家民用航空主管部门颁发的执照，并在执照载明的范围内，从事民用航空活动的工作人员。

（2）犯罪客体是空中运输的正常秩序和公共安全。重大飞行事故罪是存在以出现某种法定的危害结果为入罪标准的结果犯，归属中国《刑法》分则第二章规定危害公共安全这一类犯罪中，其社会危害性的严重程度不言而喻。从刑法角度而言，"安全"的应有内容为生命、健康或者重大公私财产的安全，"安全"是刑法保护的一种具体利益，"公共"是用来限制刑法所保护的这种"安全"的范围，并将其与国家安全区分开来。"公共安全"应当是"不特定多数人"的安全，"不特定"是指行为可能的侵害对象与危害结果的非确然性，"多数人"是指实际的受侵对象或者潜在的受侵对象具有多数性。

(3)主观方面为过失。过失包括疏忽大意的过失和过于自信的过失。这种过失不是指行为人在违反规章制度方面的过失,而是指对于发生飞行事故的严重后果方面的过失,即行为人应当预见而未预见可能发生严重后果,或虽然预见但轻信可以避免,以致发生严重后果。

(4)客观方面表现为在空中运输活动中违反规章制度,因而发生重大事故,致人重伤、死亡或者使公私财产遭受重大损失的行为。例如,在2010年“伊春空难”中,齐某作为当班机长,违反航空运输管理有关规定,无视航空企业《飞行运行总手册》的有关规定,在低于公司最低运行标准的情况下,仍然违规操纵飞机实施进近并着陆,在未看见机场跑道、未建立着陆必需的目视参考情况下,仍未采取复飞措施,继续盲目实施着陆,导致飞机撞地坠毁,造成44人死亡、52人受伤、直接经济损失人民币30,891万元的严重后果。飞机撞地后,机长齐某没有组织指挥旅客撤离,没有救助受伤人员,擅自撤离飞机。

根据《刑法》第131条的规定,航空人员违反规章制度,致使发生重大飞行事故,造成严重后果的,处3年以下有期徒刑或者拘役;造成飞机坠毁或者人员死亡的,处3年以上7年以下有期徒刑。

(四)破坏国际机场安全罪

二维码 10-12

齐某甲重大飞行事故罪二审刑事裁定书

危害国际民用航空机场安全罪,是指行为人非法、故意地使用任何装置、物质或武器从事该1988年《蒙特利尔议定书》所禁止的危害国际民用航空机场安全的犯罪行为。

本罪的客观方面表现为1988年《蒙特利尔议定书》增列的3种犯罪行为:(1)在用于国际民用航空的机场内对人实施暴力,造成或足以造成重伤或死亡的行为;(2)破坏或损坏,用于国际民用航空的机场的设备或停放机场上未在使用中的航空器的行为;(3)中断机场服务以致危害或足以危及该机场的安全的行为。

本罪不要求行为人的毁坏行为造成严重后果,只要该行为危及机场的安全和秩序,就构成本罪的既遂。

破坏国际民用航空机场安全罪是1988年《蒙特利尔议定书》规定的罪名。我国《刑法》没有将以机场的人员、设备及未使用的航空器为侵害对象的犯罪规定为危害国际民用航空机场安全罪。对于1988年《蒙特利尔议定书》所列的3种犯罪行为,是依照破坏交通工具罪、破坏交通设施罪、放火罪、故意毁坏财物罪等进行规制的,但在立法目的、刑罚功能、保护的法益等方面有较大差异。例如,我国《刑法》第275条规定的故意毁坏财物罪,是较为典型的一类侵犯财产权利犯罪，数额较大或有其他严重情节的，才追究刑责。

三、扰乱公共秩序类犯罪及其刑事责任

二维码 10 – 13

王某犯故意毁坏机场财物罪案

在航空实践中，扰乱公共秩序类罪归为我国《刑法》中的妨害社会管理秩序犯罪，具体包括有聚众扰乱公共场所秩序和交通秩序罪、投放虚假危险物质罪、寻衅滋事罪和编造、故意传播虚假恐怖信息罪等罪名。（见表 10 – 15）

表 10 – 15　扰乱公共秩序的航空犯罪类型

罪名	依据	内容	罚则
聚众扰乱公共场所秩序、交通秩序罪	《刑法》第 291 条	聚众扰乱车站、码头、民用航空站、商场、公园、影剧院、展览会、运动场或者其他公共场所秩序，聚众堵塞交通或者破坏交通秩序，抗拒、阻碍国家治安管理工作人员依法执行职务，情节严重的	对首要分子，处 5 年以下有期徒刑、拘役或者管制
投放虚假危险物质罪	《刑法》第 291 条之一	投放虚假的爆炸性、毒害性、放射性、传染病病原体等物质，严重扰乱社会秩序的	处 5 年以下有期徒刑、拘役或者管制
		造成严重后果的	处 5 年以上有期徒刑
编造、故意传播虚假恐怖信息罪	《刑法》第 291 条之一	编造爆炸威胁、生化威胁、放射威胁等恐怖信息，或者明知是编造的恐怖信息而故意传播，严重扰乱社会秩序的	处 5 年以下有期徒刑、拘役或者管制；造成严重后果的，处 5 年以上有期徒刑
		编造虚假的险情、疫情、灾情、警情，在信息网络或者其他媒体上传播，或者明知是上述虚假信息，故意在信息网络或者其他媒体上传播，严重扰乱社会秩序的	处 3 年以下有期徒刑、拘役或者管制；造成严重后果的，处 3 年以上 7 年以下有期徒刑
寻衅滋事罪	《刑法》第 293 条	有下列寻衅滋事行为之一，破坏社会秩序的：(1) 随意殴打他人，情节恶劣的；(2) 追逐、拦截、辱骂、恐吓他人，情节恶劣的；(3) 强拿硬要或者任意损毁、占用公私财物，情节严重的；(4) 在公共场所起哄闹事，造成公共场所秩序严重混乱的	处 5 年以下有期徒刑、拘役或者管制
		纠集他人多次实施前款行为，严重破坏社会秩序的	处 5 年以上 10 年以下有期徒刑，可以并处罚金

(一)编造、故意传播虚假恐怖信息罪

二维码 10－14

平某等人聚众扰乱机场交通秩序案的刑事判决书

1. 编造、故意传播虚假恐怖信息罪的概念

编造、故意传播虚假恐怖信息罪是指编造爆炸威胁、生化威胁、放射威胁等恐怖信息，或者明知是编造的恐怖信息而故意传播，严重扰乱社会秩序的行为。本罪属于扰乱公共秩序罪，归类于妨害社会管理秩序罪。

2. 编造、故意传播虚假恐怖信息罪的构成要件

二维码 10－15

于某投放虚假危险物质罪刑事判决书

(1)犯罪主体是一般主体。凡年满 16 周岁且具有刑事责任能力的自然人均能构成本罪。

(2)犯罪客体是严重扰乱正常的社会秩序。飞机作为大型公共交通工具，其乘客众多，一旦存在炸弹等安全隐患，必定会取消航班，给乘客和机场等造成巨大的经济损失，还会引起社会恐慌，严重扰乱社会秩序，甚至造成严重后果。

二维码 10－16

编造虚假恐怖信息案(机上诈弹案)

二维码 10－17

编造虚假恐怖信息侵害航空公司财产权纠纷案判决书

关于“严重扰乱社会秩序”和“造成严重后果”的认定标准，《最高人民法院关于审理编造、故意传播虚假恐怖信息刑事案件适用法律若干问题的解释》(法释〔2013〕24 号)明确参考 6 种情形：致使机场、车站、码头、商场、影剧院、运动场馆等人员密集场所秩序混乱，或者采取紧急疏散措施的；影响航空器、列车、船舶等大型客运交通工具正常运行的；致使国家机关、学校、医院、厂矿企业等单位的工作、生产、经营、教学、科研等活动中断的；造成行政村或社区居民生活秩序严重混乱的；致使公安、武警、消防、卫生检疫等职能部门采取紧急应对措施的；其他严重扰乱社会秩序的。

(3)犯罪客观方面是编造、故意传播虚假恐怖信息，造成社会秩序严重混乱的任何信息。虚假恐怖信息是指编造、故意传播以发生爆炸威胁、生化威胁、放射威胁、劫持航空器威胁、重大灾情、重大疫情等严重威胁公共安全的事件为内容，可能引起社会恐慌或者公共安全危机的不真实信息。[1]

(4)犯罪主观方面必须出于故意。行为人的动机多种多样，有的是想制造恐怖气氛；有的是对社会不满、制造混乱、发泄私愤；有的是想借此向社会施压企

〔1〕 参见《最高人民法院关于审理编造、故意传播虚假恐怖信息刑事案件适用法律若干问题的解释》(法释〔2013〕24 号)第 6 条。

图满足自己的某种要求；有的是精神虚无聊，借之寻找畸形乐趣；有的单纯是为阻止恋爱对象登飞机离开等。

3. 编造、故意传播虚假恐怖信息罪的罚责

根据中国《刑法》第291条之一规定，构成编造虚假恐怖信息罪，严重扰乱社会秩序但尚未造成严重后果的，应判处5年以下有期徒刑、拘役或者管制，系累犯的，应当从重处罚；造成严重后果的，处5年以上有期徒刑。（见表10－16）

二维码10－18

谷某编造、故意传播航班虚假恐怖信息犯罪的刑事判决书

表10－16　编造、故意传播虚假恐怖信息罪从重处罚和加重处罚的情形

从重处罚的情形 （在5年以下有期徒刑范围内酌情从重）	加重处罚的情形 （处5年以上有期徒刑）
（1）致使航班备降或返航；或者致使列车、船舶等大型客运交通工具中断运行的	（1）造成3人以上轻伤或者1人以上重伤的
（2）多次编造、故意传播虚假恐怖信息的	（2）造成直接经济损失50万元以上的
（3）造成直接经济损失20万元以上的	（3）造成县级以上区域范围居民生活秩序严重混乱的
（4）造成乡镇、街道区域范围居民生活秩序严重混乱的	（4）妨碍国家重大活动进行的
（5）具有其他酌情从重处罚情节的	（5）造成其他严重后果的

资料来源：《最高人民法院关于审理编造、故意传播虚假恐怖信息刑事案件适用法律若干问题的解释》（法释〔2013〕24号）第3～4条。

从司法判例考察，编造虚假恐怖信息拦停飞机虽然给航空公司造成直接经济损失，但实际危害的不仅仅是航空公司，还给社会公众造成恐慌、对警力造成浪费、严重扰乱社会秩序，考虑到此类犯罪成本低、造成的危害后果却极其严重，而且极容易被效仿，司法实践中一贯坚持严厉打击的原则，较少适用缓刑。

二维码10－19

某航空公司与郭某因编造虚假恐怖信息侵权责任纠纷案民事判决书

本类案件判决审理的重点有三：一是编造的信息是否属于虚假恐怖信息的认定问题；二是编造虚假恐怖信息或故意传播虚假恐怖信息的认定问题；三是“严重扰乱社会秩序”“造成严重后果”的举证问题；四是航空公司对罪犯主张赔偿因其编造、故意传播虚假恐怖信息造成的直接经济损失的诉请，法院应予支持。

(二)聚众扰乱公共场所秩序、交通秩序罪

1. 概念

聚众扰乱公共场所秩序、交通秩序罪是指聚众扰乱车站、码头、民用航空站、商场、公园、影剧院、展览会、运动场或者其他公共场所秩序,聚众堵塞交通或者破坏交通秩序,抗拒、阻碍国家治安管理工作人员依法执行职务,情节严重的犯罪。

2. 构成要件

(1)犯罪主体是一般主体,但只有聚众扰乱公共场所秩序或交通秩序的首要分子,即扰乱活动的组织者、策划者、指挥者才构成本罪,一般的参与者不构成犯罪。

(2)客观方面表现为聚众扰乱公共场所或交通秩序,情节严重的行为。聚众扰乱公共场所秩序的行为包括聚众拥挤、起哄闹事、围攻治安管理人员等;聚众扰乱交通秩序的行为则包括堵塞交通、拦截交通工具、破坏交通设施等。聚众是本罪客观方面的重要特征,聚众是指聚集众多的人参加,除首要分子外,参加活动的人是不确定的。

(3)主观方面是故意。行为人一般是为实现个人目的,通过聚众扰乱的方式对有关方面施加压力,迫使其解决有关问题。行为人的要求是否正当,不影响本罪的成立,但可以作为量刑的参考。

(4)犯罪客体是公共场所秩序或交通秩序。机场属于公共场所,是不特定人或多数人可以自由出入、停留、使用的场所。公共场所秩序是指公众安全顺利地出入、使用公共场所的正常状态,交通秩序是指交通工具与行人在交通线路上安全顺利通行的状态。

3. 罚责

依据《刑法》第291条的规定,聚众扰乱公共场所秩序、交通秩序罪是情节严重的才构成犯罪,仅对首要分子追究刑责,处5年以下有期徒刑、拘役或者管制。

四、危害国际航空安全犯罪的管辖原则

危害国际航空安全犯罪的刑事管辖权是一国启动犯罪追究程序的开始,也是该国行使国际犯罪管辖权的具体展现。依据危害航空安全犯罪类别的不同,国际航空安保公约确立了危害航空安全犯罪的管辖原则,为快速、有效追究危害国际航空安全犯罪奠定基础。

(一)航空器登记国管辖原则

1963年《东京公约》第3条第1款规定,"航空器登记国有权对在航空器内的犯罪和行为行使管辖权"。该规定确立了空中刑事管辖权的航空器登记国管辖原则,它适用于飞行中的航空器和处在公海海面上或在不属于任何国家领土的其他地区地(水)面上的航空器内的犯罪和行为。1963 年《东京公约》不仅承认缔约国的登记国对影响航空器内安全秩序的犯罪享有管辖权,而且规定缔约国也有义务在立法上确立此种管辖权。1963 年《东京公约》对发生在不属于任何国家领土上空(如公海)或其位置难以确定的飞行中的航空器内的各种犯罪和其他各种危害航空器或其人员和财产的安全、纪律及良好秩序的行为确立了必要的管辖权,为解决航空器内的犯罪管辖的问题奠定了基础。

1963 年《东京公约》虽然确立了航空器登记国管辖权,但并不排除航空器飞经国根据本国法行使刑事管辖权。因未确定优先次序,由此形成航空器登记国和飞经国平行管辖的制度。在这种制度下,对于飞行中的航空器的犯罪,航空器登记国有管辖权,其他有关国家根据其本国法也有管辖权。但是,航空器飞经国行使的刑事管辖权有一定限制,即"不得因对航空器内犯罪行使刑事管辖权而干预飞行中的航空器"。

(二)普遍管辖原则

1970 年《海牙公约》在航空器登记国管辖权基础上,明确下述国家对非法劫持航空器的犯罪享有管辖权:(1)航空器的登记国;(2)航空器的降落地国;(3)承租人的主要营业地国或永久居所所在国;(4)发现罪犯的国家;(5)其他国家,不排除其他国家根据本国法行使任何刑事管辖权。

由此可见,1970 年《海牙公约》根据与劫机罪行是否有法律联系或是否抓获犯罪嫌疑人等因素,引入普遍管辖原则,进一步扩大国家行使管辖权的空间和范围。但该公约未规定哪个国家有优先管辖权,易引起各国管辖权的积极冲突,这种冲突只能由相关国家协商解决。

1971 年《蒙特利尔公约》和 1988 年《蒙特利尔议定书》对管辖权的规定与 1970 年《海牙公约》基本相同。由于危害国际民航安全的犯罪多发生在地面,1971 年《蒙特利尔公约》增加罪行发生地国的管辖权,并规定罪行发生地国有要求引渡罪犯的优先权,发现罪犯的国家如果不将罪犯引渡给其他有管辖权的国家,则应对该犯罪人的罪行实施管辖权。

综上所述,根据国际公约的有关规定,各国可以依据下列因素确定国家对危害民用航空安全犯罪的管辖、追诉和惩处权利:航空器登记地、航空器降落地、承租人主要营业地或永久居所所在地、罪犯发现地、罪行发生地以及其他依本国法行使刑事管辖权的国家。

五、危害国际航空安全犯罪的司法协助制度

刑事司法协助包括各国为最终实现对罪犯的制裁而开展的各种类型的国际刑事合作。刑事司法协助是国家间交往频繁、人员流动增多、跨国犯罪不断出现的产物。国家间开展刑事司法协助，既有利于有效地打击犯罪，也有利于尊重他国的司法主权。

《国际刑事司法协助法》第4条第1款明确规定，中华人民共和国和外国按照平等互惠原则开展国际刑事司法协助。

国际合作惩治犯罪的重要路径是引渡。1970年《海牙公约》和1971年《蒙特利尔公约》都规定，对于非法劫持航空器、危害国际民用航空安全和国际民用机场安全的犯罪，缔约国之间可以引渡，但1970年《海牙公约》和1971年《蒙特利尔公约》都没有规定强制性引渡义务，是否给予引渡由被请求国决定。

为避免罪犯因不被引渡而无法追责状况的发生，上述两个公约引入"或引渡或起诉原则"。也就是说，发现犯罪嫌疑犯的国家如果不将其引渡给有管辖权的国家，则罪行不论是否在其境内发生，均应提交其主管当局进行起诉，主管当局应依据本国法律予以判决，不得以政治罪论处。由此，公约从法律上巧妙的避开劫机等犯罪能够援引的"政治动机"这个暗礁，最大限度地落实"或引渡或起诉"原则。

2010年《北京公约》不仅规定了缔约国的强制性管辖权和任择性管辖权[1]，要求缔约国应当采取必要措施对公约所列的犯罪给予严厉惩罚，还规定了引渡和司法协助义务，要求各缔约国承诺将公约规定的犯罪作为可引渡犯罪。

第四节　航空安保信息管理制度

一、航空安保信息管理的立法情况

国际政府组织高度重视安保信息工作，2016年联合国安理会发布第2309号决议，明确提出各会员国应就民航运输面临的恐怖威胁、存在的风险隐患和工作薄弱环节加强安保信息工作及彼此交流合作；国际民航组织在1944年《芝加哥公约》附件17《安保—保护国际民用航空免遭非法干扰行为》中提出各缔约国应加强敏感信息、系统网络安全保护以及其他信息工作。

国际民航组织在1944年《芝加哥公约》附件19《安全管理》中，提出各国必须通过保护安全数据、安全信息及其相关来源的国家法律、规章和政策确保：(1)在为维护或提高航空安全而保护安全数据、安全信息及其相关来源的需要与正常司法的需要之间达成平衡；(2)保护安全数据、安全信息及其相关来源；

〔1〕 任择性管辖权是《国际法院规约》规定的国际法院管辖的案件的一种，即国家随时作出单方声明，就与接受同样义务的其他国家发生的某些性质的法律争端，承认国际法院的强制管辖权，不需另行订立特别协议。

(3)明确规定安全数据、安全信息及其相关来源符合保护的条件;(4)安全数据和安全信息确保可以获得,用于维护或提高航空安全。除此之外,1944 年《芝加哥公约》附件 19《安全管理》还要求各国必须确保安全数据或安全信息不被用于:(1)针对员工、操作人员或机构的纪律处分、民事诉讼、行政诉讼和刑事诉讼;(2)公开披露;(3)维护或提高安全以外的任何目的。

中国作为民航运输大国,支持并认真落实联合国、国际民航组织的工作要求。2020 年 10 月 30 日,民航局发布《民用航空安全保卫信息规则(征求意见稿)》,对安保信息的定义、各单位职责分工、工作机制、业务流程以及系统平台建设等方面内容进行了规定。

二、航空安保信息的定义和种类

航空安保信息,是民用航空安全保卫信息的简称,是指在民航安保工作中产生的信息,民航生产运行过程中以及通过其他渠道获得的与民航安保工作相关的信息。[1] (见表 10 - 17)

表 10 - 17 航空安保信息的种类

分类	含义
安保基础信息	是指与安保工作相关的组织机构、人员队伍、证件执照、资质许可、设备设施、重点要害部位、薄弱点、重大危险源以及安保工作制度等相关信息
安保管理信息	是指民航各类单位在策划及实施与安保工作相关的目标管理、组织保障、风险管理、质量控制等活动中产生的信息
安保活动信息	是指巡逻、值勤、执法、勤务派遣、安全检查、通行管制、押解遣返等民航安保活动产生的信息
行业生产运行信息	是指飞行计划及动态、机组、旅客订票订座及值机登机、配餐、机供品、货物运输、机场车辆通行等公共航空运输及通用航空活动中产生的可用于安保工作的信息
安保事件信息	是指非法干扰事件、扰乱民航运营秩序以及其他危害航空安全的事件信息
失信信息	是指因未履行或违反民航安保工作要求,被民航局信用主管部门统一记入信用记录的个人和企事业单位信息
共享信息	是指通过公安机关、国家安全机关、人民检察院、人民法院、司法行政机关,以及其他有关党和国家机关渠道获得的与民航安保工作相关的信息
其他信息	其他可能对民航安保工作产生影响的信息

其中,民用航空安全保卫敏感信息,是指泄露给未经授权的单位和个人,或者不当使用,可能造成安全风险隐患、引发社会舆情事件的民航安保信息。

---

[1] 参见民航局于 2020 年发布的《民用航空安全保卫信息规则(征求意见稿)》第 55 条。

三、航空安保信息管理机构及其职责

民航局负责全国范围内民航安保信息管理工作,建设和维护全国民航安保信息管理平台。民航地区管理局负责辖区内民航安保信息管理工作,监督检查民航安保信息有关法律、法规、规章、标准与其他规范性文件的实施情况。

民航运输机场公安机关负责辖区民航安保信息管理工作,执行民航安保信息有关规定,主要职责包括:(1)建立、完善本单位民航安保信息管理制度;(2)指定机构负责本单位民航安保信息管理工作,配备安保信息人员并提供必要的经费、工作场地和设施设备;(3)按照民航安保信息有关规定,建设、完善相关信息系统;(4)执行民航局、民航地区管理局发布的安保指令、信息通告,并及时反馈;(5)开展辖区安保形势分析和风险评估。

民航运输机场管理机构、公共航空运输企业负责本单位民航安保信息的收集、筛查、核实、统计、分析和报送等相关工作,主要职责包括:(1)建立、完善本单位民航安保信息管理制度,并将其纳入航空安保方案;(2)指定机构负责本单位民航安保信息管理工作,配备安保信息人员并提供必要的经费、工作场地和设施设备;(3)按照本规则规定,建设、完善相关信息系统;(4)按照本规则规定,落实本单位安保信息人员的培训工作;(5)配合民航局、民航地区管理局等单位依法开展信息采集工作;(6)执行民航局、民航地区管理局发布的安保指令、信息通告,并及时反馈;(7)研判涉及本单位的民航安保信息和其他安全威胁、隐患信息,开展风险评估;(8)统计、报送本单位民航安保信息。

通用航空企业应当根据有关规定,指定人员承担民航安保信息收集、筛查、核实、统计、分析和报送等工作。

服务保障公司、空中交通管理单位、民航行业协会和基金会、配餐公司、地面服务代理人、航空销售代理人以及航空销售网络平台经营者等相关单位应当制定本单位民航安保信息管理要求,指定人员承担民航安保信息收集、筛查、核实、统计、分析和报送等工作。

机场管理机构与机场租户签订航空安保协议时,应列明民航安保信息相关要求,保障信息的及时接收和报送。

四、航空安保信息的报送与报告制度

民航相关单位应当建立民航安保信息报送与报告制度,按照民航空防安全、反恐防范和公安保卫等业务信息管理有关规定报送、报告信息,并对真实性负责。发生以下情况应当立即报告民航局及民航地区管理局:(1)非法干扰事件;(2)重要安全威胁信息;(3)重大空防安全隐患;(4)其他扰乱民航运营秩序、危害航空安全的重大安保事件。

民航局公安局、民航地区管理局公安局、机场公安机关、机场管理机构和公共航空运输企业，应当履行民航安保事件信息管理主体责任，按时完成报送审核、统计分析工作，并建立相关文件归档、查阅、销毁与信息安全保护管理制度。

民航安保事件信息文件应当以纸质版或电子版形式妥善保存，保存期限至少为5年。各单位应当严格规范民航安保事件信息文件查阅程序，详细登记查阅记录；严格控制民航安保事件信息的知悉范围，不得擅自泄露或非法提供给无关单位和人员。（见表10－18）

表10－18　民航安保事件信息的分类与管理要求

分类	范围	处理要求	报送人
一类民航安保事件信息	（1）机场管理机构、公共航空运输企业等单位报警的民航安保事件信息； （2）直接由机场公安机关依法依规处置的民航安保事件信息； （3）在境内注册的公共航空运输企业在境外发生并报警由境外执法机构处置的民航安保事件信息	先期处置完毕后24小时内，填报民用航空安全保卫事件信息表；15个工作日内，将事件报告报送民航地区管理局公安局；24小时内完成审核，并报送民航局公安局	机场公安机关、机场管理机构、公共航空运输企业
二类民航安保事件信息	（1）在机场或航空器内不遵守规定的事件信息； （2）不听从民航工作人员指令，扰乱民航运营秩序等事件信息	年中、年度全面统计分析与工作总结	

五、航空安保信息保密管理制度

民航相关单位应当建立民航安保信息保密管理制度，加强保密检查和监管。民航相关单位和从业人员应当对履行安保职责过程中知悉的国家秘密、商业秘密予以保密。违反规定泄露国家秘密、商业秘密的，依法追究法律责任。民航安保信息涉及国家安全、公共安全，需要确定保密等级的，应当按照有关保密管理要求执行。

民航相关单位和从业人员，应当对在履行职责中知悉的个人信息严格保密，不得泄露、出售或者非法向他人提供。

机场公安机关及民航相关单位应当防止航空安保敏感信息的泄露和不当使用，有关内容的分发范围限于因履行职责应当知晓的相关单位和个人。

机场公安机关及民航相关单位开展民航安保信息工作时，应当采用符合国家、行业有关规定和标准的必要技术防护措施。

民航相关单位应当按照网络安全等级保护制度等有关要求管理本单位建设的民航安保相关信息系统，并履行安全保护义务，保障网络免受干扰、破坏或者未经授权的访问，防止网络数据泄露或者被窃取、篡改。

第五节 航空安保审计制度

一、航空安保审计的含义和特点

（一）航空安保审计的含义

航空安保审计，是民用航空安全保卫质量控制手段之一，通过对民航企事业单位航空安全保卫工作进行全面、系统、客观的评价，以核实其持续、有效遵守与民用航空安全保卫工作有关的法律、法规和相关规定的能力和水平。[1]

航空安保审计的目标是全面、系统、客观、持续监测民航企事业单位航空安保工作，查明可能存在的缺陷、隐患和问题，并要求采取措施改进缺陷、消除隐患和解决问题，使全行业能够持续、有效遵守与航空安保工作有关的法律、法规和相关规定的要求，不断推进航空安保管理体系建设，提高中国航空安保整体工作的能力和水平。

（二）航空安保审计的特点

1. 强制性。民航行政机关应当按照规定开展局方审计；民航企事业单位应当按照规定接受局方审计和开展企业自审；民航局、管理局派出安保审计观察员对企业自审进行观察的，民航企事业单位应当予以配合。

2. 全面性。安保审计涵盖航空安保工作的所有方面，能够对航空安保法律、法规及相关规定的持续、有效遵守程度进行全面的评价。

3. 客观性。安保审计使用统一的审计单，按照同一标准，以事实为依据，对被审计单位航空安保工作能力和水平进行客观、公正的评价。

4. 系统性。安保审计是对航空安保工作有机关联的各个领域和各项要素进行的核查，通过评价其相互联系、相互作用对航空安保工作能力和水平的影响，确定系统的有效性和符合性。

5. 及时性。民航行政机关、安保审计人员、民航企事业单位应当按照规定，及时完成相关工作，提交有关资料和报告。

6. 保密性。民航行政机关应当遵守保密规定，在确保不泄露航空安保敏感信息的前提下，在全行业有限披露审计结论。安保审计人员应当遵守保密规定，保护收集到的信息，未经授权严禁传播和扩散。

二、航空安保审计的立法依据

（一）国际民航公约依据

2002 年，国际民航组织开始推行《普遍安保审计计划》（USAP）制度，对全

---

〔1〕 参见《国家民用航空安保审计工作指导手册（试行）》（民航发〔2019〕44 号）。

球各缔约国进行全覆盖审计。2013 年,国际民航组织开始在全球逐步推行《普遍安保审计计划——持续监测做法》(USAP-CMA),目标是通过对成员国的航空安保绩效进行审计和持续监测来改进全球航空安保。

目前,普遍安保审计已成为国际民航组织提升全球航空安保工作水平的最主要抓手。根据国际民航组织发布的《国际民航组织持续监测做法(CMA)审计计划的实施情况》(A41 - WP/7 EX/3 号工作文件),安全和安保审计计划在对成员国的航空安全和安保监督能力及其各航空系统的可持续性进行客观和独立评估方面,发挥至关重要的作用。[1] 随着疫情后航空旅行恢复和大多数国家入境和检疫限制的放松,国际民航组织在 2022 年恢复普遍安保审计计划——持续监测做法(USAP-CMA)的现场审计。2023 年,国际民航组织在 46 个国家开展 USAP-CMA 活动。

(二)中国立法规定

为遵守并符合 1944 年《芝加哥公约》附件 17 的标准和建议措施,以及其他附件中有关民用航空安保工作的规定,履行缔约国责任,落实《国家民用航空安全保卫方案》中的质量控制要求,民航局建立了安保审计制度。

中国航空安保审计始于 2005 年,安保审计制度设计源于国际民航组织的普遍安保审计制度,制定有《国家民用航空安保审计规则》《国家民用航空安保审计工作指导手册(试行)》《公共航空运输企业航空安全保卫审计单(试行)》《民用运输机场航空安全保卫审计单(试行)》等制度文件,并不断修正补充。从系统审核的“合规性、适宜性、有效性”方面,开创性设定安保审计要素评价安保工作,重构安保审计体系及安保审计单。(见表 10 - 19)

表 10 - 19 中国现行有效航空安保审计立法文件

文号	名称
民航规〔2019〕15 号	《国家民用航空安保审计规则》
民航发〔2019〕44 号	《国家民用航空安保审计工作指导手册(试行)》
民航综公发〔2019〕4 号	《公共航空运输企业航空安全保卫审计单(试行)》
民航综公发〔2019〕2 号	《民用运输机场航空安全保卫审计单(试行)》

2023 年 9 月 8 日至 25 日,国际民航组织航空安保审计组通过文件验证和现场验证的方式,对中国民航安保工作进行了全面审计。最终,中国民航安保工作取得较高符合率的优异成绩。此次安保审计是对中国航空安保治理体系和治理

〔1〕 参见国际民航组织第 41 届大会:回顾与展望——第 12 期:《普遍安全监督审计计划》与《普遍安保审计计划》。转引自国际民航组织官方网站。

能力的一次系统检验，是对中国民航安保工作的全面考察。

三、航空安保审计领域

航空安保审计领域，是指按照与民用航空安全保卫工作有关的法律、法规和相关规定，民航企事业单位应当持续、有效开展的民用航空安全保卫工作内容。

安保审计涵盖组织机构及运行环境、航空安保管理、航空安保运行、航空安保应急管理4个安保审计方面，每个安保审计方面包括若干个安保审计领域。（见图10－2）

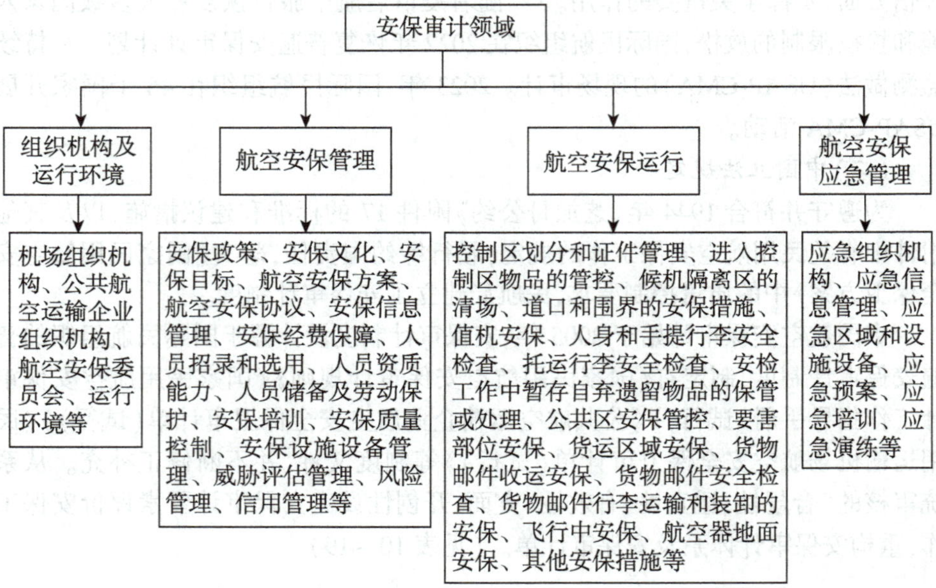

图10－2　航空安保审计领域

四、航空安保审计活动类型、要素和方法

根据《国家民用航空保安审计规则》（民航发〔2012〕42号）和《国家民用航空安保审计工作指导手册（试行）》（民航发〔2019〕44号）的规定，安保审计活动类型包括局方审计和企业自审。局方审计是指民航行政机关组织实施的安保审计。企业自审是指民航企事业单位组织实施的安保审计。

安保审计要素，是指持续、有效开展民用航空安全保卫工作所必须具备的基本因素，用以评价民航企事业单位的民用航空安全保卫工作能力和水平。安保审计要素分为：机构职责、制度程序、实质要件、资质能力、设施设备、操作执行。

安保审计采用符合性检查方法，审计方法包括文件审查、人员访谈、现场观察、设施（设备）验证等。

【思考题】

1. 航空安保法的调整对象和特征是什么？

2. 简述国际航空安保公约体系。

3. 非法干扰行为和扰乱行为包括哪些类型？

4. 简述航空犯罪的类型。

5. 航空安保审计的法律依据有哪些？

第十一章　航空器搜寻援救与事故调查法

第一节　航空事故的立法界定与特征

实践中通常将“航空事故”“航空事件”“空难”“航空失事”等术语混用，有时并不区分，但因所有航空事故都与运行的航空器有关，因此立法将“航空事故”称为“航空器事故”。虽然这些术语有时可以混用，但从概念外延和损害结果等方面考察，这些术语还是存在一定差异的，尤其是在国际公约不同立法文本中，使用了“accident”和“incident”术语，有不同的定义和理解。[1]

一、国际公约体系下“航空事故”的含义

（一）芝加哥公约体系对“航空器事故”的界定

根据1944年《芝加哥公约》第37条的规定，理事会于1951年第一次通过关于航空器事故查询的“标准和建议措施”并定为该公约附件13《航空器事故和事故征候调查》。

根据附件13的定义，事故是指“在任何人登上航空器准备飞行直至所有这类人员下了航空器为止的时间内，所发生的与该航空器的运行有关的事件”。具体表现为：(1)在航空器内或与航空器的任何部分包括已脱离航空器的部分直接接触情况下，人员遭受致命伤或重伤；(2)航空器受到损害或结构故障；(3)航空器失踪或处于完全无法接近的地方。

在芝加哥公约体系下，根据附件13《航空器事故和事故征候调查》和附件19《安全管理》的相关定义，使用了“航空器事故”“征候”“严重征候”术语，[2]这3个术语的使用主要侧重于航空事故调查和航空安全管理之目的，并在此目的上有明确区分，如事故与严重征候之间明显存在结果的不同。

从1944年《芝加哥公约》及其附件的视角看，航空事故是一个具有开放性、

---

〔1〕 以下参见郝秀辉：《国际空难损害赔偿的理论与实践》，法律出版社2022年版，第1～10页。

〔2〕 相关定义参见1944年《芝加哥公约》国际标准和建议措施：附件13《航空器事故和事故征候调查》（第9版）和附件19《安全管理》；《航空器事故和事故征候调查手册》（Doc 9756）；《事故和事故征候报告手册》（Doc 9156）；《国际民航组织安全管理手册》（Doc 9859）；《地区事故/事故征候调查组织手册》（Doc 9946）；《事故和事故征候的人为因素调查》（240－AN/144）等。

体系性和规范性的集合性概念。航空事故术语的定义显然不是为了确定航空事故致害赔偿责任,完全是为了航空安全和预防事故再次发生的事故调查。航空事故与航空器密切相关,即航空器操作造成有关人员伤亡、航空器受损、结构性破坏或航空器失踪等。

(二)华沙公约/蒙特利尔公约体系下"航空事故"的内涵

1929年《华沙公约》有意区分了"事故"(accident)与"事件"(occurrence)两个概念的差异,将"事故"一词用于引起旅客伤亡责任的情形,将"事件"一词用于有关登记行李或货物毁灭、遗失或损坏的情况。

1999年《蒙特利尔公约》草案对人身伤害与行李或货物损害分别使用了"事故"(accident)与"事件"(event)两个术语[1],保持了和1929年《华沙公约》的实质一致性。[2]

1929年《华沙公约》对旅客伤亡使用了比"事件"术语含义更狭窄的"事故"术语,显然是为了避免加大承运人对旅客的责任,1999年《蒙特利尔公约》开始使用"事件"一词,也表现出立法者要强化保护旅客合法利益的立法意图。

但是,在华沙公约/蒙特利尔公约体系中,对"事故"和"事件"术语都没有明确定义。公约的立法者对事故和事件术语的开放性规定,给法官、学者留下了更多解释空间。由此,几十年来,华沙公约体系和蒙特利尔公约体系适用均遭遇了"事故"术语如何解释的难题与争议。

从1929年《华沙公约》和1999年《蒙特利尔公约》与1944年《芝加哥公约》附件13与对"accident"和"incident"术语的采用看,稍有差别。例如,"incident"在附件13中被视为"事故征候",1929年《华沙公约》和1999年《蒙特利尔公约》中的"incident"也被视为"事故",与"accident"含义同一。[3]

(三)罗马公约体系下"航空事故"的内涵

考察罗马公约体系下的各文件,从始至终未使用"accident"术语,1952年《罗马公约》使用"incident"术语,但未定义。综观该公约全文,可以理解为"accident"和"incident"在同一意义上采用,均为"事故"。

2009年的《一般风险公约》和《非法干扰公约》均使用"事件"(event)一词,且有不同定义。2009年《一般风险公约》将"事件"(event)定义为"飞行中的航

---

〔1〕 See Donald R. Andersen, *Recent Developments In Aviation Law*, Journal of Air Law and Commerce, Spring 2009.

〔2〕 See I. H. Ph. Diederiks-Verschoor, *An Introduction to Air Law*, Revised by Pablo Mendes de Leon in cooperation with Michael Butler, Published by Kluwer Law International, 2012, p. 153.

〔3〕 See I. H. Ph. Diederiks-Verschoor, *An Introduction to Air Law*, Revised by Pablo Mendes de Leon in cooperation with Michael Butler, Published by Kluwer Law International, 2012, p. 154.

空器由于非法干扰行为以外的原因而造成损害的情形”;2009 年《非法干扰公约》将“事件”(event)定义为“因涉及飞行中航空器的非法干扰行为而导致损害的情形”,这意味着航空承运人对地(水)面第三人的责任范围在扩大。

从华沙公约/蒙特利尔公约体系和罗马公约体系的公约文本看,航空器致害情形和原因不同,航空承运人承担责任的“事故”要求不同。因航空器失事或自航空器上落下或投下物品致生损害时,事故的判断乃是基于损害事实,并不要求事故(致害原因)是否具有“意外性”,即使是不可抗力原因所致,承运人也应对受害人负责。但对乘客在上下航空器或飞行中因事故伤亡的,承运人只对“意外事故”致害承担责任,对于可归责乘客的事由或因乘客的过失发生的损害,承运人减免赔偿责任。

二、中国立法对“航空事故”的界定

我国《民用航空法》对“航空事故”术语未定义,仅有事故调查的授权性规定(第 156 条)。在行政法规层面,《生产安全事故报告和调查处理条例》作为系统规范生产安全事故报告和调查处理的综合性行政法规,也适用于航空事故调查。2010 年 8 月 24 日“伊春空难”就是根据该条例组成事故调查组并发布调查报告的。[1] 在涉及民航管理的规章层面,有关航空事故术语的内涵和外延,几经演变。

1980 年《中国民用航空飞行事故调查条例》和 2000 年《民用航空器飞行事故调查规定》(CCAR-395)规范的主要是飞行事故。2007 年修订的《民用航空器事故和飞行事故征候调查规定》(CCAR-395-R1)将“民用航空器飞行事故”和“民用航空地面事故”统称为“民用航空器事故”,标志中国“民用航空器事故”已不局限于“飞行事故”,扩展到“地面事故”。

2020 年《民用航空器事件技术调查规定》(CCAR-395-R2)[2]依据了《安全生产法》《民用航空法》《生产安全事故报告和调查处理条例》,参考了 1944 年《芝加哥公约》附件 13。

《民用航空器事件技术调查规定》在 2007 年《民用航空器事故和飞行事故征候调查规定》的基础上修订而成,将民用航空器事件分为民用航空器事故、民用航空器征候以及民用航空器一般事件。民用航空器事故,是指对于有人驾驶的航空器而言,从任何人登上航空器准备飞行直至所有这类人员下了航空器为止的时间内,或者对于获得民航局设计或者运行批准的无人驾驶航空器而言,从

[1] 参见郝秀辉:《海峡两岸航空法之比较研究》,法律出版社 2013 年版,第 183 页。

[2] CCAR-395 已经历经三次修改,2022 年修改时更名为《民用航空器事件技术调查规定》,并自 2022 年 12 月 1 日起施行。

航空器为飞行目的准备移动直至飞行结束停止移动且主要推进系统停车的时间内,或者其他在机场活动区内发生的与民用航空器有关的下列事件:(1)人员死亡或者重伤。自然、自身或者他人原因造成的人员伤亡,以及偷乘航空器藏匿在供旅客和机组使用区域外造成的人员伤亡除外。(2)航空器损毁无法修复或者严重损坏。(3)航空器失踪或者处于无法接近的地方。[1]

《民用航空器事件技术调查规定》对航空事故的定义基本保持了与1944年《芝加哥公约》附件13《航空器事故和事故征候调查》的一致性,涵盖了有人驾驶航空器和无人驾驶航空器。

比较而言,中国和国际航空组织、美国、欧盟对航空器事故的定义相同,但国际航空组织、美国和欧盟对事故不分级,也没有地面事故的概念,对航空事故的判定都是借助人员伤亡情况和对航空器损坏程度两个指标。中国《民用航空器事件技术调查规定》将事故分为特别重大事故、重大事故、较大事故和一般事故4个等级,与《生产安全事故报告和调查处理条例》的事故等级划分保持相同。

三、"航空事故"的特征

在航空损害赔偿诉讼中,航空事故是确定航空承运人责任有无的重要前提,该术语常成为各方争议焦点。结合国际航空公约和国内立法规定来看,航空事故具有如下特点:(1)航空事故具有意外性,事故发生在意料之外,具有随机性;(2)航空事故的发生有时空限定性,事故发生期间须为"上下航空器和航空器飞行中";(3)航空事故是航空运输固有的、难以避免的、与航空飞行或航空器有关的特定风险;(4)航空事故具有不同程度的损害性和大规模侵权属性;(5)航空事故的原因呈现出复杂性。[2]

第二节　航空器搜寻与援救制度

一、航空器搜寻援救的术语定义

航空器搜寻援救,是指担负搜寻援救民用航空器任务的机构,为了及时有效地搜寻援救遇到发生不安全紧急情况的民用航空器,避免或者减少人员伤亡和财产损失,依照相关法律规定,对遇到紧急情况的民用航空器进行寻找援助的一系列活动的总称。

---

[1] 参见《民用航空器事件技术调查规定》第3条。

[2] 参见郝秀辉:《国际空难损害赔偿的理论与实践》,法律出版社2022年版,第16~19页。

搜寻和援救有着密切联系,搜寻是援救的前提,援救是搜寻的目的。

根据1944年《芝加哥公约》附件12《搜寻与援救》的术语定义,搜寻是指通常由援救协调中心或援救分中心利用现有人员和设施,确定遇险人员位置的工作。援救是指找回遇险人员、为其提供初步的医疗或其他需要并将其送往安全地点的工作。搜寻与援救服务,是指通过利用合作使用航空器、船只和其他航空和水上装置等公共和私人资源,对遇险情况履行监控、联络、协调及搜寻与援救、初步医疗援助或医疗转运职能。

二、航空器搜寻援救的法规体系

航空运输和航空飞行是高风险作业,航空器在空中飞行可能会遇险,为避免或减少人员伤亡和财产损失,应当对遇险航空器实施搜救。法律规范体系的学习和掌握,便于处理航空器的搜寻救援工作和研究时,准确找法、正确执法和妥当适用法律,具有重要意义。根据现行立法规定和航空运行实践,有关航空器的搜寻救援法规体系由国际公约和国内立法两部分组成。

(一)关于航空器搜寻援救的国际法依据

1944年《芝加哥公约》第25条及其附件12《搜寻与援救》是关于航空器搜寻救援的主要国际法依据。该公约第25条规定:"缔约各国承允对在其领土内遇险的航空器,在其认为可行的情况下,采取援助措施,并在本国当局管制下准许该航空器所有人或该航空器的登记国的当局采取情况所需的援助措施。缔约各国搜寻失踪的航空器时,应在按照本公约随时建议的各种协同措施方面进行合作"。

例如,2019年,中国与哈萨克斯坦签署《航空器搜寻与救援协议》,明确了在航空器遇险期间,中哈双方负责执行搜救民用航空器协议的主管部门及其职责、义务;明确了执行两国间搜寻救援民用航空器的基本程序、信息通报原则和搜救合作等内容。

1944年《芝加哥公约》附件9《简化手续》第8章B.为搜寻、援救、事故调查和残骸打捞提供的便利及I.对航空器事故受害者及其家庭的协助,对事故家属援助义务和提供便利进行了特别规定。

1944年《芝加哥公约》附件12《搜寻与援救》包括5章和1个附录,对航空器遇险时的搜寻援救提出了国际标准和建议措施。附件12主要适用于在缔约国领土内和公海上的搜寻与援救服务的设置、维护与操作以及国家之间对这种服务的协调。

(二)中国有关航空器搜寻救援的法律规范

中国建立了法律、法规、规章和规范性文件构成的有关航空器搜寻救援的法规体系。例如,法律层面的《安全生产法》《民用航空法》;行政法规层面的《生产安全事故报告和调查处理条例》《搜寻援救民用航空器规定》；涉及民航管理的规章层面的《民用航空安全管理规定》(CCAR－398)、《民用航空器飞行事故应急反应和家属援助规定》(CCAR－399)；规范性文件层面的《搜寻援救民用航空器工作手册》(WM-TM－2012－001)(已失效)等。

三、航空器搜寻救援服务的原则

二维码 11－1

中国航空搜寻援救与事故调查现行有效法律、法规、规章、规范性文件目录

(一)人道主义原则

1944 年《芝加哥公约》附件 12《搜寻与援救》规定，在向遇险航空器及航空器事故的幸存者提供援助时，缔约国不应考虑此种人员的国籍或身份或此种人员被发现时所处的情况(第 2.1.2 条)；已经接受提供搜寻与援救服务责任的缔约国，必须利用搜寻与援救单位及其他现有设施，帮助任何处于或表明处于紧急状态的航空器或其乘员(第 2.1.3 条)。

(二)及时有效原则

1944 年《芝加哥公约》附件 12《搜寻与援救》特别强调，缔约各国必须单独或同其他国家合作，在其领土范围内安排建立并立即提供昼夜 24 小时的搜寻与援救服务，以确保向遇险人员提供援助(第 2.1.1 条)；公海或主权尚未确定的区域，必须在地区航行协议的基础上商定建立搜寻与援救服务。缔约各国一经承担在此种区域中提供搜寻与援救服务的责任，必须单独或同其他国家合作，按照该附件各项规定安排建立并提供此种服务(第 2.1.1.1 条)。

《搜寻援救民用航空器规定》规定，发现或者收听到民用航空器遇到紧急情况的单位或者个人，应当立即通知有关民航地区管理局搜寻援救协调中心(第 16 条)；民航地区管理局搜寻援救协调中心收到民用航空器紧急情况的信息后，必须立即作出判断，对情况不明阶段、告警阶段、遇险阶段的民用航空器，分别采取搜寻援救措施，并及时向民航局搜寻援救协调中心以及有关单位报告或者通报，尽速沟通联络、发出告警通知或遇险通知(第 17 条、第 19～21 条)。

(三)国际合作原则

1944 年《芝加哥公约》规定，外国航空器在一国领土内遇险的，该国应在本国当局管制下准许该航空器所有人或者该航空器登记国的当局采取所需的援助措施。

1944 年《芝加哥公约》附件 12《搜寻与援救》第 3 章专门规定国家之间的合作，即缔约国必须使其搜寻与援救组织与邻国的搜寻与援救组织互相协调，并建议：只要实际可行，缔约国就应该制订共同的搜寻与援救计划和程序以便利与邻

国的搜寻与援救工作互相协调(第3.1.1条);一缔约国在遵照本国主管当局可能规定的条件下,必须准许另一国搜寻与援救单位为搜寻航空器事故现场并援救事故幸存者之目的,立即进入其领土(第3.1.3条);一缔约国当局为了搜寻与援救的目的,向有关国家援救协调中心提出申请,缔约国当局必须立即确认收到这种申请,并尽快说明执行该计划任务的各种条件(第3.1.4条);缔约国必须确保其搜寻与援救服务部门与负责事故调查的部门和负责照料事故受难者的部门合作(第3.2.3条)。

一些重大国际空难往往会有多国的组织参与失事航空器的搜寻救援。例如,2014年3月8日,从马来西亚吉隆坡飞往中国北京的马航MH370航班客机失联,马来西亚通报失联客机疑似失踪区域后,除马来西亚自己所有的海上与空中救援搜救力量外,中国、澳大利亚、泰国、越南、菲律宾、新加坡、印度尼西亚、美国、法国等几十个国家的军舰和飞机参加搜寻,澳大利亚还成立了马航MH370航班联合搜寻援救协调中心,协调不同国家和机构对失联客机的航空和海上搜寻和事故调查工作。

中国一直坚持和遵守航空器搜寻援救的国际合作原则。例如,《民用航空法》规定,外国民用航空器在中华人民共和国搜寻援救区内遇险,经中华人民共和国国务院民用航空主管部门批准或者按照两国政府协议,其所有人或者国籍登记国可以参加搜寻援救工作(第182条)。《搜寻援救民用航空器规定》[1]进一步明确,民航局经国务院授权,代表中国政府与周边国家和地区签署双边搜救协议。

四、航空器搜寻援救区的划分和组织机构

(一)航空器搜寻与援救区的划分

为确保提供充分的通信基础设施、有效的遇险告警路线和适当的运行协调,有效支持搜寻与援救服务,应设置搜寻与援救区。搜寻与援救区的划分以技术和运行为基础进行确定,与各国之间边界划分无关。

1. 国际公约关于搜寻与援救区划分的规定

1944年《芝加哥公约》附件12《搜寻与援救》规定,缔约国必须划定搜寻与援救区,并在其内提供搜寻与援救服务,此种区域不得重叠,相邻区域必须连接。搜寻与援救区应与相应的飞行情报区相一致,如属于公海上空区域,应该与海上搜寻与援救区相一致。

2. 中国航空器搜寻与救援区的划分

《搜寻援救民用航空器规定》第6条规定,中华人民共和国领域内以及中华

[1] 本规定适用于中华人民共和国领域内以及中华人民共和国缔结或者参加的国际条约规定由中国承担搜寻援救工作的公海区域内搜寻援救民用航空器的活动。(第2条)

人民共和国缔结或者参加的国际条约规定由中国承担搜寻援救工作的公海区域内为中华人民共和国民用航空搜寻援救区，该区域内划分若干地区民用航空搜寻援救区，具体地区划分范围由民航局公布。民航局按空域划分为 11 个搜救区，分别对应相应的民航飞行情报区，具体见表 11－1。

表 11－1　中国搜寻援救区与搜救协调中心、民航飞行情报区

搜救区	搜救协调中心	对应飞行情报区	搜救区	搜救协调中心	对应飞行情报区
北京搜救区	华北空管局运行管理中心	北京飞行情报区	广州搜救区	中南空管局运行管理中心	广州飞行情报区
沈阳搜救区	东北空管局运行管理中心	沈阳飞行情报区	三亚搜救区		三亚飞行情报区
上海搜救区	华东空管局运行管理中心	上海飞行情报区	武汉搜救区		武汉飞行情报区
昆明搜救区	西南空管局运行管理中心	昆明飞行情报区	香港搜救区	香港和台北搜救协调中心	香港飞行情报区
兰州搜救区	西北空管局运行管理中心	兰州飞行情报区	台北搜救区		台北飞行情报区
乌鲁木齐搜救区	新疆空管局运行管理中心	乌鲁木齐飞行情报区			

（二）航空器搜寻援救的组织机构

建立搜寻援救航空器的组织机构，有利于保证航空器搜寻援救工作的顺利进行。1944 年《芝加哥公约》附件 12 明确规定，缔约国必须在每一个搜寻援救区中设立一个援救协调中心。为提高搜寻援救效率，缔约国应设立援救分中心或设置告警哨。

世界各国搜寻援救航空器的组织机构大多按照 1944 年《芝加哥公约》附件 12 设置，但因各国国情不同，具体做法也有所区别。

中国搜救体系分为三级机构：搜救管理部门、搜救协调部门和搜救单位。

搜救管理部门包括：民航局、民航地区管理局、民航安全监督管理局、各省（自治区、直辖市）人民政府、国家海上搜救组织等。

搜救协调部门包括：搜救协调中心、搜救协调分中心。民航局运行监控中心作为民航局搜救协调中心，各地区空管局运行管理中心作为本地区搜救协调中心，民航各空管分局作为搜救协调分中心，承担搜救协调工作。

搜救单位包括：地方人民政府公安、消防、医疗救护及相关部门，解放军、武警部队，航空公司、航空俱乐部、飞行院校等航空器运营人、不属于国家海上搜救组织的其他海上搜救力量。

第三节 航空事故家属援助制度

航空事故往往损失惨重、影响很大,如何对受害家属实施援助,尽量减少负面影响,给予罹难者、幸存者、失踪者及其家属必要的帮助,是航空事故救济不可或缺的重要内容。

一、航空事故家属援助的内涵和范围

家属援助,是指在航空事故发生后,家属援助提供者为航空器事故受害人及其家属提供出行便利,提供信息服务,进行生活照顾,提供即时物质、医疗、心理及精神援助,解决合理诉求和帮助处理相关事务等所有的行动和政策措施。[1]

航空事故家属援助的接受者/对象是航空事故的罹难者、幸存者、失踪者及其家属。其中罹难者是指航空器事故直接导致死亡的人员,包括机组人员、持有运输凭证的旅客、免费旅客以及第三人。幸存者是指在民用航空器飞行事故中,没有因为事故受到致命伤害或者受到致命伤害经抢救而存活的人员。失踪者,是指民用航空器飞行事故直接导致失踪的人员。家属,是指航空器事故罹难者、幸存者、失踪者的配偶、子女、父母、兄弟姐妹、祖父母、外祖父母、孙子女、外孙子女。

航空事故家属援助的提供者主要包括中央政府、地方政府、民航局及其派出机构、航空运营人、机场管理机构、经委托授权的第三方专业机构和其他社会公益组织。

二、航空事故家属援助的立法

(一)航空事故家属援助的国际公约及其标准和建议措施

航空事故发生后,对受害者家属提供适当援助具有重要性,国际民航组织在1944年《芝加哥公约》下正式规定了各国在该领域制定有效立法、法规和政策的义务,并通过了供各国政府实施的标准和建议措施。例如,1944年《芝加哥公约》第26条从事故调查的角度规定了各国对于事故调查和援助的国家义务和最低要求。该公约附件9《简化手续》第8章规定对航空器事故受害者及其家庭的协助义务和提供便利。该公约附件12《搜寻与援救》和附件13《航空器事故和事故征候调查》从事故调查的角度对幸存者援助作了相关规定。此外,国际民航组织还提供了相关指导材料,如《国际民航组织关于援助航空器事故受害者

---

[1] 参见《民用航空器飞行事故应急反应和家属援助规定》第29条;民航局运输司2023年12月12日发布的《公共航空运输航空器事故家属援助手册(征求意见稿)》。

及其家属的政策》(Doc 9998 号文件)和《关于援助航空器事故受害者及其家属的手册》(Doc 9973 号文件),极大地便利了向事故受害者及其亲人提供及时和全面的信息、照顾和资源。(见表 11－2)

表 11－2　1944 年《芝加哥公约》及其附件关于航空事故家属援助的相关规定

1944 年《芝加哥公约》第 26 条	1944 年《芝加哥公约》附件 9《简化手续》第 8 章	1944 年《芝加哥公约》附件 12《搜寻与援救》第 2、3 章	1944 年《芝加哥公约》附件 13《航空器事故和事故征候调查》
各国对于事故调查和援助的国家义务和最低要求	I. 对航空器事故受害者及其家庭的协助 B. 为搜寻、援救、事故调查和残骸打捞提供的便利	对幸存者援助	缔约国应按照 Doc 9998 号文件《国际民航组织关于援助航空器事故受害者及其家属的政策》和 Doc 9973 号文件《关于援助航空器事故受害者及其家属的手册》的规定对遇难者及其家属展开协助
一缔约国的航空器如在另一缔约国的领土内失事,并导致死亡或重伤或表明航空器、航行设施有严重技术缺陷时,失事所在地国家应在该国法律许可的范围内,依照国际民用航空组织建议的程序,着手调查失事情况;航空器登记国应有机会指派观察员在调查时到场,主持调查的国家应将关于此事的报告及调查结果通知航空器登记国	①航空器事故发生所在国和毗邻国必须作出安排,便利航空器事故受害者家庭成员、航空器运营人或运营人联盟伙伴的授权代表临时进入其领土;②必要时为在事故中幸存的国民颁发应急旅行证件;③为遇难者家属将遗骸遣送至始发国提供必要的协助,如安排运输和通关;④各缔约国必须作出安排,以保证对失踪或损坏的航空器进行搜寻、援救、事故调查、修理或残骸打捞的合格人员能不延误地暂时进入其领土;⑤每一缔约国必须提供便利,使对另一缔约国已损坏的航空器进行搜寻、援救、事故调查、修理或残骸打捞所需的所有航空器、工具、零备件和设备能暂时进入其领土,这些物品必须暂时被准许入境,免交关税和其他税收或费用,也不适用任何具有限制货物进口性质的规定;⑥损坏的航空器或其部件和航空器上所装载的任何供应品或货物,连同运入暂时用以进行搜寻、援救、事故调查、修理或残骸打捞的任何航空器、工具、零备件或设备,如没有在缔约国规定的时间内运出其领土,则必须符合有关国家适用的法律要求	缔约国有义务向航空器事故的幸存者提供相关援助,并配备主管当局、专业的人员和相应的设备及配套资源;缔约国必须确保其搜寻与救援服务部门应与事故调查和受难者照料部门相互合作	

（二）国际民航组织对家属援助的积极推动

过去20多年来，国际民航组织采取了诸多举措，确保受害者家属援助事宜得到充分处理（见表11－3）。例如，国际民航组织开发新的培训，帮助国家官员设计和制定适当的援助家属的立法和计划；推动1944年《芝加哥公约》的广泛批准和实施，以为受害者提供更公平的赔偿和更大的保护；呼吁和倡导把尊重民航事故受害者及其亲人的心理、身体和精神健康，作为全球航空业的一个重要优先事项。

表11－3 国际民航组织推动航空事故家属援助的系列举措概况

年份	举措	内容
1998	国际民航组织在第32届大会通过第A32－7号决议	呼吁各缔约国重申它们支援民用航空事故遇难者及其家属的承诺，敦促有关国家制订家属援助计划
2001	国际民航组织发布《航空器事故遇难者及其家属援助指南》（通告285－AN/166）	作为提供给各缔约国制定此类规定的参考文件
2005	通告285－AN/166内容纳入附件9《简化手续》	以便事故受害者家属能够迅速进入事故发生所在国
2013	国际民航组织发布《国际民航组织关于援助航空器事故受害者及其家属的政策》（Doc 9998号文件），该政策取代2001年第285号通告	它纳入家属援助领域最新的经验教训和发展情况，对相关指导材料作出更新和扩展，包括家属援助计划、家属援助的及时性、家庭援助提供者。该政策规定了政府（事故发生国、事故调查机构、航空当局）的职责以及非政府组织（航空器运营人、机场运营人、第三方、家属组织）的权利和义务
	国际民航组织发布《关于援助航空器事故受害者家属的手册》（Doc 9973号文件）	该手册包括家属援助接受者、家属援助的类型、家属援助提供者、家属援助计划的制定和实施等内容。该手册在附录中纳入中国的家属援助立法，成为中国民航法规标准"走出去"的重要标志性成就
2016	国际民航组织第39届大会通过第A39－27号决议《援助航空器事故受害者及其家属》	呼吁各国重申其援助航空器事故受害者及其家属的承诺，包括制定法律法规和/或政策，及审查Doc 9998号文件所载相关政策和Doc 9973号文件的相关指导材料
2021	国际民航组织COVID－19高级别会议	呼吁各国和航空公司作为一个优先事项，就受害者援助措施采取行动
	西班牙政府主办第一届援助航空器事故受害者及其家属专题讨论会（AAAVF 2021）	加强全球合作以对他们进行照顾和疗治提供一个重要平台

续表

年份	举措	内容
2022	国际民用航空组织理事会第224届会议第五次会议	批准将每年2月20日定为空难受害者及其家属国际纪念日,以促进解决对航空器事故受害者及其家属的援助问题
	国际民航组织举办首次纪念日活动(2月20日)	建立附有资源的专门网页、国际空难受害者家属联合会主席录制视频讲话,通过社交媒体强调纪念日的重要性
	国际民航组织理事会通过对1944年《芝加哥公约》附件9《简化手续》的第29次修订,将建议措施8.46升级为标准8.47	规定各国有义务制定法律法规和/或政策,向航空器事故受害者及其家属提供援助。(2022年11月18日开始适用)
	第29次修订通过一项新建议措施8.48	建议各国应当确保国内所有航空器或机场运营人制订计划,向航空器事故受害者及其家属提供及时和有效的援助

(三)国外关于航空事故家属援助的立法情况

如表11－4所示,从各国对于事故家属援助的国内立法看,1944年《芝加哥公约》缔约国大多都有制定立法来落实公约规定的家属援助义务,其中,美国制定空难旅客家属援助立法较早。

表11－4　代表性家属援助国家立法情况

国别	立法名称	主要内容
美国	1996年《空难家庭援助法》	赋予国家运输安全委员会(NTSB)帮助发生在美国领土上的空难遇难者家属的附加责任
	1996年《外国承运人家庭援助法》	要求飞美国的外国航空承运人要向运输部长和国家运输安全委员会主席提交关于满足该外国航空承运人控制下的航空器造成大量人员死亡的事故所涉家属需要的计划
	1996年9月9日总统行政备忘录	总统指定国家运输安全委员会为向重大交通灾难遇难者家属提供联邦服务的协调机构
	美国法典第49集第14分集《旅客舱单信息》(243部)	对旅客信息的收集和保存、空难后的信息传递等作出明确、具体规定
欧盟	《关于民用航空事故和事故征候调查与预防的第996/2010号规章》	第15条第4款规定安全调查主管当局获权向受害者及其亲属发布初步报告或结论和/或安全建议等信息。 第21条规定对航空事故受害者及其亲属的援助条款

续表

国别	立法名称	主要内容
日本	2011 年《基本交通方案》(第 9 版)	从基本原则角度规定对事故被害人和家属的援助
	2012 年《交通安全事务方案》	规定和平时期的工作包括制定受害者支助系统和促进商业运营人制订家属援助计划
	2012 年《灾难预防基本计划》第 8 章	特别规定航空事故领域的家属援助制度
澳大利亚	《基础设施、运输、地区发展和地方政府部的家属援助守则》	规定家属援助的目的、受害者含义、适用对象、与其他机构的协调、航空公司的责任、灾难受害者鉴定等
尼泊尔	2015 年《民航事故调查规则》	载明关于航空器事故调查以及家属援助的规定

三、中国航空事故家属援助的立法情况

(一)航空事故家属援助的立法要求

中国积极响应国际民航组织关于推进航空事故家属援助的要求,但中国的《民用航空法》和《安全生产法》没有关于家属援助的具体规定,相关要求主要体现在《民用航空器飞行事故应急反应和家属援助规定》(CCAR-399)及依据该规定制定的各项涉及民航管理的规章和规范性文件。

《民用航空器飞行事故应急反应和家属援助规定》(CCAR-399)第 31 条规定,公共航空运输企业应当向民航局提交家属援助计划,该计划的任何修改均应在修改后 10 日内报民航局备案。2023 年 12 月,民航局发布《公共航空运输航空器事故家属援助手册(征求意见稿)》。(见表 11-5)

表 11-5 中国航空事故家属援助相关立法情况

序号	立法名称	主要内容
1	《民用航空器飞行事故应急反应和家属援助规定》(CCAR-399)	明确公共航空运输企业应当对涉及事故的罹难者、幸存者、失踪者及其家属提供物质和精神援助;应当向民航局提交家属援助计划;承担援助费用。机场管理机构应当协助公共航空运输企业的家属援助工作,在交通、住宿等方面提供便利条件
2	《民用航空器飞行事故应急反应和家属援助规定》(CCAR-399)第 31 条	公共航空运输企业应当向民航局提交家属援助计划,该计划的任何修改均应在修改后 10 日内报民航局备案
3	《通用航空短途运输运营服务管理办法》(民航规〔2023〕50 号)第 9 条	短途运输企业应当按照有关规定,制订并公布飞行事故应急救援计划及伤亡人员家属援助计划

续表

序号	立法名称	主要内容
4	《通用航空包机飞行管理暂行办法》(民航规〔2020〕30号)第16条	包机飞行企业应当按照规定,制订飞行事故应急救援计划及伤亡人员家属援助计划
5	《通用航空经营许可管理规定》(CCAR-290-R3)第23条	从事载客类经营活动的通用航空企业,应当按照民航局的有关规定,制订飞行事故应急反应预案和伤亡人员家属援助计划

(二)航空事故家属援助计划的内容

二维码 11-2

《公共航空运输航空器事故家属援助手册》

依据《民用航空器飞行事故应急反应和家属援助规定》(CCAR-399)第31条规定,公共航空运输企业应当向民航局备案家属援助计划,具体内容如下。

(1)确保民用航空器飞行事故发生后能够迅速开通的电话号码并提交经过训练有能力处理来自旅客家属电话的人员名单;(2)及时通知旅客家属的程序;(3)及时向主管部门提供,并更新机上人员信息的渠道;(4)保证与旅客家属协商处理罹难者遗体、个人财物等事宜;(5)保证对其职员和代理人的训练,以在必要时满足事故罹难者、幸存者、失踪者家属的需要;(6)赔偿计划与程序,罹难者后事处理的程序与组织;(7)保证为实施这一计划的足够资源。

四、中国航空事故家属援助的适用范围

航空事故无论规模大小,罹难者及其家属均应得到适当援助,但因航空器事故的性质和情况不同,提供家属援助所需资源相差很大。根据中国公共航空运输的载客量特点、事故分类和发生区域的不同,提供家属援助的承运人和适用依据有所差异。[1]

(一)事故发生区域

中国关于航空器事故家属援助规定的适用范围与事故发生地有关,航空事故发生在中华人民共和国领域内,所有航空承运人不分国籍,均按照中国立法规定和要求提供家属援助。(见表11-6)

---

〔1〕 以下参见《公共航空运输航空器事故家属援助手册(征求意见稿)》。

表 11－6 中国航空事故家属援助规定的适用

事故发生地	适用的航空承运人	提供家属援助的适法依据
中华人民共和国领域内（港澳台除外）	国内航空运营人、港澳台航空运营人、外国航空运营人	按照中国立法规定
中华人民共和国境外	中国航空运营人	按照事故发生地国的规定；事故发生地国无相关规定或规定不全，参照中国和国际民航组织的相关规定
中国境外发生，但始发地、目的地或经停地在中国境内，且航空器事故致 30 名以上中国国籍旅客死亡	外国航空运营人	参照中国立法规定的相关条款

（二）航空器事故等级

依据《民用航空器事件技术调查规定》第 4 条规定，事故等级分为特别重大事故、重大事故、较大事故和一般事故（见表 11－7）。但是，根据《民用航空器飞行事故应急反应和家属援助规定》（CCAR－399）第 2 条规定，应当进行家属援助工作的事故，限于依照 CCAR－121 部和 CCAR－135 部进行商业运行的航空器发生的、依法由国务院民用航空主管部门组织调查的重大事故、国务院授权组织调查的特别重大民用航空器飞行事故。

表 11－7 事故等级分类

事故类别	人员伤亡标准	家属援助	事故类别	人员伤亡标准	家属援助
特别重大事故	造成 30 人以上死亡，或 100 人以上重伤；航空器失踪或失联①	应当援助	较大事故	造成 3 人以上 10 人以下死亡，或 10 人以上 50 人以下重伤	可以援助自行决定
重大事故	造成 10 人以上 30 人以下死亡，或 50 人以上 100 人以下重伤	应当援助	一般事故	造成 3 人以下死亡，或 10 人以下重伤	可以援助自行决定

资料来源：《生产安全事故报告和调查处理条例》（国务院令第 493 号）中事故分类的有关人员伤亡标准。

①此项参见《民用航空器事件技术调查规定》。

五、中国航空事故家属援助提供者及其职责

家属援助提供者主要包括中央政府、地方政府、民航局及其派出机构、航空运营人、机场管理机构、经委托授权的第三方专业机构和其他社会公益组织。每一个提供者在家属援助中都具有不同的资源和职责，这些提供者的行动应保持

同步并协调一致,以便有效协调地作出家属援助响应。

(一)中央政府的职责

(1)为航空器事故受害者家庭成员临时进入中国领土提供便利。(2)为航空运营人或运营人联盟或伙伴的授权代表临时进入本国领土提供便利,以便使其能向事故的幸存者、受害者及其家庭成员和有关当局提供协助。(3)必要时为在事故中幸存的受害者颁发应急旅行证件。(4)在应受害者家庭成员或其航空器遭遇了事故的航空运营人的要求将遗骸遣送至始发国时,必须提供一切必要协助,如安排运输和通关。(5)提供法规支持,确保航空器事故受害者及其家属得到经中国政府确定有权获得的各种家属援助。

(二)地方政府的职责

(1)为受害人家属提供现场救援及其进展信息;(2)为受害人家属前往事故发生地提供便利;(3)为受害人家属前往伤者接受治疗的医院作出安排并提供便利;(4)为受害人家属前往事故地点悼念作出安排并提供便利;(5)进行家属DNA检测、遗体(遗骸)身份鉴定,开具死亡证明;(6)帮助航空运营人提供殡葬资源并提供相关便利;(7)帮助航空运营人解决家属援助酒店资源并提供相关便利;(8)帮助航空运营人解决事发地地面交通;(9)向家属和幸存者提供法律或规章所要求提供的任何其他服务或信息。

(三)民航局及其派出机构的职责

民航局的职责包括:(1)制定相关法规和政策,要求航空运营人和机场管理机构制订家属援助计划、具备相关资源,确保为航空器事故受害人及其家属提供及时有效的援助;(2)航空器事故发生后,联合地方政府及有关部门,组织航空运营人、机场管理机构和第三方专业机构等成立家属援助现场指挥部;(3)根据家属援助实施的具体进展情况,决定家属援助现场指挥部的运行结束时间;(4)负责向航空器事故受害人及其家属提供与航空器事故调查相关的信息。

民航地区管理局及监管局职责包括:(1)依法为航空器事故受害人及其家属提供家属援助,为航空运营人、机场管理机构、第三方机构(专业应急机构、保险机构、其他社会公益组织)提供帮助,组织、调动和协调用于家属援助的相关资源,提供必要的政策和行政支持,协助开展家属援助;(2)负责对航空运营人、机场管理机构家属援助计划制订、家属援助团队成员培训和演练进行监督审查。

(四)航空运营人的职责

航空运营人是提供航空器事故家属援助的责任主体,负责组织和实施为航空器事故受害人及其家属提供家属援助。具体包括但不限于以下职责:(1)应当与所涉机场签订相关家属援助安排协议,并进行有效培训;(2)应当明确负责家属援助日常事务管理和组织及实施机构;(3)应当为其他家属援助提供者提供所需设施、设备、物资和后勤保障,并提供相应的便利;(4)应当制订符合国家和民航局要求的家属援助计划;(5)应当组建符合最低标准的家属援助团队;(6)应当制订家属援助培训大纲,并对家属援助团队及相关人员进行培训;(7)应当按照要求备案家属援助计划、家属援助团队培训大纲;(8)成立家属援助组织领导机构和实施指挥机构,设立家属酒店或家属援助机构,具体实施家属援助。

(五)机场管理机构的职责

机场管理机构是家属援助的重要主体,应当及时为受害人及其家属提供援助,配合和协助航空运营人实施家属援助。具体包括但不限于以下职责:(1)应当明确负责家属援助日常管理和航空器事故发生后的家属援助的机构;(2)制订符合要求的家属援助计划并备案;(3)应当组建符合最低标准的家属援助团队;(4)应当制订家属援助培训大纲并备案,对家属援助团队及相关人员进行培训;(5)应当设立用于家属援助的场地及其配套设施;(6)成立家属援助组织领导机构和实施指挥机构。

(六)经委托授权的第三方专业机构的职责

经委托授权的第三方专业机构是家属援助资源和能力的重要补充,应当以协议的形式与航空运营人或机场管理机构建立合作关系,提供相应服务。

(七)社会公益组织的职责

其他社会公益组织为家属援助社会力量,经政府、航空运营人或机场管理机构批准后,协助航空运营人、机场管理机构及第三方机构开展救援及善后恢复,主要提供与人道主义相关的援助。

其他社会公益组织开展家属援助应当依法依规提供援助,尊重当地文化、风俗和宗教信仰等;应当对援助期间所收集、收到和接触的全部信息及资料保密,不得用于其他目的或对外泄露或公开发表。[1]

第四节 航空事故调查制度

航空事故调查工作是安全管理的重要一环,直接关系到事故原因的确定和事故的预防。航空器结构复杂、技术密集、影响安全的因素多,决定事故调查的专业性强、实施难度大。

---

[1] 以上参见《公共航空运输航空器事故家属援助手册(征求意见稿)》。

一、航空事故调查的法规体系

(一)关于航空器事故调查的国际法依据

航空器运行国际化程度高,事故调查会涉及航空器设计国、制造国、登记国、运营人所在国、遇难人所在国等多个国家的权利和义务。

关于航空器事故调查的主要国际法依据有:1944 年《芝加哥公约》第 26 条、第 37 条和 1944 年《芝加哥公约》附件 13《航空器事故和事故征候调查》以及国际民航组织提供适当指导的辅助材料——《航空器事故和事故征候调查手册》(Doc 9756 号文件)、《事故和事故征候调查政策和程序手册》(Doc 9962 号文件)、《地区事故和事故征候调查组织手册》(Doc 9946 号文件)、《航空器事故和事故征候调查法》范本、《航空器事故和事故征候调查规章》范本、《安全信息保护手册》(Doc 10053 号文件)等。

1944 年《芝加哥公约》第 37 条是制定航空器事故调查附件的指导条款,但附件不得与该公约第 26 条或该公约的任何其他条款相抵触。1944 年《芝加哥公约》第 26 条对航空事故调查作了原则规定,即一缔约国的航空器如在另一缔约国领土内发生事故,致有死亡或严重伤害或表明航空器或航行设施有重大技术缺陷时,事故所在地国家应在该国法律许可范围内,依照国际民用航空组织建议的程序,着手调查事故情形;航空器登记国应有机会指派观察员在调查时到场,主持调查的国家应将关于此事的报告及调查结果,通知航空器登记国。

该公约附件 13《航空器事故和事故征候调查》,统一缔约国在事故调查方面的权利和义务,并要求缔约国将相关权利和义务纳入本国的法律法规。(见表 11－8)

表 11－8　《航空器事故和事故征候调查》的结构与内容

内容	内容	
第 1 章　定义	附录　最后报告的格式	
第 2 章　适用范围	附篇	附篇 A　经营人所在国对涉及租用、包用或交换的航空器在事故和事故征候方面的权利和义务
第 3 章　总则		
第 4 章　通知		附篇 B　通知和报告检查单
第 5 章　调查		附篇 C　严重征候实例清单
第 6 章　最后报告		附篇 D　飞行记录仪判读和分析指导性材料
第 7 章　提出事故/事故征候资料报告		附篇 E　保护安全数据收集和处理系统的资料的法律指导
第 8 章　事故预防措施		

（二）中国有关航空器事故调查的法律规范

二维码 11-3

公约附件 13《航空器事故和事故征候调查》的各次修订情况列表

中国建立了法律、法规、规章和规范性文件构成的有关航空器事故调查的法律规范体系。例如，法律层面的《安全生产法》《民用航空法》；行政法规层面的《生产安全事故报告和调查处理条例》；涉及民航管理的规章层面的《民用航空器事件技术调查规定》；规范性文件层面的《民用航空器事件技术调查手册》（民航安函〔2023〕18 号/WM-395-AS-03R1）等。

根据《民用航空法》第 156 条的规定，民用航空器事故调查的组织和程序，由国务院规定。（见表 11-9）

表 11-9 中国有关航空器事故调查的法律规范

类型	名称	文号/字号	发布时间
法律	《民用航空法》	第 6 次修正	2021-04-29
	《安全生产法》	第 3 次修正	2021-06-10
行政法规	《生产安全事故报告和调查处理条例》	国务院令第 493 号	2007-04-09
	《民用航空器事故调查条例（征求意见稿）》		2021-06-24
规章	《民用航空器事件技术调查规定》	交通运输部令 2022 年第 34 号	2022-11-01
规范性文件	《民用航空器事件技术调查手册》	民航安函〔2023〕18 号 WM-395-AS-03R1	2023-11-23
	《民用航空器事件调查员管理办法》	民航安函〔2023〕17 号 MD-395-AS-05R1	2023-11-21
	《民用航空器事件调查员培训管理办法》	民航规〔2023〕52 号 MD-395-AS-06R1	2023-12-19
	《民用航空器事件技术调查安全建议管理办法》	民航规〔2023〕53 号 AC-395-AS-02R1	2023-12-19
	《民用航空器事故调查设备管理规定》	MD-AS-2007-03	2007-07-25

二、航空事故调查的类型

根据航空事故调查目的和调查机构的不同，航空事故调查包括行政调查、司法调查和技术调查。

（一）航空事故的技术调查

1944 年《芝加哥公约》附件 13《航空器事故和事故征候调查》作为国际标准和建议措施，明确规定："事故调查的唯一目的是查明事故原因，防止类似事故再次发生,而不是分摊过失或责任;任何分摊过失或者责任的司法或行政程序应与技术调查区分开。”事故调查人员也不应被强迫在民事、刑事、行政或纪律诉讼中就涉及过失或责任的事情发表意见。

1944 年《芝加哥公约》附件 13 将事故调查定位为技术调查,调查目的是防止类似事件再次发生。国际民航组织明确要求“国家立法和规章应该使技术调查与司法或行政程序保持分离,分摊过失或责任不是事故调查部门的任务”,大多数缔约国均在其立法中体现了这一原则。[1]

中国《民用航空器事件技术调查规定》第 5 条明确将事件调查的唯一目的是预防类似事件再次发生,不是分摊过失或者责任;此调查应当与以追究责任为目的的其他调查分开进行。

调查机构的独立性和权威性是事故调查的核心。为保证事故调查的客观性、公正性、可信性,事故调查须有专门机构负责,有些是政府机构组建,如成立于 1967 年并被视为独立调查机构鼻祖的美国国家运输安全委员会(NTSB)、法国的航空事故调查与安全局(BEA)、英国的交通部航空事故调查局(AAIB)。有些独立于政府机构,尤其是交通运输监管部门和司法部门,有些还独立于航空安全监管机构。[2]

附件 13《航空器事故和事故征候调查》第 15 次修订内容对事故调查独立性的要求进一步增强,要求各国家必须建立独立于国家航空当局和可能干预调查进行或客观性的其他实体的事故调查部门。美国、加拿大、英国、澳大利亚等国都为此创设独立委员会监督事故调查机构。

(二)航空事故的行政调查

1. 调查机构

航空事故技术调查的目的虽然不是分摊过失或责任,但并不意味着对航空事件不追究责任,而是要依照其他法规执行。例如,中国大陆民航局组织进行的航空事件(包括事故)调查即为行政调查。

2. 调查目的

《生产安全事故报告和调查处理条例》规定的事故调查目的具有多重性,事故技术调查与司法调查或行政调查不分,事故调查与责任追究互相关联,事故调查的主要形式和目标偏重事故责任追究。例如,“伊春空难”的调查报告不仅包

---

〔1〕 例如,1993 年一架波音 757 客机在泰国上空发生空难后,事故调查查明,该民用航空器机翼内靠近油箱的一根电线因磨损而导致短路,短路所产生的火花引爆了民用航空器。事后,美国联邦航空委员会要求所有使用该型民用航空器的航空公司对使用中的波音 757 客机进行全面检查。自那时起,波音 757 客机未再发生过因机翼内电线短路而引发的事故。

〔2〕 See Paul Stephen Dempsey, *Independence of Aviation Safety Investigation Authorities: Keeping the Foxes From the Henhouse*, Journal of AirLaw and Commerce Spring, 2010, 75 JALC 223.

括事故防范和隐患整改措施建议，还包括对有关责任人员和责任单位的处理建议。

民航局2021年6月发布的《民用航空器事故调查条例(征求意见稿)》第5条"调查目的和原则"的规定与该公约附件13《航空器事故和事故征候调查》保持了一致，并在第30条报告用途中规定"事故调查报告不应作为确定和追究责任的唯一证据"，旨在明确航空事故调查工作并非司法调查或其他与责任追究有关的调查，而是为了"查明原因，提出安全建议，防止类似事件再次发生"。

(三)航空事故的司法调查

司法调查主要是指法务部门或法院针对航空事故中相关人员刑事及民事责任的判定，依据刑事诉讼法和民事诉讼法进行的调查。

对于非法干预导致航空事故的，在进行事故技术调查时，只要检方认为有犯罪嫌疑即可启动追诉程序，刑事侦查掌握的事实不必百分之百。

航空事故的技术调查和追责的司法调查同时进行，可能会产生冲突，哪个具有优先性？这是一个全球问题。中国台湾地区在事故调查程序上优先保障飞安会调查权的行使，其技术调查具有优先性。

但不难发现，航空事故的司法调查存在很多问题与实践困境。例如，司法调查因面临很多技术难题难以独立完成，或司法部门使用事故调查所涉安全资料可能被视为不当使用；司法机关误用或滥用事故安全调查信息对航空安全造成危害。

从航空安全保障和事故责任认定的不同视角来看，航空安全与惩罚孰轻孰重问题，一直是争议焦点，这取决于一个国家立法的价值导向。空难事故的发生会牵涉多部门利益，包括预防未来事故再次发生和适当的司法行政，这些利益超越了有关各方的个别利益及事故本身。因此，为确保公众的总体利益，一个国家的立法需要对所有利益进行平衡，既要管理调查行为和司法行为，又要预防事故发生，明确司法机关在飞行安全中承担的职责和角色定位。司法机关不仅是保护法律条款及实施惩罚的机构，更应是社会的组成部分，承担社会责任。

三、航空事故调查的原则与组织

(一)航空事故调查的基本原则

依据《民用航空器事件技术调查规定》，事件调查应当遵循以下基本原则。

1.独立原则。调查应当由事故调查组织独立进行，任何其他单位和个人不得干扰、阻碍调查工作；"事故和事故征候调查的独立性"，指调查部门应在职能上与国家航空当局和可能干预调查进行或客观性的其他实体分离，从而避免利益冲突，增进事故调查部门的公信力，但"独立性"不意味着调查部门不受政府对财务、行政、政策和工作方法的管理监督。

国际民航组织为各国实施1944年《芝加哥公约》附件13的修订提供下列流程建议:对于建立独立的事故调查部门,制定或修改涉及事故调查部门作用的法律或规章;资源缺乏的国家可考虑建立地区事故和事故征候调查组织;通过新制定或新修改的法律或规章。

2. 客观原则。调查应当坚持实事求是、客观公正、科学严谨,不得带有主观倾向性。

3. 深入原则。调查应当查明事故发生的各种原因,包括航空器设计、制造、运行、维修和人员训练,以及政府行政规章和企业管理制度及其实施方面的缺陷等。

4. 全面原则。调查不仅应当查明和研究与本次事故发生有关的各种原因和产生因素,还应当查明和研究与本次事故或事故征候发生无关,但在事故或事故征候中暴露出来的或者在调查中发现的可能影响飞行安全的问题。

(二)国际航空事故调查的组织

依据《民用航空器事件技术调查规定》第11条的规定,根据中国批准的国际公约有关规定,组织、参与事件调查时,按照下列规定执行。

1. 在中国境内发生的事件由中国负责组织调查。在中国境内发生事故、严重征候时,组织事件调查的部门应当允许航空器登记国、运营人所在国、设计国、制造国各派出一名授权代表和若干名顾问参加调查。有关国家无意派遣授权代表的,组织事件调查的部门可以允许航空器运营人,设计、制造单位的专家或者其推荐的专家参与调查。

2. 中国为航空器登记国、运营人所在国、设计国或者制造国的民用航空器,在境外某一国家或者地区发生事故、严重征候时,民航局或者民航地区管理局可以指派一名授权代表和若干名顾问参加由他国或者地区组织的调查工作。

3. 中国为航空器登记国的民用航空器,在境外发生事故、严重征候时,但事发地点不在某一国家或者地区境内的,由中国负责组织调查。

4. 中国为航空器运营人所在国、设计国或者制造国的民用航空器,在境外发生事故、严重征候时,但事发地点不在某一国家或者地区境内,且航空器登记国无意组织调查的,可以由中国负责组织调查。

5. 由民航局或者民航地区管理局组织的事故、严重征候调查,可以部分或者全部委托其他国家或者地区进行调查。

6. 根据中国要求,除航空器登记国、运营人所在国、设计国和制造国外,为调查提供资料、设备或者专家的其他国家,有权任命一名授权代表和若干名顾问参加调查。

(三)国内航空事故调查的组织

为维护调查公正性,1944年《芝加哥公约》附件13要求各国建立独立的调查机构,世界各国也普遍由专门的民用航空器事故调查部门组织调查。

民航局作为国务院民用航空主管部门,建立的专职事故调查机构,其职能应与民航运行或者安全监督职能明确区别。特别重大事故人员伤亡和财产损失巨大,对社会和国际造成严重影响,由国务院直接组织事故调查,除特别重大事故以外的民用航空器事故调查工作由民航局和民航地区管理局组织。

由民航局组织的调查,事发地民航地区管理局和事发相关单位所属地民航地区管理局应当参与。由事发地民航地区管理局组织的调查,事发相关单位所属地民航地区管理局应当给予协助,民航局可以根据需要指派调查员或者技术专家给予协助。事发地民航地区管理局可以委托其他民航地区管理局组织调查,事发地民航地区管理局和事发相关单位所属地民航地区管理局应当给予协助。未造成人员伤亡的一般事故、征候,民航地区管理局可以委托事发民航生产经营单位组织调查。

民航局和民航地区管理局组织调查的事件范围如表 11 -10 所示。

表 11 -10　民航局和民航地区管理局组织调查的范围

民航局组织的调查范围	民航地区管理局组织本辖区发生的事件调查范围
(1)国务院授权组织调查的特别重大事故; (2)运输航空重大事故、较大事故; (3)民航局认为有必要组织调查的其他事件	(1)运输航空一般事故; (2)通用航空事故; (3)征候; (4)民航局授权民航地区管理局组织调查的事故; (5)民航地区管理局认为有必要组织调查的一般事件

资料来源:参见《民用航空器事件技术调查规定》第 12 条。

(四)航空事故调查组的组成和职责

航空事故调查组的组成应当符合下列规定。

1. 调查组组长由组织调查的部门任命,负责管理调查工作,并有权对调查组组成和调查工作作出决定。

2. 调查组组长根据调查工作需要,可以成立若干专业小组,分别负责飞行运行、航空器适航和维修、空中交通管理、航空气象、航空安保、机场保障、飞行记录器分析、失效分析、航空器配载、航空医学、生存因素、人为因素、安全管理等方面的调查工作。调查组组长指定专业小组组长,负责管理本小组的调查工作。

3. 调查组由调查员和临时聘请的专家组成,参加调查的人员在调查工作期间应当服从调查组组长的管理,其调查工作只对调查组组长负责。调查组成员在调查期间,应当脱离其日常工作,将全部精力投入调查工作,并不得带有本部门利益。航空器事故调查工作具有专业性强、复杂性高的特点，为保证调查的公正性和权威性，事故调查工作需要由经过系统、专业训练的调查员开展。调查员资质的管理要求具体依据《民用航空器事件调查员管理办法》和《民用航空器事件调查员培训管理办法》进行。

4. 与事件有直接利害关系的人员不得参加调查工作。调查组应当履行下列职责：（1）查明事实情况；（2）分析事件原因；（3）作出事件结论；（4）提出安全建议；（5）完成调查报告。

四、航空事故调查报告的编写与发布

《民用航空器事件技术调查规定》关于航空器事故调查报告的编写与发布的相关规定，与 1944 年《芝加哥公约》附件 13 的要求与建议保持一致。修订的《事件样例》（民航规〔2023〕34 号/AC－396－08R3）于 2024 年 1 月 1 日起生效。

（一）航空事故调查报告的编写与内容

事故调查结束后，调查组应编写调查报告，事故调查报告应当包括下列内容：（1）调查中查明的事实；（2）原因分析及主要依据；（3）结论；（4）安全建议；（5）必要的附件；（6）调查中尚未解决的问题。[1]

（二）航空事故调查报告的发布

二维码 11－4

《事件样例》（民航规〔2023〕34 号/AC－396－08R3）

依据《民用航空器事件技术调查规定》第 48 条的规定，事故和严重征候的最终调查报告应当在事发 12 个月内依法、及时向社会公布，依法不予公开的除外。未能在事发 12 个月内公布最终调查报告的事故或者严重征候的，组织事件调查的部门应当在事件周年日向社会公布调查进展情况。

调查报告经国务院或者民航局、民航地区管理局批准后，调查工作即告结束。组织调查的部门应当在事故发生后 30 日内按规定向国际民航组织和有关国家送交初步调查报告，并应当按规定向国际民航组织和有关国家送交事故和严重征候最终调查报告。

例如，马航 MH370 事件发生后，由马来西亚政府负责事故调查工作。根据 1944 年《芝加哥公约》附件 13 的规定，调查国须尽快发布最后报告，并建议在自出事之日起 12 个月以内发布，如果不能在 12 个月以内发布报告，进行调查的国家应在每年的出事周年日发布一份中期报告，详述调查进展及出现的任何安全事项。考虑到事件的复杂性，马来西亚政府于 2015 年 3 月 8 日、2016 年 3 月 8 日和 2017 年 3 月 8 日发布 3 次中期报告；2018 年 7 月 30 日，马航调查小组发布

〔1〕 参见《民用航空器事件技术调查规定》第 36 条。

马航 MH370 最终调查报告，结论是无法确认客机失联真正原因，但仍得出一些结论：马航在人为控制下偏航飞行；没有证据表明飞行员和副驾驶有问题；飞机缺陷或故障不是失踪原因；交通管制员等在搜救中有工作失误。综上所述，调查小组依然不能确认马航 MH370 失联的真正原因。2018 年 11 月 30 日，即马航 MH370 航班在印度洋上消失后的第 1728 天，马来西亚 MH370 事故调查团队正式解散。

五、航空事故调查报告的安全建议管理

（一）安全建议的界定和性质

二维码 11－5

关于“3·21”东航 MU5735 航空器飞行事故调查进展情况的通报

安全建议，是由组织事件调查的部门根据事件调查提出的旨在预防类似事件再次发生的技术性建议，旨在防止事故或征候的发生以及降低其产生后果的严重性，而非指出承担过失或责任的单位或者个人。

其中全球关切的安全建议，是指需要及时采取行动，以预防可能在全球重复发生并导致严重后果的系统性缺陷的安全建议。[1] 国际民航组织《航空器事故和事故征候调查手册》（DOC9756）Part Ⅳ附录 6 中列举了全球关切的安全建议的案例，全球关切的安全建议收录在国际民航组织公开的数据库中，任何国家、单位和个人均可以查询。

二维码 11－6

全球关切的安全建议判定标准

根据 1944 年《芝加哥公约》附件 13，事故技术调查的唯一目的是防止类似事故再次发生。及时公布安全建议是实现这一目的的重要途径。事故调查报告中的安全建议旨在防止事故或征候的发生以及降低其产生的后果，因此安全建议不得用于过失或责任的认定。

安全建议的质量及落实情况得到各国的普遍重视，中国在民航安全建议管理工作方面积极跟进和落实国际公约的要求，按照要求建立了有效的安全建议管理体系。例如，《民用航空器事件技术调查规定》、《民用航空器事件技术调查手册》（民航安函〔2023〕18 号/WM－395－AS－03R1）和《民用航空器事件技术调查安全建议管理办法》（民航规〔2023〕53 号/AC－395－AS－02R1）对安全建议管理提出了明确的具体要求。

（二）安全建议的闭环管理

组织事故调查部门基于调查发现，针对航空器设计、制造、运行、维护和保

〔1〕 参见《民用航空器事件技术调查安全建议管理办法》（民航规〔2023〕53 号/AC－395－AS－02R1）第 3 条、第 4 条。

障等各环节提出安全建议，旨在从全链条上保障民航安全，实现安全的闭环管理。例如，《民用航空器事件技术调查安全建议管理办法》（民航规〔2023〕53号/AC－395－AS－02R1）第6条规定，安全建议通过中国民用航空安全信息系统进行统一管理，包括安全建议的录入、分发、接收、回复、评估、关闭。

根据《民用航空器事件技术调查规定》的规定，在调查的任何阶段，民航局、民航地区管理局应当及时向有关部门、单位、国家以及国际民航组织提出加强和改进航空安全的建议。发布全球关切的安全建议时，无论建议是否提向国际民航组织，都应当将发布的建议及其回复情况发送国际民航组织，并在文件上标注发送日期。

组织事件调查的部门的航空安全委员会或其授权的部门负责安全建议的审核与分发。安全建议的分发流程为：组织事件调查的部门→安全建议落实情况的监督单位→安全建议接收单位。安全建议的接收单位应当在30日内向安全建议落实情况的监督单位对安全建议的接受情况作出回复，并应当按照回复内容中制订的改进计划落实完成，同时将落实情况及时录入中国民用航空安全信息系统。安全建议接收单位完成改进措施并经监督单位审核认可后，组织事件调查的部门关闭该安全建议并将全流程文件资料归档。

（三）安全建议的格式要求

根据《民用航空器事件技术调查安全建议管理办法》（民航规〔2023〕53号/AC－395－AS－02R1）的规定，安全建议编码由两部分组成，第一部分为事件调查报告编码，第二部分为调查报告中安全建议的序号，如×××××××××－001。

发送安全建议时应当包含以下要素：编码、接收单位、发布日期、安全建议的制定背景、所要解决的安全问题及其可能导致的后果，以及安全改进措施建议等。

二维码11－7

安全建议的样例

全球关切的安全建议和普通安全建议的样例可以参考国际民航组织《航空器事故和事故征候调查手册》（Doc 9756）第Ⅳ部分。

【思考题】

1. 如何理解航空事故的含义与适用？
2. 简述航空器搜寻援救服务的原则和相关法律依据。
3. 简述航空事故家属援助的意义和作用。
4. 简述航空事故调查的国际公约文件和中国相关法律规范。

第十二章 国际航空组织

在国际航空领域，有许多国际航空组织，如国际民航组织、国际航空运输协会、国际机场协会、国际货运代理协会联合会、民用航空导航服务组织、飞行安全基金会等，这些国际航空组织通过发布信息、分发出版物、行业咨询等方式，保障和促进国际航空运输业的健康发展。

第一节 国际民用航空组织

一、国际民航组织的成立与成员

国际民航组织是协调各国有关民航经济和法律事务，并制定各种民航技术标准和航行规则的国际组织。

国际民航组织的前身是依据1919年《巴黎公约》成立的空中航行国际委员会。"二战"后，为解决战后民用航空发展的国际性问题，美国政府邀请52个国家于1944年11月1日至12月7日在芝加哥召开国际会议，签订1944年《芝加哥公约》，1945年6月6日，经26个国家批准，该公约正式生效。

根据1944年《芝加哥公约》第43条的规定，1947年4月4日正式成立国际民航组织，缔约国为46个国家，理事会设21个席位，总部设在加拿大的蒙特利尔。1947年5月13日，国际民航组织正式成为联合国的专门机构，负责处理国际民航事务。1947年12月31日，空中航行国际委员会终止，其资产转移给国际民航组织。

各国通过批准和加入1944年《芝加哥公约》获得国际民航组织成员资格，最初批准该公约的26个国家成为创始成员国。创始成员国不具备任何特权，所有成员的权利和义务完全相同。迄今，国际民航组织现有193个成员国，各成员国在总部均设有代表处。[1]

1956年，国际民航组织第10次大会批准制定正式徽志和印章，当时只有英文、法文和西班牙文；1974年，国际民航组织第21届大会决定在徽志和印章上增加俄文；1995年，国际民航组织第145届理事会第二次会议决定在徽志和印

[1] See Stone-Gross B., *Your Botnet is My Botnet: Analysis of a Botnet Takeover*, In Proceedings of the ACM Conference on Computer and Communications Security, 2009.

章上增加中文和阿拉伯文。

国际民航组织的宗旨在于发展国际航行的原则和技术、确保国际民用航空安全有序发展、满足世界人民对安全正常及有效经济的航空运输的需求、避免缔约国间的差别待遇、促进国际航行的飞行安全,承担协调国际民航关系、解决争议、缔结条约、参与起草制定国际航空法等职能。[1]

二、中国与国际民航组织的关系

中国是国际民航组织的创始成员国之一,1944 年 12 月 9 日,当时的中国政府签署了 1944 年《芝加哥公约》,1946 年 2 月 20 日交存批准书。1947 年 4 月 4 日,该公约正式生效,中国成为国际民航组织的正式会员。

1971 年 10 月 25 日,第 26 届联合国大会通过第 2758 号决议,承认中华人民共和国的代表为中国驻联合国的唯一合法代表。1971 年 11 月,国际民航组织第 74 届理事会通过决议,承认中华人民共和国政府为中国驻国际民航组织的唯一合法代表。

1974 年 2 月 15 日,中华人民共和国政府致函国际民航组织承认 1944 年《芝加哥公约》[2],并从即日起恢复参加国际民航组织的活动。

1974 年 9 月,中国在国际民航组织第 21 届会议上,承认 1944 年《芝加哥公约》并当选为二类理事国,恢复参加国际民航组织活动,中国政府派出驻国际民航组织理事会代表,并在蒙特利尔设常驻代表处,后曾连续 10 次当选二类理事国。2004 年当选一类理事国,至 2022 年,连续 7 次当选为一类理事国。[3] 2015 年,中国籍柳芳博士正式出任国际民航组织秘书长。

2012 年 11 月 5 日,国际民航组织第 197 届理事会作出决定,将国际民航组织亚太地区分办事处设在北京。这是国际民航组织设立的第一个地区分办事处,主要负责本地区的空域组织和管理工作。

近 40 年来,中国作为国际民航组织的创始国和一类理事国,在保持航空运输快速发展的同时,也开始逐步重视并积极参与国际民航组织的标准制定、修订和建议活动。例如,在 2010～2022 年的国际民航组织第 37～41 届大会上,中国提交了 130 份工作文件和信息文件(见表 12－1),如《在国际航空可持续发展框架下应对全球气候变化》(A37－WP/181)、《建议加强全球航空货运保安的路线图》(A38－WP/133)和《轻小型无人机运行和监管》(A39－WP/335)。[4]

---

[1] 参见姬瑞鹏、陈曦光、许家祺编著:《国际民航组织概论》,北京航空航天大学出版社 2017 年版,第 2 页。

[2] 1944 年《芝加哥公约》自 1997 年 7 月 1 日、1999 年 12 月 20 日起分别适用于中国香港特别行政区、澳门特别行政区。

[3] 2022 年 10 月 1 日,在加拿大蒙特利尔举行国际民航组织第 41 届大会,中国和澳大利亚、巴西、加拿大、法国、德国、意大利、日本、英国、美国同时当选一类理事国。

[4] 参见鲍梦瑶、李迅:《国际民航组织出版物的体系架构及制定特征研究》,载《航空标准化与质量》2017 年第 6 期。

表 12－1　中国在 2010～2022 年国际民航组织五届大会上提交的工作文件和信息文件数量

单位：份

项目		2010 年 第 37 届大会	2013 年 第 38 届大会	2016 年 第 39 届大会	2019 年 第 40 届大会	2022 年 第 41 届大会
数量	工作文件	12	11	10	12	22
	信息文件			16	27	20

二维码 12－1

中国在 2010～2022 年国际民航组织五届大会上提交的工作文件和信息文件详表

中国民航的管理和运营有许多创新，特别是在加快数字化转型、启用驾驶员电子执照等方面的创新，为其他国家贡献了中国智慧和经验。例如，2016 年，中国向国际民航组织第 39 届大会提交工作文件——《航空器驾驶员电子执照》（A39－WP/334），2022 年，1944 年《芝加哥公约》附件 1《人员执照的颁发》第 178 次修订经国际民航组织第 225 届理事会第 8 次会议审议通过，明确关于实施电子人员执照颁发系统的标准和建议措施，这标志中国民航深度参与国际民航规则制定和民航技术标准国际化的重大突破。

三、国际民航组织的组织机构和会议文件

（一）国际民航组织的组织机构

国际民航组织由大会、理事会和秘书处三级框架组成，如图 12－1 所示。

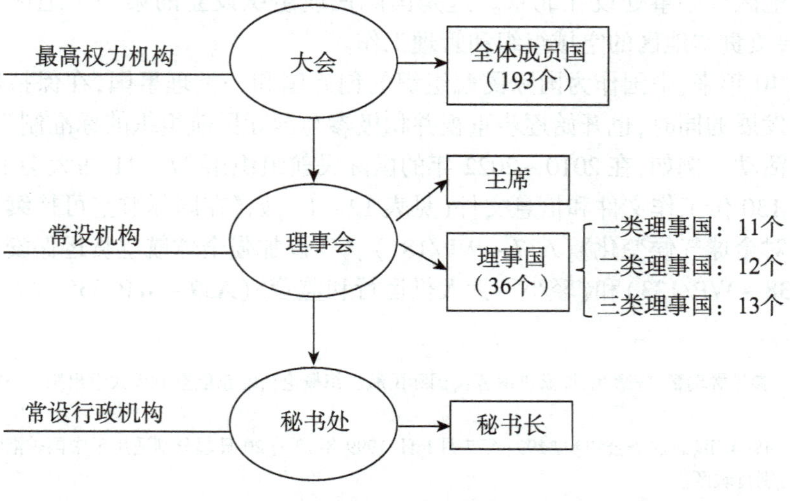

图 12－1　国际民航组织的组织机构

1. 大会

大会是国际民航组织的最高权力机构，由全体成员国组成。大会的主要职能包括：选举理事会成员国，审查理事会各项报告，提出未来3年的工作计划，表决年度财政预算，授权理事会必要的权力以履行职责，并可随时撤回或改变这种权力，审议关于修改1944年《芝加哥公约》的提案，审议提交大会的其他提案，执行与国际组织签订的协议，处理其他事项等。

大会由理事会召集，一般每3年举行一次，有特别情况或经1/5以上成员国向秘书长提出要求，可以召开特别会议。大会决议需2/3票通过，参会成员国有一票表决权。

2. 理事会

根据1944年《芝加哥公约》第50条规定，国际民航组织理事会是向大会负责的常设机构，由大会选举的36个理事国组成[1]，每3年为一任期。1944年《芝加哥公约》第54条规定了理事会的权责范围。其中第54条第(n)款对理事会的权限作出兜底性规定，即任何其他与该公约相关的事项都可以提交至理事会决定。理事会决定按简单多数原则通过。

理事会的主要职责包括：负责召开大会和任命秘书长；向大会提出年度报告；执行大会的指示和公约规定的职责和义务；向缔约国报告各国执行公约的情况；管理本组织财务；通过公约附件；审议国际民航组织空中航行委员会有关修改附件的建议；对争端和违反1944年《芝加哥公约》的行为进行裁决等。

3. 秘书处

秘书处是国际民航组织的常设行政机构，由秘书长负责保证国际民航组织各项工作的顺利进行。秘书长由理事会任命。秘书处下设5个局以及财务处、外事处。秘书处有1个地区事务处和7个地区办事处，分设在曼谷、开罗、达喀尔、利马、墨西哥城、内罗华和巴黎。地区办事处直接由秘书长领导，主要任务是建立和帮助缔约各国实行国际民航组织制定的国际标准和建设措施以及地区规划，详见图12-2。

---

〔1〕 国际民航组织初始理事国是21个成员国，1961年，国际民航组织第13届大会决定将理事国成员由21个增至27个；1971年，国际民航组织在纽约举行非常会议，决定将理事国成员由27个增加至30个；1974年，国际民航组织第21届大会决定将理事国成员由30个增加至33个；1990年国际民航组织第28届（特别）会议决定将理事国成员由33个增加至36个，后延续至今。其中一类理事国有11个，由在航空运输方面占主要地位的国家组成；二类理事国有12个，由对提供国际民用航空的空中航行设施作最大贡献的国家组成；三类理事国有13个，由代表世界各主要地理区域的国家组成。

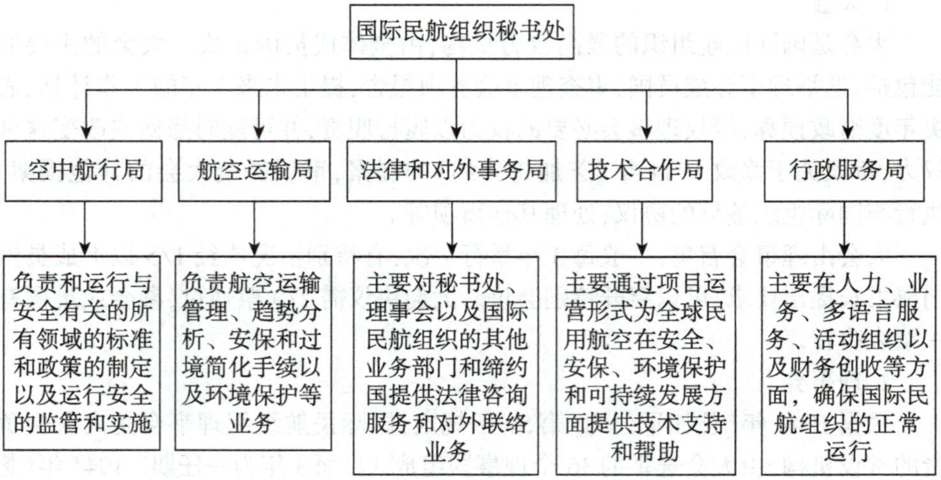

图 12－2 国际民航组织秘书处下设的 5 个局及其职责

（二）国际民航组织举办的会议和文件类型

依据 1944 年《芝加哥公约》的授权，国际民航组织会举办定期和不定期会议，主要包括 4 种类型会议。（见表 12－2）

表 12－2 国际民航组织的会议类型

大会和外交会议	专业会议、地区空中航行会议和大型会议	专家组、委员会和小组会议	研讨会和专题讨论会
Assemblies and Diplomatic Conferences	Divisional Meetings, Regional Air Navigation Meetings and Conferences	Panels, Committees and Groups	Seminars and Symposia
该类会议为高级别会议，设有专门委员会等辅助机构，会议发布决议，如国际民航组织第 40 届大会	该类会议为正式会议，会议向理事会提出建议、报告、结论等，如第 6 届世界航空运输会议	该类会议为技术小组会议，会议向理事会、国际民航组织空中航行委员会或理事会的常设委员会提出建议	该类会议旨在传播和交流信息，不产生任何正式建议或结论

国际民航组织的会议文件主要包括工作文件、信息文件、报告、决议、建议等种类。

其中国际民航组织大会决议分为 10 类（见表 12－3），如第 A25－1 号大会决议《对〈国际民用航空公约〉的修正（第三条分条）》、第 A39－22 号大会决议《标准和建议措施及空中航行服务程序的制定和执行以及差异的通知》、第 A29－

15 号大会决议《国际客运航班上的吸烟限制》、第 A35 – 12 号大会决议《保护旅客和机组的健康并防止通过国际旅行传播传染病》、第 A37 – 13 号大会决议《防止通过航空运输传播传染病》等。

表 12 – 3　国际民航组织大会决议事项类型

第 1 类	第 2 类	第 3 类	第 4 类	第 5 类	第 6 类	第 7 类	第 8 类	第 9 类	第 10 类
根本法律和一般政策	空中航行	航空运输	合资联营	法律事项	技术合作	非法干扰	组织人事	语文和行政服务	财务

关于国际民航组织大会决议的性质，通说认为，大会决议是政治妥协和安排的产物，不构成具有约束力的法律规范，是具有建议性质的"软法"，[1] 对各缔约国无强制约束力但有影响力，可以代表国际社会态度，是国际社会主流观念的证明和国际法的发展导向，[2] 可以创造一种惯例，在不同程度上有确认国际规则的作用，并在实践中可以对国际民航组织的内部事务产生约束力。[3]

（三）国际民航组织的出版物

出版物指国际民航组织以印刷或电子形式发布的、带有国际民航组织徽标的任何可销售和不可销售的材料（含复印件、录音、招贴画、视听产品以及电子资料），旨在以简要的形式传播本组织的政策和活动。国际民航组织出版物主要类型如下。

1. 1944 年《芝加哥公约》及其附件（包括国际标准和建议措施）、本组织出版或再版的其他国际航空文书。

2. 文献是一种被认为具有永久性质或对各成员国有特殊重要性的出版物，包括：(1) 录大会或理事会行动的文献，即包含大会或理事会正式通过的决议、决定和建议的文献，以及理事会所批准的供成员国实施的案文；大会和理事会的会议记录；(2) 理事会和国际民航组织空中航行委员会召开的会议的报告；(3) 就航空活动的特定方面提供指导和信息或促进统一采用国际标准和建议措施的手册。

3. 工作文件是一种主要作为本组织的会议的讨论基础或信息来源的出

〔1〕 See Malcolm Shaw, *International Law*, Cambridge University Press, 7th ed., 2014, p. 241; James Crawford, *Brownlie's Principles of Public International Law*, Oxford University Press, 3th ed., 2012, p. 42; Malcolm Evens, *International Law*, Oxford University Press, 2003, p. 145.

〔2〕 参见曾令良主编：《国际公法学》，高等教育出版社 2016 年版，第 65 页。

〔3〕 参见丁春宇：《国际民航组织在应对全球公共卫生危机中面临的挑战及中国方案》，载《国际法研究》2022 年第 4 期。

版物。

4. 其他出版物:(1)国际民航组织通告(ICAO circulars);(2)航图(aeronautical maps);(3)国际民航组织产品和服务目录(a catalogue of ICAO products and services);(4)经秘书长签字的针对各成员国和其他接收方的国家级信件(state letters);(5)经秘书长授权针对各成员国和其他接收方的电子公告(electronic bulletins);(6)国际民航组织定期性杂志(ICAO periodical magazine);(7)关于公共信息材料(public information material);(8)特定题目的其他期刊。

四、国际民航组织的法律地位

(一)国际法主体

国际法主体具有三个特征,即具有独立进行国际交往的能力、具有直接享有国际法赋予的权利、是构成国际社会中地位平等的实体。依据1944年《芝加哥公约》规定,国际民航组织在缔约国领土内应享有为履行其职能所必需的法律能力,凡与有关国家的宪法和法律不相抵触时,都应承认其完全的法人资格。同时,国际民航组织在国际交往中享有一定的权利和承担相应的义务。

(二)典型的国际政府间组织

根据1944年《芝加哥公约》第21章的规定,国际民航组织是各主权国家以自己本国政府的名义参加的官方国际组织,取得国际民航组织成员资格的法律主体是国家,代表这些国家的只能是一个合法政府(不能多个),任何其他非政治实体和团体都不能成为国际民航组织的成员。目前,中国在国际民航组织内的唯一合法代表是中华人民共和国政府。

(三)联合国的一个专门机构

依据1944年《芝加哥公约》规定,[1]1947年10月3日,国际民航组织与联合国签订协议,成为联合国的专门机构,这是国际民航组织的基本属性。。

国际民航组织享有自主地位,并不是联合国的附属机构。联合国承认国际民航组织在其职权范围内的职能,国际民航组织承认联合国有权提出建议并协调其活动,定期向联合国提出工作报告,相互派代表出席彼此会议,但无表决权。国际民航组织与联合国其他专门机构和国际组织都保持密切合作。[2]

国际民航组织作为联合国的专门机构,愿景是实现一个可持续的全球民用

---

〔1〕 1944年《芝加哥公约》第64条规定:"本组织对于在其权限范围之内直接影响世界安全的航空事宜,经由大会表决后,可以与世界各国为保持和平而成立的任何普遍性组织缔结适当的协议。"

〔2〕 例如,国际电信联盟(ITU)、国际原子能机构(IAEA)、国际劳工组织(ILO)、国际海事组织(IMO)、万国邮政联盟(UPU)、世界气象组织(WMO)、世界卫生组织(WHO)和世界旅游组织(UNWTO)。

航空体系，负有如下使命：成为国家关于国际民用航空的全球论坛；通过会员国及利害攸关方的合作，制定政策、标准，开展合规性审计，进行研究和分析，提供援助和建设航空能力。

五、国际民航组织的主要职能

在整个联合国组织体系中，国际民航组织是一个比较特殊的机构，具有下列权利能力和行为能力：(1)协调国际民航关系；(2)解决国际民航争议；(3)缔结国际条约；(4)组织成员享有一定的特权和豁免；(5)组织和参与国际航空公约文件的制订。

按照1944年《芝加哥公约》的授权，国际民航组织的职能主要表现为立法职能、行政管理职和准司法职能。

(一)立法职能

国际民航组织理事会具有制修国际标准和建议措施的"立法职能"和解决争端的"准司法职能"，有权仲裁成员国之间有关航空事务及公约执行方的事务，有权决定调查任何对国际航行发展形成障碍的情况，采取必要措施，维护国际航空运输的安全和规则。

(1)制修1944年《芝加哥公约》

1944年《芝加哥公约》是有关国际民用航空最重要的现行国际公约，被称为国际民用航空活动的宪章性文件，构筑了战后国际民用航空活动秩序的基石，现行系列国际公约都是以1944年《芝加哥公约》为基础的，都未游离公约所设定的框架性文件。1944年《芝加哥公约》正文分为"空中航行、国际民用航空组织、国际航空运输和最后条款"4个部分，共22章96条。

根据1944年《芝加哥公约》第9条"公约修正程序"的规定，任何公约修正案须经大会2/3多数票通过，并经缔约国总数2/3以上国家批准后，对批准国家生效。迄今，除会址、大会召开次数、理事国和国际民航组织空中航行委员会成员数量、公约语言文本等组织机构事项外，1944年《芝加哥公约》有3次实质性修正实践：①1947年增加关于除名和暂停权利的第93条分条；②1980年增加关于在包用、租用或互换航空器的情况下航空器注册国的某些权利和义务转移给航空器运营国的第83条分条；③1984年增加关于避免对飞行中的民用航空器使用武器的第3条分条。

(2)建构和完善国际民航标准规范文件

①国际民用航空规范性文件体系

1944年《芝加哥公约》是所有国际民用航空规范性文件都要遵循的"宪章"，国际民航组织依据该公约相关条款，制定了6类技术规范性文件。(见表12-4)

表 12-4 国际民航组织的民航标准规范文件体系架构

第一类	第二类	第三类	第四类	第五类	第六类
公约附件—国际标准和建议措施	空中航行服务程序	地区补充程序	航行规划	技术手册	国际民航组织通告
19 个附件	共有 6 个文件： ①PANS - ABC《国际民航组织缩略语和代码》(Doc 8400) ②PANS - OPS《航空器运行》(Doc 8168) ③PANS - ATM《空中交通管理》(Doc 4444) ④PANS - AIM《航空情报管理》(Doc 10066) ⑤PANS - TRG《培训》(Doc 9868) ⑥ PANS - Aerodromes《机场》(Doc 9981)	内容主要涉及空中规则和空中交通服务、搜寻援救、航空电信及气象服务等技术领域	主要包含机场等级、机场航行设施、ATS 航路等	通常称为 Doc 文件，是帮助缔约国实施标准与建议措施的技术指导性文件，内容比航行服务程序更为详细，指导性更强	包括技术课题的研究成果、有关国家非正式文件的再版或摘录、标准与建议措施实施情况的报告及航空器事故摘要等

上述各类文件采用层层递减的结构，有不同的制定和审批层级。其中，公约附件是针对实施公约所述原则的具体规定和指导国际航行的基本文件；航行服务程序是附件的补充文件，含配合国际标准和建议措施实施的具体操作程序；地区补充程序是对附件和空中航行服务程序的补充运行程序，通过国际民航组织地区空中航行会议制定，以满足特定国际民航组织特定地区的需要；航行规划是为满足某一地区及其相关地区目前以及未来运行需求而制定的业务规划；技术手册是体量最大、内容最多、涉及范围最广的文件类型，通常称为 Doc 文件，是帮助缔约国实施标准与建议措施的技术指导性文件，内容比航行服务程序更为详细，指导性更强，制定和修订通常不征询缔约国的意见；国际民航组织通告是发给缔约国参考的特殊信息，待成熟后有可能升级为手册，发布前不需要征询缔约国的意见。[1]

②1944 年《芝加哥公约》的 19 个附件

根据 1944 年《芝加哥公约》第 37 条、第 54 条和第 90 条授权，国际民用航空

〔1〕 参见孙群：《国际民航组织架构、历史沿革及技术文件体系概述》，载《飞行员》2023 年第 4 期。

组织理事会制修的国际标准和建议措施,集中体现为1944年《芝加哥公约》的19个附件(详见表12-6),每个附件都是一个独立文件,是针对某一特定领域的国际标准和建议措施。

目前,国际民航组织理事会管理1944年《芝加哥公约》19个附件中约有12,000多项标准和建议措施、5个空中航行服务程序及相应的大量指导材料。[1] 1944年《芝加哥公约》19个附件中有17个属于技术性质(附件9和附件17除外),均归理事会设立的国际民航组织空中航行委员会负责,国际民航组织空中航行委员会在国际民航组织标准制定的过程中具有至关重要的地位。(见表12-5)

表12-5　1944年《芝加哥公约》19个附件

附件1:人员执照的颁发	附件11:空中交通服务
附件2:空中规则	附件12:搜寻与援救
附件3:国际航空气象服务	附件13:航空器事故和事故征候调查
附件4:航图	附件14:机场
附件5:空中和地面运行中所使用的计量单位	附件15:航空情报服务
附件6:航空器的运行	附件16:环境保护
附件7:航空器国籍和登记标志	附件17:安保—保护国际民用航空免遭非法干扰行为
附件8:航空器的适航性	
附件9:简化手续	附件18:危险物品的安全航空运输
附件10:航空电信	附件19:安全管理

1944年《芝加哥公约》和附件具有不同的法修正程序。依据1944年《芝加哥公约》第94条的规定,公约修正案须经大会2/3多数票通过,经缔约国总数2/3以上国家批准后,才对批准国生效。依据1944年《芝加哥公约》第90条的规定,附件的修正程序应经理事会会议2/3票数通过,理事会将此附件分送缔约各国。任何此种附件或任何附件的修正案,应在送交缔约各国后3个月内,或在理事会规定的较长时期终了时生效,除非此期间有1/2以上缔约国向理事会表示反对。

因此,1944年《芝加哥公约》和附件具有不同的法律地位和修正程序,不遵守附件所载的国际标准,不应简单推定为不遵守公约,因为国际标准有不同分类;不遵守附件所载的建议措施,更不是对公约的违反,因为建议措施的性质仅为建议。

---

〔1〕 参见石红霞:《国际民航组织概况及标准制定程序》,载《民航学报》2021年第3期。

③国际标准和建议措施的比较

1944年《芝加哥公约》对国际标准和建议措施没有定义，理事会1947年国际民航组织第一届大会第A1－31号决议明确定义后纳入各附件。1944年《芝加哥公约》附件的国际标准和建议措施的法律地位和效力也不完全相同。例如，依据1944年《芝加哥公约》第38条的规定，各缔约国如不能遵守公约附件所载国际标准，或本国规章和措施不能完全符合国际标准，或采取不同于国际标准的规章和措施，应当向国际民航组织通报本国规章和措施与国际标准之间存在的差异。[1] 但各缔约国的规章和做法与附件的建议措施有差异，各缔约国不必向国际民航组织通报，也没有义务必须遵守建议措施。（见表12－6）

表12－6 1944年《芝加哥公约》附件所载国际标准和建议措施的比较

事项	国际标准	建议措施
定义	是指凡有关物理特征、结构、材料、性能、人员或程序的规格，其统一应用被认为对国际航行的安全与正常是必要的，各缔约国将按照公约予以遵守；如不可能遵照执行时，则根据该公约第38条必须通知理事会①	是指有关物理特征、结构、材料、性能、人员或程序的规范，其统一应用被认为对国际航行的安全、正常或效率是有利的，各缔约国将力求按照公约予以遵守
效力	对缔约国有一定程度的约束力，例如：(1)对确保航空安全至关重要，如空中规则②，各国必须遵守该国际标准，保持本国规章与国际标准一致；(2)通信、气象信息和航图标识的标准程序，各国应有义务遵循；(3)各国应有义务按标准维护设施设备，以方便运行并降低成本	缔约国没义务必须遵守

①国际标准和建议措施的定义参见1944年《芝加哥公约》附件18《危险物品的安全航空运输》。

②附件2《空中规则》确定的公海上空空中规则的国际标准，缔约国必须遵守，即1944年《芝加哥公约》第12条规定“在公海上空，有效的规则应为根据本公约制定的规则”。

（3）形成并完善华沙体系

调整国际民用航空法律关系的最基本法律文件是1929年《华沙公约》及其修订文件，1999年《蒙特利尔公约》是1929年《华沙公约》现代化的成果，充分协调了航空运输活动各主体的切身利益，解决了华沙体系长期混乱的弊端。

（4）形成并完善国际航空保安公约体系

国际航空保安公约的框架性文件包括：1944年《芝加哥公约》、附件17《安保—保护国际民用航空免遭非法干扰行为》和关于航空保安系列公约，即1963

〔1〕 各缔约国向国际民航组织通报差异包括三类情况：(1)缔约国的要求严于或高于标准；(2)缔约国的要求与标准的性质不同或有其他遵守形式；(3)缔约国的要求保护力度较弱，仅部分实施或没有实施标准。

年《东京公约》、1970 年《海牙公约》、1971 年《蒙特利尔公约》、1988 年《蒙特利尔公约议定书》、1991 年《蒙特利尔公约》和 2010 年《北京公约》及 2010 年《北京议定书》。这些国际公约共同构成维护和保障国际民用航空安全的基石。

(5)促成航空器对地(水)面第三人损害赔偿公约

在国际航空运输中,调整航空器对地(水)面第三人损害赔偿的公约包括:1933 年《罗马公约》、1952 年《罗马公约》、1978 年《蒙特利尔议定书》、2009 年《非法干扰公约》,完成了罗马公约体系的现代化。

此外,国际民航组织通过的重要法律文件还有 1948 年《日内瓦公约》和 2001 年《开普敦公约》和《开普敦议定书》等。

(二)行政管理职能

依据 1944 年《芝加哥公约》第 54 条第 n 款的规定,理事会有权审议缔约国提交的与公约有关的任何事项。在国际民用航空实践中,国际民航组织作为负责协调全球民航事务的联合国专门机构,理事会在法律事务方面,积极促使更多国家加入《芝加哥公约》第 3 分条(不对民用航空器使用武力)和第 83 分条(涉及包用、租用和换用民用航空器时需由航空器登记国向使用国移交相关安全职责)(中国均已加入);敦促更多的国家加入《国际航班过境协定》(中国尚未加入)。

同时,依据 1944 年《芝加哥公约》及其附件和大会决议,除起草制定统一承运人赔偿责任制度和国际民航法律框架、明确与导航卫星等服务相关条款外,还要协调各国合作、汇总和分享信息等行政管理事务。

二维码 12－2

1963 年法国—美国空运协定仲裁案

二维码 12－3

1978 年法国—美国空运协定仲裁案

例如,新冠疫情暴发后,国际民航组织积极与世界卫生组织等联合国机构协作,呼吁各国强化国际合作以遏制病毒,保护旅客健康,敦促各国遵守国际民航组织和世界卫生组织关于预防传染病传播的国际标准,遵守《国际卫生条例》[1],及时设立新冠肺炎疫情信息平台[2],在线发布国际民航组织、世界卫生组织和有关缔约国的规定、措施、实践和联络点等资料和信息,并通过网络视频会议,

〔1〕 See *Joint ICAO-WHO Statement on COVID* – 19, WHO, https://www. who int/news-room/article-detail/joint-icao-who-statement-on-covid-19.

〔2〕 See *Aviation and COVID* – 19, ICAO, https://www. icao. int/Security/COVID – 19/Pages/default. aspx.

召集全球专家,就疫情防控技术方案和实施程序等事宜开展交流和讨论。[1]

国际民航组织在统一全球民航技术和运行标准方面取得各缔约国的普遍认可,但在国际航空运输的经济管理领域是否对国际航空运输的航线、班次、业务权利(空中自由)等方面具有商业管理权存在重大分歧。[2] 实践中,国际上有关飞越权、技术降停权、第三业务权、第四业务权和第五业务权等空中自由权,是通过《国际航班过境协定》和《国际航空运输协定》[3]两个多边条约进行确定的,因航空运输协定所生争议多由国际仲裁法庭进行审理和裁决。

(三)准司法职能

二维码 12-4

1965 年意大利—美国空运协定仲裁案

1. 航空争端两种解决机制

依据 1944 年《芝加哥公约》的赋权条款,国际民航组织理事会同时具有行政权能(第 54 条)与司法权能(第 84 条),由此派生出两种争端解决机制:司法性机制与政治性机制。(见表 12-7)

表 12-7 国际民航组织的两种争端解决机制

争端解决机制	依据的公约条款	解决事项	争端解决方式	表现形式
司法性机制	1944 年《芝加哥公约》第 84 条	法律争端(公约及其附件的解释与适用问题)	司法或仲裁	有法律拘束力的决议
政治性机制	1944 年《芝加哥公约》第 54 条第 n 款	缔约方向理事会提交的与公约有关的任何事项	政治性问题或事实的调查、调停	政治性声明、决议、决定

1944 年《芝加哥公约》第 54 条的政治性争端解决机制比第 84 条的法律性机制具有明显的广泛性与灵活性优势,理事会在实践中更倾向于选择适用第 54 条第 n 款的规定,避免适用第 84 条。例如,理事会在刚果诉卢旺达与乌干达(劫持航空器案)、巴勒斯坦解放组织诉以色列(加沙国际机场摧毁案)、古巴诉美国(侵犯古巴领空主权案)、萨摩亚与汤加诉斐济(纳迪/奥克兰飞行情报区边界修订案)等大量案件中,在当事人未明确其提出争端解决请求法律依据的情况下,均主动将案件识别为第 54 条第 n 款项下的争端,未启动 1944 年《芝加哥公约》

---

〔1〕 参见丁春宇:《国际民航组织在应对全球公共卫生危机中面临的挑战及中国方案》,载《国际法研究》2022 年第 4 期。

〔2〕 See Ronald I. C. Bartsch, *International Aviation Law: A Practical Guide*, Routledge, 2018, p. 22-26.

〔3〕 《国际航空运输协定》仅有 11 缔约国,《国际航空过境协定》有 133 个缔约国,与 1944 年《芝加哥公约》193 个缔约国在普遍性方面差距巨大。参见丁春宇:《国际民航组织在应对全球公共卫生危机中面临的挑战及中国方案》,载《国际法研究》2022 年第 4 期。

第 18 章的争端解决机制。[1]

在众多争端处理中,理事会主动扮演政治而非司法角色,采用政治利益平衡方法,未为 1944 年《芝加哥公约》的解释与适用提供法律基准,导致相关事件处理结果极具争议,客观上大大减损国际民航组织的权威地位。[2]

2. 航空争端司法机制的实践

1944 年《芝加哥公约》是全球全面调整国际民用航空关系的唯一综合性多边航空公约,有"国际航空宪法"之称。但在该公约谈判过程中,各国对法律争端如何解决存在争议,[3]1944 年《国际民用航空临时协定》授权理事会解决缔约国之间任何与国际民用航空有关的分歧,[4]1947 年国际民航组织第一次大会对此进一步明确,[5]1944 年《芝加哥公约》最终明确国际民航争端解决机制的核心,即理事会的争端解决程序。

1944 年《芝加哥公约》第 18 章第 84 条规定的国际民航争端解决机制:如果两个或两个以上缔约国对公约及其附件的解释或适用发生争端,且当事国未能通过协商解决争端,则国际民航组织理事会将对该案件具有一审权;当事国对国际民航组织理事会的裁决可以上诉至临时仲裁庭或国际法院。第 85 条和第 86 条进一步规定了仲裁的上诉程序和上诉过程中国际民航组织裁决的效力。第 87 条和第 88 条明确了违反国际民航组织裁决的航空公司和主权国家所需承担的后果。因此,1944 年《芝加哥公约》赋予了理事会事先强制管辖权和国际法院的上诉受理权,从而为理事会裁决的实施以及对缔约国及其航企的制裁,构建了

---

〔1〕 参见周亚光:《国际民用航空组织争端解决机制司法化改革论析》,载《法律科学(西北政法大学学报)》2020 年第 1 期。

〔2〕 See Michael Milde, *Dispute Settlement in the Framework of the International Civil Aviation Organization (ICAO)*, in Karl-Heinz B ckstiegel ed., Settlement of Space Law Disputes, Carl Heymanns, 1980, p. 90 - 93.

〔3〕 参见周亚光:《国际民用航空组织争端解决机制司法化改革论析》,载《法律科学(西北政法大学学报)》2020 年第 1 期。

〔4〕 《国际民用航空临时协定》是 1944 年《芝加哥公约》的临时适用协定,其第 3 条第 6 款第 8 项规定:"当所有有关当事方明确提出要求时,就可能向其提交的、成员国之间产生的有关国际民用航空事务的任何分歧充当仲裁机构。理事会可提出一份咨询报告,或者,如果有关当事方作出明确决定,他们可事先规定自己有义务接受理事会的裁决。仲裁程序的适用程序由理事会和所有有关当事方商定"。

〔5〕 国际民航组织成员大会决议 A1 - 23 号文件指出:(1)在本组织对处理民用航空领域中国际争端的方法进行进一步讨论和作出最后决定之前,授权理事会当争端所有当事方明确提出要求时,就向其提交的、缔约国之间的国际民用航空事务产生的任何争端以仲裁方身份行动;(2)授权理事会在上述场合提交一份咨询报告,或作出对各当事方有约束力的裁决,如果各当事方事先明确决定自已有义务接受理事会有约束力的裁决;(3)仲裁程序的适用程序由理事会和所有当事方商定。See Armand de Mestral, *Settlement of Disputes at the ICAO and Sustainable Development*, in Armand de Mestral, Peter Paul Fitz-gerald & Md. Tanveer Ahmad eds., Sustainable Development, International Aviation, and Treaty Implementation, Cam-bridge University Press, 2018, p. 203.

一套完整的法律争端裁判体系。国际民航组织理事会曾一度被视为"国际航空法院"，但因理事会代表过于政治化、不具司法专业性、投票程序过于冗长、缺乏司法透明性等体制缺陷，理事会无法充分行使司法权力，理事会裁决也没有司法执行力。[1]

21世纪以来，国际航空争端的特点从仅关涉两国间侵犯领空或禁飞等利益的国际争端，向关涉多国利益的航空器碳减排、国家对国际社会航空保安义务履行等跨国争端转变。因此，更多非发达国家开始重视国际民航组织司法争端解决机制，以此制衡航空强国单边行动。迄今为止，国际民航组织理事会依据该公约第18章赋予的裁判职能，审理了多起国际航空争端。（见表12－8）

表12－8　国际民航组织理事会审理的国际航空争端

时间	当事方	法律依据	解决方式
1952年	印度诉巴基斯坦	1944年《芝加哥公约》第5、6、9条	理事会三人工作组斡旋，当事方和解
1967年	英国诉西班牙	1944年《芝加哥公约》第9(a)条	当事方和解
1971年	巴基斯坦诉印度	1944年《芝加哥公约》第5条	印度提起管辖权异议，被理事会驳回；印度就管辖权异议向ICJ上诉被驳回；当事方和解
1996年	古巴诉美国	1944年《芝加哥公约》第5条	理事会主席调解
2000年	美国诉欧盟15国①	1944年《芝加哥公约》第11、15、38、82条以及附件16	理事会主席调解
2016年	巴西诉美国		两起案件一直处于讨论阶段，理事会尚未作出最终裁决
2017年	卡塔尔诉巴林、埃及、沙特阿拉伯和阿联酋	卡塔尔要求理事会依据1944年《芝加哥公约》第84条和《国际过境运输协议》第2条对中东四国关闭领空的行为予以裁决	

资料来源：See India v. Pakistan (1952), ICAO Doc. 7367 and 7361 (C/858); UK v. Spain (1967), ICAO Doc. 8724; Pakistan v. India (1971), ICAO Doc. 8985 C/1002, Doc. 8986 and Doc. 8987; Cuba v. United States (1996), C-WP/10864; United States v. Fifteen Member States of the European Union (2000), C-WP/12075, C-DEC 170/16.

①美国认为欧盟的1999/925号条例是根据飞机原装发动机设计的涵道比（bypass rati-o），不是根据降噪的实际表现，对美国生产的航空器在欧盟国家的登记或者经营实施限制，该种限制与1944年《芝加哥公约》及其附件16确立的标准不符，因此将欧盟15国诉至国际民航组织。

---

[1] 参见张鹿苹：《国际民用航空争端解决机制的改革路径及中国贡献》，载《江汉论坛》2021年第12期。

第二节 国际航空运输协会

一、国际航空运输协会的成立与性质

国际航空运输协会是非营利、非政府的全球航空公司的行业组织,成立于1945年4月,创始会员为来自31个国家的57家航空公司。其前身是1919年在海牙成立并在"二战"时解体的国际航空业务协会。

国际航空运输协会总部设在加拿大的蒙特利尔,在蒙特利尔和瑞士的日内瓦设有总办事处,在纽约、巴黎、新加坡、曼谷、内罗毕、北京设有分支机构或办事处,在瑞士的日内瓦设有清算所。

国际航空运输协会是一个由全球航空企业组成的行业联盟,主要关注航空安保、运行环境和商务简化等领域的事务。大多数国家的航空公司是国有的,非国有航空公司也受所属国政府的强力参与或控制,因此,国际航空运输协会实际上是半官方组织。例如,国际航空运输协会的运价制定必须有各国政府授权,其对协调航空运输企业和政府间的政策、助力世界空运发展发挥重要作用。

国际航空运输协会的会员面向所有经营定期和不定期航班的航空公司开放,并通过国际航协运营安全审计(IATA Operational Safety Audit,IOSA)。会员分为正式会员和准会员两类。正式会员向直接从事国际经营的航空公司开放。申请成为国际航空运输协会正式会员的条件包括:(1)批准其申请的政府是有资格成为国际民航组织成员的国家政府;(2)在两个或两个以上国家间从事航空服务。其他从事国内航空运输的航空公司可申请成为准会员。

目前,国际航空运输协会在全球100多个国家设有办事机构或联络人员,其300余家会员航空公司遍及全球180多个国家。会员可享受国际航空运输协会提供的培训、法律、财务等方面的广泛专业服务和业务支持。

二、中国与国际航空运输协会的关系

1993年8月,中国国际航空公司、中国东方航空公司和中国南方航空公司正式加入该组织。1994年4月15日,该协会在北京设立了中国代理人事务办事处。1996年,中国北方航空公司、中国西北航空公司和中国西南航空公司正式加入该组织。1997年3月3日,中国西南航空公司正式成为国际航协的多边联运协议成员。多边联运协议的主要职能是为成员航空公司进行旅客、行李、货物的接收、中转、更改航程及其他相关程序提供统一的标准,成员航空公司间可互相销售而不必再签双边联运协议。这一协议使成员公司相互接受运输凭证,使

用标准的国际航空运输协会客票和货单，将世界各航空公司各自独立的航线结合成为有机的全球性航空运输网络。1998～2002 年，厦门航空公司、中国新疆航空公司、中国云南航空公司、上海航空公司、海南航空公司、山东航空公司、深圳航空公司相继加入国际航空运输协会。目前，中国（不含港澳台）共有 13 家航空公司成为国际航空运输协会会员公司。全球共有 300 余家航空公司加入该协议。

国际航空运输协会年度大会分别于 2002 年和 2012 年在中国上海和北京举行。

三、国际航空运输协会的组织机构

国际航空运输协会的所有活动和从事的工作均由协会章程规定。如图 12－3所示，国际航空运输协会的组织结构主要由全体会议、理事会、专业委员会和分支机构构成。

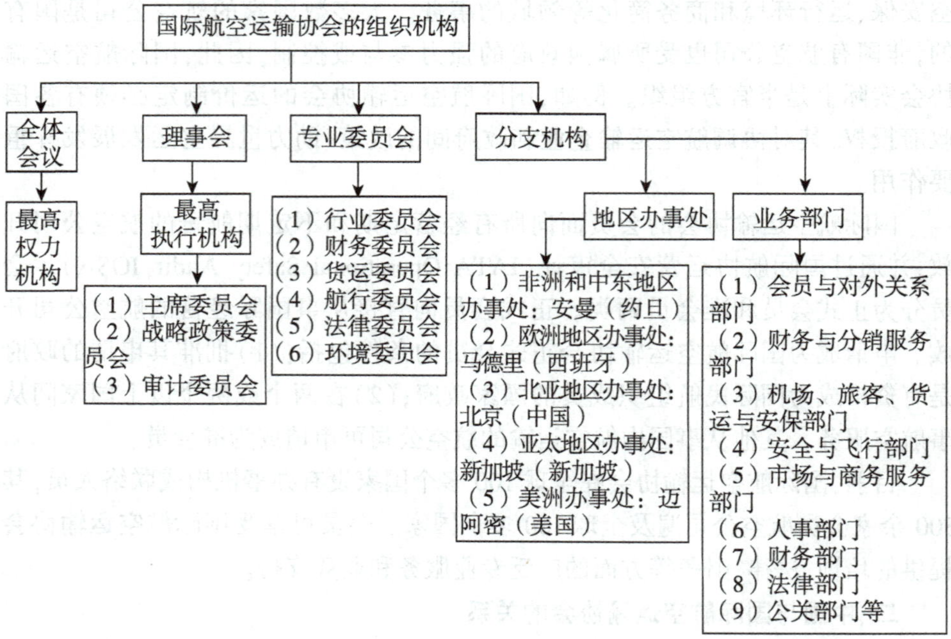

图 12－3　国际航空运输协会的组织机构

（一）全体会议

全体会议为国际航空运输协会的最高权力机构，一般每年召开一次，经理事会召集，可召开特别会议。全体会议审议的内容包括章程修改、高级人员任命、预算审批、新项目批准、会员会费制定等重大事项。除另有规定外，全体会议一般采用简单多数表决，每个会员均有一票表决权。

(二)理事会

理事会为全体会议的代表机构和决策机构,由31家航空公司的高级管理人员组成。理事长为首席执行官,在理事会的监督和授权下,行使职责并对理事会负责。理事会下设主席委员会、战略政策委员会和审计委员会。目前,中国东方航空公司、中国南方航空公司和香港国泰航空公司代表北亚地区行使理事会成员职责。

(三)专业委员会

理事会下设6个专业委员会,各专业委员会根据需要分若干分委员和工作组,成员均来自会员航空公司各专业领域的专家。

(四)分支机构

国际航空运输协会总部注册在加拿大的蒙特利尔,执行总部设在瑞士的日内瓦,另设立5个地区办事处和5大业务部门。

四、国际航空运输协会的职责和活动

国际航空运输协会的宗旨是代表、服务并且领导航空业。其主要职责包括:(1)协商制定国际航空客货运价;协调航空公司之间的票价与费率,避免垄断及恶性竞争;(2)制定统一运输规则与条件,统一国际航空运输规章制度;推动航运业务、票任务作业程序的标准化;(3)通过清算所统一结算各会员间以及会员与非会员间联运业务账目;(4)开展业务代理;协调相互利用设备并提供最新资讯;(5)进行技术合作;协议实施分段联运,促使一票通行全世界;(6)协助会员公司改善机场布局、程序和标准,提高机场运营效率等。

作为全世界航空公司的行业组织,国际航空运输协会主要集中在航空公司的分销服务、货运服务、旅客服务、环境事务、简化商务、航行与基础设施、航空安全、航空保安、法律事务等方面开展工作,其中最有意义的功绩在于清算和联运。

在法律工作方面,国际航空运输协会主要是为全球航空运行设立出文件和程序的标准;为会员提供民用航空法律咨询和诉讼服务;在国际航空立法中表达航空运输承运人的观点。国际航空运输协会曾对1944年《芝加哥公约》附件的制定起到重要的作用,目前在航空电子、电信、工程环境、机场、航行、医学、简化手续以及航空保安等技术领域进行大量工作。

第三节 国际机场协会

一、国际机场协会的成立

国际机场协会是全世界所有机场的行业协会,代表并体现全体成员的共同立场,反映机场共同利益,是一个综合性和强有力的会员制组织,是全球机场行业规则、制度和标准的制订者,也是行业发展方向的引领者。

国际机场协会成立前,机场行业有3个国际性组织:国际机场经营者协会(AOCI)、国际民航机场协会(ICAA)和西欧机场协会(WEAA)。为协调3个机场协会的关系,建立与各政府机构、航空公司、生产商和其他有关方面的联系,1970年机场协会协调委员会(AACC)成立,1985年西欧机场协会解散。1991年,机场协会协调委员会与国际机场经营者协会和国际民用机场协会合并为国际机场联合协会,1993年正式更名为国际机场协会。

国际机场协会是国际最具权威性和影响力的民航专业组织之一,与国际民航组织、国际航空运输协会并称为世界三大民航行业组织,在国际民航组织内享有观察员身份,在联合国经济理事会担任顾问。

国际机场协会总部设在日内瓦,有6个地区分会,即北美地区(总部设在华盛顿)、太平洋地区(总部设在檀香山)、亚洲地区(总部设在新德里)、拉美及加勒比地区(总部设在加拉加斯)、非洲地区(总部设在开罗)与欧洲地区(总部设在布鲁塞尔)。

二、国际机场协会的宗旨和目标

国际机场协会的宗旨是,通过提升机场及其服务社区的集体利益,促进机场管理和运营的卓越性,为全球航空业的安全、安保和可持续发展作出贡献。

国际机场协会的发展目标:(1)通过为会员提供创新工具和专业知识,促进行业卓越发展;(2)支持机场提供安全可靠的航空运输能力;(3)向国际和国内决策者代表机场的利益;(4)促进机场、政府、行业利益相关方和国际组织之间的合作;(5)最大限度地加强机场之间的合作和协助;(6)提高公众对机场的社会和经济重要性的认识。

三、国际机场协会的组织机构

国际机场协会的组织机构分为大会、监事会、执行委员会和地区分支机构。大会选出主席作为理事会的最高领导,监事会总干事负责理事会的行政事务和管理。它包括国际机场协会国际部和5个国际机场协会区域——非洲区、亚太和中东区、欧洲区、拉丁美洲和加勒比区以及北美区,每个国际机场协会区域办事处各有一个理事会，负责处理该区域特有的问题。

目前，国际机场协会有5个常务委员会，即技术和安全委员会、环境委员会、经济委员会、安全委员会、简化手续和便利旅客流程委员会，分别在各自范围内制定有关专业政策。

理事会会员包括永久会员和联系会员两种。迄今，国际机场协会为700多个成员提供服务，在170多个国家运营近2000个机场。

四、国际机场协会推动的可持续发展活动

在可持续发展方面，国际机场协会认可的国际机场碳排放认证（Airport Carbon Accreditation，ACA）是国际民航业影响力较大的机场碳管理认证标准，目标是减少机场运营过程中的碳排放，最终实现碳中和。近年，ACA认证有6个级别，即1级[量化（mapping）]、2级[减排（reduction）]、3级[优化（optimization）]、3级+[中和（netrality）]、4级[转换（transformation）]、4级+[过渡（transition）]。

截至2023年5月，全球已有509个机场获得ACA认证，涉及87个国家。其中，亚太地区获得碳排放三级认证的机场有24家，广州白云国际机场是中国内地首个获得三级认证的机场。

第四节　其他国际航空组织

一、欧洲民用航空委员会

欧洲民用航空委员会，也称欧洲民航会议（ECAC），是欧洲国家政府间区域性的国际组织，1955年成立于斯特拉斯堡。该组织每3年举行一次大会，在紧急情况下，由民航局长会议作为委员会结构中的主要领导机关。该组织设有协调委员会和常设委员会，主要目的是广泛审议欧洲航空运输的发展状况，以促进航空运输协调、更好地利用和有秩序地发展，研究在此领域中产生的特殊问题。

欧洲联合航空局（JAA）是代表欧洲国家民用航空当局的欧洲民航会议的附属组织，1990年在塞浦路斯成立。JAA在制订和执行安全管理标准和程序方面进行合作，致力于为欧洲提供严格一致的安全标准，并建立一个公平的舞台，支持各家公司开展竞争，在规章方面非常注重与美国法规的协调。

二、空中交通管制员协会国际联合会

空中交通管制员协会国际联合会（International Federation of Air Traffic Controllers' Associations，IFATCA）由12个欧洲国家的空中交通管制员协会发起，成立于1961年，总部设在英国苏格兰埃尔郡特隆城。其宗旨在于促进国际空中航行的安全、快速和正常发展；对空中交通管制系统提出建议；促进空中交通管制人员知识水平的提高；保障空中交通管制业的利益；等等。

三、航空无线电技术委员会

航空无线电技术委员会（Radio Technical Commission for Aeronautics, RTCA），是专门由美国民间非赢利性股份公司（RTCA Inc.）运作的国际著名组织，1935年成立，现有会员来自美国和世界的政府机构、企业和学术组织，几乎涵盖整个航空领域。

RTCA主要针对航空领域内的通信导航监视和空中交通管理系统问题，提出一致性建议，主要履行联邦咨询委员会的职责。航空无线电委员会提出的建议被美国联邦航空局用作制定政策、项目和管理决定的依据，也被一些私人公司用作制定发展、投资和其他商业决定的依据。航空无线电技术委员会与政府和企业进行合作，针对航空用户的实际需求，对航空系统和技术的运行使用提出指导。

四、拉丁美洲民用航空委员会

拉丁美洲民甩航空委员会（LACAC）是中美洲、南美洲、加勒比和墨西哥地区的国家组成的政府间区域性国际组织，成立于1973年。该委员会是一个咨询机构，主要机构是大会和执委会。其主要是一个成员国民航当局讨论加强本地区民航活动的协调和合作的场所，通过的决定只有经各有关国家批准后才具有效力。

五、非洲民用航空委员会

非洲民用航空委员会（AFCAC）是在非洲统一组织、联合国非洲经济委员会和国际民航组织的筹备下，于1969年成立的由非洲地区国家组成的一个政府间区域性组织。其宗旨是保证民航运输在非洲有效运行，最高权力机关为全体大会，执行局负责行政事务和协调各届大会之间委员会的工作。国际民航组织达喀尔地区办事处为该委员会提供秘书工作。

六、阿拉伯国家民用航空理事会

阿拉伯国家民用航空理事会（CACAS）是总部设在开罗的阿拉伯国家政府间区域性组织，根据《阿拉伯联盟公约》的规定于1967年正式成立。该组织每年举行两次会议，由选举产生的理事会主席担任行政长官。其宗旨是制订有关航空运输的原则、技术和经济政策，鼓励和促进阿拉伯国家和国际航空运输业的发展。

七、国际货运代理协会联合会

国际货运代理协会联合会是世界国际货运代理的行业组织。1926年在奥地利维也纳成立，总部设在瑞士苏黎士，并分别在欧洲、美洲和太平洋、非洲、中东4个区域设立地区办事处,任命有地区主席,其中亚洲和太平洋地区秘书处设在印度孟买。

国际货运代理协会联合会的最高权力机构是会员代表大会,下设主席团和航空货运、海关事务、多式联运等研究机构,并成立有常设工作组和常设委员会。会员分为一般会员、团体会员、联系会员和名誉会员4类,包括世界各国的国际货运代理行业,遍布100多个国家和地区。

国际货运代理协会联合会是一个在世界范围内运输领域最大的非政府和非营利性组织,具有广泛的国际影响,起草了供各国立法参考的《国际货运代理示范法》,推荐各国货运代理企业采用的《国际货运代理标准交易条件》,制定有8种货运代理单证格式,培训了数万名学员,被誉为"运输业的建筑师",被联合国及许多政府组织、权威机构和非政府国际组织认为是国际货运代理行业的代表。

八、航空公司驾驶员协会国际联合会

航空公司驾驶员协会国际联合会(International Federation of Air Line Pilots' Associations,IFALPA),1948年由英、美驾驶员团体在伦敦组成。1952年,国际民航组织承认IFALPA是代表驾驶员的非政府性国际组织,总部设在伦敦,并在蒙特利尔设有办事处,迄今拥有100多个会员协会。

IFALPA的宗旨是协助建立安全和有秩序的航空运输体系和保护航空公司驾驶员的利益。长期以来,与国际民航组织、航空器制造商、机场、空中交通管理服务提供商、航空公司以及其他许多相关组织,为实现国际民航运行安全、安稳、可持续发展共同努力。

【思考题】

1. 国际民航组织理事会有哪些职权?
2. 1944年《芝加哥公约》关于理事会管辖权的法律依据何在?
3. 如何看待1944年《芝加哥公约》规定的国际民航争端解决机制?
4. 简述国际民航组织的标准规范文件体系。